JN112022

ひとりでもすべてこなせる！

小さな会社の総務・人事・経理の実務

近藤仁 著

ナツメ社

はじめに

経理や人事・労務、総務に関する実務の専門書籍は多くありますが、それらは「税務申告」や「給与計算」などの領域をそれぞれの専門家が解説しているケースがほとんどです。

しかし、中小規模の会社では、少ないスタッフで多くの業務を兼務するのが当たり前でしょう。そのため、専門領域に深く入り込まずとも、幅広い領域の業務への理解が必要になります。

そのため、実際に会社の実務に携わった者の立場から、**管理業務・スタッフ業務を幅広く解説して、そして現場で仕事をしている人に理解してもら**うのが、本書の目指すところです。

●総務・人事・経理の仕事を網羅

それぞれの領域を個別にとらえるのではなく、総合的にとらえて「総務」「人事」「経理」の仕事に必要なルールや法令を解説しています。

「働きがいのある職場作り」のために、どうすればよいのかを日々考えてみてください。そのためには、社会の規範や法令を最低限の程度であれ理解しておく必要があります。本書では、それら**ルールや法令をわかりやすく、かつ丁寧に解説しています。**

●中小規模の会社の実務者の業務を解説

大企業では、法務や税務などを専門領域とするスタッフを、多く配置しています。しかし、中小規模の会社では営業部門や製造部門のライン部門強化を優先せざるをえません。そのため、管理業務を担当するスタッフは幅広い領域を担当することになります。

本書では、**「総務」「人事」「経理」の領域の実務を担当する者の立場から、中小規模の会社を想定して解説しています。**

●経営者の理解すべきルールを説明

どのような社会的ルール・法令・慣行のもとで、会社を経営すべきかを経営者、管理職は理解しておくべきです。中小規模の会社であっても、コンプライアンスやハラスメントなどへの対応を求められます。そのため、経営に直接携わる者も、「総務」「人事」「経理」の仕事の内容について知っておくべきでしょう。本書は、**中小規模の会社での「経営のための実務書」として活用できる内容になっています。**

近藤 仁

本書の使い方

●「本文＋図解」で理解が深まる

本書は、見開き2ページ単位で、1つのテーマを解説しています。左ページに本文とチェックポイント、右ページに図解やイラストによる解説が基本構成です。まずは左ページの本文とチェックポイントを読み、その後に右ページの図解の解説を読むと、そのテーマに対する理解が深まります。

キーワード:各テーマの重要キーワードを記載しています。

図解:本文の重要ポイントを、図表やイラストなどを用いて解説しています。

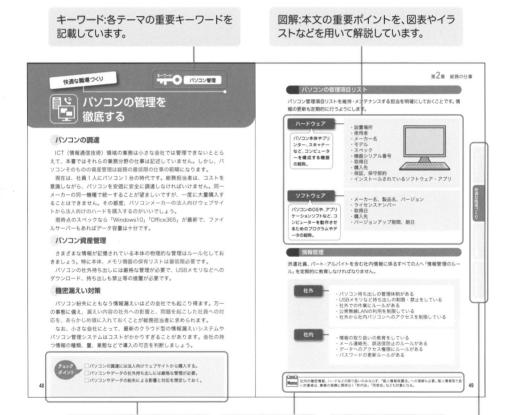

快適な職場づくり

キーワード　パソコン管理

パソコンの管理を徹底する

パソコンの調達

ICT（情報通信技術）領域の業務は小さな会社では管理できないととらえて、本書ではそれらの業務分野の仕事は記述していません。しかし、パソコンそのものの資産管理は総務の最低限の仕事の範疇になります。

現在は、社員1人にパソコン1台の時代です。総務担当者は、コストを意識しながら、パソコンを安価に安全に調達しなければいけません。同一メーカーの同一機種で統一することが望ましいですが、一度に大量購入することはできません。その都度、パソコンメーカーの法人向けウェブサイトから法人向けのハードを購入するのがいいでしょう。

現時点のスペックなら「Windows10」「Office365」が最新で、ファイルサーバーもあればデータ容量は十分です。

パソコン資産管理

さまざまな情報が記憶されている本体の物理的な管理はルール化しておきましょう。特に本体、メモリ機器の保有リストは最低限必要です。

パソコンの社外持ち出しには厳格な管理が必要で、USBメモリなどへのダウンロード、持ち出しも禁止等の措置が必要です。

機密漏えい対策

パソコン紛失にともなう情報漏えいはどの会社でも起こり得ます。万一の事態に備え、漏えい内容の社外への影響と、問題を起こした社員への対応を、あらかじめ頭に入れておくことが総務担当者に求められます。

なお、小さな会社にとって、最新のクラウド型の情報漏えいシステムやパソコン管理システムはコストがかかりすぎることがあります。会社の持つ情報の種類、量、業態などで導入の可否を判断しましょう。

チェックポイント
- □パソコンの調達には法人向けウェブサイトから購入する。
- □パソコンやデータの社外持ち出しには厳格な管理が必要。
- □パソコンやデータの紛失による影響と対応を想定しておく。

48

第2章　総務の仕事

パソコンの管理項目リスト

パソコン管理項目リストを維持・メンテナンスする担当を明確にしておくことです。情報の更新も定期的に行うようにします。

ハードウェア：パソコン本体やプリンター、スキャナーなど、コンピューターを構成する機器の総称。
- 設置場所
- 使用者
- メーカー名
- モデル
- スペック
- 機器シリアル番号
- 取得日
- 購入先
- 保証、保守契約
- インストールされているソフトウェア・アプリ

ソフトウェア：パソコンのOSや、アプリケーションソフトなど、コンピューターを動作させるためのプログラムやデータの総称。
- メーカー名、製品名、バージョン
- ライセンスナンバー
- 取得日
- 購入先
- バージョンアップ期間、期日

情報管理

派遣社員、パート・アルバイトを含む社内情報に係るすべての人へ「情報管理のルール」を定期的に教育しなければなりません。

社外
- パソコン持ち出しの管理体制がある
- USBメモリなど持ち出しの制限・禁止をしている
- 社外での作業にルールがある
- 公衆無線LANの利用を制限している
- 社外から社内パソコンへのアクセスを制限している

社内
- 情報の取り扱いの教育をしている
- メール連絡先、誤送信防止のルールがある
- データへのアクセス権限にルールがある
- パスワードの更新ルールがある

Memo　社内の機密情報、ハードなどの取り扱いのみならず、「個人情報保護法」への理解も必要。個人情報取り扱い対象者は、事業の規模に関係なく「町内会」「同窓会」なども対象になる。

快適な職場づくり

49

チェックポイント:業務のポイントや注意点などを箇条書きでまとめています。

Memo:補足事項やアドバイスなどを掲載しています。

業務の分類:各テーマで解説している業務内容の分類を表しています。

本書では、総務、人事・労務、経理について、できるだけ平易な言葉で、利用頻度や重要度の高い業務を中心に解説しています。

●本書の構成

本書は、「**自分の会社を知る**」「**総務の仕事**」「**人事の仕事**」「**経理の仕事**」の4つのPARTで構成されています。それぞれの仕事の領域を総合的にとらえて解説し、必要なルールや法令をわかりやすく解説しています。

章	名称	概要
第１章	自分の会社を知る	仕事の領域を総合的にとらえるため、「会社の形態」「会社組織」「会社に関わる法律やルール」などについて解説しています。
第２章	総務の仕事	「アウトライン」「快適な職場づくり」「リーガルリスクへの備え」「会社を取り巻く環境」について解説しています。
第３章	人事の仕事	「アウトライン」「人事制度の基本」「人材の育成・教育」「給与計算」「年末調整」「社会保険・労働保険」について解説しています。
第４章	経理の仕事	「アウトライン」「業績の把握のルール」「日常の経理業務」「法人税等」「資金管理」「予算管理」について解説しています。

中小規模の会社の場合、業務を兼務することが少なくありません。そのため、幅広い業務への理解が必要です。

目次

はじめに…2
本書の使い方…4

第1章 自分の会社を知る

会社の形態（株式会社）を理解する……16
株式会社とは／中小企業とは

さまざまな組織形態があることを知る……18
部門別・職能別組織／事業部別組織／会社組織とスタッフスキル

会社の戸籍を知っておく……20
会社の戸籍「定款」とは／会社設立／株式譲渡制限条項／定款の登記変更

どのような法律をもとに運営されているのか理解する……22
会社法の構成／株式会社と有限責任／株式会社の運営組織

どのような規則・規定があるのか知っておく……24
社内外のルールを知ろう／取引に関する法律／総務・人事・経理に関する法律／部課長の権限と責任

会社のビジョンや社是を理解する……26
経営の理念や方針を浸透させる／経営理念の簡潔性と具体性／コーポレートスローガン

会社の置かれている業界、競合などを知る……28
事業環境を知ろう／競合相手や自社の状況を共有する／競争相手との比較分析／経営戦略理論

社内の決裁権限のルールを理解する……30
責任・権限を部下に委譲／会議体決裁と伝票決裁／責任権限規定の社内開示／決裁までの時間と手順

年度目標を社内で共有する……32
年度経営方針／目標のブレークダウン／上場企業での年度方針

コラム① 外国と日本での手続きの違い……34

第2章 総務の仕事

総務の仕事の目的領域は３つ……36
総務の仕事／社内コミュニケーション／総務の仕事の費用対効果

日常のさまざまな仕事を知る……40
総務の仕事は守備範囲が広い／事務処理能力／コミュニケーション能力／コスト意識／温かい業務処理

職場の安全衛生を向上させる……42
職場作りのための法律／安全衛生管理体制／安全衛生教育／労働安全衛生法の罰則

文書保管のやり方を知る……44
文書を日頃から整理する／保存年限と保存方法／文書廃棄

オフィスを快適にする……46
ハード・ソフトの両面から取り組む／オフィスの環境衛生／オフィスの整理整頓（5S）／喫煙対策
パソコンの管理を徹底する……48
パソコンの調達／パソコン資産管理／機密漏えい対策
交通安全対策を行う……50
車両管理台帳の管理／事故補償／安全運転教育
社内イベントを企画・開催する……52
社内イベントの効果／イベント企画のポイント／負担軽減の仕掛け
健康診断を実施する……54
健康診断の種類／定期健康診断実施の委託
アウトソーシングを利用する……56
アウトソーシングの利用目的とデメリット／契約業態の違い
契約書の内容を把握しておく……58
契約の役割と形式／契約書の記載項目／印章管理
企業法務の役割を知る……60
小さな会社での法律トラブル／裁判外紛争解決手続（略：ADR）
役員の責任を理解する……62
取締役の責任／違法配当禁止／利益相反取引の事前承認
商業登記を見れば会社がわかる……64
登記簿の交付手続き／登記簿と全部事項証明書／登記事項の変更申請
知的財産権の保護活用に努める……66
知的財産権は保護される／産業財産権／商標権と著作権／社員の特許発明
会社の持つ機密情報を守る……68
営業秘密と個人情報／営業秘密保護／個人情報保護
マイナンバーが行政手続きには必要……70
社員のマイナンバーが必要になる／法人番号／マイナンバーの確認
コンプライアンスを理解する……72
法令遵守は最低限のルール／小さな会社のコンプライアンスへの取り組み／小さな会社のコンプライアンスの対象
民事訴訟の流れを知っておく……74
民事訴訟の大まかな手続き／弁護士費用の目安／少額訴訟
会社の株式取扱を知っておく……76
株主の情報は大切なもの／株券の廃止／株式取扱規定
株主総会の開催手順を知っておく……78
株主総会の開催時期／株主総会の決議／みなし株主総会
役員変更の登記を行う……80
変更したら登記手続きをする／役員の任期／みなし解散状態／役員任期のメリット・デメリット
定時株主総会の議事録を作る……82
２週間以内に議事録を作成する／議事録の法定記載事項／議事録の保管
ステークホルダーへの関心を持つ……84
会社を取り巻く関係者／中小企業のステークホルダー／ステークホルダーへの説明責任

CSRに関心を持つ……86
小さな会社でもやれる活動がある／中小企業のCSRへの取り組み
リスクへの窓口機能を果たす……88
窓口機能はどのようなものがあるか／リスクマネジメント／オフィスでの防災備蓄グッズの例
コラム② 総務・人事・経理は専門スキル……90

第3章 人事の仕事

人事の仕事の目的領域は3つ……92
人事には3つの仕事領域がある／総人件費を考えよう
さまざまな募集手段を利用する……96
人材募集の知識は必須／ホームページや就職情報サイト／ハローワーク
入社手続きを行う……98
入社通知書／入社日と入社時研修／会社の手続き
労働条件の明示を行う……100
労働条件を書面で明示する／賃金の5原則／採用の取消し
労働者派遣法を理解する……102
契約・採用のルールを理解しよう／派遣可能期間は原則3年／派遣会社の雇用安定措置
労働基準法を学ぶ……104
働くための基本となる法律／労働基準法（労基法）／労働基準監督署
就業規則を確認する……106
社内ルールでも項目は決められている／就業規則の明示／就業規則の記載事項
賃金体系を理解する……108
賃金・給与など言葉の定義／基本給の形態／諸手当の位置づけ
パートタイム人材を活用する……110
パートタイム労働法／パートタイムと社会保険
障害者や外国人の雇用について理解する……112
障害者と外国人の雇用／障害者雇用率制度／障害者雇用納付金／外国人雇用の注意点
平均賃金と最低賃金を理解する……114
平均賃金／平均賃金算定の対象／最低賃金
労働時間について理解する……116
所定労働時間と法定労働時間／休憩時間／労働時間の適用除外者／変形労働時間制
過剰な残業には注意する……118
時間外労働の上限規制／時間外労働・休日労働に関する協定（三六協定）
退職手続きを知っておく……120
退職の形態／退職金制度／定年後の継続雇用制度
懲戒処分・解雇のルールを知っておく……122
懲戒処分の規定／懲戒処分手続き／解雇のルール

育児休暇・介護休暇をうまく運用する……124
職場での理解が大切／育児・介護休業法の概要

年次有給休暇の付与や取得のルールを知る……126
有給休暇取得のルール／年次有給休暇の付与日数／付与義務のルール／就業規則への反映

人事考課のやり方を考える……128
人事考課のツール／目標管理／目標設定と結果評価の流れ

教育訓練を実施する……130
OJT（On the Job Training）／OFF-JT（Off the Job Training）／教育訓練給付金

人事評価制度を理解する……132
人事評価制度／評価ポイントと評価者

昇給・昇格について理解する……134
賃金体系のモデルパターン／等級別職務給／昇格の要件審査の方法

事務部門の効率を上げる……136
事務部門の生産効率／労働分配率／入職率・離職率／上場企業の「人」に関する情報

給与計算をする……138
法令も理解して給与計算しよう／給与計算の基本

毎月の給与計算と勤怠管理……140
毎月、同じ期日で給与計算する／残業時間と年次有給休暇の管理

非課税給与と経済的利益を理解する……142
非課税となる給与／経済的利益／給与明細で社内控除

源泉徴収のしくみを理解する……144
給与に課税される所得税／源泉徴収義務者／会社が源泉徴収すべき支払い

源泉徴収簿と源泉徴収票を作成する……146
個人別に記録する／給与計算後の源泉税集計ステップ／扶養控除等（異動）申告書での年初の確認

源泉所得税・住民税を納付する……148
国の指定用紙で納付する／住民税の納付／小規模会社の納税の特例

報酬・料金等の源泉徴収をする……150
源泉すべき支払い報酬は決められている／源泉徴収するときの税率と納付

賞与からも源泉徴収する……152
賞与は住民税を除いて源泉徴収／源泉徴収の計算例／社会保険料の支払届

年末調整の対象と所得税課税を理解する……154
年末調整を行う

年末調整の作業手順を理解する……156
社員からの各種申告書の回収／年末調整の必要書類と作業手順（手計算の場合）

扶養控除等（異動）申告書を提出してもらう……158
全員に提出してもらう／配偶者・扶養家族の収入額の記載

配偶者控除と配偶者特別控除を理解する……160
配偶者控除と配偶者特別控除／国税庁の配偶者控除の金額テーブル

保険料の控除を理解する……162
「保険料控除申告書」での対象となる保険等

住宅借入金等特別控除申告書を受け付ける……164
控除を受けるための申告／会社での年調作業／控除期間と控除額
支払調書を作成する……166
60種類ある法定調書／不動産の使用料の支払調書／報酬・料金の支払調書
社会保険の基礎を理解する……170
所得に応じた保険料を支払う／給与での社会保険／保険料の基本的な計算方法／国民年金と国民健康保険
社会保険を理解する……172
健康保険／厚生年金保険
介護保険制度のしくみを理解する……174
40歳以上のすべての人が介護保険料を負担／育児・介護休業法の概要／介護保険サービスの財源
社会保険に会社が新規加入する……176
すべての会社が社会保険に加入／会社の新規適用手続き／日本年金機構と協会けんぽ／
保険料の未納付会社のペナルティ
社員を採用したときの社会保険手続き……178
社会保険の社員加入要件／本人確認書類／年金の被保険者区分
社員の社会保険の被扶養者に異動があったときの手続き……180
被扶養者の認定条件／被扶養者の収入の条件／同居・非同居の判定
退職したときの社会保険手続き……182
退職する社員から健康保険証を回収する／そのほかに提出するもの／
退職後の公的医療保険の加入
社会保険の保険料の計算を行う……184
保険料の計算方式／健康保険と厚生年金の料率の違い／標準報酬月額・標準賞与額
社会保険の標準報酬月額の改定届出をする……186
標準報酬月額／標準報酬月額の決め方と見直し（定時決定）／算定後の届出
賞与のときの社会保険料の計算……188
賞与から社会保険料も控除する／提出時期と退出届／標準賞与額の上限設定
社会保険の標準報酬月額を変更する……190
随時改定／保険料の変更と届出
社会保険料の納付と各種届出一覧……192
保険料納入告知書
労働保険を理解する……194
労働保険は労災保険と雇用保険の総称／労災保険／雇用保険
事業開始後の労働保険の届出をする……196
労働保険の成立手続き
労働保険一般拠出金を知る……201
一般拠出金制度／労働保険の年度更新時に納付／
労災保険適用と石綿健康被害救済法による救済
労働保険の消滅届を理解する……202
消滅申請書／労働保険料の確定精算／社会保険の廃止手続き
労働保険の年度更新をする……204
労働保険の年度更新／保険料の延納申告／労働保険事務組合

退職したときの雇用保険の手続き……206
退職後10日以内にハローワークに提出／離職票（離職証明書）の発行／「大量雇用変動届」の提出

労災保険の補償給付の内容を理解する……208
業務災害と通勤災害／給付基礎日額／費用徴収制度

雇用保険の給付内容を理解する……210
失業保険の受給資格／失業保険申請に必要な書類等／雇用保険の給付の種類

高年齢者雇用安定法を理解する……212
高年齢者雇用確保措置／再雇用契約／雇用保険の高年齢雇用継続給付

出産補償・育児介護補償を理解する……214
産前産後休暇／出産と育児休業／介護休業

コラム③ 製造業とサービス業の「感覚」の違い……216

第4章 経理の仕事

経理の仕事の目的領域……218
経理の仕事／キャッシュフローをコントロールする

決算は何のために行うのか？……222
会社の財産と収益を把握する／経理の目的別会計

簿記を理解する……224
仕訳をする／試算表から決算書を作る

経理の法令・規則の名前を覚える……226
企業会計原則と金融商品取引法／財務諸表等規則／法人税法

小さな会社の会計基準を学ぶ……228
中小企業向けの会計ルール／中小企業の会計に関する指針（中小会計指針）／
中小企業の会計に関する基本要領（中小会計要領）

勘定科目を覚える……234
勘定科目／勘定科目コード／その他のコード

取引の帳票伝票を知る……236
伝票手順を理解する

報告体制を作る……238
月次経理報告／「予算対比」と「前年同期比」の2つ

会計ソフトを使いこなす……240
会計ソフトは2タイプ／会計ソフトのカバー領域

税務署に届出を提出する……242
関係する主要な税法は4つ／会社設立後の届出／地方法人税関係／異動届出書

事業報告と附属明細書を理解する……244
事業報告と附属明細書／決算書（計算書類）の附属明細書

利益処分・損失金処理をどうするか 246
利益は内部留保が多い／損失金処理

キャッシュフロー計算書を理解する 248
キャッシュフロー計算書の概要／キャッシュが生み出される3つの活動／B/SやP/Lで見えないものが見える

小口現金の管理をする 250
現金管理のルールを厳格に守る／経費現金は本当に必要か？

預金口座の管理をする 252
銀行との付き合い方／銀行への情報提供／政府系金融機関

金銭の回収・支払の不正を防止する 254
金銭処理は2人以上の確認が前提／領収書発行の管理／定期的な残高確認／銀行振込の利用

キャッシュレス決済に対応する 256
サービス業は対応必須/キャッシュレス決済のメリット・デメリット／会社内でのキャッシュレス決済利用

小切手のしくみを知っておく 258
小切手の要件／小切手はすぐに資金化される

約束手形のしくみを知っておく 260
支払日と支払金額を約束するもの/約束手形の決済／約束手形の資金化

振込制度を利用する 262
銀行振込／さまざまな振込方法

売上を計上する 264
会計基準／売上リベート

売掛金の消込作業をする 266
売掛金消込／客先別個別消込作業／違算の原因と追及

与信限度の管理をする 268
与信取引と与信管理／与信限度額の設定（売上高予想法）

信用調査の情報を収集する 270
取引相手の支払能力を調べる／信用調査会社（興信所）への調査依頼

仕入高をつかむ 272
仕入れの動きを金額で集計する／仕入れの計上基準と月末締め日のルール

在庫高を計算する 274
在庫管理の重要性／商品受払台帳／在庫評価方法／在庫評価損の計上

実地棚卸で在庫を確認する 276
実地棚卸計画表／実地棚卸の方法／棚卸差額の原因究明

適正な在庫量を保つ 278
安全在庫／在庫のための仕入れ発注パターン／発注点方式

固定資産を管理する 280
固定資産／労働装備率

固定資産台帳を作成する 282
現物管理が重要／固定資産台帳（設備台帳）／減価償却計算の結果明細

減価償却計算のしくみを知る 284
減価償却計算の方法／償却方法の届出と基本的な計算／備忘価額（償却可能限度価額）

少額資産と償却資産の違いを知る……286
金額水準で決める／一括減価償却制度／中小企業向けの少額減価償却制度

資本的支出と修繕費を見分ける……288
修繕の取り扱い／資本的支出の台帳管理

リースとレンタルの違いを理解する……290
リースとレンタルの違い／リース契約の特徴／レンタル契約の特徴／
中小企業のリース取引の会計処理

設備の廃棄・移動にも注意する……292
廃棄・売却処理／貸与・移動処理／その他固定資産の管理

販売費および一般管理費をつかむ……294
管理科目の分類目的／科目の標準的な設定／経費削減での集中管理科目

交際費は課税される……296
交際費の支出ルール／交際費の科目処理／接待飲食費の支出ルール

寄付金にも課税される……298
寄付金の課税限度額／指定寄付金と特定公益増進法人寄付金／贈与（寄付）とみなされる取引

旅費交通費・通勤費を管理する……300
出張のポイント／通勤手当の支給

役員報酬を理解する……302
役員の定義／役員報酬の決め方／役員報酬の支給

営業外損益や特別損益を読み取る……304
通常の営業活動以外の出来事で発生／営業外損益と特別損益

利益の種類を理解する……306
売上総利益、営業利益／経常利益、税引前当期純利益、当期純利益

税務調査への対応をする……308
税金の説明・教育をできるようになる／税務調査の種類／税務否認への対応

発生主義と現金主義を学ぶ……310
発生主義と現金主義の違い／現金主義／
発生主義（損益）と現金主義（資金繰り）の両方を見る

費用収益対応の原則を学ぶ……312
費用収益対応の原則／収益と費用は総額表示／企業会計原則

期間損益を理解する……314
会計基準の二分化／期間損益計算の方法／決算での収益・費用の期間対応

残高確認を必ず行う……316
現金・預金の実査／売掛金・買掛金の残高確認／残高確認で不一致が起こる原因

引当金を計上する……318
引当金計上のポイント

会社が納める税金を理解する……320
法人税への理解が必要／法人税・住民税および事業税／「租税公課」に計上する税金

法人税の申納税制度を理解する……322
優遇策が設けられている青色申告／青色申告の優遇策／「申告期限」と「所得の計算」に注意

法人税申告書を理解する……324
別表を使って申告する法人税申告／法人税率と地方法人税率

法人事業税・法人住民税を理解する……326
法人事業税の特徴／法人住民税と特別法人事業税

消費税を納付する……328
消費税のしくみ／簡易課税制度や軽減税率

固定資産税と事業所税を理解する……330
租税の課税方式／都市計画税と事業所税

印紙を忘れずに貼る……332
印紙税の課税主体と納税義務者／領収書の書き方

資金の動きをつかむ……334
資金の動きを知る／回収と支払いのタイミングをコントロールする

資金繰り表を作成する……336
収支の動きをつかんで過不足を調整する

資金計画を立ててみる……338
資金計画のポイント／資金移動表の作成

資金調達の方法を知る……340
資金調達の3つの方法／中小企業のおもな資金調達方法／融資方法などの用語

信用保証を理解する……342
担保（物的担保と人的担保）／中小企業への保証

利益計画を立てる……344
経理の利益計画立案／計画立案のポイント

予算立案のスケジュールを立てる……346
スケジュールの立て方／社員の参画意識を高める作業

利益計画書にまとめる……348
利益計画案のまとめ／予算の月別展開、部門別展開／販売計画の展開

経営分析を行う……350
外部からの分析（信用分析）／内部分析で自社を見つめ直す

企業分析は３つの視点で行う……352
３つの視点で会社の実態を把握する／財務諸表分析の欠点

損益分岐点を把握する……354
損益分岐点とは／変動費と固定費／損益分岐点売上高

中小企業の経営指標を見てみる……356
経営指標を比較する

索引…**358**
おわりに…**366**

※本書の内容は、2019年12月現在の情報をもとに解説しています。

第**1**章

自分の会社を知る

第1章のおもな重要キーワード

株式会社／会社組織／会社設立／会社法／社内ルール／
経営理念／事業環境／決裁ルール／年度目標

自分の会社を知る

キーワード　株式会社

会社の形態（株式会社）を理解する

株式会社とは

営利事業を行う目的は、「商行為を通じて利潤を確保し、納税ののち、出資者に還元する」ことにあります。それらの目的のため結合した集団に人格を与え、権利能力を認めたものが「法人」であり、その代表格が「株式会社」です。**事業法人の形態は、「株式会社」「合同会社」「合資会社」「合名会社」の４つ**です。以前は「有限会社」がありましたが、今は新たに設立することは認められていません。働く会社がどのような会社形態なのかは重要です。医療法人や学校法人などの場合もありますが、一般的には「株式会社」が多いでしょう。

会社で管理業務を担当する人は、自社の会社形態を理解し、適用されるルールや法令を知っておきましょう。基本となる法律は、「会社法」です。

中小企業とは

「小さな会社」の定義を定めた画一的な法律はありませんが、法令などによってさまざまな規定があります。例えば、「会社法」では資本金５億円以上かつ負債総額200億円以上の会社が「大会社」であり、それ以外は「中小会社」となります。一方、「法人税法」では資本金１億円以下の会社が中小会社となります。また、「中小企業基本法」では業種によって異なりますが、小売業など資本金5000万円以下、従業員50人以下が対象（中小企業）です。このように、**働く会社の資本金や常時雇用する従業員数によって、適用される法令ルールが違う**ことを理解しておきましょう。

中小企業のために、事務処理能力や負荷などを考慮して、会計ルールや官庁への届出などに特例が設けられています。それらを有効利用することで業務を効率的に遂行できます。また、公的機関の補助金制度、法人税の軽減税率適用、消費税納税の免除など、「小規模メリット」も享受できます。

チェックポイント

- □事業法人の形態は、株式会社・合同会社・合資会社・合名会社。
- □資本金や常時雇用する従業員数によって、適用される法令が違う。
- □中小企業のための会計ルールや官庁への届出などに特例がある。

法人

民法33条において、法律による一定の基準を満たした集団のみに、「法人」としての権利や義務が成立すると規定されています。これを「法律準拠主義」といいます。

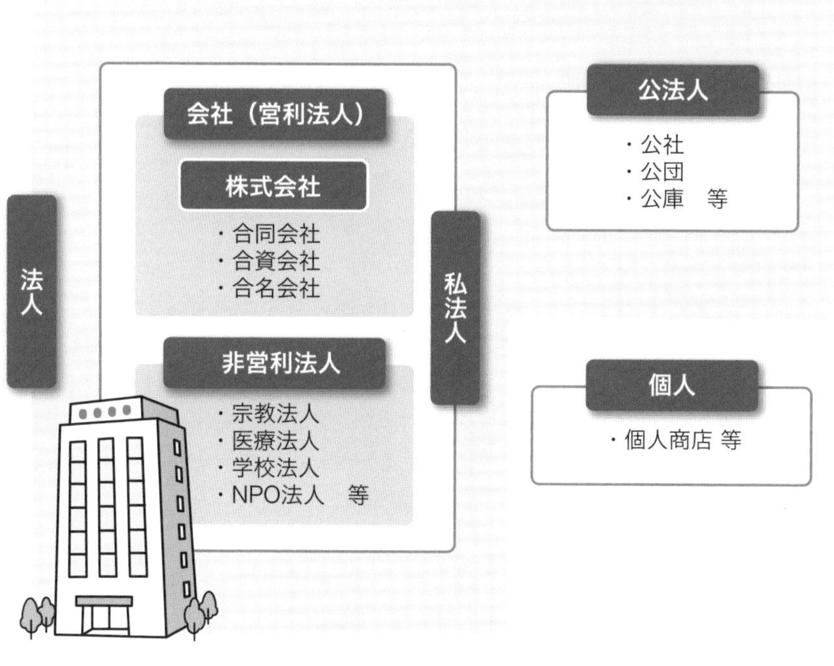

法人数と資本金規模

（出典：国税庁）

資本金の額のみで会社の規模を推測するのは無理があります。そのため、会社規模は会社の全財産（総資産）や売上高の大きさから推測するのが適切でしょう。

株式会社	250.7（万社）
合名会社	0.4
合資会社	1.7
合同会社	6.6
その他	6.4

株式会社の資本金規模

100万円以下	26.8（万社）	**11%**
～500万円以下	118.4	**47%**
～1000万円以下	70.6	**28%**
～1億円以下	33.1	**13%**
1億円超	1.8	**1%**
合計	**250.7**	**100%**

「会社法」は、会社の設立や組織、運営、管理などについて定めた法律。現在の会社法は商法や有限会社法などを統合して成立して、2006年に運用が始まった。

キーワード 会社組織

さまざまな組織形態があることを知る

部門別・職能別組織

大企業と同じように小さな会社の機能も、その役割によって大きく２つに分けることができます。１つは営業や製造を担当する「ライン担当」で、もう１つはそれらを支援する「スタッフ担当」です。

会社は「ライン担当」と「スタッフ担当」に分けた運営から始まり、**規模や人員の増加とともに「部門別組織」に移行**していきます。そして、その「部門」は、**職能ごとに分類して人員を配置し、部門化した「職能別組織」に発展**します。職務に必要な同じスキルを持つ社員を集めて、必要な資源も部門ごとに集中して配置できるため、業務の効率化が容易になります。さらに、指揮命令関係を明確にするために、「経営者→部門長→担当者」という縦の構造を備えることもできます。

事業部別組織

次の発展過程の組織では、**製品分野や市場ごとに、事業部として組織を分割**していきます。各事業部には、それぞれ職能別の各部門が組織されて、独立した会社のように運営されます。各事業部に権限を与えることで、すばやい動きができる経営が可能になります。また、事業部ごとの「独立採算制」をとることで利益責任を追求していきます。

その先の発展には、「カンパニー制組織」「分社組織」などがあります。

会社組織とスタッフスキル

自分の会社の組織運営がどの発展過程にあるのかを理解して、「権限移譲」や「指揮命令の流れ」を検証しましょう。

また、会社が成長していくことで、新しい組織が必要となり、スタッフ担当者のスキルも組織に合わせて成長が求められます。

チェックポイント

- □会社の機能はライン担当とスタッフ担当に分けることができる。
- □部門化することで業務の効率化が容易になる。
- □組織の成長に合わせて担当者のスキルアップが必要になる。

会社組織の成長の流れ

事業の拡大にともなって、組織の改廃がなされますが、一方では「安定的な」組織運営も求められます。さらには、人材の育成・確保も重要になります。

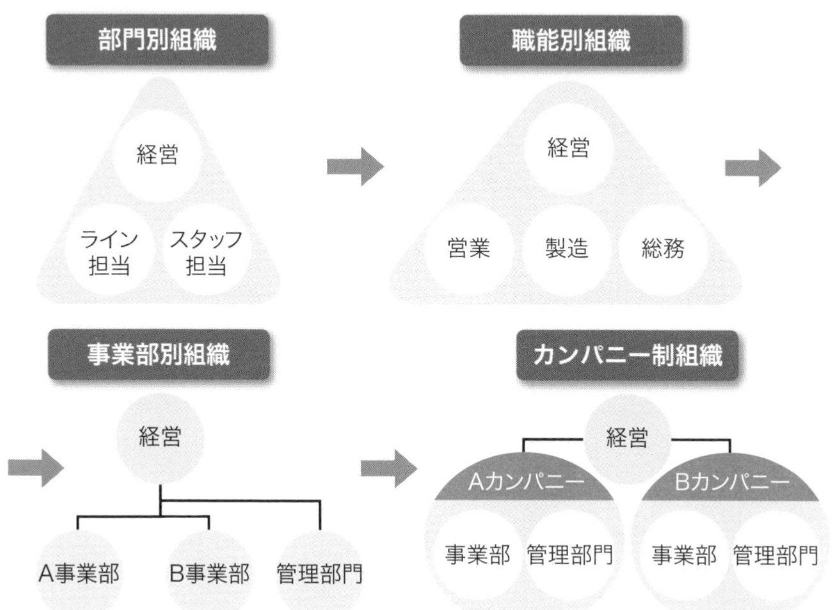

管理部門の成長の流れ

管理部門は、直接的に利益を生み出さない部門（コストセンター）であるため、その機能を拡大する際はコストへの注意が必要です。

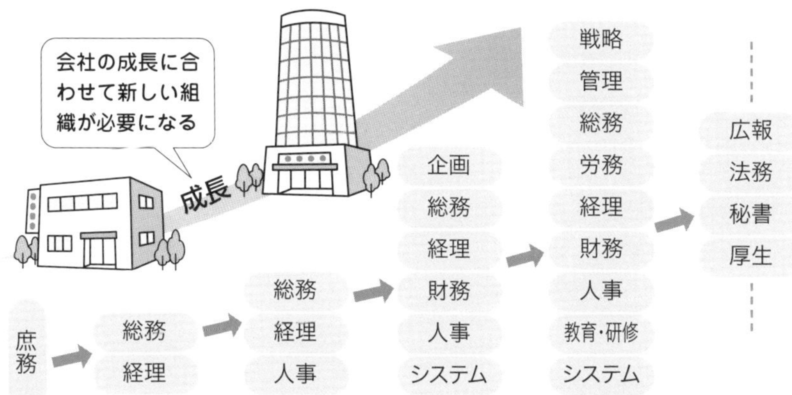

経営用語に「Span of Control」という言葉がある。これは一人の管理者が直接に管理できる部下の人数は、10人前後が限界であるという考え方。仕事の分担や組織変更を考えるとき参考になる。

キーワード 会社設立

会社の戸籍を知っておく

会社の戸籍「定款」とは

個人に戸籍が登記されているように、会社にも戸籍「定款」が法務局に登記されています。会社の名前や住所が記載されており、公証人の定款認証ののち、法務局に申請し、法的な会社の「戸籍」が生まれます。会社の定款を知らないと仕事ができないわけではありませんが、一般的な定款には、どのようなことが記載されているのかを知っておきましょう。

会社設立

株式会社を設立する場合、会社法に定める法令で手続きします。現実的ではないですが、資本金1円でも設立は可能。定款に記載すべき**「絶対的記載事項」は①目的、②商号、③本店の所在地、④設立の資本金、⑤発起人の氏名・住所**です。会社名や本店住所はこの記載がもととなっています。

株式譲渡制限条項

小さな会社の定款には「株式譲渡制限条項」があるのが一般的で、ある株主が誰かに会社の株式を譲渡する場合は、「取締役会」の事前承認がいる旨が定められています。この定めにより、小さな会社が知らないうちに誰かに乗っ取られるのを事前に防止できます。なお、「公開会社」（上場会社）には、この条項は設定できません。

定款の登記変更

定款の記載変更には、商号、本店所在地など登記変更が必要な項目があり、定款の内容変更には注意が必要です。**登記変更を忘れると「過料」（罰金）が科せられます**。会社の成長とともに、子会社の設立もありえるので、会社設立の知識・準備も必要になるでしょう。

チェックポイント

- □定款という「会社の戸籍」が法務局に登記されている。
- □会社の名前や本店住所は定款の記載がもととなっている。
- □定款の登記変更を怠ると罰金が科せられる。

会社設立の流れ

現存する会社で働くスタッフにとって、会社設立は関係のない業務と思われがちです。しかし、事業拡大とともに新たに子会社を設立する場面が出てきます。

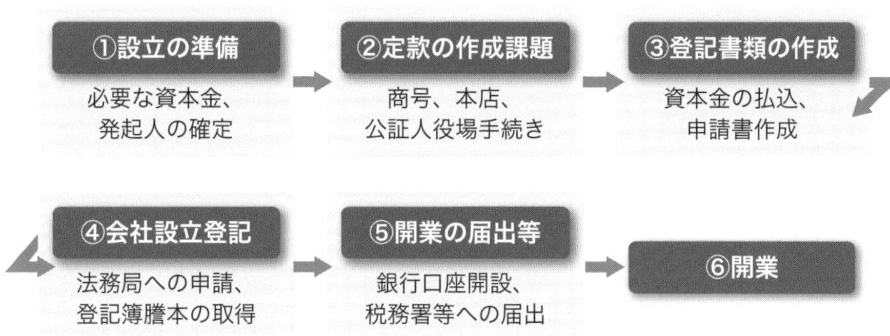

定款の記載例

ほとんどの会社の定款記載内容は一般的なものです。法務局のホームページには、「定款の記載例」が株式会社設立届出書類とともに載せられています。

第１章　総則

（商号）第１条　当会社は株式会社○○と称する

（目的）第２条　当会社は次の事業を営むことを目的とする

1．××の製造販売

2．前号に附帯または関連する一切の業務

（本店所在地）第３条　当会社は本店を東京都千代田区に置く

（機関の設置）第４条　当会社は株主総会および取締役を置く

（公告の方法）第５条　当会社の公告は官報に掲載する

絶対的記載事項。ほかに「設立の資本金」「発起人の氏名・住所」

第２章　株式

（発行可能株式総数）第６条　当会社の発行可能株式総数は××株とする

⋮

会社を設立した後、定款を本社に備え置くことが会社法で決められている。しかし、現実には定款の原本がどこにあるかわからなくなってしまうこともある。管理・保管に注意することが大切。

自分の会社を知る

キーワード 会社法

どのような法律をもとに運営されているのか理解する

会社法の構成

会社という組織に「法人」という資格を与えている根拠となるのが「会社法」です。会社法第１条には、「会社の設立、組織、運営及び管理については、この法律による」とあります。

よって、会社を経営する人や管理を担当する人は、この法律の概要を知っておくべきです。

会社法は第１編から第８編までで構成され、特に第２編（第25条～574条）で、会社設立、株式発行、会計方法、解散・清算など経営に関する規定が定められています。会計士や税理士は、この法律を勉強しています。

株式会社と有限責任

「有限責任」では、もし会社が倒産した場合に、出資者は出資した金額の上限の範囲で責任をとります。一方、「無限責任」では個人の全財産を失っても借金のすべてに責任があります。有限責任会社である株式会社の形態にすることで、責任の範囲が明確になります。

株式会社の運営組織

会社法では、「株主総会」「取締役」を置かねばならないと定めています。そのほか、「取締役会」「監査役」「監査役会」「会計監査人」「会計参与」「委員会」の機関（組織）を、会社規模や公開会社などに応じて置くことができます。なお、機関設計のパターンは40通り近くもあります。

中小企業の場合は、株主総会、取締役会、監査役の設置が一般的ですが、10通り近い機関設計ができます。取締役会は３人以上の取締役で構成し、「代表取締役」を選任します。一人の株主が取締役を兼ねて「一人だけの株式会社」も可能です。

チェックポイント

- □経営に関する規定が会社法で定められている。
- □株式会社にすることで責任の範囲が明確になる。
- □中小企業は株主総会、取締役会、監査役の設置が一般的。

日本の法体系

数多くある法令の改正は毎年行われています。法律だけでなく、業界内での自主規制や行政指導・通達などの改廃についても、常に関心を向けましょう。

中小株式会社の機関設計パターン

オーナー企業の社員50人以下の小規模会社では、下表のように半数近くが取締役会を設置しておらず、数名の取締役と監査役を置く形をとっています。

	株主総会	取締役	取締役会	監査役	会計監査人	会計参与
①	○	○	×	×	×	×
②	○	○	×	○	×	×
③	○	○	×	○	○	×
④	○	○	×	×	×	○
⑤	○	×	×	○	×	○
⑥	○	×	○	×	×	○
⑦	○	×	○	○	×	×
⑧	○	×	○	○	×	○
⑨	○	×	○	○	○	×
⑩	○	×	○	○	○	○

Memo　現在、多くの中小企業では戦後すぐ生まれの経営者の引退が始まり、その後の適当な後継者がおらず、事業承継が大きな経営問題となっている。経営体制の安定的な継続は、社員にとっても大きな問題である。

自分の会社を知る

キーワード 社内ルール

どのような規則・規定があるのか知っておく

社内外のルールを知ろう

小さな会社だからといって、規制を逃れたり、罰則が甘くなったりするわけではありません。会社を成長・発展させるためには、社内外のルールを理解して使いこなすことが求められます。

取引に関する法律

「民法」が基本的な法律となりますが、「商行為」、つまり**取引については「商法」で定められていて、商法が優先されます**。ほかにも「手形法」「小切手法」「利息制限法」といったものや、業界特有の法律（「食品衛生法」「建築基準法」「製造物責任法」など）もあります。

総務・人事・経理に関する法律

労働条件、労働災害防止、福祉などの視点から作られた**労働者に関する法律も多くあります**。職場の安全確保に関しては「労働安全衛生法」があります。知的財産権の保護活用については「特許法」など、経理に関するものとしては「法人税法」「所得税法」「金融商品取引法」などがあります。

部課長の権限と責任

会社に対する法律だけでなく、**働く個人にもルールがあります**。取締役には、会社法などで、その義務や責任が決められています。

部長や課長も、就業規則や入社時・退職時の「誓約書」で、「誠実な勤務」「機密保持」「競合取引禁止」などが定められているため、これらを遵守しなければいけません。

社員が「私利私欲」や「特定の第三者」のために、会社に損害を与えた場合は、会社が損害賠償を求めます。

チェックポイント

- □取引については「商法」で定められている。
- □職場の安全確保の法律には「労働安全衛生法」がある。
- □会社に対してだけでなく、社員に対してのルールもある。

社外でのルール（法律・慣行）

社外でのルールは法令・規則だけではありません。業界の慣行や取引先との取り決めなども重要なルールであり、社内での理解・周知が必要です。

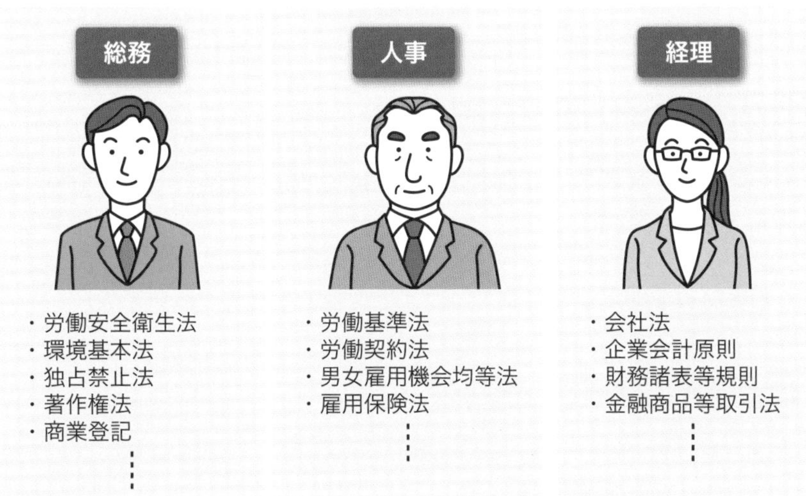

社内でのルール（規則・慣行）

社内の規則や慣行にしばられるあまり、改革・改善への意欲が湧かない職場になっては困ります。定期的な見直しを行って改善を図りましょう。

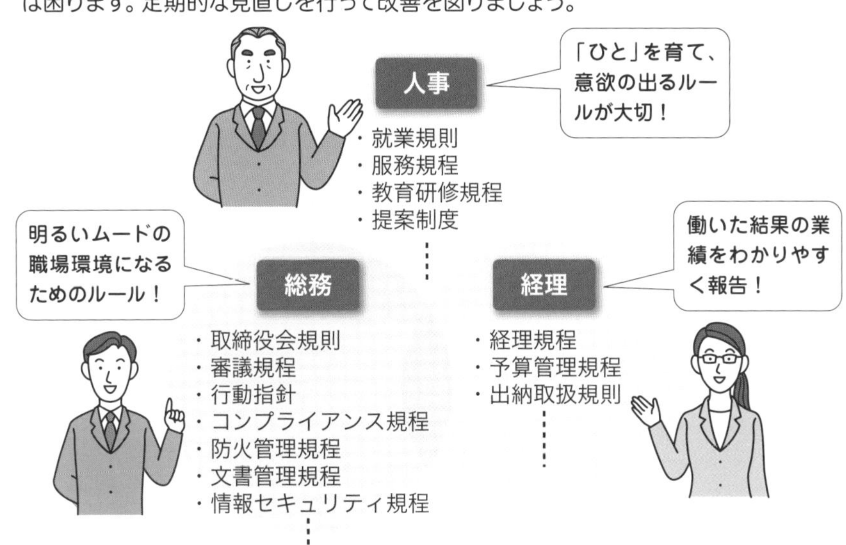

環境保護や人権問題など社内外での対応課題はさまざまであり、守るべきルールや対処は日々変化する。社内での教宣・研修も必要であり、担当するスタッフの重要な仕事である。

自分の会社を知る

キーワード 経営理念

会社のビジョンや社是を理解する

経営の理念や方針を浸透させる

小さな会社でも、「会社が何を目指しているのか」を簡潔に明らかにすることは、「共通の価値観の醸成」や「経営方針の支柱」などの観点から必要になります。また、**経営理念が浸透している会社は、そうでない会社に比べて業績が良く安定している**というデータもあります。大企業のほとんどは理念や指針を文章化しています。

経営理念の簡潔性と具体性

「社会的責任の追求」「人間性の尊重」「価値創造」の視点や意味合いが含まれた文章や文字表現は、経営理念に高尚さを与えます。

経営理念の形は会社によってさまざまで、それぞれの会社が考えるべきものです。社内掲示板や社内報、リーフレット配布や社内での唱和などで、社内への浸透を図ることも、管理部門の責務といえます。**理念を浸透させるためには、わかりやすく、粘り強く語り続ける**ことが大切です。

また、事業環境が激変している状況下では、必要に応じて経営理念が見直されることもあります。

コーポレートスローガン

個々の商品ではなく、**企業のイメージや経営方針を表したものを「コーポレートスローガン」**といいます。これは「企業のキャッチコピー」ともいえて、テレビCMなどで頻繁に使われています。**会社の理念を社外にアピールすることで、ブランド価値の向上を狙っ**ています。

また、キャッチコピーは、商標法や不正競争防止法により、商標としても認知され、保護される場合もあります。小さな会社でも経営理念やコーポレートスローガンを作ってみましょう。

チェックポイント

- □小さな会社でも経営理念の明文化は必要。
- □経営理念が浸透していると、業績が良くなる傾向がある。
- □社外に会社の理念をアピールし、ブランド価値の向上を狙う。

経営理念の定義（広辞苑より）

小規模な会社では「経営理念」を声高に唱えたりすることはないかもしれません。しかし、社長が自らの言葉で、「○○○を△△△しよう」などと社員に呼びかけることは重要です。

経営理念	企業行動における基本的な価値観、精神、信念、行動基準を表明したもの
社是	企業の経営上の方針・主張
経営ビジョン	企業のあるべき姿に対する構想ないし願望
社訓	会社で働く社員の指針として定められた理念や心構え

経営理念のブレークダウン

経営理念やビジョンは、会社の実体とかけ離れたところにあるものではなく、経営の一部であるということを理解しましょう。

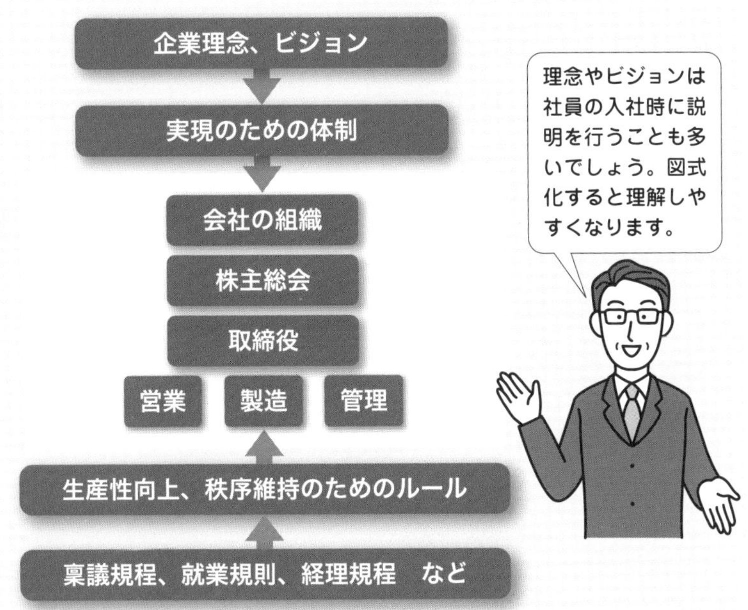

Googleの「10の行動理念」には次のような表現がある。「You can make money without doing evil.（悪事をしなくても稼げる）」「You can be serious without a suit.（スーツを着なくても真剣になれる）」。

自分の会社を知る

キーワード 事業環境

会社の置かれている業界、競合などを知る

事業環境を知ろう

日頃の業務に追われていると、会社の置かれている事業環境への関心が薄れがちになります。経営者のみならず、管理業務の担当者も、**会社が置かれている事業環境に関心の目を向けることが必要**です。

競合相手や自社の状況を共有する

経営者やライン部門は競合相手の状況を日頃から肌身で感じていますが、スタッフ部門はそうではありません。

競合相手や顧客の状況を全社員で共有できるようになると、より具体的な「経営戦略」が立てやすくなります。

また、自社の製品やサービスの「強み・弱み」のポイントを共有するだけでも、企業が成長するパワーが生まれます。

競争相手との比較分析

製品やサービスだけでなく、**競合相手の賃金水準、厚生福祉制度、人材採用方法なども、比較分析してみましょう。**その分析から、競合相手を上回る「働きがい」を生み出す施策が提案できます。

経営戦略理論

戦後、さまざまな経営戦略理論が提唱され、大企業ではそれらの理論が実践されてきました。

経営戦略理論には「業界分析を通じて、自分の会社がいかにして優位に立てるかを探る戦略」「社内でのスキルや資源をもとに、それらを最大限に引き出し、優位に立つ戦略」などがあります。

小さな会社の経営者も戦略理論に目を向けて経営に活かしましょう。

チェックポイント

- □自社や他社の状況を全社員で共有すると経営戦略が立てやすくなる。
- □競合相手の賃金や厚生福祉も分析対象になる。
- □経営戦略理論は小さな会社でも活かせる。

分析方法のフレーム例

フレームにはさまざまな手法や考え方があります。それらがすべての経営課題を解決できるとは思いませんが、アイデアやアドバイスになります。

カテゴリーごとに分析し、最適の組み合わせを見つける

ビジネスモデル

- 自社の製品
- サービス
- 開発研究
- コスト
- 品質

- 販売方式
- ルート
- ツール

- 競合相手
- 顧客
- 市場

「ビジネスモデル」は「3C分析」「カテゴリー分析」「クラスター分析」とも呼ばれます。

有名な分析フレーム

ライフサイクル分析

「Product Life Cycle（製品ライフサイクル）」は、販売戦略に利用されます。

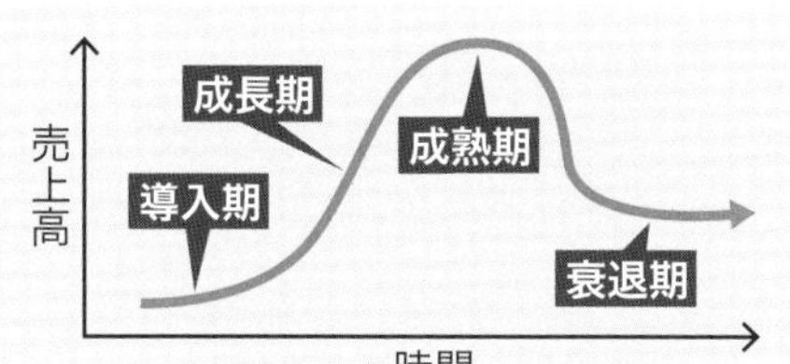

SWOT分析

企業や組織を、「強み（Strength）」「弱み（Weakness）」「機会（Opportunity）」「脅威（Threat）」の4つの軸から評価する手法です。

	プラス要素	マイナス要素
内部環境	自社の強み	自社の弱み
外部環境	ビジネスの機会	市場の脅威

外部環境分析（機会・脅威）と内部環境分析（強み・弱み）に分けられます。

中小企業の経営の場では、さまざまな学説や分析手法が活用され、実践されているというケースは少ない。最後には、「カンと経験」に優るものはないかもしれない。

キーワード 決裁ルール

社内の決裁権限のルールを理解する

責任・権限を部下に委譲

小さな会社では、社長がすべて自分で決めて（決裁）いることも多いはずです。しかし、「ワンマン経営」「社員の参画意識欠如」「管理者不足」などに陥る恐れがあるため、**ある程度の責任・権限が部下に委譲されることがのぞまれます**。そのときのルールが「稟議規定」「決裁規定」「責任権限規定」と呼ばれます。

会議体決裁と伝票決裁

最高議決機関である株主総会や取締役会では、経営に大きな影響がある事項について、会議での多数決による決裁が権限規定からされます。

次のレベルの決裁が、社長や部課長レベルの「稟議書」で、書面の複数人による回答形式の決裁方法です。

日常の旅費精算や見積書算定などは、即断即決が必要なので、「入出金伝票」などへの「押印」による決裁の形がとられます。

責任権限規定の社内開示

「誰が、何を、どのように決めているのか、決められるのか」を社員に開示し、経営の透明性を高めましょう。そうすることで、決裁された細かい書類作成に追われるスタッフも納得できます。決裁においては、個人の損得や偏見による判断がされないように努めなければなりません。

決裁までの時間と手順

「決裁のスピード」が問題となるケースも多くあります。**判断不足、責任転嫁、個人の性格などが遅れの原因**です。また、手順を踏まずに「独断先行」する場合もあります。これらにも総務スタッフは注意しましょう。

チェックポイント

- □部下への権限委譲が問題発生の予防策になる。
- □決裁の透明性を高めることで社員の納得度を上げる。
- □総務スタッフは決裁のスピード感と手順に注意を払う。

決議の種類

決裁・決議は正確・明瞭な形で記録され、保存されることが前提です。そのことが「責任と権限の委譲」のしくみを裏付けることになります。

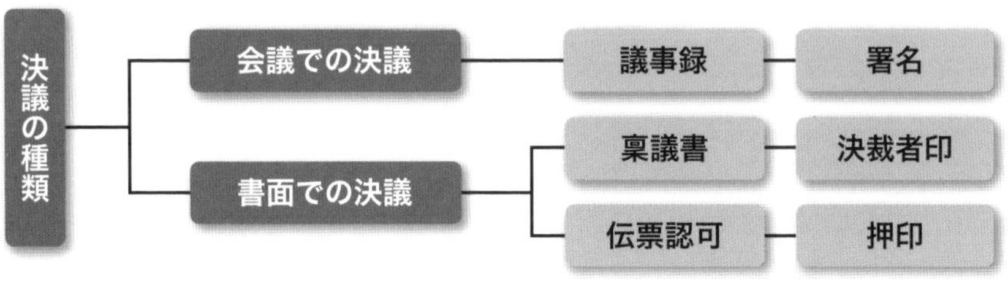

決裁権限表

ある程度の規模の会社では、必ず権限基準を定めたものがあります。明確な決裁表がない場合はすぐに作りましょう。「ヒナ型」も公開されています。

大項目	決裁事項	決裁	会議	起議
経営計画	1. 年度方針、年度計画 2. 新規事業の参画 3. 大型の設備投資 4. 全社組織変更 5. 重要な人材の採用・配置 ⋮	社長 ↓	取締役 ↓	部長 ↓
人事	1. 就業規則の改廃 2. 社員の採用・配置 ⋮	社長 ↓	部長 ↓	課長 ↓
設備投資・出資	1. 土地・建物の取得・賃借 2. 事務所新改築 ⋮	社長 ↓	部長 ↓	課長 ↓
経費支出	1. 接待交通費 2. 海外出張費 3. 社外研修参画 ⋮	部長 ↓	課長 ↓	本人 ↓

Memo　「口頭決裁」「電話決裁」「おまかせ決裁」「みんなで決裁」「暗黙決裁」「メモ決裁」などはやめること。決裁を言い訳の材料にする責任者もいるが、結果責任とは決裁者一人が負うものではない。

自分の会社を知る

キーワード　年度目標

年度目標を社内で共有する

年度経営方針

年初あるいは年度はじめに、社長から「取り巻く環境は厳しいが、全社一丸となって目標を達成しよう」などと呼びかけがあります。それを受けて全社員は目標を理解・共有しなければなりません。その仕掛人となるのが、スタッフ部門です。

年度経営方針のポイントは「わかりやすく簡潔に」「総花的（要点を絞らず、まんべんなく項目を並べる）ではなく絞り込んで」「精神論でなく具体的に」などです。目標の策定には、社員の参画があり、そこから出てくるものは夢物語でない目標のはずです。目標を設定し、それを共有することは、大企業でも同じことで、小さな会社でも例外ではありません。

目標のブレークダウン

年度方針を受けて、各部門や担当者は自らの目標を考えていきます。目標の「共有」と「連鎖」については、経営学者ドラッカーが提唱してきた経営管理論にもつながります。

スタッフ部門に関わる業務（担当変更、新人配置、組織改廃、設備投資、広告宣伝、資金調達など）のすべてが、年度経営方針を出発点とします。

また、小さな会社の少人数のなかで、個人レベルの目標の結果評価が「個人の責任追及」「犯人捜し」に利用されるようなことがあってはいけません。

上場企業での年度方針

小さな会社にとって、公開されている上場企業の株主レポートなどは参考になります。株主に報告する「事業報告」には「対処すべき課題」の記載が義務づけられているので、どのような課題があると認識しているのかを知ることができます。

チェックポイント

- □経営方針は要点を絞り、簡潔で具体的なものにする。
- □年度方針を踏まえて、部門の目標を考えていく。
- □スタッフ部門のすべての業務は、年度方針が出発点となる。

年度目標のサイクル

年度目標は「立てること」が目的ではありません。このサイクルを回すことが目的です。それぞれの段階で確認のチェックを入れましょう。

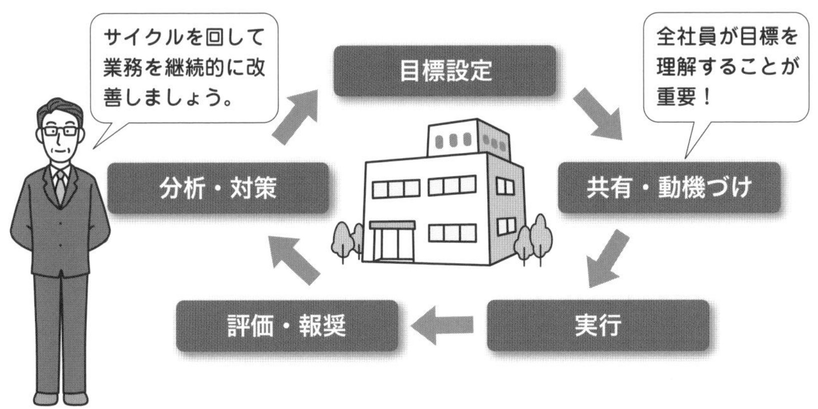

年度目標の誤ったとらえ方

年度目標の理解や共有をする際は、「一体感をもって仕事を進めよう」とする職場ムードを醸成することが大切です。シラけた意識で、何事にも批判的な社員もいるため注意が必要です。

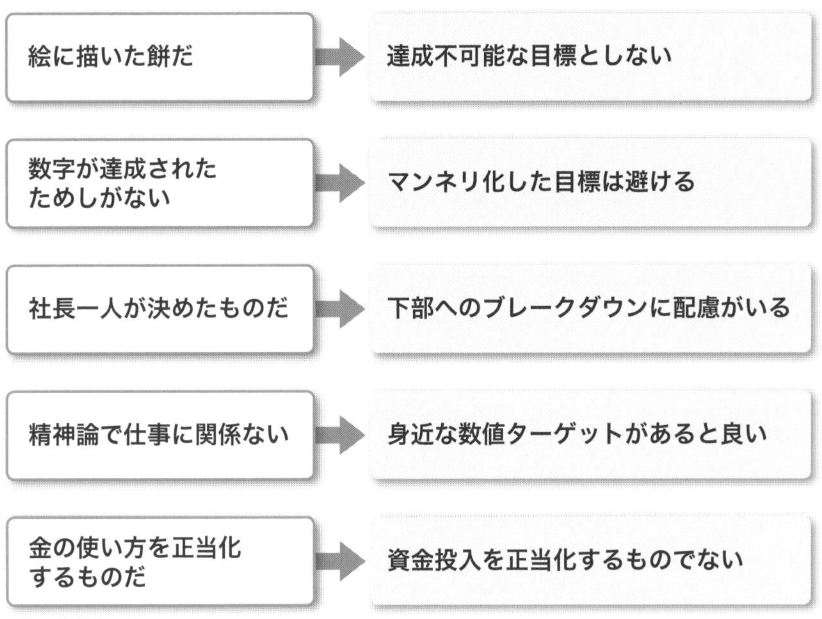

年度目標は、夢物語ではない挑戦的な目標の設定がベスト。ただし、目標そのものの評価を経営者は行う必要がある。スタッフ部門は日標サイクルの維持に注力することがのぞまれる。

コラム①

外国と日本での手続きの違い

十数年前に、インドで新たに会社を設立する仕事をしたことがあります。イギリス領であった過去から、会社法の概念は英米法に近いものといわれ、会社設立の手続きについて、大きな違和感はなかったのですが、当然ながら現地専門家にすべて頼らざるを得ませんでした。現地に進出した日本の銀行、公認会計士ファーム、JETRO、日本の大手商社などに大変助けてもらいました。ただ、設立に際して、新会社の社名は勝手に決められず、申請時に希望する2つの社名を申請し、当局によってどちらかの会社名に決められるのには、参りました。

会社設立の手続きは、当時すでに日本より電子化が進んでいました。新会社の取締役就任のための署名には、電子署名（Digital Signature Certificate：DSC）の取得などが必要で、認証取得情報はメモリーで送られてきました。日本は「実印」の印鑑証明書など、書類で手書きのやり方ですが、**外国では公的な証明・手続きでも電子化が進んでいます。**

最近、日本でもマイナンバーカードの導入により電子認証ができるようになりました。「就業規則の届出」など労働基準法の届出等はすべて電子申請の利用が可能です。電子政府の総合窓口「e-Gov（イーガブ）」にアクセスして行います。また、税務申告も「e-TAX」によって電子申告ができます。これらのように、日本でも電子手続きがだいぶ進んできました。

しかしながら、現状ではまだまだ「届出書の様式サンプル」や記入方法などペーパー作業への説明ニーズが高く、本書もそのニーズに十分応えられるように記述しています。

第2章

総務の仕事

第2章のおもな重要キーワード

総務の仕事領域／総務業務／安全衛生／安全衛生委員会／文書管理／オフィス環境／パソコン管理／交通安全対策／イベント開催／健康診断／メンタルヘルス／アウトソーシング／賃貸契約／企業法務／取締役の義務／商業登記／知的財産権／機密情報／マイナンバー／コンプライアンス／法令違反／民事訴訟／株式取扱業務／株主総会／役員変更／総会議事録／ステークホルダー／ CSR活動／対外折衝

アウトライン

キーワード 総務の仕事領域

総務の仕事の目的領域は3つ

総務の仕事

総務の仕事は多岐にわたるため、「なんでも屋」「御用聞き」と揶揄されることもあります。しかし、業務の目的意識を強く持つことで、「効率化」「専門化」を深めて、成長することができます。

総務のすべての業務は、以下の３つの領域に分けて理解してください。

①快適な職場作り
②リーガルリスクへの備え
③取り巻く環境への対応（ステークホルダー対応）

「総務の仕事は何ですか？」との質問には、自信をもって「**３つの領域のコントロール**です」と答えましょう。

社内コミュニケーション

快適な職場作りは、空調や照明などの物理的環境だけを意味するものではありません。「活気ある明るい職場ムード」こそが、総務が業務遂行を通じて実現していくことなのです。**「目的＋意欲＋コミュニケーション」が活気ある職場を生み出し、そのリーダーが「総務」**といえます。

社内コミュニケーションのポイントは次の３つです。

①経営者などキーパーソンとの連携
②秩序だった開放感あるオフィスレイアウト
③さまざまなコミュニケーションツールの提供

総務の仕事の費用対効果

総務は社内で率先して「経費削減」活動を呼びかける役割もあります。そのため、総務自身が行う施策や制度運用でも、費用対効果の生産性に強い関心を持ちましょう。

チェックポイント

- □総務の仕事は３つの領域のコントロール。
- □総務は社内コミュニケーションのリーダー。
- □総務は率先して経費削減を呼びかける。

役割の見える化

「総務の役割」を明確に周知・理解してもらうために、「サービス」と「コミュニケーション」の2つのキーワードでアピール・見える化しましょう。

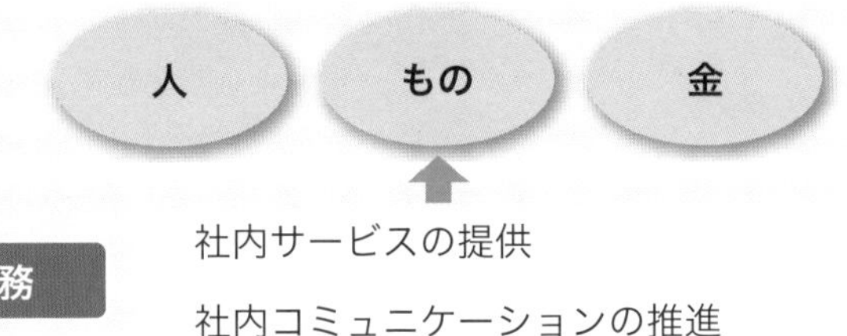

仕事のウエイト

会社の規模により、仕事のウエイトづけも大きく変わります。「ハード・社内」対応から、「ソフト・社外」対応へと、総務の仕事の重心もシフトします。

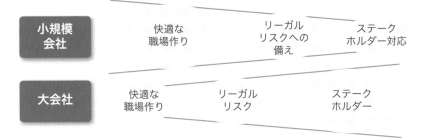

小規模会社
快適な職場作り　リーガルリスクへの備え　ステークホルダー対応

大会社
快適な職場作り　リーガルリスク　ステークホルダー

コミュニケーションツールの活用

コミュニケーションツールも多岐にわたるので、ジャンルを理解して業務遂行にあたりましょう。同じジャンルのものばかりを繰り返すと効果が薄れます。

アナウンス
掲示板　ポスター　展示物　カレンダー　パンフレット
社内放送　ビデオ放映　社員手帳　ホームページ　メール

ミーティング
朝礼　会議　職場集会　説明会　ランチミーティング
キャンペーン　懇親会　会社見学　忘年会

制度・しくみ
面接　プロジェクト活動　小集団活動　提案制度
表彰制度　社内SNS　社内研修　講演会　安全運動

Memo
SNS（Social Networking Service）を介して情報の共有化を図る試みがなされている。社員は自身の「本音」を語るのを躊躇することもあるが、決して「グチ」を言う場にならないように。

総務の年間スケジュール（3月決算会社の場合）

4月	5月	6月
・入社式の実施 ・年度方針発表会 ・組織変更レイアウト	・連休対応 ・株主総会準備	・株主総会開催 ・登記事項確認 ・上期賞与支給式
メモ欄：自分の担当		

年間の社内カレンダーを作成するのは総務の仕事です。

10月	11月	12月
・防災訓練実施 ・採用試験準備	・社員研修会実施 ・就業カレンダー検討 ・ホームページ校正 ・什器備品現物確認	・下期賞与支給式 ・年賀状発送 ・社内大掃除 ・社内忘年会 ・年末挨拶回り
メモ欄：自分の担当		

年間の繁忙期、閑散期など業務負荷の変動は、「総務」「人事」「経理」それぞれにあります。年間の業務負荷の変動時期を社内でお互いに理解しましょう。

7月	8月	9月
・夏季休暇の検討 ・暑中見舞い挨拶	・盆休み対応 ・廃棄文書整理	・秋の交通安全 ・定期健康診断実施

総務業務だけでなく、社内の季節的な業務はすべて把握しよう！

1月	2月	3月
・年始式実施 ・年始挨拶回り ・新年会 ・社内報新年号	・次期経営計画立案 ・次期経費予算ガイド	・新入社員受け入れ準備

Memo 年度の事業計画とも連動することが求められる。業績の良し悪しによっては年度の途中でスケジュール・行事も見直しする。組織変更の時期にも社内のレイアウト変更、社宅の手配などの業務もでてくる。

快適な職場づくり

キーワード 総務業務

日常のさまざまな仕事を知る

総務の仕事は守備範囲が広い

総務は「経営トップのサポート」から「業界団体との対応窓口」「オフィスの環境整備」等まで幅広い守備範囲をカバーしなければなりません。ほかのスタッフが担当しない業務のすべてが、総務の担当という場合もあります。そのような総務担当者に求められるスキルを考えてみましょう。

事務処理能力

さまざまな業務をこなすには、高い事務処理能力がいります。「テキパキ」とこなす能力です。当然ながら、その処理には「スピード」と「正確性」が必要です。このスキルをどのように習得するかは大きな課題となります。

コミュニケーション能力

経営陣との連携が重要な業務の１つですが、連携を深めるなかで、「ご意見番」や各部門との「橋渡し役」に発展します。コミュニケーションは社内にとどまらず、公官庁との渉外業務など社外にもおよびます。

コスト意識

「通信費」「賃借料」「物流費」など多額の費用が総務の領域で支出されます。総務の大きな仕事の１つが「コストカット」です。総務担当はこれら支出に対して、「経費削減」の視点を強く持たなければいけません。

温かい業務処理

社内外のさまざまな人と接する総務担当は、「冷徹」「不愛想」な印象は好まれません。受付窓口の印象によってその会社がわかるという人もいました。応対だけでなく、仕事そのものに「温かさ」がほしいものです。

チェックポイント

- □総務の仕事にはスピードと正確性が求められる。
- □総務担当者は経費削減の視点を持つことが大切。
- □人との関わり合いが多い総務には「温かさ」が求められる。

コストカットの考え方

コストカットは「費用対効果」が問われますが、効果は金額算定が難しいものです。「時間」「人数」「面積」など別の概念換算による算定が参考になります。

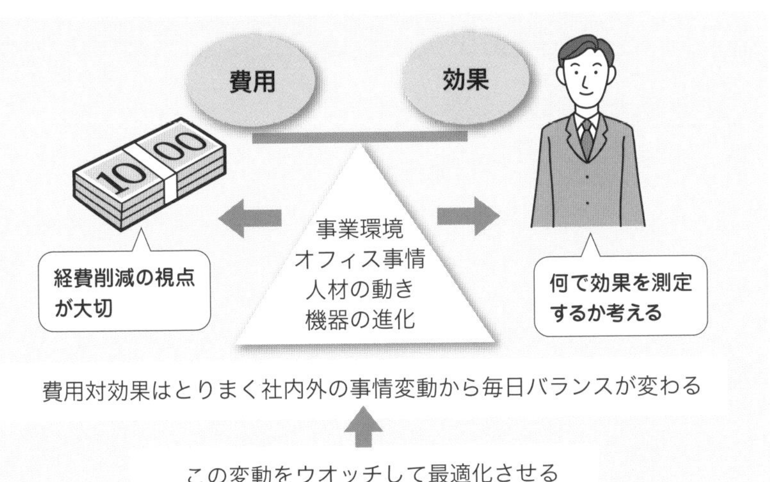
費用
効果
10 00
事業環境
オフィス事情
人材の動き
機器の進化
経費削減の視点が大切
何で効果を測定するか考える
費用対効果はとりまく社内外の事情変動から毎日バランスが変わる
この変動をウオッチして最適化させる

総務担当者の守備範囲

以下に一般的な会社の総務の仕事を列記しましたが、業種・業態によって守備範囲は変わります。総務担当者は一人で多くの仕事をカバーしなくてはなりません。

「モノ」の管理

備品メンテナンス管理　印章管理
事務消耗品管理　帳票管理
不動産管理　賃貸借物件管理　オフィス・レイアウト　車両管理　保管警備
防災業務　安全衛生管理　業務委託契約　パソコン管理　電話等通信機器管理

「社内コミュニケーション」の遂行

秘書業務　受付業務　健康管理
慶弔業務　会社行事　イベント業務
展示会業務　契約書文書管理　情報セキュリティ業務　ハラスメント対応
会議体運営業務　稟議書運営業務

「社外コミュニケーション」の遂行

株主総会　株式取扱管理　社外広報
官公庁交渉届出業務　社会貢献活動
環境対策　業界団体管理　クレーム対応　電話メール管理　地元団体渉外

総務の仕事のすべてを1～2年で経験・習得するのは至難の業。そのため、この案件は○○さんしかわからないという社内専門家の存在が重要。「できる総務」は「経験」の伝承がポイントになる。

快適な職場づくり

キーワード 安全衛生 安全衛生委員会

職場の安全衛生を向上させる

職場作りのための法律

小さな会社でもさまざまな業種がありますが、建設業などのように労働災害のリスクが大きい業種もあります。職場作りにかかわる法律として、**労働災害防止や健康障害防止、健康保持増進のための法律である「労働安全衛生法（安衛法）」**があります。これは、快適な職場作りのための法律で、「労働基準法（労基法）」とともに２本柱になっています。

安全衛生管理体制

会社の規模や業種によって異なりますが、会社は**安全衛生を推進する担当者の設置や体制作りが義務づけられています**。よって、総務担当者は労働安全衛生法に関する知識を学び、実践しなければいけません。

ほかにも「騒音規制法」「環境基本法」「大気汚染防止法」など、環境関連の法令も多くあります。

安全衛生教育

会社は社員を雇用したときや配置転換したときなどに、安全衛生についての教育をしなければいけません。製造現場での作業や機械の取り扱いについても同様です。

職場でケガをした場合など、**安全への配慮によっては「安全義務違反」として損害賠償責任が生じます**。

労働安全衛生法の罰則

危険物の製造などでは刑事罰も科せられます。そのほか「危険・健康障害防止規定違反」「作業環境測定違反」「雇用時安全教育義務違反」「安全衛生管理者選任違反」などで、責任者と法人が罰則の対象となります。

チェックポイント

- □安全衛生の実践が義務づけられている。
- □安全への配慮が足りないと違反となる場合がある。
- □危険物の製造では刑事罰が科せられることもある。

小さな会社の安全衛生管理体制

会社は「安全衛生推進者」を任命することで、社内でのリスクに目を光らせることになります。それだけでも「内部統制」への効力は発揮されます。

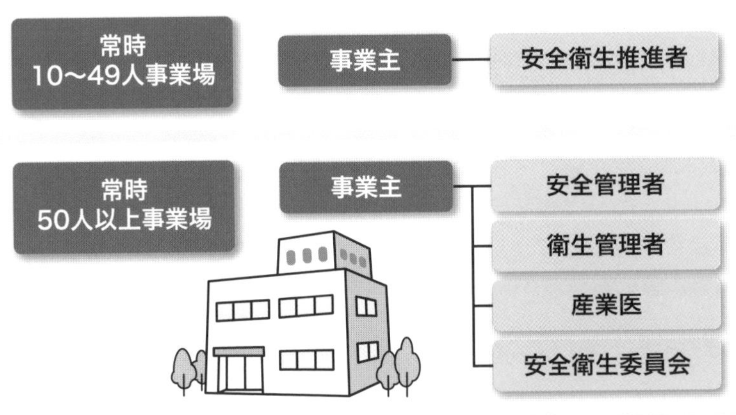

労働安全に関する法体系

安全衛生法第3条には、「会社は法で定める最低基準を守るだけでなく、快適な環境と労働条件改善により、安全・健康を確保しなければならない」とあります。

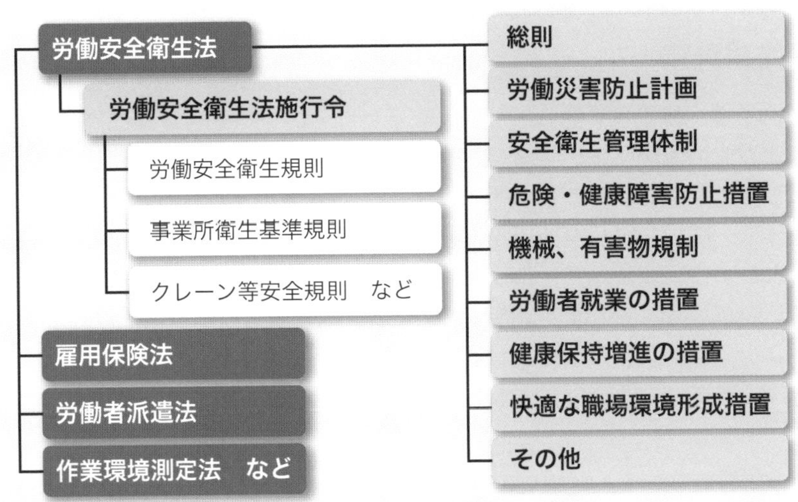

Memo　「危険」「汚い」「きつい」という仕事環境が3Kといわれて久しいが、近年は「帰れない」「給料が安い」「きつい（精神的に）」の新3Kという言葉も登場している。

快適な職場づくり

キーワード 文書管理

文書保管のやり方を知る

文書を日頃から整理する

会社にはさまざまな文書があります。総務にかぎりませんが、文書保管には細心の注意が必要です。文書保管は、保管業務を行う際にあわてることがないように、**文書そのものを日頃から整理整頓して、ファイリングしておくことが重要**になります。パソコンのデータバックアップなど従来にない情報保管にも注意が必要です。

保存年限と保存方法

労働基準法、会社法、法人税法などの**施行規則で保管年限が決められているものは、優先的に一括して保管担当部門が保管**します。

書類保管箱のほかに情報媒体による保管もあり、保管場所は書類倉庫だけとはかぎりません。また、情報媒体の場合、それを再現するアプリソフト機器も保管対象になります。

書類保管箱は、段ボールで統一したサイズを使用し、書類内容、保管年限などを記載したシールを貼りましょう。

文書廃棄

納品書や領収書を含めると膨大な量になるので、**保管年限の過ぎた文書は積極的に廃棄**していきます。ただし、文書や書類によって、法定保管期限が定められているので注意が必要です（右ページ参照）。

年に一度、スタッフ部門が一緒になって書類廃棄日を作り、一斉に廃棄しましょう。廃棄はシュレッダーや専門業者による焼却処分にします。保管年限が永久なものは、書類キャビネットや金庫に施錠・保管します。

また、**税務調査が予定されるときは、２～３年前までの関係書類を事前に書類倉庫から搬出**しておきます。

チェックポイント

- □日頃から文書を整理してファイリングしておく。
- □書類だけではなく、情報媒体による保管もある。
- □保管年限の過ぎた文書は積極的に廃棄する。

各種文書の法定保存年限の一覧

法令の改正によって保管年限が変更されることもあり、法改正への注視が必要です。特に税法による法人税申告書関係書類はしばしば追加・変更されます。

領域	文書・書類名称	法定保管年限
総務	定款	永久
	株主名簿	永久
	登記・訴訟書類	永久
	公官庁等の登録・許可証	永久
	権利証、有価証券・出資証	永久
	株主総会議事録	10年
	取締役会・監査役会議事録	10年
	安全衛生委員会議事録	3年
人事	就業規則改廃届	定めなし
	労働者名簿	3年
	出勤簿等労働時間書類	3年
	社員身元保証書	5年
雇用保険	被保険者資格取得・離職票	4年
	各種届出	2年
社会保険	健康保険・厚生年金関連書類	2年
労働保険	労災請求書類	3年
	保険料徴収納付関連	3年
給与	賃金台帳	3年
	扶養控除(異動)申告書	7年
	源泉徴収簿	7年
経理	決算書・付属明細書	10年
	税務申告書類	10年
	会計帳簿の重要書類	10年
	仕訳帳・出納簿・売掛台帳等	7年
	決算関連書類	7年
	領収書・預金通帳等現預金書類	7年
	請求書注文書等取引証憑	7年
	電子取引記録	7年
	消費税関連	7年
	監査報告	5年

注：書類は、限定列記でなく、例示したもの

：法人税はたびたび改正があり、保存期間も改正される

顧客・取引先とのアフターサービス関連の保管書類も大量になる。これらの保管場所の確保も総務の担当。総務の仕事は倉庫の整理整頓など裏方の仕事も多い。

快適な職場づくり

快適な職場づくり

キーワード　オフィス環境

オフィスを快適にする

ハード・ソフトの両面から取り組む

オフィスを明るく開放的な雰囲気にすることは、事務の生産性に大いに貢献します。オフィス環境は物理的な快適さを求めるだけではなく、働く人の気持ちなど、ソフト面での快適さにも配慮が必要です。また、暴言、密談などの行為は職場の快適さの弊害となります。ハード・ソフトの両面から、全員で取り組みましょう。

オフィスの環境衛生

オフィスの環境衛生については、安全衛生法の「事務所衛生基準規則」によって、環境基準が決められています。ビルなどの中央管理方式では、オフィスの温度（17～28℃）や湿度（40～70%）などを数値設定し、定期的な測定記録を残さないといけません。また、大人数のすし詰めオフィスは、「気積（1人当たりの容積）」が問題になります。

オフィスの整理整頓（5S）

職場環境の維持・改善について、「5S」というスローガンがあります（右ページ参照）。近年では、製造現場などでよく耳にする言葉です。一方、オフィスでは労働災害の発生率が低いため、関心が薄いのが現状です。

しかし、オフィスでも、階段での転倒、腰痛、VDT障害（パソコンなどのディスプレイの長時間使用で起こる健康障害）などが発生します。安全のために、総務が中心となって整理整頓を呼びかけましょう。

喫煙対策

厚生労働省から「喫煙対策のためのガイドライン」が出ています。喫煙者は減っていますが、オフィスでの喫煙、受動喫煙の防止も課題です。

チェックポイント

- □オフィスの快適さは事務の生産性に貢献する。
- □オフィスの温度や湿度などを定期的に記録する。
- □安全のための整理整頓を呼びかける。

事務所の環境管理の基準

事務所とは、事務作業に従事する人がおもに使用する場所をいいます。騒音、振動、給水、洗面設備、トイレ、休憩の場などについても対象になります。

気積
・10㎥／人以上
（設備の占める空間、床から4mを超える空間を除く）

換気
・最大開放部分の面積が常時床面積の1/20以上
（換気が十分にできる設備を設けたときはこの限りではない）
・一酸化炭素：50ppm以下、二酸化炭素：5000ppm以下

湿度
・10℃以下のとき：暖房等の措置を行うこと
・冷房実施のとき：外気温より著しく低くしてはならない

空気調和設備等による調整
・浮遊粉じん量0.15㎎／㎥以下、一酸化炭素10ppm以下、二酸化炭素1000ppm以下、ホルムアルデヒド0.1㎎／㎥以下
・気流0.5m／s以下、室温17℃以上28℃以下、相対湿度40％以上70％以下

照度
・精密な作業：300ルクス以上
・普通の作業：150ルクス以上
・粗な作業：70ルクス以上

5Sで職場の環境衛生を整える

「5S」とは、以下の5項目のローマ字の頭文字「S」からとった言葉です。

5S	概　　要
整理	必要・不用を区別し、不要なものを捨てる
整頓	ものを決められた場所に置き、いつでも取り出せるようにする
清掃	掃除をして、いつでも使えるようにする
清潔	整理・整頓・清掃を維持し、職場の衛生を保つ
躾	職場のルールや手順を守り、習慣づける

Memo
火災、地震、台風などの災害への備えも総務の担当になる。公共交通機関の不通によって通勤が困難な場合も起こりえる。これらへの対応には「危機管理体制」「危機管理連絡網」の整備が重要。

快適な職場づくり

キーワード パソコン管理

パソコンの管理を徹底する

パソコンの調達

ICT（情報通信技術）領域の業務は小さな会社では管理できないととらえて、本書ではそれらの業務分野の仕事は記述していません。しかし、**パソコンそのものの資産管理は総務の最低限の仕事の範疇**になります。

現在は、社員1人にパソコン1台の時代です。総務担当者は、コストを意識しながら、パソコンを安価に安全に調達しなければいけません。同一メーカーの同一機種で統一することが望ましいですが、一度に大量購入することはできません。その都度、**パソコンメーカーの法人向けウェブサイトから法人向けのハードを購入するのがいい**でしょう。

現時点のスペックなら「Windows10」「Office365」が最新で、ファイルサーバーもあればデータ容量は十分です。

パソコン資産管理

さまざまな情報が記憶されている本体の物理的な管理はルール化しておきましょう。特に**本体、メモリ機器の保有リストは最低限必要**です。

パソコンの社外持ち出しには厳格な管理が必要で、USBメモリなどへのダウンロード、持ち出しも禁止等の措置が必要です。

機密漏えい対策

パソコン紛失にともなう情報漏えいはどの会社でも起こり得ます。万一の事態に備え、**漏えい内容の社外への影響と、問題を起こした社員への対応を、あらかじめ頭に入れておく**ことが総務担当者に求められます。

なお、小さな会社にとって、最新のクラウド型の情報漏えいシステムやパソコン管理システムはコストがかかりすぎることがあります。会社の持つ情報の種類、量、業態などで導入の可否を判断しましょう。

チェックポイント

- □パソコンの調達には法人向けウェブサイトから購入する。
- □パソコンやデータの社外持ち出しには厳格な管理が必要。
- □パソコンやデータの紛失による影響と対応を想定しておく。

パソコンの管理項目リスト

パソコン管理項目リストを維持・メンテナンスする担当を明確にしておくことです。情報の更新も定期的に行うようにします。

ハードウェア

パソコン本体やプリンター、スキャナーなど、コンピューターを構成する機器の総称。

・設置場所
・使用者
・メーカー名
・モデル
・スペック
・機器シリアル番号
・取得日
・購入先
・保証、保守契約
・インストールされているソフトウェア・アプリ

ソフトウェア

パソコンのOSや、アプリケーションソフトなど、コンピューターを動作させるためのプログラムやデータの総称。

・メーカー名、製品名、バージョン
・ライセンスナンバー
・取得日
・購入先
・バージョンアップ期間、期日

情報管理

派遣社員、パート・アルバイトを含む社内情報に係るすべての人へ「情報管理のルール」を定期的に教育しなければなりません。

社外

・パソコン持ち出しの管理体制がある
・USBメモリなど持ち出しの制限・禁止をしている
・社外での作業にルールがある
・公衆無線LANの利用を制限している
・社外から社内パソコンへのアクセスを制限している

社内

・情報の取り扱いの教育をしている
・メール連絡先、誤送信防止のルールがある
・データへのアクセス権限にルールがある
・パスワードの更新ルールがある

Memo
社内の機密情報、ハードなどの取り扱いのみならず、「個人情報保護法」への理解も必要。個人情報取り扱い対象者は、事業の規模に関係なく「町内会」「同窓会」なども対象になる。

快適な職場づくり

キーワード　交通安全対策

交通安全対策を行う

車両管理台帳の管理

営業に使う車両や物流に使うトラックなど車両運搬具の運行管理、安全管理は欠かせません。**車両本体の購入やリース料のみならず、駐車場の確保、運転者への安全教育、事故対応などが総務の守備範囲**になります。

車両ごとに、車検有効期限、保険加入、管理責任者などを記した台帳を作り、その更新をしていきます。社用車の運転使用は、認めた社員に限定し、社内許可証も作り、社員の免許証チェックや更新年月を管理します。

業務中に起きた車両トラブル、事故などの対応は、運転者と車両管理責任者が行い、迅速な対応、報告を求めていきます。

また、**「運転記録簿」を作成し、運転者、使用時間、行先、走行距離、同乗者有無、ガソリン給油有無、鍵格納などを記録**させて、記録簿は車両管理責任者が日頃からチェックしましょう。

事故補償

会社の業務遂行中の交通事故の補償、修理の費用は、会社負担とします。そのため、任意車両損害保険の加入で相応の対処ができるようにしておきましょう。ただし、運転者に飲酒など重大な過失、法令違反がある場合は、運転者に損害を負担させ、「懲戒」なども検討します。また、交通違反の反則金も運転者の負担とします。

安全運転教育

運転者のみならず、**社員全員に対して、「車両管理規定」の説明や社用車運転可能者の明示**をし、公私混同による車両事故トラブルを防止します。経営者や管理者は、公私ともに社員以上の高い安全運転意識が求められるものと考えましょう。

チェックポイント

- □車両ごとに管理台帳を作り、更新していく。
- □運転記録簿を作成し、責任者が日頃からチェックする。
- □社員全員に車両管理規定を説明する。

車両管理規程

「公私混同」による車両使用で事故が起こった場合、責任の所在が問題になります。車両管理規定を設けて文書化・規約化し、責任の所在を明確にしましょう。

(目的)第1条　この規程は、会社が保有する車両の運用方法を規定するとともに安全運転を心掛け、交通事故防止を図ることを目的とする。
(定義)第2条　業務車両とは、会社が所有・契約する社有車、リース・レンタル車両、オートバイをいい、私有車両は業務用としては認めない。
(管理責任者)第3条　車両運転の管理責任者は、総務担当責任者とする。管理責任者は、社内の安全運転励行、事故防止に努めねばならない。
(運転管理者)第4条　運転管理者は管理責任者が任命し、運転記録簿管理、車両保全点検、事故報告対応をしなければならない。
(禁止事項)第5条　運転者は以下の場合、使用・運転してはならない。
(1)飲酒、過労、睡眠不足、病気、その他体調不良の場合
(2)運転管理者の許可のない場合
(3)業務車両を私用に供する場合また許可なく通勤に供する場合
(4)社外の者に運転させる場合
(5)その他管理責任者が命じた場合

禁止事項を明確にする

(罰金)第6条　運転者が法規違反により罰金や科料等を徴収された場合は、運転者本人が負担するものとする。
(事故処理及び報告)第7条　運転者は、業務遂行中に事故を起こしたときは、速やかに安全対策をとらなければならない。直ちに所轄警察署及び管理責任者に報告しなければならない。
(示談交渉の禁止)第8条　運転者は、独断で相手方との示談及びその交渉等を行ってはならない。
(損害金額の負担)第9条　業務中の交通事故による損害賠償責任は、会社が負うものとする。社員が私用車を業務に使用した場合の事故に会社は一切補償しない。
(その他)第10条　この規程に定めのないものについては、車両管理責任者が定める。

附　則
この規程は、令和○○年○○月○○日から実施する。

記録簿は車両管理責任者がチェックする

車両名
車両登録番号

車両運行記録簿

運行月日	時間	運転者	走行メーター		行先	使用目的
			出発時	到着時		
／	発　: 着　:	所属 氏名				
／	発　: 着　:	所属 氏名				
／	発　: 着　:	所属 氏名				
／	発　: 着　:	所属 氏名				
／	発　: 着　:	所属 氏名				
／	発　: 着　:	所属 氏名				
／	発　: 着　:	所属 氏名				
／	発　: 着　:	所属 氏名				
／	発　: 着　:	所属 氏名				

Memo 万一の事故に備えて、法人向けの自動車保険がある。複数の車両があるときは同じ保険会社との契約が望ましい。定期的な保険内容の見直しと更新を忘れずに行う。

キーワード イベント開催

社内イベントを企画・開催する

社内イベントの効果

職場活性化のために、**社内イベントを実施している会社が、大会社など規模に関係なく増加**しています。小さな会社の家族的イベントから、大企業の大がかりなイベントまで、その期待効果が見直されています。

社内イベントの効果としては「モチベーションの向上」「職場コミュニケーションの醸成」「部門間連携意識の向上」などが挙げられます。**社内イベントで協力して活動したことが、組織の一体感を生み、職場がチームのように動く素地を作ってくれます。**

総務担当者は、企画力やネットワークを駆使して、積極的にイベントを仕掛けるべきです。

イベント企画のポイント

イベントの成功は、**社員の持つ欲求を「くすぐる企画・運営」が仕掛けられるかがポイント**です。

社員の欲求は、①職場での存在を認めてほしい「認知欲求」、②職場の一員で疎外されない「帰属欲求」、③自分を主張したい「自己実現欲求」などです。これらの欲求を呼び覚ます企画を考えましょう。

負担軽減の仕掛け

一方、いろいろな負担を感じ、社内イベントに参加したくない社員がいるかもしれません。それを解消するため、以下のような**負担を軽減する仕掛けも必要**です。

●時間的負担（「たまの休みがつぶれるのが嫌だ」）
●経済的負担（「そんなことするなら、ほかにお金を使いたい」）
●強要心理負担（「上司に命令されてまでの参加は嫌だ」）

チェックポイント
□社内イベントを開く会社が増加している。
□社員の欲求をくすぐる企画・運営が求められる。
□社員の負担を軽減する仕掛けも必要。

社内イベントの種類

社内イベントの企画・運営を代行する専門の業者もあります。費用はかかりますが、社内ノウハウにないイベントが企画できます。

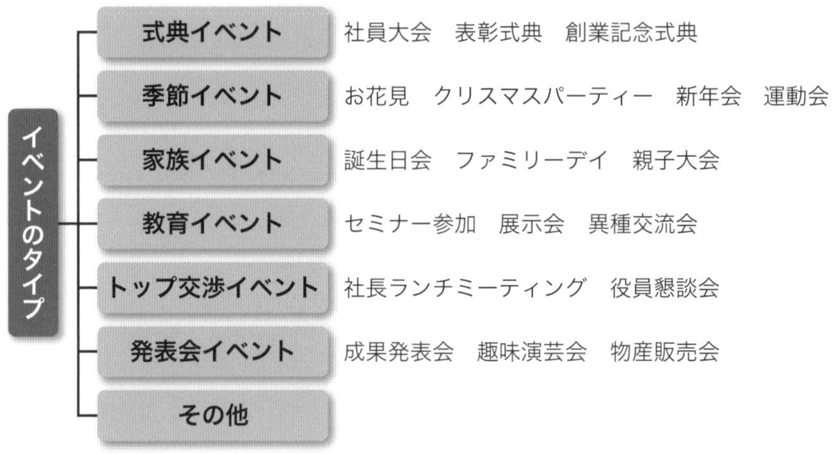

社内イベントの成功と失敗

イベントの企画メンバー・スタッフの選定がイベント成功のカギとなるケースが多くあります。総務担当者の主導は控えるべきでしょう。

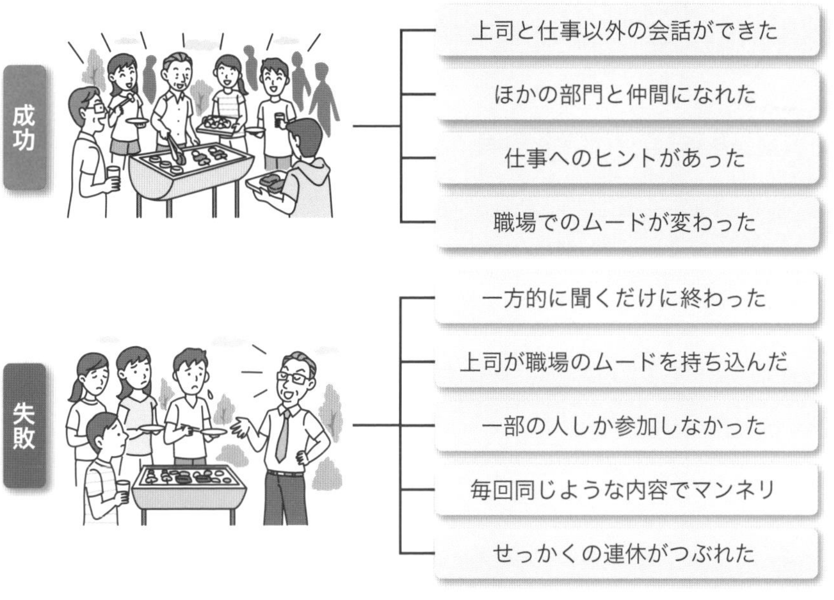

Memo
創業記念、永年勤続表彰、社員旅行などで、社員個人への経済的利益が大きいときは、給与の一部になり課税されるので注意が必要。

快適な職場づくり

キーワード 健康診断 メンタルヘルス

健康診断を実施する

健康診断の種類

会社は社員に対して、**入社時と年に１回の健康診断を実施しなければいけません**。実施後はその結果を「健康診断個人票」として社員に通知。これは５年間保存し、社員50人以上の会社は労働基準局に提出します。

●一般健康診断の種類

種類	法令	対象	時期
雇用時健康診断	労働安全衛生規則第43条	全業種全員	雇用時
定期健康診断	労働安全衛生規則第44条	全業種全員	年１回
特定業務従事者診断	労働安全衛生規則第45条	深夜業務など	6ヶ月ごと
海外派遣健診	労働安全衛生規則第45条2	海外派遣者	出国前、帰国時
給食従事者検査	労働安全衛生規則第47条	該当従事者	6ヶ月ごと

●特殊健康診断

放射線業務など有害で健康影響がある業務の従事者に対しては、６ヶ月ごとに特別な健康診断を実施しなければいけません。

定期健康診断実施の委託

健康診断の実施を委託している会社も多くあります。会社の定期健康診断を請け負う企業では、病院への予約や結果報告などを行います。

また、**50人以上の会社は「産業医」の選任が必要**で、地域の医師に委託することになります。

□会社は年１回の健康診断を実施しなければいけない。
□健康診断個人票は５年間保存する。
□50人以上の会社は産業医の選任が必要。

健康診断個人票

健康診断の結果内容は個人情報保護法の対象であり、診断結果の取り扱いには注意が必要です。また、保健師や産業医との連携・指導も重要です。

様式第5号(第51条関係)　(2)　(表面)

健　康　診　断　個　人　票

氏名		生年月日	年　月　日	雇入年月日	年　月　日
		性別	男・女		

健診年月日	年　月　日	年　月　日	年　月　日	年　月　日	年　月　日
年齢	歳	歳	歳	歳	歳
他の法定特殊健康診断の名称					
業務歴					
既往歴					
自覚症状					
他覚症状					
身長 (cm)					
体重 (kg)					
BMI					
腹囲 (cm)					
視力　右	(　)	(　)	(　)	(　)	(　)
視力　左	(　)	(　)	(　)	(　)	(　)
聴力　右　1000Hz	1所見なし　2所見あり	1所見なし　2所見あり	1所見なし　2所見あり	1所見なし　2所見あり	1所見なし　2所見あり
聴力　右　4000Hz	1所見なし　2所見あり	1所見なし　2所見あり	1所見なし　2所見あり	1所見なし　2所見あり	1所見なし　2所見あり
聴力　左　1000Hz	1所見なし　2所見あり	1所見なし　2所見あり	1所見なし　2所見あり	1所見なし　2所見あり	1所見なし　2所見あり
聴力　左　4000Hz	1所見なし　2所見あり	1所見なし　2所見あり	1所見なし　2所見あり	1所見なし　2所見あり	1所見なし　2所見あり
聴力　検査方法	1オージオ　2その他	1オージオ　2その他	1オージオ　2その他	1オージオ　2その他	1オージオ　2その他
胸部エックス線検査	直接　間接 撮影　年　月　日	直接　間接 撮影　年　月　日	直接　間接 撮影　年　月　日	直接　間接 撮影　年　月　日	直接　間接 撮影　年　月　日
フィルム番号	No.	No.	No.	No.	No.
喀(かく)痰(たん)検査					
血圧 (mmHg)					
貧血検査　血色素量 (g／dl)					
貧血検査　赤血球数 (万／mm³)					
肝機能検査　GOT (IU／l)					
肝機能検査　GPT (IU／l)					
肝機能検査　γ－GTP (IU／l)					
血中脂質検査　LDLコレステロール(mg／dl)					
血中脂質検査　HDLコレステロール(mg／dl)					
血中脂質検査　トリグリセライド(mg／dl)					
血糖検査 (mg／dl)					
尿検査　糖	－＋++ +++	－＋++ +++	－＋++ +++	－＋++ +++	－＋++ +++
尿検査　蛋(たん)白	－＋++ +++	－＋++ +++	－＋++ +++	－＋++ +++	－＋++ +++
心電図検査					

Memo　50人以上の会社には、心の健康状態を自ら診断する「ストレスチェック」制度の実施が義務づけられている。小規模会社にもこの制度の実施が奨励されている。

快適な職場づくり

キーワード アウトソーシング

アウトソーシングを利用する

アウトソーシングの利用目的とデメリット

アウトソーシング領域の拡大とともに、さまざまな業務を請け負う会社・業者（アウトソーサー）が増えています。生産性向上やコスト削減を実現するため、**アウトソーサーの利用を総務が主導して検討してみてはどうでしょう。**アウトソーシングの利用目的（メリット）とデメリットは下記になります。

利用目的（メリット）

①自社にない技術・専門知識をすばやく利用できる。
②採用人材不足・適材人材不足をカバーできる。
③経費削減・製造コストダウンができる。
④残る経営資源を優先したい領域に投入できる。

デメリット

①自社に業務ノウハウが残らず、ブラックボックス化する。
②自社特有の細かい業務などに、特殊性が配慮されない。
③自社の情報が外部に出てしまう。

契約業態の違い

人材派遣会社からの人材受け入れと、アウトソーシングとでは、その指示命令や成果物責任などに違いがあることを理解しましょう。

そして、**どのような業務をアウトソーシングに利用するか、会社の成長や経営方針を勘案して検討します。**

また、大企業が自社の事務部門を切り出し、専門事務受託をするシェアード・サービス会社もあります。スタッフ部門の人件費を含む管理費は固定費化しやすく、さまざまな手法を利用して効率化できます。アウトソーシングの利用もその手法の１つといえます。

チェックポイント

□アウトソーシングの利用で人材不足を解消できる。
□アウトソーシングを利用すると自社に業務ノウハウが残らない。
□会社の経営を勘案し、アウトソーシングを利用する業務を検討する。

アウトソーシングの対象業務

アウトソーシングは、コストセンター（直接的に利益を生み出さない部門）の業務がおもな対象として始まりましたが、今や製造分野、研究分野にまで広がっています。

ＩＴ関連
- データ処理
- クラウド型運営
- サーバー管理
- パソコン、スマホ管理
- アンケート対応

メンテナンス・ファシリティ関連
- ビル清掃
- 守衛
- 警備
- 受付業務
- 会議室利用
- オフィス移転
- コールセンター

事務処理関連
- 勤怠管理
- 給与計算
- 請求書発送
- 健康診断
- 医療診断

運送・物流関連
- 配送配達業務
- 倉庫入出庫管理
- 在庫棚卸管理

研修・教育関連
- 社員教育
- 求人採用
- 新人教育
- マネージャー研修

広告・調査関連
- 新商品モニタリング
- ホームページ代行
- 市場調査

製造関連
- 製造ライン受託
- 倉庫管理
- 受入、出荷検査

アウトソーシングと人材派遣の違い

人手不足、短期的な負荷調整などの「人材派遣」は、「ひと」の補充目的が強いですが、アウトソーシングは長期的な対応策となる傾向があります。

アウトソーシング	人材派遣
・委託された業務を遂行する	・人材のみの派遣
・業務遂行責任、成果物責任	・派遣先での就労責任
・業務指示ができない	・業務の指示をする
・準委任契約や請負契約	・労働者派遣法

電子機器業界のEMS（electronics manufacturing service）による大量ロット生産の受託会社（EMS企業）や、工場をもたないファブレス企業が生まれ、あらたなビジネスモデルとなっている。

キーワード 賃貸契約

契約書の内容を把握しておく

契約の役割と形式

オフィスの賃借など総務が担当する契約は多くあります。また、**ほかの部署が締結したいろいろな契約書の内容も常に把握しておき、その改廃などに注意**することも必要です。

契約書は、商取引において当事者間の約束事を書面に記しておくものです。契約書によって契約内容の証明や守るべき約束事が明確になり、トラブルの防止になります。**契約書を交わす際は、契約期間も重要**です。「単発契約」か「継続契約」なのかも含め、必ず確認しましょう。

なお、「賃貸借契約」「売買契約」「取引基本契約」などは、その標準的な記載形式が慣習化しており、サンプルも多くあります。

契約書の記載項目

民法では「契約自由の原則」があり、契約の形式も自由ですが、①目的物、②業務内容、③対価、④支払方法、⑤期間、⑥契約解除、⑦契約日、契約者（会社名＋代表者名）などのような最低限の記載項目は必要です。

また、重要な金銭消費貸借契約書などは契約不履行になるケースもあり、**将来のトラブルがありうる場合は、「公正証書」にしておきます。**

なお、請負契約書や領収書などの必要なものには「印紙」貼付をしますが、契約の効力そのものには、印紙貼付は関係ありません。

印章管理

登記所に登録する「代表者印（会社実印）」、銀行口座開設の「銀行印」、日常使う「会社認印」などがあり、**総務が管理する印章は「押印記録簿」を作って記録を残します。**

また、印章保管の管理責任者も決めておきます。

チェックポイント

- □他部署が締結した契約書の内容も常に把握しておく。
- □契約書に必要な最低限の記載項目を知っておく。
- □総務が管理する印章については押印記録簿に記録を残す。

建物賃貸借契約書

ビルのオフィス賃貸借などでは、契約の更新ができないことを特約した「定期建物賃貸借」契約が2000年以降認められ、その後増えています。

賃貸人○○（以下甲）と賃借人○○（以下乙）の甲乙間において、次の通り契約を締結

①目的物

第1条　甲はその所有する下記に表示する建物を乙に賃貸し、乙はこれを賃借することを約した。
1. 建物所在　○○　2. 種類　○○　3. 構造　○○　4. 床面　○○

第2条　令和○年○月○日から令和○年○○月○日までの○年間、甲はその所有する建物を乙に賃貸し、乙はこれを賃借する。ただし、甲乙の双方どちらかの申し出がない限り、本契約は自動更新するものとする。

第3条　賃貸は1か月金○○円とし、乙は毎月末日までにその翌月分を甲の指定する銀行口座に振り込んで支払うものとする。また、1か月に満たない月の賃料は、日割計算とする。ただし、賃料が経済事情の変動、公租公課の増額、近隣の賃料との比較などにより不相当となったときは、甲乙間の協議の上、賃料の増減をすることができる。
第4条　乙は甲に対し敷金として金○○円を本契約成立時に甲に預け入れる。敷金には利息をつけないものとし、乙が賃料・更新料などの支払を怠ったとき甲は資金をもって弁済に充当する。甲は賃貸借契約が終了し、乙から目的物件の明け渡しを受けた時に前項の清算をした敷金の残金を明け渡しと同時に乙に返還する。

③対価、④支払方法

②業務内容、⑤期間

第5条　乙は、建物を○○の目的に使用する。
第6条　乙は次の場合には、事前に甲の書面による承諾を受けなければならない。
1. 建物の模様替え、または造作その他の工作をするとき、使用目的を変更するとき。
2. 賃借権の譲渡若しくは転賃またはこれらに準ずる行為をするとき。

第7条　乙が次の場合の1つに該当したとき、賃貸人は、催告をしないで直ちに本契約を解除することができるものとする。
1. 賃料の支払いを1か月以上怠ったとき。
2. 賃料の支払いをしばしば遅延し、その遅延が本契約における賃貸人と賃借人との間の信頼関係を害すると認められるとき。また、本契約6条その他本契約に違反したとき。

第8条　甲は建物に関する公租公課を負担し、乙は電気、水道、ガス等の使用料を負担する。
第9条　本契約に関する紛争については、甲の居住地の裁判所を第一審の管轄裁判所とする。
第10条　乙は、本契約が終了したときは、甲と協議のうえ定めた期日までに自己の所有又は保管する物件すべてを自己の費用で収去し、本件物件を原状に復したうえ、甲に明け渡すものとする
2. 乙は前項の場合において、移転料、立退料その他これに類するものを甲に請求してはならない。
第11条　甲及び乙は、信義に基づき本契約を履行するものとし、本契約各条項に定めない事項が生じたとき又は本契約の条項の解釈に疑義が生じたときは、誠意をもって協議解決するものとする。

⑥契約解除

上記の通り契約が成立したので、本契約書2通を作成し、各自押印のうえ各1通を保管するものとする。

令和　年　月　日
賃貸人（甲）　住所　　氏名　○○株式会社代表取締役○○　印
賃借人（乙）　住所　　氏名　○○株式会社代表取締役○○　印

⑦契約日、契約者（会社名+代表社名）

インターネットバンキングの普及で、銀行取引に「銀行印」が不要となるケースが多い。また、銀行振込の利用で領収書の発行・押印も少なくなり、「印章」の重要性が減ってきている。

快適な職場づくり

リーガルリスクへの備え

キーワード 企業法務

企業法務の役割を知る

小さな会社での法律トラブル

大企業では、総務部門から法務業務が独立して「法務部」を作っています。会社の活動にかかわる法律の諸問題を専門に扱う部門です。小さな会社ではそのようにできませんが、**法令遵守は会社規模に関係なく求められるので、総務担当者は法務の知識が必要**です。

小さな会社でのおもな法律トラブルは下記です。

①契約・取引

取引での納期・品質・価額・検収などで顧客と合意ができず、契約どおり履行されない　など

②債権回収・債権保全

不渡手形、支払遅滞で売上代金が予定どおり回収できない　など

③事業再建・倒産

経営の継承・相続での創業者トラブル、資金繰りの行き詰まり　など

④損害賠償請求

取引先、仕入先から損害を受け、賠償を請求する　など

⑤雇用・労務

配置転換、解雇、労働時間、ハラスメント　など

⑥クレーム対策など

顧客からの苦情、周辺住民からの抗議、内部告発　など

裁判外紛争解決手続（略:ADR）

法務省のホームページでは、「かいけつサポート」という制度が紹介されています。**小さな民事トラブルを裁判によらず、法務省が認証した専門団体・会社が調停する制度**です。うまく解決できれば、裁判訴訟での時間・費用を節約できます。

チェックポイント

- □会社の規模に関係なく法令遵守は求められる。
- □法務部のない会社では、総務担当に法務の知識が必要になる。
- □民事トラブルを裁判外で解決できる制度がある。

企業法務の領域

現代では、係争・訴訟に対応する事後処理型の法務から、M&A（企業買収）、合併、事業譲渡など主導する戦略型の法務へと進化しています。

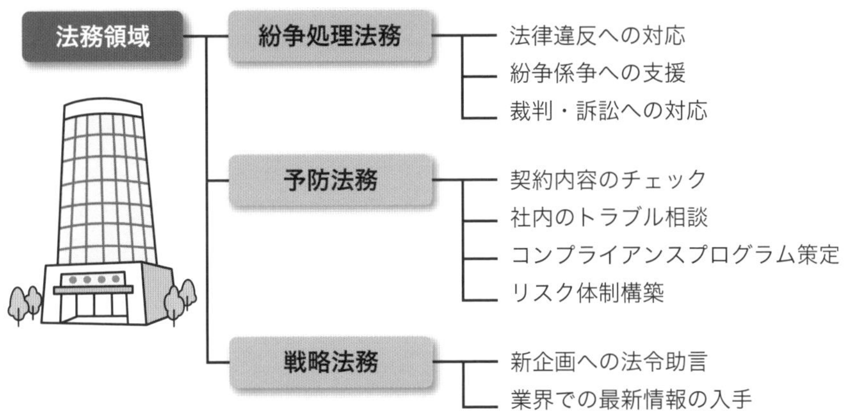

会社が関係する法律

すべての法律を理解することはできませんが、法令の名称程度は知っておきましょう。特に、自分の会社の業界・業種に関する法令は勉強しましょう。

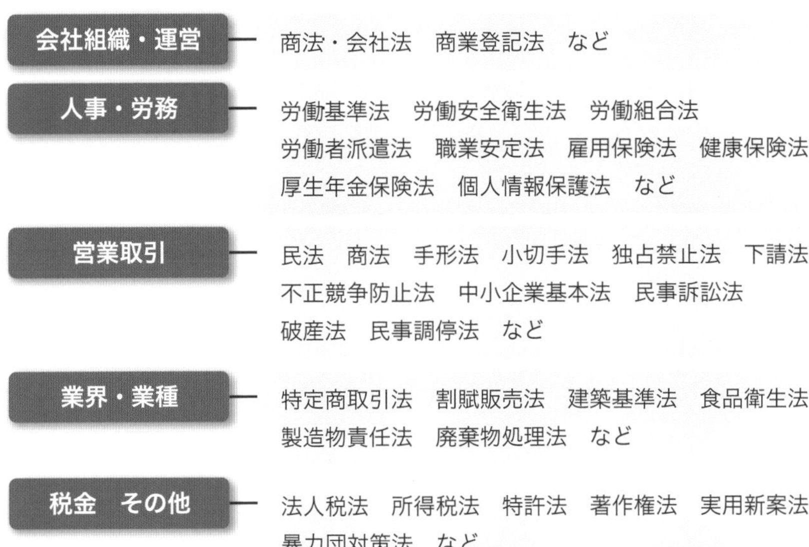

Memo　中小企業であっても顧問弁護士を委託する会社も多くある。業界の実情を理解していること、顧問料が妥当な弁護士が最良。

キーワード 取締役の義務

役員の責任を理解する

取締役の責任

小さな会社では通常、役員（取締役）の数はそれほど多くありません。「代表取締役＝社長」という場合が一般的ですが、代表取締役は取締役のなかから選任され、登記されます。

代表取締役は、社内外に向けて最高責任者として、会社のすべての状況を把握して最善の判断をしなければいけません。

小さな会社では家族経営という会社も少なくありませんが、役員が会社の利益を犠牲にして自分や第三者（親族など）の利益を図る「利益相反取引」となるケースがあります。例えば、**役員の保有する資産を会社が相場以上の非常に高い額で購入したときなどに、利益相反取引になります。**特に役員、役員家族が経営する別の会社などとの取引には注意が必要です。会社に損害を与えた場合、取締役に賠償責任があります。

そのほかに、「善管注意義務違反」「忠実義務違反」「利益供与禁止」「競業取引禁止」があります。

違法配当禁止

株主が多額の配当を要求し、株主総会で配当決議を行っても、**「配当可能限度額」以上の配当は違法**となり、上限額以上は取締役が会社に連帯して賠償しなければいけません。経理は株主総会前の役員会などで決算報告とともに「配当可能限度額」を報告すべきです。

利益相反取引の事前承認

利益相反取引に該当する恐れがあるとき、取締役会決議か株主総会の承認決議によって取引が可能になります（会社法356条）。この場合、利害関係のある取締役は議決に加われません。

チェックポイント

- □小さな会社では、利益相反取引となるケースがある。
- □役員が経営する別会社との取引には、利益相反取引に注意。
- □経理は株主総会前に、決算報告と配当可能限度額を報告すべき。

取締役会議事録

例えば、ある役員に会社の資金を貸し付ける場合、「利益相反取引」などとみなされないように以下のような手続きをしておきます。

1. 日時　令和○年○月○日(○曜日)午前10時
2. 場所　東京都千代田区大手町○丁目○番○号　当社本店会議室
3. 出席者　取締役５人中５人出席、監査役２人中１人出席

以上のとおり出席があり、代表取締役社長○○は、定刻議長席に着き開会を宣し審議に入った。

議案　取締役○○氏に対する金銭貸付の件

議長は、取締役○○氏に対し、下記のとおり金銭を貸し付けたい旨を述べ、これを議事にはかったところ、取締役△△氏が異議をとどめたが、出席取締役の多数をもって承認可決された。

なお、取締役○○氏は特別利害関係人に該当するため、この決議に参加せず、定足数に算入されない。

利害関係のある取締役は議決に加われない

(1)貸付金額　100万円

(2)貸付日　令和○年○月30日

(3)返済方法　１年後に元本および利息を一括返済

(4)利率　年○.○%

以上をもって議事のすべてを終了したので、議長は午前10時20分閉会を宣した。

以上の議事の要領および結果を明らかにするため取締役○○が本議事録を作成し、出席取締役および監査役は下記に記名押印した。

令和○年○月○日

○○株式会社

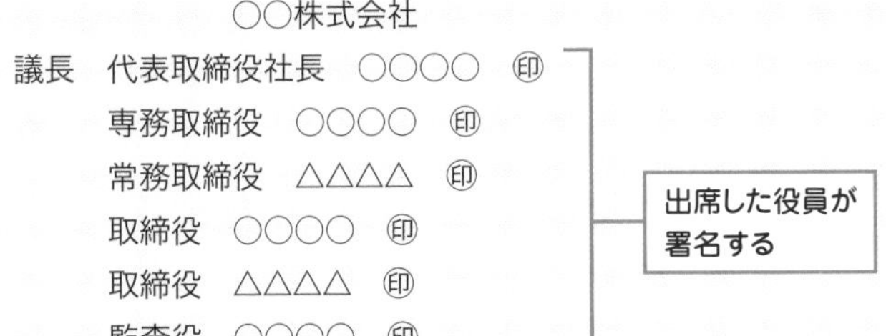

議長　代表取締役社長　○○○○　㊞
専務取締役　○○○○　㊞
常務取締役　△△△△　㊞
取締役　○○○○　㊞
取締役　△△△△　㊞
監査役　○○○○　㊞

Memo　最近、大企業でも幹部の公私混同とみられる多額の支出が問題視されている。役員の経営責任が求められるなかで、総務担当が経営の透明性向上にどれだけ貢献できるかが難題。

リーガルリスクへの備え

キーワード 商業登記

商業登記を見れば会社がわかる

登記簿の交付手続き

商取引の信頼を高め、安全かつ円滑に行われるために、会社の重要事項を「登記簿」に法務局が登録し、公開するしくみが「商業登記」制度です。誰でも閲覧できるので、取引先の実態を把握するのに大変役立ちます。

その会社を管轄する法務局で、所定の交付申請書に記入のうえ提出するのが基本ですが、「登記・供託オンライン申請システム」からパソコンで申請し、郵送してもらうこともできます。法務局のホームページには、いろいろな申請・登記手続が説明されていますので、活用してみましょう。

登記簿と全部事項証明書

登記簿では、①法人番号、②商号、③本店所在地、④公告方法、⑤閲覧方法、⑥設立日、⑦目的、⑧資本金、株式数等、⑨株式譲渡制限の有無、⑩役員名、代表者名と住所を確認することができます。

また、全部事項証明書（会社謄本）では、①履歴事項証明書（現在効力のある事項に加えて、過去３年の抹消された事項の記載証明）、②現在事項証明書（現在効力がある登記事項の記載証明）、③閉鎖事項証明書を確認することができます。

登記事項の変更申請

他社の情報の閲覧でなく、自社の登記も必要です。すでに会社設立時に「定款」などとともに資本金の額、役員氏名などが登記されています。

資本金の変更、役員・代表者の変更などはよくあり、変更があれば変更登記が義務づけられています。総務担当は株主総会後の登記変更確認を忘れてはいけません。変更が生じた日から２週間以内に登記申請をしないと、罰金が科せられます。

チェックポイント

- □取引先の実態把握に商業登記が活用できる。
- □該当会社の管轄する法務局で交付申請書を提出するのが基本。
- □変更が生じた日から２週間以内に登記申請をする。

登記簿の閲覧申請

登記簿（登記事項証明書）は管轄の法務局の窓口で、所定の交付申請書に記入し提出すると交付されます。

所定の手数料額に相当する収入印紙を貼付して窓口に提出する

会社法人用

登記事項証明書
登記簿謄抄本　交付申請書
概要記録事項証明書

※ 太枠の中に書いてください。

（地方）法務局　　支局・出張所　　平成　年　月　日 申請

		収入印紙欄
窓口に来られた人（申請人）	住　所	収入印紙
	フリガナ 氏　名	収入印紙
商号・名称（会社等の名前）		
本店・主たる事務所（会社等の住所）		
会社法人等番号		

※　必要なものの□にレ印をつけてください。

請求事項	請求通数
①全部事項証明書（謄本） □・履歴事項証明書（閉鎖されていない登記事項の証明） ※現在効力がある登記事項に加えて，当該証明書の交付の請求があった日の3年前の日の属する年の1月1日から請求があった日までの間に抹消された事項等を記載したものです。 □ 現在事項証明書（現在効力がある登記事項の証明） □ 閉鎖事項証明書（閉鎖された登記事項の証明） ※当該証明書の交付の請求があった日の3年前の属する年の1月1日よりも前に抹消された事項等を記載したものです。	通
②一部事項証明書（抄本） □ 履歴事項証明書 □ 現在事項証明書 □ 閉鎖事項証明書 ※商号・名称区及び会社・法人状態区は，どの請求にも表示されます。 **※ 必要な区を選んでください。** □ 株式・資本区 □ 目的区 □ 役員区 □ 支配人・代理人区 ※2名以上の支配人・参事等がいる場合で，その一部の者のみを請求するときは，その支配人・参事等の氏名を記載してください。 （氏名　） （氏名　） □ その他（　）	通
③□代表者事項証明書（代表権のある者の証明） ※2名以上の代表者がいる場合で，その一部の者の証明のみを請求するときは，その代表者の氏名を記載してください。（氏名　）	通
④コンピュータ化以前の閉鎖登記簿の謄抄本 □ コンピュータ化に伴う閉鎖登記簿謄本 □ 閉鎖謄本（　年　月　日閉鎖） □ 閉鎖役員欄（　年　月　日閉鎖） □ その他（　）	通
⑤概要記録事項証明書 □ 現在事項証明書（動産譲渡登記事項概要ファイル） □ 現在事項証明書（債権譲渡登記事項概要ファイル） □ 閉鎖事項証明書（動産譲渡登記事項概要ファイル） □ 閉鎖事項証明書（債権譲渡登記事項概要ファイル） ※請求された登記記録がない場合には，記録されている事項がない旨の証明書が発行されます。	通

収入印紙は割印をしないでここに貼ってください。（登記印紙も使用可能）

必要なものにチェックする

交付通数	交付枚数	手数料	受付・交付年月日

（乙号・6）

法務局への交付申請はホームページからオンライン請求もできる。対象は登記事項証明書、印鑑証明書に限られ、オンライン請求後の証明書交付は、郵送による送付か、窓口での受取を受ける。

リーガルリスクへの備え

キーワード 知的財産権

知的財産権の保護活用に努める

知的財産権は保護される

アイデアなど知的な情報で、なかでも財産価値のあるものを「知的財産権」と呼び、法律によって保護されています。小さな会社でも「会社名」「商品名マーク」「製品デザイン」などは保護されるべき重要な内容です。

産業財産権

知的財産権のうち、①特許権、②実用新案権、③意匠権、④商標権の4つを「産業財産権」といいます。特許は特許庁が所轄し、特許庁に先に出願（先願主義）された発明に与えられます。特許庁のホームページの「特許情報プラットフォーム（J-PlatPat)」で登録された特許の検索ができます。

商標権と著作権

商標権は特許庁に出願登録して認められます。専門の審査官が妥当かどうか判断して登録が決まります。商標も特許と同様に何が登録されているかを検索できます。

また、絵画、音楽、小説などの知的創造物には、「著作権」が認められています。しかし、登録ではなく創作された時点で権利効力が生じます。なお、DVDなどは「デジタルコンテンツ」と呼ばれ、特許権、商標権や著作権が認められる場合もあります。

社員の特許発明

社員が職務のなかで、特許になるような発明・発見をした場合、それが会社のものか、個人のものかが問題になります。そこで、「社内発明考案取扱規定」を作り、報奨金などを定めている会社もあります。会社の成長にもつながりますので、小さな会社でも発明考案が続出してほしいものです。

チェックポイント

- □小さな会社でも知的財産権は保護される。
- □特許は特許庁に先に出願された発明に与えられる。
- □社員の特許発明について事前に規定を作っておく。

社内発明考案取扱規定

どの会社でも製造や研究を中心に社内での改善・提案を奨励しています。発明考案への奨励策の1つとして、取扱規定を作っておいてはどうでしょう。

第1章　総　則

目的や定義など、ルールを明確にする

(目　的)第1条　本規定は会社における発明考案および報奨金の取扱いについて定める。従業員が職務上行った発明考案の取扱いを定め、その発明者が受ける権利を明らかにし、会社が承継する権利の管理および実施の合理的運用を図ることを目的とする。
(定　義)第2条　この規程で使用する次の用語の定義は、各号に定めるとおりとする。
(1)発明考案：特許法、実用新案法および意匠法に基づく発明、考案および創作
(2)工業所有権：特許権、実用新案権および意匠権
(3)職務発明：従業員が会社の業務範囲内において行った発明考案であって、当該従業員の現在および過去の職務に属するもの
(4)発明者：職務発明を行った者で、発明考案の構成に欠くことのできない要件について着想および創作提案した者
(権利の譲渡)第3条　従業員が職務発明を行ったときは、その職務発明にかかる工業所有権を受ける権利(以下「工業所有権を受ける権利」という。)を会社に譲渡しなければならない。
(職務発明以外の発明考案の取扱い)第4条　職務発明以外の発明考案については、会社は第三者に優先して権利の譲渡に関して当該発明考案を行った従業員と協議することができる。前項により工業所有権を受ける権利を会社に譲渡したときは、この規程を準用する。
(文書管理)第5条　工業所有権関連業務に係る文書は、○○部が厳重に管理し保管するものとする。

第2章　届出・出願

届出や出願など、手続きを明確にする

(出願依頼手続)第6条　発明者が出願の依頼をするときは、所定の出願依頼書によって所属長に申し出るものとする。
(共同発明者等の確認)第7条　共同研究・作業等でなされた場合は、共同発明者の有無を、確認しなければならない。
(権利承継の決定等)第8条　出願依頼のあった発明考案について、職務発明の該当の当否および権利承継の可否等を審査の上その取扱いを決定する。
(出　願)第9条　会社は必要と認める発明考案について出願手続を行う。ただし、出願しないと決定したものの取扱いについては別途定める。
(制限行為)第10条　発明者は、会社への出願前に、会社の許可なく発明考案の内容を関係者以外に開示し、または発表してはならない。また当該発明考案について自ら出願し、または第三者譲渡してはならない。

第3章　報奨金

報奨金を明記することで社員のモチベーションアップにつなげる

(報奨金の種類)第11条　この規程による報奨金は、次の各号のとおりとする。
(1)出願・登録報奨金　(2)実績報奨金
(出願・登録報奨金)第12条
会社は、出願した発明考案が登録され、特許庁より正式な登録通知があったときは、発明者に対して次の報奨金を支給する。
　特　許　1件につき○円　　実用新案　1件につき○円　　意　匠　1件につき○円
(実績報奨金)第13条　会社は、権利を承継した工業所有権について、実施状況および実績を調査し、その実施等の効果が顕著で、会社に利益をもたらした発明考案については、発明者に次の報奨金を支給する。収入額(当該工業所有権の実施料または譲渡金収入金額の合計)の○%
(共同発明報奨金)第14条　従業員が共同して発明考案を行ったときは、原則として、その規定する金額を各人に等分して支給する。
(退職または死亡したときの取扱い)第15条　発明者が退職した後も報奨金を受ける権利は存続する。報奨金を受ける権利を有する発明者が死亡したときは、当該権利は当該発明者の相続人が承継する。相続人の範囲は、配偶者、子、父母とし、その順位は記載のとおりとする。

第4章　雑　則
(従業員以外に対する準用)第16条　この規程は従業員以外の会社と雇用関係のある者についても準用する。ただし、臨時従業員、日々雇用される者、他社からの出向者を除く。

(実施期日)この規程は、令和○年○月○日から実施する。

「知的財産基本法」は2003年に施行された比較的新しい法令。1959年施行の「特許法」は、明治時代の「専売特許条例」がもとになっている。

リーガルリスクへの備え

キーワード　機密情報

会社の持つ機密情報を守る

営業秘密と個人情報

会社が持つ機密情報は、大きく２つに分けられます。１つは事業に有用な情報「営業秘密」。もう１つは顧客や社員などの「個人情報」です。**どちらも法律によって保護され、情報漏えいを禁止しています。**

営業秘密保護

営業秘密は、秘密として管理されている生産方法、販売方法そのほか事業活動に有用な技術、営業上の情報のことで、**公然と知られていないものと定義されています**（不正競争防止法第２条）。

営業秘密として保護されるには、以下の要件が満たされる必要があります。

①**秘密管理性**：秘密として管理されていることが明らかであり、社員にそれが認識できる状況であること。

②**有用性**：営業上、技術上の有用な情報であること。設計図、製造ノウハウ、居客リスト、仕入先リスト、マニュアルなど。

③**非公知性**：会社の管理のもと、一般の者が入手できないこと。社内、社外ともに公開されていないこと。

個人情報保護

個人情報とは、①生存する者の情報、②個人を特定できる情報、③特定の個人を識別できる情報です。

具体的には、顔、指紋、ＤＮＡ、虹彩などの**生体認識情報、マイナンバー、運転免許証番号、年金番号などの符号情報**などです。

そのほか、「要配慮個人情報」として、人種や信条・病歴・前科など取り扱いに配慮を要する情報も保護の対象です。

チェックポイント

□機密情報は大きく分けて「営業秘密」と「個人情報」の２つ。

□営業秘密として保護されるには要件を満たす必要がある。

□要配慮個人情報も保護の対象となる。

会社の営業秘密の保護領域

不正な利益を得る目的や損害を与える目的で、営業秘密を不正に取得、使用、開示する行為が「営業秘密侵害罪」です。未遂行為も対象になります。

- 就業規則
  - 民法
    - 不正競争防止法（不正競争防止法第2条）
      - 営業秘密侵害罪（10年以下の懲役もしくは2000万円以下の罰金）

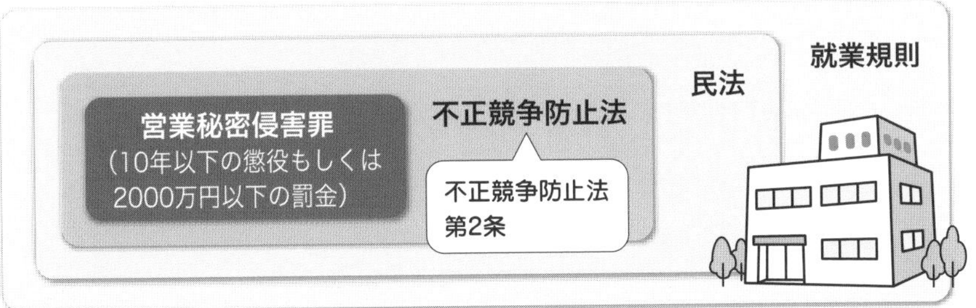

情報漏えい対策

日ごろからの社内教育や研修で、さまざまな法令やルールへの理解・意識を得ておくことが、「漏えい対策」の基本。これは社員のモラルの問題もあるでしょう。

- 物理的技術的防御
  - 情報への接近の制御
    - アクセス権の設定
    - ＰＣの不接触
    - 施錠管理
    - フォルダの分離
    - ファイアウォールの導入
  - 情報の持ち出し防御
    - 私用メモリの禁止
    - 配布資料の回収
    - 電子データの暗号化
    - データアップロードの禁止
- 心理的な抑止
  - 漏えいの警告の仕掛け
    - 座席配置・レイアウト
    - 防犯カメラ設置
    - ＰＣログの記録
    - 立入禁止の表示
    - 作業の録画
  - 情報への認識向上
    - 秘密保持規定
    - 社内研修
- 職場環境の整備
  - 職場信頼関係の向上
    - コミュニケーション促進
    - 不安解消への取り組み
    - 現場ストレスの軽減策

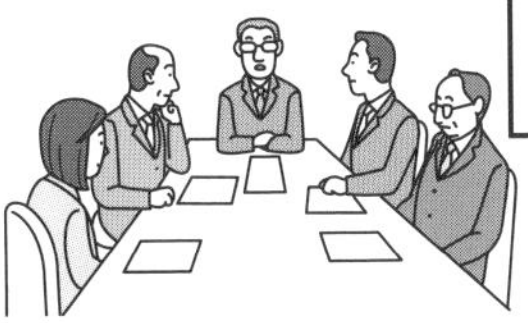

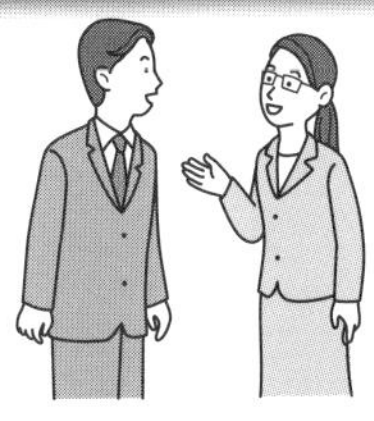

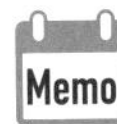

Memo 郵便物の不在受取りでは、本人確認のために運転免許証等の提示を求められる。以前は確認のためにコピーを取られたが、今はやっていない。複写によって情報が漏えいする恐れがあるので注意が必要。

リーガルリスクへの備え

キーワード マイナンバー

マイナンバーが行政手続きには必要

社員のマイナンバーが必要になる

個人の年金や医療などの行政サービスの効率化を目指して、「マイナンバー制度」ができました。

個人が申請すれば、顔写真付きの「マイナンバーカード」が交付されますが、まだ十分には普及していません。しかし、**会社が社会保険などの手続きをする際、社員のマイナンバーが必要**です。

法人番号

個人だけでなく、**会社や団体にも13桁の「法人番号」が国税庁によって付されます。**

法人番号は、国税庁が公開している「法人番号システムWeb-API」で、誰でも法人番号を検索できます。

新規開拓の取引先などの情報収集にも利用できます。なお、マイナンバー同様に、一度決められた番号は変更できません。

マイナンバーの確認

すでに、すべての個人には、「マイナンバー通知書」が送付されており、自身の番号を知っているはずです。

ただし、現在のところ、マイナンバーカードの取得はそれほど進んでいないため、**「マイナンバー通知書」と顔写真付きの公的証明書（パスポート、運転免許証など）のコピーの提出を求めて確認**します。

今後は、国民すべてにさまざまな社会福祉などの公的サービス・納税などの場面で、マイナンバーが必要になります。

会社は確認したマイナンバーを大切な個人情報として扱い、その漏えいに注意しなければなりません。

チェックポイント

- □会社が行う行政手続きに社員のマイナンバーが必要になる。
- □会社や団体にも番号が付けられていて、検索できる。
- □会社は社員のマイナンバーの漏えいに注意する。

法人番号・個人番号を必要とする主な届出

国税庁の「法人番号公表サイト」では、会社名の入力から法人番号を検索することもできます。法人番号は公知されている公開情報です。

項目	主な申請書類	番号
税務関係	・法人税申告書　・地方法人税申告書 ・法人税の各種変更届	・法人番号
	・源泉徴収票 ・給与支払報告書 ・法定調書	・個人番号 ・法人番号
雇用保険	・法人税申告書　・地方法人税申告書 ・法人税の各種変更届	・法人番号
労災保険 （会社申請）	・障害（補償）給付支給申請書 ・遺族補償年金支給申請書 ・傷病状態に関する届	・個人番号
労働保険	・労働保険関係成立届 ・労働保険料等申告書	・法人番号
健康保険 **厚生年金保険**	・健康保険 ・厚生年金保険被保険者資格取得届 ・新規適用届	・個人番号 ・法人番号

個人番号（マイナンバー）の取り扱いには細心の注意が必要です。

【参考】法人番号の通知

法人番号（平成27年10月5日より前に設立した法人等の場合）

会社法その他の法令の規定に基づき設立の登記をした法人のうち、番号法施行日（平成27年10月5日）時点で存在する法人等については、平成27年10月から11月の間に、普通郵便により「法人番号指定通知書」が発送されました。

Memo
消費税のinvoice方式への移行によって、法人番号による消費税の把握も容易になる。同様に、個人番号も納税や医療サービスなどで、ビッグデータの把握に利用される時代となった。

リーガルリスクへの備え

キーワード　コンプライアンス　法令違反

コンプライアンスを理解する

法令遵守は最低限のルール

コンプライアンスは「法令遵守」と訳されます。この法令遵守とは、最低限の法律を守るという観点のみならず、より高い視点からの経営理念による経営を目指すことを意味していると理解しましょう。そのため、**総務担当は経営陣と連携して「質の高い経営」をサポートしていくべき**です。

小さな会社のコンプライアンスへの取り組み

「ブラック企業」とうわさされる会社は、採用時の入社応募者、取引業者、消費者も敬遠するでしょうし、会社の永続的な成長も期待できないでしょう。今の社会では、**すべての会社が不祥事のない健全な経営を求められています**。なお、経団連の「企業行動憲章」よる経営倫理規範には次の３つのレベルがあるととらえています。

①法令規範：法律・法令を守る最低限のレベル
②社内規範：社内ルールや業務マニュアルを整備・実践するレベル
③倫理規範：高い経営理念を持ち、会社が一体となって実践するレベル

経営者一人の想いではなく、社員全員が関心を持つべき時代です。法令遵守の会社と法令違反をする会社が同じ扱いを受けるのはおかしいと誰もが思うでしょう。

小さな会社のコンプライアンスの対象

コンプライアンスの対象として、①競業取引の禁止（インサイダー取引）、②談合の禁止、③不正取引慣行の禁止、④性差別禁止、⑤人権の尊重、⑥雇用条件の順守などが挙げられます。

会社の不正行為摘発には「公益通報者保護法」がありますが、**内部告発を待つまでもなく、総務担当が動くべき**です。

チェックポイント

□総務担当は質の高い経営をサポートしていくべき。
□社員全員が健全な経営に関心を持つべき。
□不正行為に対して、告発を待たずに総務担当が動くべき。

公益通報者保護のイメージ

公益通報（内部告発）とは、社内の人が会社の法律違反行為を、しかるべき機関に通報することです。その運用には細心の配慮が必要です。

公益通報者保護法は、例えば以下のような場面で適用されます。

不正発見→通報

勤務先の会社の不正を発見　　会社の窓口に通報

会社において調査、是正措置等

公益通報者の保護

通報したことを理由に、通報者に対して解雇等の不利益な取扱いをすることは禁止されます。（例：解雇、降格、減給など）

通報者は、解雇等の不利益な取扱いから保護されます。

※消費者庁ホームページより

「ムラ」社会の意識が残る会社組織では、「密告」「告発」などは勇気のいる行為。しかし、小さな会社であってもコンプライアンスの課題には自浄作用が必要である。

キーワード 民事訴訟

民事訴訟の流れを知っておく

民事訴訟の大まかな手続き

小さな会社でも債権回収や金銭貸借のトラブルに巻き込まれることがあります。訴える側のときもあれば、訴えられる側に立つこともありえます。

当事者間の話し合いで解決するのがベストですが、「民事訴訟」にならざるをえないときもあります。裁判・訴訟は高度な専門知識がいるので、弁護士の関与なくしては進められませんが、総務担当者であれば制度の概要を理解しておくべきです。

民事訴訟の大まかな手続きは以下のとおりです。

①地方裁判所（目的物の価額が140万円以下の場合は簡易裁判所）に訴状が提出されると、裁判所は審査のうえ、受理します。
②訴えの主張・反論をする「口頭弁論」が開かれます。裁判所が双方の弁論・証拠などを判断して、「判決」の言い渡しがあります。
③裁判所が和解を進めることもあります。話し合いによる和解が成立すれば、そこで訴訟手続きは終わります。
④訴訟の当事者が判決に異存がなければ、「判決正本」をもって終了します。

弁護士費用の目安

弁護士費用は着手金、実費、日当、報酬金などです。訴訟額の大小や費やした時間、弁護士などによって変動しますが、10～30%が目安です。なお、小さな会社の弁護士顧問契約の費用は月額数万円程度が一般的です。

少額訴訟

訴訟額が60万円以下の場合は、簡易裁判所が扱います。当事者が提出する証拠、証人などすぐに取り調べできるような案件が対象です。

また、調停委員が仲介する「民事調停」という制度もあります。

チェックポイント

- □法裁判・訴訟について、総務も制度概要を理解しておくべき。
- □弁護士の費用は一律ではない。
- □訴訟額が少額の場合は簡易裁判所で扱う。

少額訴訟の流れ

金銭トラブルを解決するためには、「民事訴訟」「少額訴訟」のほかにも、「民事調停」や「支払督促」といった手続きがあります。

訴えを起こす人（原告）

- 訴状、証拠書類の提出 →
- 答弁書、証拠書類の受領
- 追加の証拠書類、証人の準備

裁判所

- ・訴状の受付、審査
- ・審理期日指定
- ・訴状、期日呼出状等送達
- ・答弁書受理

訴えを起こされた人（被告）

- 訴状、期日呼出状、証拠書類の受領
- 答弁書、証拠書類の提出
- 追加の証拠書類、証人の準備

審理（注）

（審理は原則１回）

【原告】

- ・主張の提出（訴状等に基づき、言い分を述べる）
- ・証拠の申出

【裁判所】

- ・双方の言い分（主張）を聴いて、争点を整理
- ・証拠書類、証人等の取調べ

【被告】

- ・主張の提出（答弁書等に基づき、言い分を述べる）
- ・証拠の申出

裁判は案件によっては解決まで時間がかかる場合があります。

↓ **和解**　↓ **判決**

（注）被告の希望等により、通常の訴訟手続に移ることもあります。

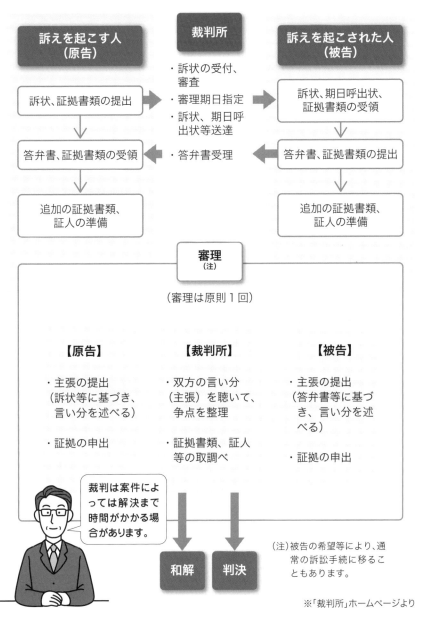

※「裁判所」ホームページより

「支払督促」の書状の受領は要注意。簡易裁判所から「特別送達」の書面が来た場合は、受領後2週間以内に異議申立てをしなければ、「強制執行」されてしまう。

リーガルリスクへの備え

キーワード 株式取扱業務

会社の株式取扱を知っておく

株主の情報は大切なもの

小さな会社の株主はそれほど変更がないので、「株券」がどのようになっているのか、関心が薄いかもしれません。しかし、**総務担当は「株券が発行されているのか」「株券予備券があるのか」**などを知っておくべきです。

株券の廃止

上場企業の株券は廃止され、その権利管理は株式等振替制度による電子情報で、「証券保管振替機構」で管理されています。

会社法施行前に設立された小さな会社では、当時は「株券発行」が前提で、株券が印刷され株主が保有していました。そのため、会社によっては今もその状態かもしれません。**現在は、定款に特別な定めをしないかぎり、「株券不発行会社」になり、株券はありません。**

株券の保管などは面倒なので、定款変更・変更登記のうえ、株券を廃止した会社も多いはずです。

株式取扱規定

株式取扱規定は、株式の名義変更や株式の取扱いを定めた社内規定です。規定を運用する前に、**最新の株主名、株式数、株券所持の有無、届出印などを「株主名簿」で確認・認識しておきましょう。**株主名簿は重要な台帳で、それによって株主の権利が証明されます。

株主名簿や名義変更、「株券不所持申出書」など株式に関する取扱いは、会社自身が「株式取扱規定」に則って行います。

なお、株主が大多数いる非上場の会社は、信託銀行などに「株主名簿管理人」を委託しています。名義変更などは、「株主事務取扱所」である信託銀行に行って手続きします。

チェックポイント

- □総務担当は株券に関心を持ち、状況を把握しておくべき。
- □小さな会社では現在も株主が株券を保有している可能性がある。
- □株主が多い非上場の会社では、名簿管理を信託銀行などに委託。

株式取扱規定

株式譲渡制限会社で株券不発行の場合は、下記のような株式取扱規定を作らず、「定款」に同様の規定を織り込んでおくこともできます。

株式譲渡制限会社とは、株式を譲渡する場合に会社の承認が必要な旨を定款で定めている会社のことです。

第1章　総　則
(目　的)
第1条　この規定は、会社の株式に関する名義書換その他株式に関する手続について定めたものである。
(株券の不発行)
第2条　当会社の発行する株式については、株券を発行しないものとする。
(取扱場所)
第3条　この規程による当会社の株式事務の取扱場所は、次のとおりとする。
(1)事務取扱場所
東京都○○区○○1丁目1番　本社
(手続の方法)
第4条　株式についての請求、届出又は申出は、当会社所定の書式に記名し、当会社に届け出た印鑑を押印することにより行うものとする。
第2章　名簿書き換え
(名義書換)
第5条　株主名簿の名義書換は、次に掲げる場合にのみ、することができる。
(1)株式の名義人(又は一般承継人)及び取得者の共同請求がある場合
(1)取得者の単独請求により名義書換をしても利害関係人の利益を害する恐れがないものとして法令に定める場合
2 名義書換を請求しようとする場合は、所定の手続きのうえ、書式に記名押印し、会社に提出しなければならない。
第3章　質権の登録
(質権の登録・抹消)
第6条　株式についての質権の登録、変更又は抹消を請求しようとする場合は、所定の書式に記名押印し、会社に提出する。会社は、質権者の氏名と住所を株主名簿に記載又は記録しなければならない。
2 株主名簿に登録された質権者は、会社に対し、株主名簿に記載又は記録された質権者に関する事項を証明する書面を請求することができる。
第4章　諸届出
(株主が個人の場合の届出)
第7条　株主が個人の場合は、その氏名又は名称、住所及び印鑑を所定の書式により届け出る。
2 前項の届出事項に変更が生じた場合は、所定の書式により届け出る。なお、氏名を変更する場合は、戸籍抄本も添付しなければならない。
(法人の場合の届出)
第8条　株主が法人の場合は、法人の名称、所在地、印鑑並びにその代表者の資格及び氏名を所定の書式により届け出る。
2 前項の届出事項に変更が生じた場合は、届出の際に変更登記後の登記事項証明書を添えて届け出る。
(共有株式の場合)
(代理人の設定、変更又は解除)
第9条　代理人を設定、変更又は解除した場合は、所定の書式により届け出るものとする。
2 代理人が法定代理人の場合は、設定及び変更の届出の際に、戸籍抄本を添付しなければならない。

附　則
(改　定)
第10条　この規程の改定は、取締役会の決議による。
(所管・施行期日)
第11条　この規程の所管部署は、総務部とする。
2 この規程は、令和○○年○○月○○日から施行する。

「株式名義書換請求書」は売買主の双方が共同で作成して会社に提出する。会社が請求書を入手した日が「書換日」になる。

リーガルリスクへの備え

キーワード 株主総会

株主総会の開催手順を知っておく

株主総会の開催時期

すべての株式会社は株主総会を開催しなければいけません。「出資者」が会社に物申す場であり、会社が出資者に報告をして決裁をもらう場です。その運営規則は「会社法295条〜320条」で詳しく決められています。

「定時株主総会」は、事業年度末日から、３ヶ月以内に開催しなければいけません。「臨時株主総会」は開催時期に制限はありません。小さな会社では、経営の根幹となる事項の変更はあまりないので、年１回の定時株主総会のみというケースが多くなります。

株主総会では、「報告事項」である業績結果を示す「計算書類（決算書）」の報告と、以下の「決定事項」などが決議されます。

①取締役・監査役などの選任・解任に関する事項

②会社の重要な変更に関する事項（定款変更、会社合併、分割、解散など）

③株主の重要な利益に関する事項（剰余金の配当など）

④取締役の報酬等

株主総会の決議

株主総会では、多数決が原則ですが、「減資」「定款変更」などは３分の２以上の決議「特別決議」が必要です。決議に問題があったときは、株主が「株主総会決議無効」などの訴訟ができる規定もあります。

みなし株主総会

すべての株主の書面による同意があれば、株主総会そのものを開催せずに「書面決議」で終わらせることができます。議決権行使書面に「提案内容に同意」と記載し、株主総会の前日までに会社に提出します。小さな会社では株主全員の同意が得やすいので、書面決議が多くなっています。

チェックポイント

- □株式会社は株主総会を開催しなければいけない。
- □定時株主総会は事業年度末日から３ヶ月以内に開催する。
- □小さな会社では、株主の同意が得やすいため、書面決議が多い。

株主総会の流れ（取締役会のある会社）

3月決算期の上場会社もこのような流れで「株主総会」を開催しています。この日程から、経理担当の決算作業が決められていくことになります。

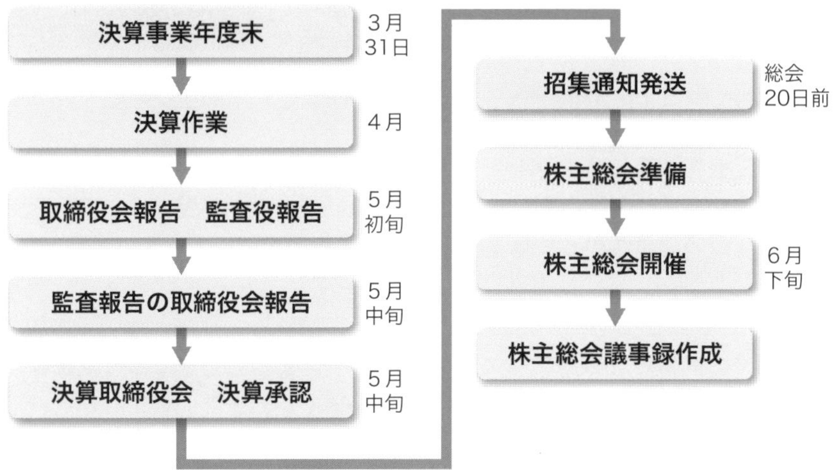

株主総会の開催状況　中小企業白書2018年版

株主に対して経営の状況を理解してもらうために、多くの会社は株主総会を開催しています。家族経営のような会社では、年1回の定時株主総会を開催します。

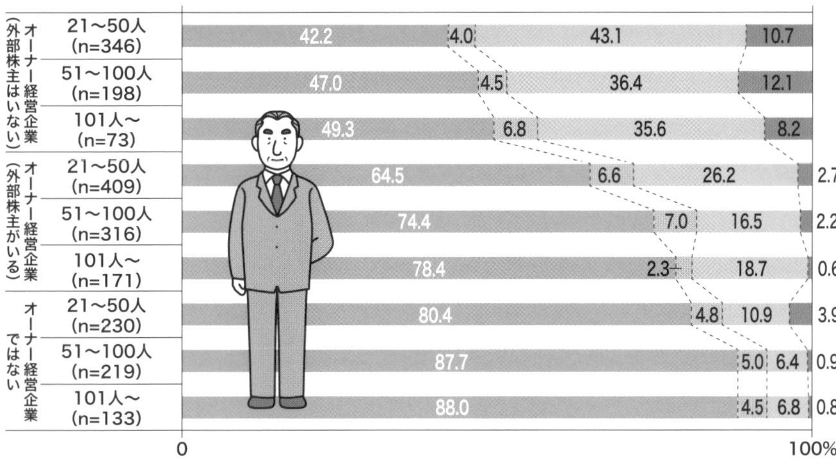

Memo
取引先あるいは競合先の上場会社の株式を購入しているケースも多くある。郵送されてくる株主総会案内などの書面は事例としてとても参考になる。

リーガルリスクへの備え

キーワード 役員変更

役員変更の登記を行う

変更したら登記手続きをする

株主総会で決議された事項で、法務局に「登記変更」すべきものがあります。よくあるのが「取締役」「監査役」の就任と退任に関するもの。変更申請は比較的簡単なので、総務担当者が法務局で手続きをしましょう。

役員の任期

取締役の人数と任期は定款で決められています。会社法では「取締役任期２年」「監査役任期４年」と決められていますが、**公開会社でない会社は定款で「10年まで」の任期が定められます。**

手続きの手間と数万円の登記費用の節約のため、小さな会社では定款で取締役・監査役の任期を10年と定めている場合もあります。

任期２年の場合、必ず２年ごとに株主総会後、法務局に登記変更に行きます。就任承諾書には個人の実印押印・印鑑証明が必要です。なお、２週間以内の登記申請を忘れると過料が科せられるので注意しましょう。

みなし解散状態

株式会社が10年以上、登記も何もしないと、法務局が職権で解散の登記をします。この場合、法務局から休眠会社に関する通知が届くことになり、すぐに取締役の選任をして、申請手続きで法務局に駆け込むことになります。

役員任期のメリット・デメリット

役員の任期が短いと頻繁な登記変更が手間となります。しかし、任期10年にもなると会社状況も変動するなかで、年齢、能力など適格でなくなる場合も出てきます。そのとき、任期満了まで役員を入れ替えることができませんので、面倒な「解任」という手続きをとることになります。

チェックポイント

□登記の変更申請は比較的簡単。
□10年以上放っておくと、法務局が解散の登記をする。
□役員の任期期間の長短にはメリットとデメリットがある。

株式会社変更登記申請書

登記変更が必要な場合には、株式会社変更登記申請書を作成し、法務局で手続きを行います。

株式会社変更登記申請書

1．会社法人等番号

1．商号

1．本店

1．登記の事由　取締役、代表取締役及び監査役の変更

1．登記すべき事項

1．登録免許税　金　円

1．添付書類

株主総会議事録

株主の氏名又は名称、住所及び議決権数等を証する書面（株主リスト）

就任承諾書

定款、株主総会議事録

委任状

小さな会社の場合、取締役と監査役の就任・退任がよくある登記変更の事項として挙げられます。

上記のとおり、登記の申請をします。

令和　年　月　日

申請人

代表取締役

連絡先の電話番号

法務局　　　　支局　御中

代理人が申請する場合は、申請人の「代表取締役」の次の段に、「上記代理人」として代理人の住所と代理人氏名を記載し、代理人認印を押印します。

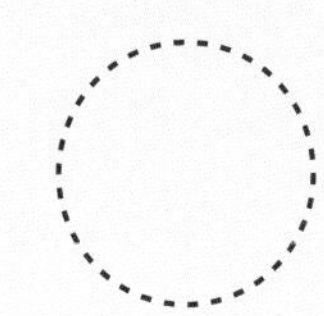

収入印紙貼付台紙

取締役会設置会社の代表取締役就任には、本人の実印による押印と印鑑証明が必要。ただし、取締役だけの就任の場合は認印でよい。登録免許税は資本金1億円以下の場合は1万円。

リーガルリスクへの備え

キーワード　総会議事録

定時株主総会の議事録を作る

2週間以内に議事録を作成する

株主総会は、最低でも1年に1回は必ず開催され、そのたびに株主総会議事録を作成しなければいけません（会社法318条1項）。

議事録は株主総会終了後、速やかに作成します。**決議によって登記事項の変更が生じ、変更の登記を2週間以内に行う際には、株主総会議事録の添付が必要**になります。よって、遅くとも2週間以内には作成します。

議事録の法定記載事項

次のように記載する事項は定められています（会社法施行規則101条）。

①株主総会が開催された日時および場所
②株主総会の議事の経過の要領およびその結果
③監査役等による意見または発言の内容の概要
④出席役員等の氏名または名称
⑤議長がいるときは、議長の氏名
⑥議事録の作成に係る職務を行った取締役の氏名

株主総会議事録は、総会の運営の適切性を示す証拠として、利害関係者に情報を提供するという役割があります。

これを考慮したうえで、上記の事項に加えて必要だと思われる事柄があれば、任意で記載しておきましょう。

議事録の保管

株主総会議事録は、本店で株主総会の日から10年間備え置かなければいけないとされています（会社法318条2項・3項）。議事録を備え置かなかったときは過料が命じられます。実務的な視点から考えると、永久に保存すべきといえます。

チェックポイント

- □決議による登記事項の変更には、議事録の添付が必要になる。
- □株主総会議事録は総会運営の適切さを示す証拠となる。
- □株主総会議事録は永久に保存すべき。

定時株主総会議事録

目的事項には、「報告事項」と「決議事項」があります。「決議方法」には普通決議(出席株主の過半数)、特別決議(3分の2以上)、特殊決議があります。

定時株主総会議事録

令和△年△月△△日 午☆ △△時△△分、株式会社○○本店に於いて定時株主総会を開催した。

発行済株式数　○○株　　　　　議決権を有する株主総数　○名
総株主の議決権数　○個(○株)
出席株主数(委任状出席を含む)　○名
この議決権総数　○個(○株)
議事録作成者　代表取締役　○○○○
出席役員　取締役　○○○○　○○○○　○○○○　　監査役　○○○○

上記の通り総株主の議決権数の全部に相当する株式を有する株主が出席し本会は適法に成立したので、定款の規定により　代表取締役□□□□は議長となり議案の審議に入った。

報告事項　令和○年○月○日現在の貸借対照表ならびに第○期(令和○年○月1日から令和○年○月31日まで)損益計算書株主資本等変動計算書、個別注記表および事業報告の件
議長は、本総会の目的事項の順序に従い、事業報告、貸借対照表、損益計算書株主資本等変動計算書、個別注記表の内容についてその概要を説明した。

決議事項
第1号議案　第△△期　計算書類承認の件
自　令和成△△年△△月△△日　至　令和△△年△△月△△日
議長は計算書類や当期営業に関する諸報告をなし、監査役○○はいずれの書類も正確妥当である旨の報告をした。そして、計算書類の審議承認を求めた。
以上は異議なく承認可決した。
第2号議案　剰余金の処分の件
議長は、剰余金の配当については、1株につき○円としたい旨を述べ、本議案の承認を議場にはかったところ、出席株主の議決権の過半数の賛成を得たので、本議案は原案どおり承認された。
第3号議案　取締役および監査役任期満了による改選の件
議長は取締役および監査役の全員が本定時株主総会終結と同時に任期満了となるので改選の必要を述べ、審議の結果満場一致をもって下記の者が選任され各自就任を承諾したので、可決確定した。
取締役　○○○○　○○○○　○○○○　○○○○
監査役　○○○○
議長は、以上を持って本日の議案を終了したので 午☆△△時△△分 閉会を宣した。
上記議事の経過及び結果を明確にするため議長及び出席取締役は下記に記名捺印する。
令和△△年△△月△△日
商　号
議長、議事録作成者　代表取締役　○○○○
出席取締役　○○○○　　出席取締役　○○○○

Memo
株主総会は議決権の行使できる株主の議決権数の過半数が出席して成立する(会社法309条)。よって、総会の冒頭で事務局から、出席株主の議決権数などの報告がなされる。

会社を取り巻く環境

キーワード　ステークホルダー

ステークホルダーへの関心を持つ

会社を取り巻く関係者

ステークホルダー（Stakeholder）とは、「利害関係者」と訳されています。会社の事業活動によって直接的または間接的な影響を受ける「ひと」「会社」「団体・組織」です。近年、コンプライアンス（法令遵守）やコーポレートガバナンス（企業統治）など、会社企業の社会的責任に対する関心が高まるなかで、小さな会社も利害関係者に無関心でいられません。

直接的ステークホルダー：消費者や顧客、ユーザー、従業員、取引先企業、株主、金融機関　など

間接的ステークホルダー：消費者や従業員の家族、労働組合、地域社会、行政、外国　など

中小企業のステークホルダー

中小企業庁の「中小企業白書」では、中小企業の経営に影響力の大きい利害関係者を調査しています。そのなかでは、50人以下の会社で**影響力がある利害関係者は、「役員・従業員・労働組合」「販売・仕入先」「家族・親族」の順**で、会社規模が大きくなれば「株主」の比率が高まります。

ステークホルダーへの説明責任

経営を律する立場は、「取引金融機関」「社外役員」が影響力を持っています。企業理念の明確化やコンプライアンスを重要視している中小企業の割合が高い一方で、**「ステークホルダーへの説明責任」は関心が相対的に低いのが実態です**。中小企業では、正確で信頼性の高い事業計画、事業内容のわかりやすい説明を積極的にステークホルダーにすることが望まれます。

また、ステークホルダーとの関係を重視し、銀行などから役員を受け入れることもあります。その場合、社外からの経営への牽制力が強まります。

チェックポイント

- □会社の規模が大きくなると株主の影響も大きくなる。
- □ステークホルダーへの積極的な説明が望まれる。
- □ステークホルダーとの関係を重視し、社外役員を受け入れることも多い。

中小企業のステークホルダー

グラフを見ると、経営に影響力をもつステークホルダーが極端に偏っているわけではないが、「オーナー社長の家族・親族」には信頼感を寄せていることがわかります。

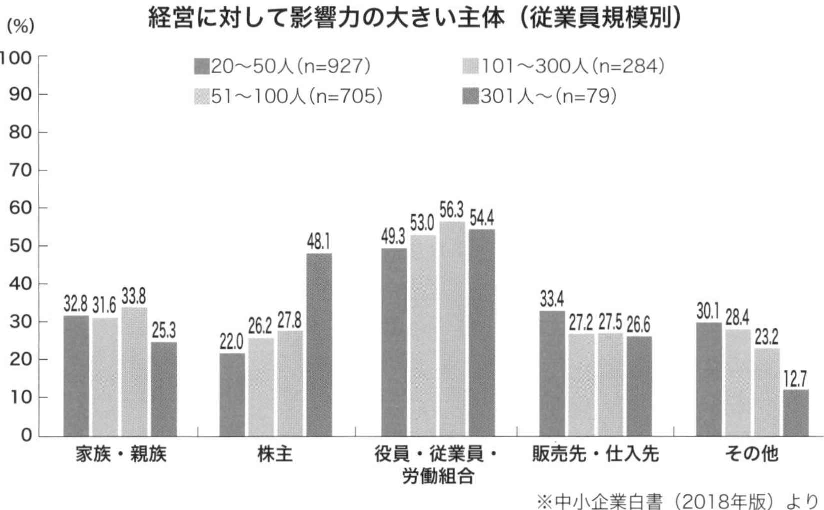

※中小企業白書（2018年版）より

社外役員の受入先

中小企業でも取引関係などから「親子の資本関係」をもつことが多々あり、親会社からの役員派遣を受け入れています。

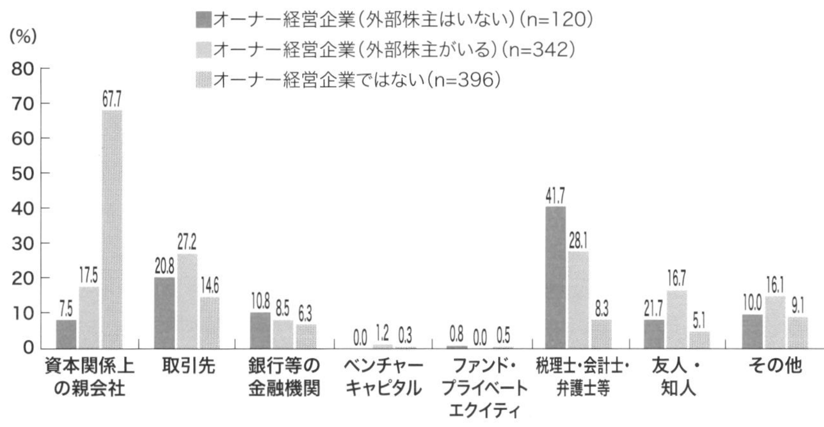

※中小企業白書（2018年版）より

中小企業庁は毎年「中小企業白書」を公表している。2018年版は、労働生産性、経営の在り方、改善への取り組み等について調査している。

CSRに関心を持つ

小さな会社でもやれる活動がある

CSR(Corporate Social Responsibility) は「企業の社会的責任」と訳されます。これは、法令遵守だけでなく、人権に配慮した雇用・労働条件、消費者への対応、環境問題への配慮、地域社会への貢献などを目指す活動です。活動の対象はすべてのステークホルダーです。

経営者の主導のもとで活動に取り組む際、その事務局は総務になります。よって、総務担当もCSRを理解しておかねばいけません。CSRは本業を通じて、事業の一環としてさまざまな形態で展開されます。

なお近年では、余裕のある資金を持って慈善団体などに資金拠出する意味の「フィランソロピー (慈善寄付)」という言葉も聞かれますが、こちらはCSRと異なり、本業と関係が少ないものが多くなっています。

中小企業のCSRへの取り組み

大企業は「企業イメージの向上」「働き方改革」などを目指して活動します。しかし、中小企業はコスト負担が課題となり、取引先との関係強化、コスト削減との連動などに意識が高く、CSR活動も事業に直接結びつく取り組みに向けられる傾向があります。主なCSR活動は次のとおりです。

①**企業統治**：会社理念の説明教育、事故・不祥事への予防対策、社員への会社業績説明、金融機関への情報開示、社外への情報発信、配当施策説明

②**環境保全**：省エネ・リサイクル、環境保全教育、グリーン調達 (環境への影響が少ない製品を優先的に購入すること)、環境認証の取得

③**人権尊重**：労働時間の適正運用、職場安全確保・禁煙、人事評価の透明性、ハラスメント防止、育児・介護支援

④**地域貢献**：消費者満足度の高い商品開発、地域団体・経済団体への参加、災害救援・地元行事への参画、反社会的勢力との関係遮断

チェックポイント

- □CSR活動の事務局は総務になる。
- □CSRは事業の一環としてさまざまな形態で展開される。
- □中小企業は事業に直接結びつくCSRに取り組む傾向がある。

企業の社会的責任(CSR)に取り組む目的・理由（企業規模別）

個人事業主は別にして、「ＣＳＲにまったく関心がない」と公言する経営者は少ないでしょう。総務担当者も経営者の関心事には、興味を持ちましょう。

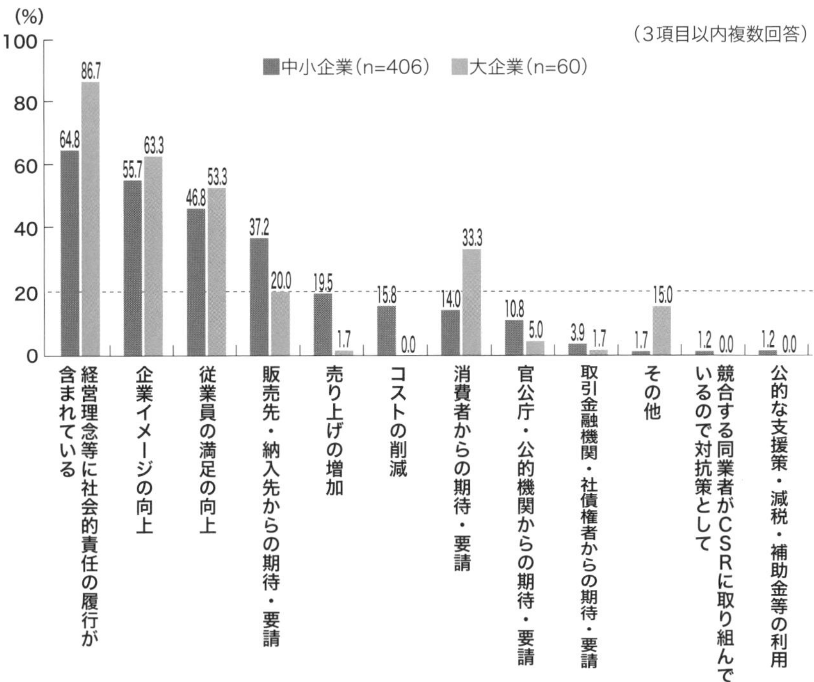

※中小企業白書（2018年版）より

企業の社会的責任(CSR)に取り組んだことによるメリット（企業規模別）

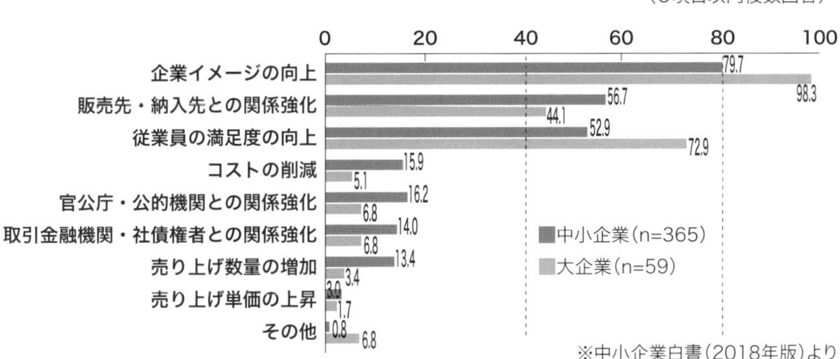

※中小企業白書（2018年版）より

「売り上げ増加」「コスト削減」など直接的に「利益」に貢献する成果・メリットは少なくないといえる。

社員の満足度の充足がＣＳＲのメリットに挙げられている。突き詰めればブラック企業とは、社員の満足度に重大な齟齬がある会社ともいえる。

キーワード 対外折衝

リスクへの窓口機能を果たす

窓口機能はどのようなものがあるか

総務担当はあらゆる窓口機能を果たす役割を求められます。顧客、仕入先など取引の窓口は営業などのライン部門、社員の窓口は人事、税務や金融機関の窓口は経理が担当しますが、それ以外はすべて総務の担当といえます。そのため、対外的な折衝窓口の把握管理が必要です。

リスクマネジメント

「リスクマネジメント」とは、 会社を取り巻くさまざまなリスクを特定、分析、評価して、不測の事態からの損害を最小限にとどめるための管理手法のことをいいます。日本工業規格（JIS Q31000）によって細かく決められています。小さな会社では人手・コストの点から、十分なリスク予防は難しいかもしれませんが、社内緊急連絡網・社外関係窓口連絡先・防災備品・緊急医療品などは準備しておきましょう。

オフィスでの防災備蓄グッズの例

●**食料品・飲料水**
アルファ化米（乾燥処理を施した米飯）、乾パン、クラッカー、飲料水、缶詰、カップ麺

●**救援・救助資機材**
毛布、包帯、電池、懐中電灯、工具、ロープ

●**防災資機材**
防水シート、ラジオ、メガホン、保護用具、軍手、ヘルメット、長靴、マスク、作業服

●**暖房用品**
携帯用ガスコンロ、燃料、洗面用具、衛生排せつ関連用品

チェックポイント

□総務担当にはあらゆる窓口機能を果たすことが求められる。
□リスク予防は日本工業規格によって細かく決められている。
□オフィスに防災備品をそろえる。

リスクへの備え

「リスクをなくす」ことはできないかもしれません。しかし、被害を少なくするために、総務担当者は「備えへの知識・情報」を身につけましょう。

社外の関係先

総務関係	人事関係	経理関係
市役所・県庁 警察署・消防署 保健所 損害保険会社 病院・開業医 商店街窓口・町内会 システム保守業者 電気工事・通信業者 ビル管理業者 郵便局・宅配業者	労働基準監督署 年金事務所 公共職業安定所 弁護士・司法書士 社労士	税務署 県税事務所 市町村税窓口 銀行金融機関 証券会社 財務局出先窓口 税理士・会計士

経営に関するリスク

総務関係	人事関係	経理関係
知的財産権紛争 環境汚染・規制違反 製造物責任 リコール・欠陥製品 不買運動 ネットでの誹謗中傷 外部からの脅迫	労働争議 役員・社員の不正 社内横領・賄賂 過労死・不法就労 契約紛争・訴訟 賠償請求 ハラスメント 役員スキャンダル 過剰接待 社員との紛争	粉飾決算・脱税 不正な利益供与 インサイダー取引 金融機関の破綻 企業買収合併失敗 過剰設備投資 新規事業の失敗 取引先の事故・倒産 機密漏えい デリバティブ取引失敗

Memo
「緊急連絡網」のリスト作成・整備は重要で、その更新も定期的に行う。そして、社内での掲示やメールでの周知徹底こそが重要。

コラム②

総務・人事・経理は専門スキル

「総務」「人事」「経理」の仕事は、業界、規模、地域などによる大きな差異・相違はありません。

したがって、どの会社でもその仕事のノウハウは活かせます。一種の専門スキルといえます。

例えば、「給料の源泉徴収」「労基法の運用」「決算書作成」などは、どの会社でも同様の手順、やり方です。この「ワザ」「スキル」を習得して、自分のキャリアとして活かさない手はありません。

営業、製造や研究開発の仕事では、それぞれの業界、技術などによって異なり、汎用的に共通した仕事のノウハウがあるわけではありません。「営業担当者」はなんでも売ってみせるということかもしれませんが…。

その営業担当者から、「一日中、オフィスで机に向かって仕事は楽しいですか？」と言われたことがあります。

そのとき「楽しい営業でがんばってください。そして、私たちはあなた方の働きの結果を評価・コントロールしていますので」と答えました。

「働きがい」「生きがい」がある職場作りには、管理部門の知恵と支援がなければ、「営業は売るだけ」「製造は作るだけ」に終わります。

小さな会社では、その規模なりの特色ある職場作りができるはずです。「チーム力」が成長へのカギになります。

チームを引っ張るのは、「もの」の総務か、「ひと」の人事か、「かね」の経理か、そこが問題です。

第3章

人事の仕事

第3章のおもな重要キーワード

人事の仕事領域／人材募集／入社手続き／労働者派遣／労働基準法／就業規則／賃金体系／派遣労働・業務委託契約／平均賃金／法定労働時間・休日／時間外労働／三六協定／退職金制度／懲戒処分／育児休暇／介護休暇／年次有給休暇／目標管理／教育訓練給付金／人事考課／給与計算／勤怠管理／源泉徴収／住民税／年末調整／配偶者控除／法定調書／支払調書／社会保険／労働保険／健康保険／厚生年金保険／介護保険制度／健康保険証／標準報酬月額／離職証明書／業務災害／雇用保険／失業保険／高齢者雇用安定法

アウトライン

キーワード　人事の仕事領域

人事の仕事の目的領域は3つ

人事には3つの仕事領域がある

小さな会社の人事担当の仕事領域を考える場合、人事と労務の違いを意識することは少ないかもしれません。一般的に、**「人事は対個人に行う業務」「労務は対組織に行う業務」**といわれます。

いずれにしても、社員が「働きがい・生きがい」を感じるなかで、働く効率・生産性を高められるしくみ作りや、その運用をすることが「人事の仕事」です。

総務、人事、経理の仕事分担も会社の規模・成長にともなって変化していきます。

人事の仕事領域は次の３つです。

①優秀な人材の確保と適材適所の配置

②人を育てる風土作り

③成果の評価とそれに報いるしくみの運用

総人件費を考えよう

「人」に関するコストは、毎月の給与だけではありません。賞与や退職金、社会保険料、厚生福利費なども「人」に関するコストです。これらを**総合的にとらえて、運用しようとするのが、「総人件費」の考え方**です。

例えば、大企業では、社員の個性の多様化にそって、コストが固定費化する保養所の自社運営をやめ、「カフェテリアプラン」によるコストの変動費化を図っています。また、フレックスタイム制の導入や業務請負契約の採用などは変動費化の流れといえます。

小さな会社の人事でも、給与計算の事務を確実にこなすことに加えて、**「働きがいのある」職場作りへの参画意識を高めましょう。**

チェックポイント

- □人事は対個人、労務は対組織に行う業務。
- □働く効率・生産性を高めるしくみ作りとその運用が人事の仕事。
- □人に関するコストを総合的にとらえるのが「総人件費」。

人事の仕事のスパイラル

会社の成長とともに、人材のスキル向上も求められます。この「成長」「向上」が、「働きがいのある」会社には不可欠な要素になります。

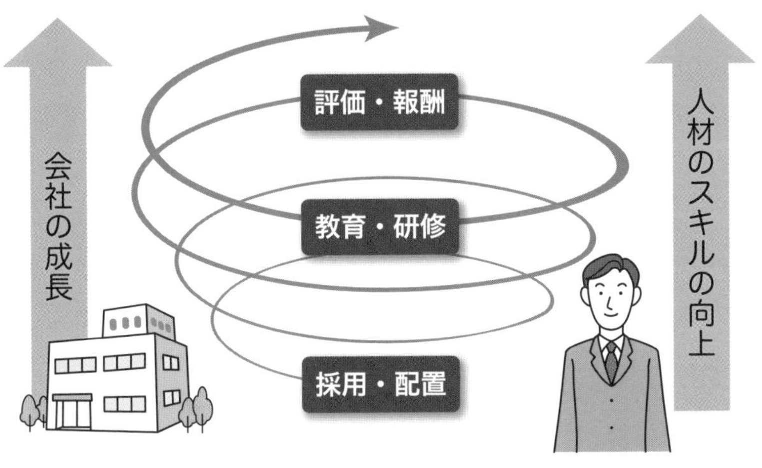

総人件費の内訳

下記の経団連の調査はある程度の規模の会社を対象としています。金額水準ではなく、その構成比率が、中小企業にも参考になります。

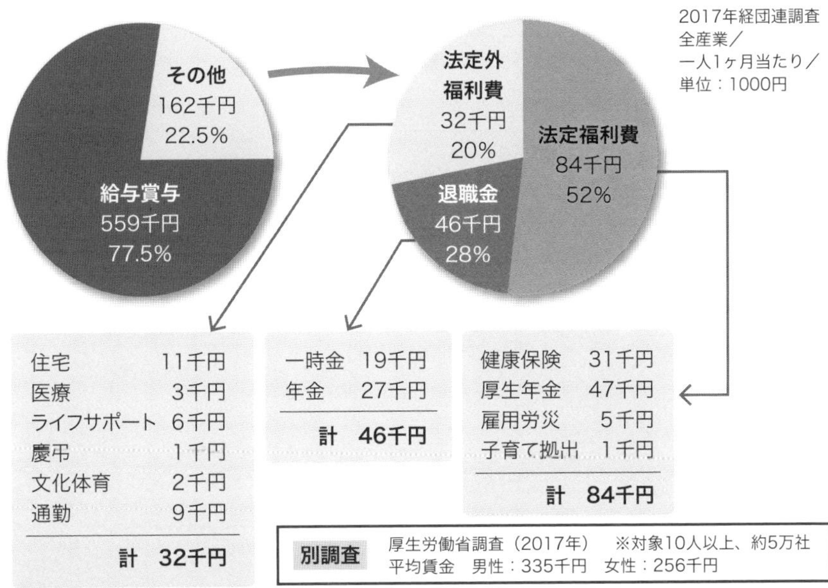

別調査　厚生労働省調査（2017年）　※対象10人以上、約5万社
平均賃金　男性：335千円　女性：256千円

Memo 民間給与の公的な調査は人事院や国税庁にもある。会社の規模、学歴、職位などで給与に相当なバラツキがある。月平均給与の水準は、20万円台～50万円台の幅があり、単純な比較は難しい。

人事の年間スケジュール（3月決算会社の場合）

4月	5月	6月
・入社式の実施 ・新入社員研修 ・組織変更人事異動発令 ・社会保険被保険者資格	・株主総会準備 ・上期賞与査定	・株主総会開催 ・上期賞与支給 ・労働保険年度更新
メモ欄：自分の担当		

10月	11月	12月
・労働保険2期納付 ・採用試験準備	・社員研修会実施 ・下期賞与査定 ・年末調整書類配布	・下期賞与支給 ・年末調整 ・就業規則見直検討
メモ欄：自分の担当		

教育研修・講習などは、
比較的閑散な時期に
取り組みましょう。

給与計算のような毎月の経常業務と、賞与、新卒採用などの年間での経常業務があります。それぞれスケジュールを立てて、効率的に進めましょう。

7月	8月	9月
・社会保険定時決定 ・労働保険1期納付	・廃棄文書整理	・社会保険料控除額変更

季節的な年間の業務は、常に頭の中に入れておきましょう。

1月	2月	3月
・年始式実施 ・支払調書提出 ・給与支払報告書提出 ・源泉徴収票交付 ・労働保険3期納付	・次期経営計画立案 ・採用面接準備 ・人事評価査定 ・昇給昇格検討	・新入社員通知

Memo 経営陣から「人材の活用」「ヒトへの投資」などの言葉で、人事担当の取り組むべきテーマが出される。外部の人事コンサル、人材教育請負を利用することも多いが、「他人まかせ」にすると効果は定着しない。

キーワード 人材募集 人材採用

さまざまな募集手段を利用する

人材募集の知識は必須

近年では、中小企業の人材不足が深刻な背景もあり、「働き方改革」「外国人労働者の活用」などがいわれています。人材の活用を主務とする人事にとって、**人材募集のやり方についての知識習得は必須**です。

ホームページや就職情報サイト

大学新卒者は、就職情報サイトなどのネット経由で応募してきます。それにより応募エントリーがばらまくように送られてくる傾向があります。

小さな会社も就活情報サイトからの応募方法の手段を作っておくべきです。その他の応募方法として、就職紹介会社の主催する合同会社説明会、企業セミナーへの参加もあります。

ハローワーク

厚生労働省設置法に基づき公共職業安定所（愛称：ハローワーク）が設置されています。安定した雇用機会を確保するための行政機関です。**「ハローワーク」を利用した募集もコストがかからないので検討**すべきです。

応募・採用手順は次のとおりです。

①事業所登録
②求人申込書
③ハローワーク内の求人情報提供端末で開示
④応募があったときハローワークからの連絡
⑤本人が紹介状をもって来社
⑥面接のうえ採用可否の決定

なお、事業主への雇入れの助成金もあります。高年齢者・障害者・母子家庭などの就職困難者、65歳以上の高年齢者などの雇用助成金です。

チェックポイント
- □大学新卒者は就職情報サイトからの応募が多い。
- □小さな会社もサイトからの応募に対応しておくべき。
- □コストのかからないハローワークの利用も検討する。

さまざまな募集方法

募集方法は画一的なものではなく、それぞれの会社での業界の慣行、募集の経験度、求めるスキルなどさまざまです。柔軟な対応を心掛けましょう。

募集方法	募集対象人材	特色
ハローワーク	すべての年齢	・公的な支援機関 ・定型書式で画一募集 ・無料
学校	新卒者	・募集時期など規制がある ・学校での選択 ・選抜あり
企業セミナー	新卒・転職者	・大企業向き ・会社広報ができる
民間職業紹介	専門職種	・コストがかかる ・ターゲットを絞れる
新聞広告	広域募集	・採用地域の絞り込み ・コストがかかる
求人誌	パート向き	・有料(掲載誌にバラつき) ・他社と比較される
インターネット	転職者・若年層	・時間など制約が少ない ・応募レベルにばらつき
縁故募集	すべての年齢	・人材の信頼性が高い ・スキルの不一致が出やすい

新人をゆっくり育てていくやり方と、いきなり経験者を採用配置するやり方がある。これらのやり方が混在する職場では、若手と経験者のアツレキが生まれやすい。職場の定着率なども考慮して募集方針を考えよう。

キーワード 入社手続き

入社手続きを行う

入社通知書

採用者の入社日が決まると、本人と確認のうえ、社内外への書類作成に取り掛かります。すでに「入社通知書」を本人に渡してあるはずなので、そこに記載された書類を持ってきてもらいます。

持参してもらう書類は次のとおりです。

①身元保証書　②誓約書
③年金手帳・雇用保険被保険者証（前職があるとき）　④印鑑
⑤給与振込先情報　⑥社員証用写真　⑦マイナンバー情報
⑧健康診断書　⑨最終学齢の確認書類（卒業証明書）　⑩資格証明書

入社日と入社時研修

入社日は、途中採用も含めて考慮し、**給与締め日の直前は避けて、月初にする**のが無難です。そして、入社数日内に「企業理念」「就業規則」や「ドレスコード」など社内ルールの説明、役員や社員への紹介、入社懇親会の開催などを行います。

そのほかに伝えるべきことは、制服の貸与、事務用品の貸与、更衣場所の提示、防災や安全衛生面での設備説明、通勤交通手段の確認、家族など緊急連絡先の確認、机・書類庫の配置、パソコンの操作説明、入退社時の施錠、名刺、メールアドレス、社員番号などです。これらを**リスト化しておき、漏れなく伝えましょう。**

会社の手続き

会社がすべき手続きとして、健康保険・厚生年金保険被保険者資格取得届、雇用保険被保険者資格取得届、給与所得者扶養控除申告書など、**公的機関への届出書類の作成・提出**があります。

□採用者の入社日が決まったら、必要書類の準備をしてもらう。
□採用者の入社日は給与締め日の直前は避け、月初にするのが基本。
□採用者に伝えることはあらかじめリスト化しておく。

人材募集から入社手続きまでの流れ

ルーティンワークのなかで重要なのは、「どのような人材」を「何名」募集するのかです。経営陣との協議、合意が大切になります。

募集方法の決定	採用計画による人材スキル、人数、募集先の決定
↓ 募集先への届け出	ハローワーク、学校などへの募集要領の提出・届出
↓ 応募者の確認	応募があった人の所在や連絡先の確認
↓ 応募書類の審査	履歴書・職歴書など、応募書類による審査
↓ 採用面接・試験	面接担当による面接、スキル確認の試験実施
↓ 採用者の決定・内定	社内選考による内定者の選別・決定
↓ 採用通知	本人への最終意思確認と採用通知の発送連絡
↓ 労働条件の確認	労働時間や賃金など労働条件の詳細説明
↓ 入社日・受け入れ体制	配属先・勤務場所の通告、職場案内など
↓ 入社提出書類確認	社会保険届出書類の情報入手、社内研修・教育の開始

面接する側の能力・実力によっても、採用評価は分かれるので、面接の評価表などを作り、複数の面接官で行うなどの工夫が必要。面接時期を集中させることで、応募者の比較をすることもできる。

人事制度の基本

キーワード 採用内定

労働条件の明示を行う

労働条件を書面で明示する

社員・パートなどを問わず、**人材を採用するときは労働条件について書面で明示**しなければいけません（労基法15条）。入社後にすべての社員は就業規則の明示によって、自分の労働条件を理解します。**労働条件通知書や就業規則のモデルは厚生労働省のホームページで公開**されています。

働く人にとって関心が高いのは「賃金」「労働時間」「時間外労働」「有給休暇」でしょう。労働条件の書面明示必須事項は次のとおりです。

①契約期間（正社員は期間の定めなし）　②就業場所、業務
③労働時間、休日休暇　④賃金、支払日　⑤退職　⑥昇給

賃金の5原則

「賃金の５原則（労基法24条）」は以下のとおりです。

①通貨払い：現金での支払いが原則で、現物支給は禁止。同意があれば銀行振込もできる。

②直接払い：本人へ直接支払う。代理人、親権者、取立人などへの支払いは禁止。

③全額払い：分割払いや税金など法令、労使協定で決められたもの以外は給料から控除できない。

④毎月払い：毎月少なくとも1回の支払い（賞与をのぞく）。

⑤定期払い：毎月一定の日に支払うこと。給料日は毎月同様。

採用の取消し

内定によって契約が成立しているので、会社側による取消しは「解雇」にあたり、簡単にはできません。ただし、犯罪行為、健康悪化による就労不能、新卒者の卒業取消しなどの事由があったときは取消しも可能です。

チェックポイント

- □労働条件は必ず書面で明示する。
- □労働基準法で定められた「賃金の5原則」を遵守する。
- □採用の取消しには慎重な判断が必要。

労働条件通知書

最近では、労働条件通知書の様式はほぼ一般化されています。会社独自の条件を付ける場合は、法的な拘束力などについて、事前に十分な検討が必要です。

労働条件通知書

年　月　日

＿＿＿＿＿＿殿

事業場名称・所在地
使用者職氏名

契約期間	期間の定めなし、期間の定めあり（※）（　年　月　日～　年　月　日）
就業の場所	
従事すべき業務の内容	
始業、終業の時刻、休憩時間、就業時転換（(1)～(5)のうち該当するもの一つに○を付けること。）、所定時間外労働の有無に関する事項	1　始業・終業の時刻等 (1) 始業（　時　分）終業（　時　分） 【以下のような制度が労働者に適用される場合】 (2) 変形労働時間制等；（　）単位の変形労働時間制・交替制として、次の勤務時間の組み合わせによる。 始業（　時　分）終業（　時　分）（適用日　） 始業（　時　分）終業（　時　分）（適用日　） 始業（　時　分）終業（　時　分）（適用日　） (3) フレックスタイム制；始業及び終業の時刻は労働者の決定に委ねる。 （ただし、フレキシブルタイム（始業）　時　分から　時　分、 （終業）　時　分から　時　分、 コアタイム　時　分から　時　分） (4) 事業場外みなし労働時間制；始業（　時　分）終業（　時　分） (5) 裁量労働制；始業（　時　分）終業（　時　分）を基本とし、労働者の決定に委ねる。 ○詳細は、就業規則第　条～第　条、第　条～第　条、第　条～第　条 2　休憩時間（　）分 3　所定時間外労働の有無 （　有　（1週　時間 4　休日労働（　有　（1か月　日
休日及び勤務日	・定例日；毎週　曜日、国民の祝日 ・非定例日；週・月当たり　日、そ ・1年単位の変形労働時間制の場合－ （勤務日） 毎週（　）、その他（ ○詳細は、就業規則第　条～第　条、
休暇	1　年次有給休暇　6か月継続勤務し 継続勤務6か月以 →　か月経過で 2　その他の休暇　有給（ 無給（ ○詳細は、就業規則第　条～第　条、

（次

賃金	1　基本賃金　イ　月給（　円）、ロ　日給（　円） ハ　時間給（　円）、 ニ　出来高給（基本単価　円、保障給　円） ホ　その他（　円） ヘ　就業規則に規定されている賃金等級等 2　諸手当の額又は計算方法 イ（　手当　円　／計算方法：　） ロ（　手当　円　／計算方法：　） ハ（　手当　円　／計算方法：　） ニ（　手当　円　／計算方法：　） 3　所定時間外、休日又は深夜労働に対して支払われる割増賃金率 イ　所定時間外、法定超（　）%、所定超（　）% ロ　休日　法定休日（　）%、法定外休日（　）% ハ　深夜（　）% 4　賃金締切日（　）－毎月　日、（　）－毎月　日 5　賃金支払日（　）－毎月　日、（　）－毎月　日 6　賃金の支払方法（　） 7　労使協定に基づく賃金支払時の控除（無，有（　）） 8　昇給（　有（時期、金額等　），　無　） 9　賞与（　有（時期、金額等　），　無　） 10　退職金（　有（時期、金額等　），　無　）
退職に関する事項	1　定年制　（　有　（　歳），　無　） 2　継続雇用制度（　有（　歳まで），　無　） 3　自己都合退職の手続（退職する　日以上前に届け出ること） 4　解雇の事由及び手続 〔　〕 ○詳細は、就業規則第　条～第　条、第　条～第　条
その他	・社会保険の加入状況（厚生年金　健康保険　厚生年金基金　その他（　）） ・雇用保険の適用（　有　，　無　） ・その他〔　〕 ・具体的に適用される就業規則名（　）

※　「契約期間」について「期間の定めあり」とした場合に記入

更新の有無	1　契約の更新の有無 ［自動的に更新する・更新する場合があり得る・契約の更新はしない・その他（　）］ 2　契約の更新は次により判断する。 ・契約期間満了時の業務量　・勤務成績、態度　・能力 ・会社の経営状況　・従事している業務の進捗状況 ・その他（　）

※　以上のほかは、当社就業規則による。
※　短時間労働者の場合、本通知書の交付は、労働基準法第15条に基づく労働条件の明示及び短時間労働者の雇用管理の改善等に関する法律第6条に基づく文書の交付を兼ねるものであること。
※　登録型派遣労働者に対し、本通知書と就業条件明示書を同時に交付する場合、両者の記載事項のうち一致事項について、一方を省略して差し支えないこと。

労働条件は必ず書面で明示しましょう。

厚生労働省のホームページには労働条件通知書や就業規則のモデルが公開されています。

厚生労働省ホームページより

労働人口が減少するなかで、「勤務地限定」「限定正社員」などの人材の新しい活用法が生まれている。人材配置とスキルのミスマッチを避けることが大切。

人事制度の基本

キーワード 労働者派遣

労働者派遣法を理解する

契約・採用のルールを理解しよう

多くの会社で派遣社員の受け入れにより、人材不足、短期負荷解消、専門スキル取得などへの対応がされています。人事担当は人材派遣の契約窓口として、「労働者派遣法」の理解が必要です。

派遣契約は、2015年の「労働者派遣法」改正で、**派遣社員が同一職務で働き続ける期間が原則３年限度**となりました。よって、長期に派遣されていた派遣社員は、正社員にするか、派遣契約解除するかなどの見直し措置が、2018年までに会社でされているはずです。

派遣可能期間は原則3年

●派遣先事業所単位の期間制限

派遣先の同じ職場（事業所）に派遣できる期間「派遣可能期間」は原則３年が限度です。**派遣先の事業所で配置転換するか、従業員代表等の意見聴取のうえ、さらに３年（最大６年）延長可能**です。

●派遣労働者個人単位での期間制限

派遣先で同じ派遣者個人が働き続けられる期間は、原則３年が限度です。ほかの課や部の仕事に変更異動すれば、さらに３年の延長が可能です。

派遣会社の雇用安定措置

派遣元会社は、同一職場に１年以上派遣される見込みがあるなどの場合に、派遣者の安定的職場確保のため、**派遣先での雇用を継続させるための措置（雇用安定措置）を講じる必要**があります。つまり、会社に派遣会社より相談があります。派遣会社が行う雇用安定措置は、①派遣先への直接雇用の依頼、②新たな派遣先の提供、③派遣元事業主による無期雇用、④その他雇用の安定を図るために必要な措置で、法令で定められています。

□人材派遣の契約窓口として、労働者派遣法の理解が必要。
□派遣社員が同一職務で働き続けられる期間は原則３年が限度。
□派遣会社は雇用安定措置を講じる必要がある。

雇用形態の相違

職場で業務の指示命令を出す側も、相手の雇用形態の相違を理解したうえで、指図すべきです。正社員とまったく同じ扱いはできません。

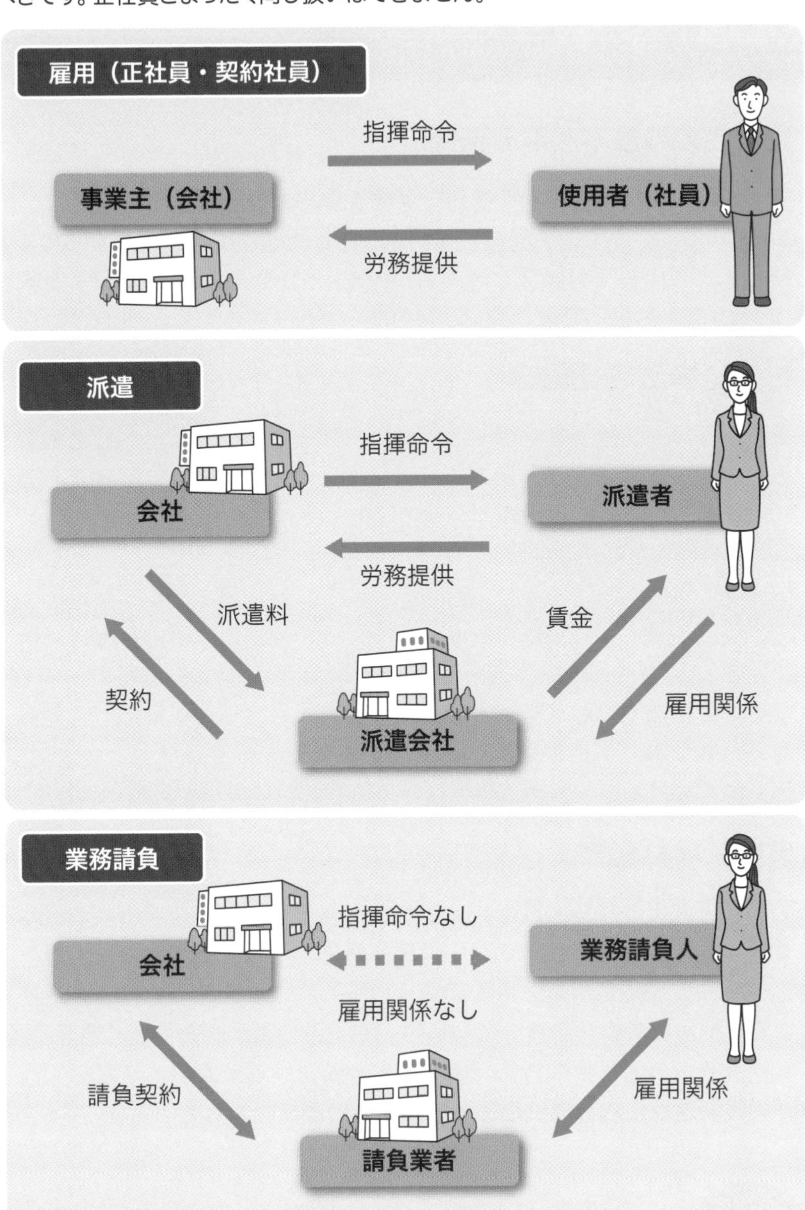

アウトライン
人事制度の基本
人材の育成・教育
給与計算
労務問題
社会保険・労働保険

Memo　雇用形態の違いを明確にするため、勤務時間帯や制服などで差異化を図るケースもある。製造ラインの一括生産請負の場合などでは、工場のなかに複数の会社が存在するような様相となる。

人事制度の基本

キーワード 労働基準法 使用者と労働者

労働基準法を学ぶ

働くための基本となる法律

すべての人が安心して**働く権利を保護するための法律が「労働法」**です。「会社法」のように１つの法律ではなく、労働問題に関するたくさんの法律をひとまとめにして労働法と呼んでいます。「労働基準法」「労働安全衛生法」「男女雇用機会均等法」「最低賃金法」などの法律が含まれています。

労働基準法（労基法）

労働条件の一定基準を保護するための根幹となる法律で、**国家公務員をのぞくすべての働く人が対象**です。労基法は特別法であり、民法より優先され、労基法から外れる契約は無効になります。

第１章	労働条件の原則　均等待遇　男女同一賃金		
第２章	労働契約　労働条件明示	第３章	賃金　支払原則
第４章	労働時間・休息・休日・休暇	第８章	災害補償
第９章	就業規則　作成義務　記載義務	第11章	監督機関

上記は労基法のおもな条項です。人事担当なら主要な条文内容は理解しておくべきであり、労働法関連の法律書籍は手元に置いておくべきです。厚生労働省などが出す省令、通達などの情報にも日頃から注意が必要です。

労働基準監督署

労基法の違反に対しては厳しい監督と罰則規定があり、届出などをしっかりとやらなければいけません。労働基準監督官は、労働基準法、最低賃金法、労働安全衛生法などの法律違反の犯罪につき、立入り捜査・逮捕もできる「司法警察権」を持っています。119条の罰則規定では、均等待遇、男女同一賃金、公民権の行使、強制貯金の禁止、解雇制限、法定労働時間などの**規則違反に対し懲役刑あるいは罰金刑が定められています。**

チェックポイント

- □労働問題に関する法律をひとまとめにして「労働法」と呼ぶ。
- □労働基準法は特別法で、民法より優先される。
- □労働基準監督官は「司法警察権」を持っている。

労働に関する主要な法律

健全な職場作りには、労働に関する基本的な知識が必要になります。だからといって、杓子定規に条文を振りかざすようなことは嫌われます。

労働条件

「労働基準法」は特に重要な法律で、歴史も古いよ！

（関連する主要な法律）
- 労働基準法
- 労働契約法
- 労働安全衛生法
- 男女雇用機会均等法
- パートタイム労働法
- 最低賃金法
- 育児・介護休業法
- 健康保険法

雇用対策

生産性の確保と社員満足度の向上が求められています。

（関連する主要な法律）
- 職業安定法
- 労働者派遣法
- 雇用保険法
- 労働者災害補償保険法

労働争訟・労使関係

100人未満の会社の労働組合組織率は、1％弱との厚生労働省の調査結果があります。

（関連する主要な法律）
- 労働組合法
- 労働関係調整法
- 労働審判法

「労働三法」とは、「労働基準法」「労働組合法」「労働関係調整法」の総称のこと。憲法第28条には「勤労者の団結する権利及び団体交渉その他の団体行動をする権利は、これを保障する」とある。

キーワード 就業規則

就業規則を確認する

社内ルールでも項目は決められている

常時10人以上の人を雇用している会社は、必ず**「就業規則」を作成・届出する義務があります。**

会社設立時に策定されているはずですが、その後の条令改廃などに合わせて、就業規則も改廃されてきたかを確認しましょう。就業規則の運用にあたっては、その改廃メンテナンスも重要な人事担当の仕事です。

就業規則の明示

規則の内容は、常に全社員が見られるように、パソコンなどの共有ファイルに掲載しておきます。「労働時間」「賃金」「超過勤務」「有給休暇」などは社員の関心が高い項目です。

自社の**「社内規則ハンドブック」を作り、「理念」「緊急連絡網」などとともに管理者などに配布**して、常に手元に置くようにします。

就業規則を労働基準監督署（労基署）に届け出る際は、「従業員代表」の意見書の添付が必要です。そのため、従業員のなかから代表者を決めておきましょう。

就業規則の記載事項

就業規則の記載事項には、①必ず記載がいる絶対的必要記載事項、②全員に規則適用する相対的記載事項、③その他ルールの任意的記載事項、の３つがあります。

厚生労働省は就業規則のモデルを公開しています。例えば、実務上で日常よく使うのが「時間外労働（残業）」と「出張・外出旅費規定」です。給与計算や旅費精算にかかわる規定ですので、参考にしてみましょう。

チェックポイント

- □10人以上の会社は「就業規則」を作成・届出する義務がある。
- □就業規則のメンテナンスも人事担当の重要な仕事。
- □就業規則の内容は、常に全社員が見られるようにしておく。

就業規則の構成例

以下は就業規則の構成例です。超過勤務時間、日当単価など改廃の頻度が高い任意的記載事項は、本文には入れずに「附則」、「附表」などで区分けしておきましょう。

第一章 **総則**	・目的　・対象者　・遵守義務
第二章 **服務規律**	・服装　・遅刻　・欠勤
第三章 **人事**	・採用　・異動　・配置転換　・退職　・解雇　・定年 ・休職　・昇格　・出向　・職群資格
第四章 **表彰・懲戒**	・表彰事由　・懲戒対象　・懲戒解雇
第五章 **労働時間・休暇等**	・労働時間　・就業時間　・休憩　・休日　・有給休暇 ・特別休暇　・介護　・育児休暇
第六章 **給与**	・賃金計算　・支払方法　・締め日 ・手当　・退職金
第七章 **安全衛生**	・安全衛生教育　・健康診断 ・災害防止　・災害補償
第八章 **福利厚生**	・リクリエーション ・教育訓練　・財形
第九章 **附則**	・改廃権限　・改廃時期 ・附則規定（旅費、定年再雇用、パートや臨時雇用）

就業規則の周知徹底はもちろんのこと、事業計画の「年度方針」「年度目標」などの周知・理解に多くの手間と時間をかけているのが実情。「就業規則」は「働く者の社内常識」。

人事制度の基本

キーワード 賃金体系 労働条件の明示

賃金体系を理解する

賃金・給与など言葉の定義

途中採用の多い中小企業では、賃金体系への関心も高くなります。また、近年では「同一賃金、同一労働」への賃金体系のあり方も問われています。そのため、**給与計算のもとになっている「賃金体系」の知識も必要です。**

労基法では、賃金とは「賃金、給料、手当、賞与その他名称の如何を問わず、労働の対償として使用者が労働者に支払うすべてのもの」と定義されています（労基法第11条）。

一般的には**「定期的に支払われるもの＝給料」「臨時に支払われるもの＝賞与」「時間を基準に支払われるもの＝賃金」**と理解されているようです。

基本給の形態

ほとんどの会社は、基本給や手当などを**属人的要素・仕事的要素の総合的判断から賃金体系**を決めています。

基本給	属人給	年齢給
		勤続給
	仕事給	職務給
		職能給
		職種給
		業績給
	総合給	属人給＋仕事給

諸手当の位置づけ

「通勤手当以外はなし」の会社も多く、また家族や住宅の有無など個人の人生設計によって支給有無が決まる手当は見直す傾向があります。一方、「海外駐在手当」「単身赴任手当」など異動への手当が配慮されています。

チェックポイント

□途中採用の多い中小企業では、賃金体系への関心が高くなる。
□ほとんどの会社は、総合的判断から賃金体系を決めている。
□「通勤手当」以外の手当がない会社も多い。

賃金体系モデル

賃金体系は、働く意欲の大きな源泉です。賃金体系には、それぞれの会社の歴史が反映されています。急激な体系の見直しや改廃には、慎重を期しましょう。

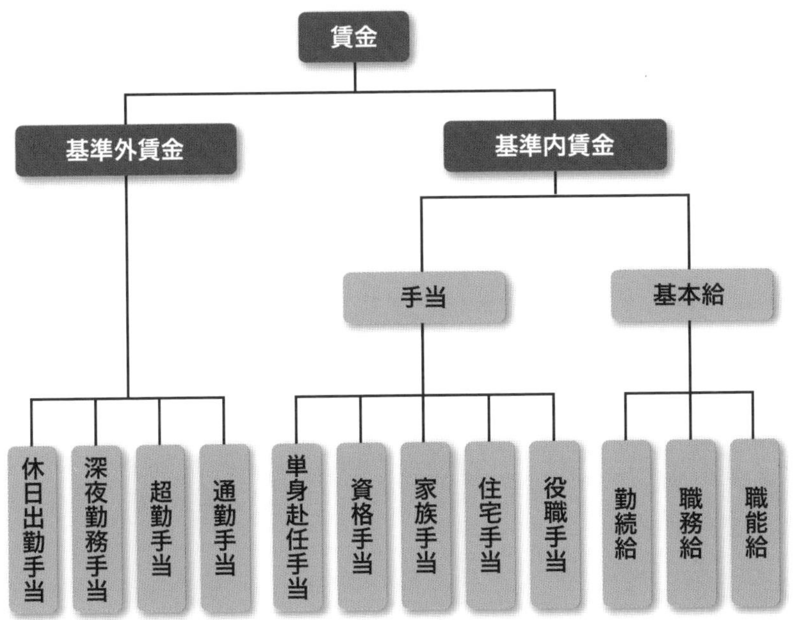

基本給の形態

基本給は賃金を構成する大きな比率を占めます。生活のための最低収入、同一労働同一賃金、永続的な勤務貢献など構成要素は複雑です。

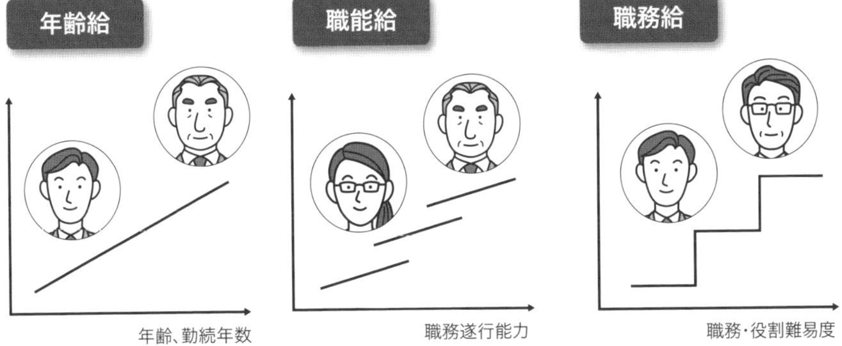

年功序列賃金体系からの脱却が叫ばれて久しい。労働の流動化、スキルの変化、生活の個性化がいわれる一方で、賃金水準の伸びは低く、生活水準の向上が感じられないとの声もある。

キーワード パート・アルバイト 派遣労働・業務委託契約

パートタイム人材を活用する

パートタイム労働法

パートタイムは「１週間の労働時間が正社員の所定労働時間に比べて 短い労働者」とされています。「パートタイマー」「アルバイト」「嘱託」「契約社員」「臨時社員」「準社員」などの**名称にかかわらず、「パートタイム労働者」として「パートタイム労働法」の対象**となります。

近年、パートタイム労働者は増加し続けています。待遇は働き・貢献に見合ったものとならず、通常の社員と比較して低くなりがちな状況にあるといわれています。**人事担当も自社の現状把握に努め、適正な対応で人材の活用を図る**ことが必要でしょう。

また、パートタイム労働法の正式名称は、「短時間労働者の雇用管理の改善等に関する法律」です。同法では以下の対応が会社に要求されています。
①労働条件の書面明示　②パート就業規則の策定
③同一労働での均等・均衡待遇確保の促進
④職務内容、成果、意欲などを勘案した賃金決定

パートタイムと社会保険

厚生年金保険・健康保険加入要件は、「週30時間以上労働」あるいは501人以上の会社で「週20時間＋月収８.８万円以上＋１年以上雇用見込みの場合」とされています。また、501人未満の小さな会社でも労使の合意で加入できるようになっています。

また、正規雇用者との不合理な待遇是正のため、**「パートタイム・有期雇用労働法」への改正が予定されており、中小企業では2021年から適用予定**です。厚生労働省のホームページでは、対応の手順を公開しています。社員との待遇差別にならないような職務職種、労働時間、指示命令、福利厚生、教育訓練などの取り扱いに考慮が必要です。

チェックポイント
□名称にかかわらず「パートタイム労働法」の対象となる。
□同法で会社に要求されていることを確認する。
□法改正が予定されており、中小企業では2021年から適用予定。

パートタイム・有期雇用労働法への対応

安価な労働力の供給源とみられたパートタイム人材も、その待遇の是正が進んでおり、中小企業にとっても今後の活用には検討が必要です。

パートタイム・有期雇用労働法に対応するための取組手順（全体の流れ）

スタート

1 短時間労働者・有期雇用労働者はいますか？

- いない → 対応の必要はありません。将来雇用の予定がある場合は、準備をしておきましょう。
- いる → 2 正社員と短時間労働者・有期雇用労働者の待遇に違いはありますか？
  - ない → 今すぐ対応すべき課題はありません。
  - ある → 3 待遇に違いがある場合は、待遇の違いが働き方や役割の違いに応じたものであると説明できますか？
    - できる → 4 労働者から説明を求められたときに待遇の違いの内容や不合理な待遇差ではない理由について説明できるよう、整理しておきましょう。
    - できない → 5・6 待遇の違いが不合理であると判断される可能性があるので、不合理な待遇の違いの改善に向けて、取組を進めましょう。

手順番号	手　順	解　説
1	労働者の雇用形態を確認しましょう	法の対象となる労働者の有無をチェックします。社内で、短時間労働者や有期雇用労働者を雇用していますか？
2	待遇の状況を確認しましょう	短時間労働者・有期雇用労働者の区分ごとに、賃金（賞与・手当を含む）や福利厚生などの待遇について、正社員と取扱いの違いがあるかどうか確認しましょう。書き出して、整理してみるとわかりやすいでしょう。
3	待遇に違いがある場合、違いを設けている理由を確認しましょう	短時間労働者・有期雇用労働者と正社員とで働き方・役割などが異なるのであれば、賃金や福利厚生などの待遇が異なることはあります。その違いが不合理なものでないか確認します。
4	手順2と3で、待遇に違いがあった場合、その違いが「不合理ではない」ことを説明できるように整理しておきましょう	事業主は、労働者の待遇の内容・待遇の決定に際して考慮した事項、正社員との待遇差の内容やその理由について、労働者から説明を求められた場合には説明することが義務付けられます。 短時間労働者・有期雇用労働者の社員タイプごとに、正社員との待遇に違いがある場合、その違いが「不合理ではない」と説明できるよう、整理しましょう。労働者に説明する内容をあらかじめ文書に記してまとめておくと便利です。
5	「法違反」が疑われる状況からの早期の脱却を目指しましょう	短時間労働者・有期雇用労働者と、正社員との待遇の違いが、「不合理ではない」とは言いがたい場合は、改善に向けて検討を始めましょう。また、「不合理ではない」と言える場合であっても、より望ましい雇用管理に向けて改善の必要はないか検討することもよいでしょう。
6	改善計画を立てて取り組みましょう	改善の必要がある場合は、労働者の意見も聴取しつつ、パートタイム・有期雇用労働法の施行までに、計画的に取り組みましょう。

厚生労働省ホームページより

「単純労働＝パートタイム＝低賃金」のように処遇してきた会社は、そのコストアップは避けられない。「働く質の向上」をどのように進めるかに、同時に取り組む必要がある。

キーワード　外国人労働者雇用　障害者雇用

障害者や外国人の雇用について理解する

障害者と外国人の雇用

障害者が社会でともに生活できるために「障害者雇用促進法」があります。障害者の雇用と活用に努めましょう。また、企業の国際化が進むなかで優秀な外国人を活用するという選択肢もあります。

そして、障害者あるいは外国人であることを理由に、賃金・教育訓練・福利厚生などの**待遇に不当な差別的取扱いはできません**。

障害者雇用率制度

社員が一定数以上規模の会社は、**「身体・知的・精神障害者」とそれ以外の社員の割合を「法定雇用率」以上にする義務**があります（障害者雇用促進法43条）。民間企業の法定雇用率は２.２％です。従業員を45.5人以上雇用している会社は、障害者を１人以上雇用しなければなりません。また、障害者雇用状況の報告、「障害者雇用推進者」選任の義務もあります。

障害者雇用納付金

法定雇用率が未達成の100人以上の会社は、「障害者雇用納付金」が徴収されます。未達成の会社は、「法定雇用人数の年間不足人数×一人５万円（200人小規模会社４万円）」の額を毎年納付します。

外国人雇用の注意点

外国人は「在留資格」を持ち、定められた「在留期間」で、**在留資格に認められた業種職種にしか就労できません。**また、就労許可のない留学生は就労できません。一方、「永住者、その配偶者」「定住者」は業種関係なく就労できます。また、外国人労働者の雇い入れには在留資格、期間を確認して、ハローワークへの届出が必要です。

- □障害者と外国人の雇用と活用に努める。
- □社員が一定数以上の会社は、社員と障害者の割合を調整する義務がある。
- □外国人労働者の雇い入れには、ハローワークへの届出が必要。

在留カード

2012年7月から新しい制度が施行され、従来の「外国人登録証明書」は永住者をのぞき、暫時「在留カード」に切り替わっていきます。

在留カード例（表面）

在留カード例（裏面）

届出事項の確認方法について

外国人雇用状況の届出に際しては、外国人労働者の在留カードまたは旅券（パスポート）などの提示を求め、届け出る事項を確認してください。また、「留学」や「家族滞在」などの在留資格の外国人が資格外活動許可を受けて就労する場合は、在留カードや旅券（パスポート）または資格外活動許可書などにより、資格外活動許可を受けていることを確認してください。在留カード等のコピーをハローワークに提出する必要はありません。なお、「特別永住者」（在日韓国・朝鮮人等）の方は、外国人雇用状況の届出制度の対象外とされておりますので確認・届出の必要はありません。

届出事項の記載方法

①氏名　日常生活で使用している通称名ではなく、必ず本名を記入してください。在留カードの①「氏名」欄には、原則として、旅券（パスポート）の身分事項頁の氏名が記載されています。

②在留資格　在留カードの②「在留資格」または旅券（パスポート）上の上陸許可証印に記載されたとおりの内容を記入してください。在留資格が「特定技能」の場合には分野を、また「特定活動」の場合には活動類型を、通常、旅券に添付されている指定書で、それぞれ確認し、届出用紙の在留資格記載欄に、以下のいずれかを記載してください。

- 特定技能1号（介護）
- 特定技能1号（ビルクリーニング）
- 特定技能1号（素形材産業）
- 特定技能1号（産業機械製造業）
- 特定技能1号（電気・電子情報関連産業）
- 特定技能1号（建設）
- 特定技能1号（造船・舶用工業）
- 特定技能1号（自動車整備）
- 特定技能1号（航空）
- 特定技能1号（宿泊）
- 特定技能1号（農業）
- 特定技能1号（漁業）
- 特定技能1号（飲食料品製造業）
- 特定技能1号（外食業）
- 特定技能2号（建設）
- 特定技能2号（造船・舶用工業）

- 特定活動（ワーキングホリデー）
- 特定活動（EPA）
- 特定活動（高度学術研究活動）
- 特定活動（高度専門・技術活動）
- 特定活動（高度経営・管理活動）
- 特定活動（高度人材の就労配偶者）
- 特定活動（建設分野）
- 特定活動（造船分野）
- 特定活動（外国人調理師）
- 特定活動（ハラール牛肉生産）
- 特定活動（製造分野）
- 特定活動（家事支援）
- 特定活動（就職活動）
- 特定活動（農業）
- 特定活動（日系4世）
- 特定活動（その他）

③在留期間　在留カードの③「在留期間」欄に記載された日付または旅券（パスポート）上の上陸許可証印に記載されたとおりの内容を記入してください。

④生年月日　⑤性別　⑥国籍・地域

在留カードまたは旅券（パスポート）上の該当箇所を転記してください。

⑦資格外活動許可の有無

資格外活動許可を得て就労する外国人の場合は、在留カード裏面の⑦「資格外活動許可欄」や資格外活動許可書または旅券（パスポート）上の資格外活動許可証印等で資格外活動許可の有無、許可の期限、許可されている活動の内容をご確認ください。

厚生労働省リーフレットより

障害者の証明書である「障害者手帳」は市町村によって認定発行され、障害等級などが記されている。手帳には、「身体障害者手帳」「精神障害者保健福祉手帳」「療育手帳」の3つの種類がある。

人事制度の基本

キーワード 平均賃金 最低賃金

平均賃金と最低賃金を理解する

平均賃金

法令で定められている「平均賃金」と「最低賃金」は、会社が守らないといけない賃金水準額です。

平均賃金（労基法12条）とは、「算定すべき事由の発生した日以前３ヶ月の賃金総額（臨時給与の賞与をのぞく）を、その期間の総日数で除した金額」です。例えば休業手当などを支給するときは、**平均賃金を算定のうえ、その額以上を支払わなければいけません**（労基法20条等）。

平均賃金算定の対象

平均賃金算定の対象のものは以下のとおりです。

①**解雇予告手当**：やむを得ず解雇しようとする場合、30日前の予告か、30日分以上の平均賃金（解雇予告手当）を支払う。

②**休業手当**：会社の都合で休業させた場合、休業日数分について、平均賃金の60％以上（休業手当）を支払う。

③**その他**：年次有給休暇取得時の賃金、災害補償、減給の制裁。

最低賃金

最低賃金制度とは、最低賃金法に基づき国が賃金の最低限度額（１時間当たり）を定め、会社はそれ以上の賃金を支払わなければいけないとする制度です。もし、**最低賃金額より低い賃金が合意のうえで決められても、無効とされ、罰金刑も科せられます**。最低賃金には「地域別最低賃金」と特定職場向けの「特定最低賃金」があります。一般には**毎年公表される都道府県別の「地域別最低賃金」に注意**しましょう。

政府の「働き方改革実行計画」では、「経済成長率にも配慮しつつ引き上げていき、**全国加重平均が1000円になることを目指す**」としています。

チェックポイント

□休業手当などは、平均賃金を算定のうえ、その額以上を支払う。
□最低賃金額より低い賃金が合意のうえで決められても無効。
□毎年公表される都道府県別の「地域別最低賃金」に注意する。

平均賃金の算定方法例

平均賃金とは、給料の支給水準などという意味ではなく、休業手当や補償、減給制裁の制限額を算定するときなどの基準となる金額基準です。

賃金締め日
毎月20日

算定事由発生日
５月10日

４月分（3/21～4/20） 月給20万円
通勤手当１万円

３月分（2/21～3/20） 月給20万円
通勤手当１万円
残業手当２万円

２月分（1/21～2/20） 月給20万円
通勤手当１万円
残業手当１万円

平均賃金＝(21万円+23万円+22万円)÷(31日+28日+31日)
＝7333円33銭

最低賃金の限度計算例

毎年10月に最低賃金の水準改定があります。最低賃金の対象は、毎月支払われる基本給と諸手当（皆勤・家族・通勤手当をのぞく）となります。

「月給・日給」で「A県」で働いている場合

基本給(日給)	6000円
その月の就労日数	20日
職務手当	25000円
通勤手当	5000円
合計	150000円
1日の労働時間	8時間
年間労働日数	250日
A県の最低賃金	835円

①通勤手当は対象外
②基本給の時間換算
6000÷8＝750円／時間
③手当の時間換算
(25000×12ヶ月)÷(250日×8)
＝150円／時間
④日給・月給合計の時間給
750円+150円＝900円

900円＞835円　最低をクリア

国際的には、最低賃金を法的に規制することは、労働市場の自由競争を妨げるという考えもある。失業手当、生活保護手当などの社会保障との水準格差も問題視されている。

キーワード 法定労働時間・休日

労働時間について理解する

所定労働時間と法定労働時間

始業開始時刻から終業時刻までが**「拘束時間」で、そこから休憩時間を引いたものが「労働時間」**です。就業規則で決めている労働時間を「所定労働時間」といい、労基法32条でいう「1週間の各日で8時間、1日は午前0時から午後12時」が「法定労働時間」です。**休憩時間をのぞき1週間に40時間、1日8時間を超えて就労させてはいけない**と定められています。

休憩時間

労働時間が6～8時間の場合、少なくとも途中の45分の休憩時間が必要です。**労働時間が8時間を超えた場合は、1時間の休憩時間が必要です。**

労働者は休憩時間内は自由にできますが、会社は職場規律や機密保持などの観点から社外での休憩は制限できます。休憩時間は一斉にとるのが原則ですが、社内での協定があれば、例外が認められます。

労働時間の適用除外者

「管理監督者」は、一般には「管理職」と呼ばれる社員です。社員の残業など労務管理について、経営者と一体的になり、指示命令する者と定義されています。ただし、店長、所長などの肩書で管理職扱いの社員でも、「人事考課」「勤怠管理」「賃金処遇」などで**一般職と同じ扱いを受けている人は、管理職に該当しないケースもあります。**

変形労働時間制

例えば、年間を通じて、閑散期と繁忙期がある会社では、**月ごとに労働日数を変える1ヶ月単位の変形労働時間制をとることができます。**労使協定書合意のうえ、労働基準監督署に届けることで実施できます。

チェックポイント

- □「拘束時間」から休憩時間を引いたものが「労働時間」。
- □労働時間が8時間を超える場合は1時間の休憩時間が必要。
- □閑散期と繁忙期がある会社では、月ごとに労働日数を変えることも可能。

労働時間

以下は所定労働時間と残業の例です。ICT（情報通信技術）を利用し、時間や場所を有効に活用できる柔軟な働き方であるテレワークにも労働基準法などが適用されます。

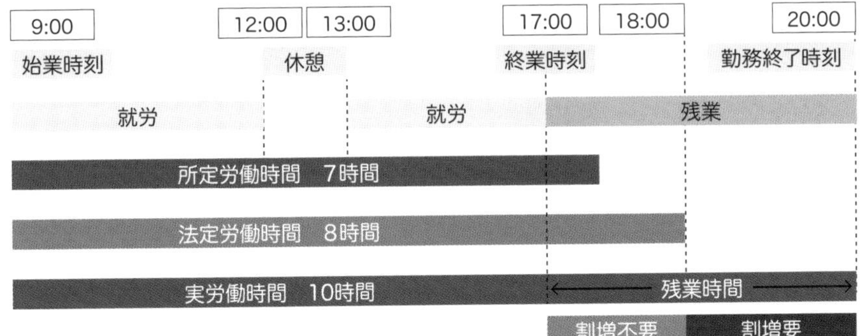

就業年間カレンダー（1ヶ月単位での変形労働時間制の例）

就業年間カレンダーは単なる就労日の設定だけでなく、売上の集計日、月次決算の締め日、支払日などにもかかわる会社全体の業務カレンダーです。

年間休日カレンダーは、1年単位の変形労働時間制を活用して、1日の所定労働時間を業務が閑散通常期間（ここでは、令和○年4月、5月、7月、8月、11月、12月、令和○年1月、3月とします）は8時間、業務が繁忙な特定期間（ここでは、令和○年6月、9月、10月、令和○年2月とします）は8時間30分とし、年間休日を111日とすることにより、週40時間労働制を実施する場合。

起算日を4月1日とし、休日については○で囲んだ日とします。

	月	火	水	木	金	土	日
4	•	•	•	1	2	③	④
	5	6	7	8	9	⑩	⑪
	12	13	14	15	16	⑰	⑱
	19	20	21	22	23	㉔	㉕
	26	27	28	29	㉚	•	•
	•	•	•	•	•	•	•
5	•	•	•	•	•	①	②
	③	④	⑤	6	7	⑧	⑨
	10	11	12	13	14	⑮	⑯
	17	18	19	20	21	㉒	㉓
	24	25	26	27	28	㉙	㉚
	31	•	•	•	•	•	•
6	•	1	2	3	4	⑤	⑥
	7	8	9	⑩	11	12	13
	14	15	16	17	18	19	⑳
	21	22	㉓	24	25	26	㉗
	28	29	30	•	•	•	•
7	•	•	•	1	2	③	④
	5	6	7	8	9	⑩	⑪
	12	13	14	15	16	⑰	⑱
	19	20	21	22	23	㉔	㉕
	26	27	28	29	30	㉛	•
8	•	•	•	•	•	•	①
	2	3	4	5	6	⑦	⑧
	9	10	11	12	⑬	⑭	⑮
	⑯	17	18	19	20	㉑	㉒
	23	24	25	26	27	㉘	㉙
	30	31	•	•	•	•	•
9	•	•	1	2	3	4	⑤
	6	7	8	9	10	11	⑫
	13	14	⑮	16	17	18	⑲
	20	21	22	㉓	24	25	㉖
	27	28	29	30	•	•	•
	•	•	•	•	•	•	•
10	•	•	•	•	1	2	③
	4	5	6	7	8	9	⑩
	⑪	12	13	14	15	16	⑰
	18	19	20	21	22	23	㉔
	25	26	27	28	29	㉚	㉛
11	1	2	③	4	5	⑥	⑦
	8	9	10	11	12	⑬	⑭
	15	16	17	18	19	⑳	㉑
	㉒	㉓	24	25	26	㉗	㉘
	29	30	•	•	•	•	•
12	•	•	1	2	3	④	⑤
	6	7	8	9	10	⑪	⑫
	13	14	15	16	17	⑱	⑲
	20	21	22	23	24	㉕	㉖
	27	㉘	㉙	㉚	㉛	•	•
1	•	•	•	•	•	①	②
	③	④	⑤	6	7	8	⑨
	10	11	12	13	14	⑮	⑯
	17	18	19	20	21	㉒	㉓
	24	25	26	27	28	㉙	㉚
	31	•	•	•	•	•	•
2	•	1	2	3	4	⑤	⑥
	7	8	9	10	⑪	⑫	⑬
	14	15	16	17	18	19	⑳
	21	22	23	24	25	26	㉗
	28	29	•	•	•	•	•
3	•	•	1	2	3	④	⑤
	6	7	8	9	10	⑪	⑫
	13	14	15	16	17	⑱	⑲
	20	21	22	23	24	㉕	㉖
	27	28	29	30	31	•	•

Memo 総務省はテレワークを推進している。在宅勤務、モバイルワーク、サテライトオフィス勤務などのテレワークの採用時には、就業規則の改定なども必要になる。

人事制度の基本

キーワード　時間外労働　三六協定

過剰な残業には注意する

時間外労働の上限規制

過労死が問題になっている昨今、人事担当は「時間外労働（残業）」に注目しなければいけません。現在では時間外労働の上限規制が設けられたので、過剰な残業を命じることはできません。

今まで法律による残業の上限規制はありませんでしたが、**2019年４月（中小企業は2020年４月）から、「月45時間・年360時間」が上限**になりました。また、１年を通じて残業と休日就労の合計時間は、「月100時間未満、２～６ヶ月平均80時間以内」にしなければいけません。なお、**臨時的な特別事情があって労使が合意したとき、「特別条項」を適用できます。**「年720時間かつ月100時間未満」まで許されますが、「年６ヶ月」が最大適用期間です。「２～６ヶ月平均80時間」はそのまま適用されます。

時間外労働・休日労働に関する協定（三六協定）

残業や休日出勤を命じるには、労基法36条による**通称「三六（さぶろく）協定」の労働基準監督署への届出が必要**です。有効期間は１年間なので、従業員代表との協定締結を毎年しなければいけません。三六協定の届出がないと残業・休日出勤ができません。

種　類	支払う条件	割増率
時間外手当	1日8時間超	25%以上
	週40時間超	
	月45時間超、年360時間超	25%以上努力
	１ヶ月60時間超	50%以上(中小企業猶予)
休日手当	週１回勤務	35%以上
深夜手当	22時から翌５時	25%以上

チェックポイント

□2019年４月（中小企業は2020年４月）から残業の上限が設けられた。
□残業の上限時間は「月45時間・年360時間」。
□「三六協定」の届出がないと残業・休日出勤はできない。

時間外労働・休日労働に関する協定届け

厚生労働省のホームページには、作成支援ツールも公開されており、作成記入方法などがわかりやすく説明されています。届出用紙などもダウンロードできます。

様式第9号（第16条第1項関係）

時間外労働
休日労働　に関する協定届

労働保険番号	都道府県 所掌 管轄 基幹番号 枝番号 被一括事業場番号
法人番号	

事業の種類	事業の名称	事業の所在地（電話番号）	協定の有効期間
		（〒　－　） （電話番号：　－　－　）	

時間外労働	時間外労働をさせる必要のある具体的事由	業務の種類	労働者数（満18歳以上の者）	所定労働時間（1日）（任意）	延長することができる時間数 1日 法定労働時間を超える時間数	1日 所定労働時間を超える時間数（任意）	1箇月（①については45時間まで、②については42時間まで） 法定労働時間を超える時間数	1箇月 所定労働時間を超える時間数（任意）	1年（①については360時間まで、②については320時間まで） 起算日（年月日） 法定労働時間を超える時間数	1年 所定労働時間を超える時間数（任意）
① 下記②に該当しない労働者										
② 1年単位の変形労働時間制により労働する労働者										

休日労働	休日労働をさせる必要のある具体的事由	業務の種類	労働者数（満18歳以上の者）	所定休日（任意）	労働させることができる法定休日の日数	労働させることができる法定休日における始業及び終業の時刻

上記で定める時間数にかかわらず、時間外労働及び休日労働を合算した時間数は、1箇月について100時間未満でなければならず、かつ2箇月から6箇月までを平均して80時間を超過しないこと。□
（チェックボックスに要チェック）

協定の成立年月日　　年　　月　　日

協定の当事者である労働組合（事業場の労働者の過半数で組織する労働組合）の名称又は労働者の過半数を代表する者の　職名　氏名

協定の当事者（労働者の過半数を代表する者の場合）の選出方法（　　　）

年　　月　　日

使用者　職名　氏名　㊞

労働基準監督署長殿

Memo
届出は所轄の労働基準監督署に持参するか、返信用封筒を入れて郵送することもできる。2部提出後に、受領印とともに1部が会社に返送されて、届出は完了する。

人事制度の基本

キーワード 退職 退職金制度

退職手続きを知っておく

退職の形態

社員が会社を退職する際、その社員とトラブルになるケースが少なくありません。人事担当は、**退職についての就業規則や法令を理解し、適正な手続きを踏みましょう。**小さな会社では「日頃の人間関係のもつれ」なども関係します。退職の形態は次のとおりです。

①**合意退職(依頼退職)**…会社、社員のいずれかの退職要求に対して、双方が理解・合意し、退職するもの。いわゆる円満退職。

②**辞職**…社員の一方的な無断退職。

③**制度による退職**…定年退職、契約期間満了退職、休職期間満了退職。

社員が「辞表・退職願」「退職届」を出し、会社が同意したときに退職が成立します。よって、給与締め日などの期日をもって、**就業規則に則り退職願が出てくるように指導**します。その後、退職金支払、資格喪失届など社会保険、労働保険、源泉徴収などの手続きに進みます。

退職金制度

退職時に一定額の功労金的な一時金を支給する制度ですが、「企業年金」も含め会社によってさまざまです。退職金支払いの負担軽減のため、**中小企業向けの外部資金積立型の「中小企業退職共済制度」(中退共)**があるので、しくみを知っておきましょう。

定年後の継続雇用制度

「高年齢者雇用安定法」(法第９条)により65歳未満の定年を定めている会社は、**65歳までの雇用を確保するため、措置(高年齢者雇用確保措置)を導入する義務**があります。人件費負担と専門スキル温存の両面から検討を進め、「再雇用制度」の理解を深めましょう。

チェックポイント

- □退職についての就業規則や法令を理解し、適正な手続きを踏む。
- □就業規則に則り退職願が出てくるように指導する。
- □65歳までの雇用を確保するための措置を導入する義務がある。

一般的な退職手続

突然の退職願は職場を困惑させます。日頃のコミュニケーションが重要で、不平不満の温床となる事柄はいち早く見つけ出し、排除すべきでしょう。

事前の本人からの退職申出

↓

上司による退職事由などの面談

↓

退職意志の確認

↓

業務引継時期など退職日の確認

↓

「退職願」による書面での双方確認

↓

退職

退職金の支給、保険証等の返却、
秘密保持等の誓約書作成、「離職票」の交付

↓

社会保険、雇用保険、源泉徴収関係の法令手続き

再雇用制度などで、人材の活用に努めましょう！

社長や役員が役職を辞めるときは、辞任届や辞表を出す。その役職を外れた後、一般社員として勤務を続ける場合もある。一般の社員は辞表の提出はしない。

人事制度の基本

キーワード 懲戒処分 解雇

懲戒処分・解雇のルールを知っておく

懲戒処分の規定

懲戒処分とは、社員が会社秩序・服務規律に違反したときに、会社が科す制裁制度のことです。懲戒処分は**仕事中だけでなく、SNSへの書込みなど仕事外の行為で、会社の信用を著しく傷つけた場合も対象**となります。

就業規則には「懲戒・解雇」の規定があるはずです。**社員に周知・明示した規定に対する違反行為への制裁は法的に有効**なものです。

以下に挙げるものは、懲戒処分の一例です。

①会社の信用やイメージを著しく失墜させた場合（マスコミ報道など）
②服務規律、公序良俗に違反した場合（賭博、薬物、喧嘩など）
③職務上での義務違反（遅刻、欠勤、職務怠慢、機密漏えいなど）

懲戒処分手続き

懲戒処分を行う際は、以下の手順を踏み、書面などで記録しましょう。手順をきちんと踏むことによって、懲戒処分の手続きの正当性を担保します。

①対象となった行為の事実確認
②社員代表などで構成される懲戒委員会等での処分検討
③処分決定後の本人からの異議申し立て機会の設定

解雇のルール

会社を辞めてもらう場合の処置として、①普通解雇（会社倒産、天災事変などでの整理解雇等）と②懲戒解雇（処罰によるもの）があります。

30日前の「解雇予告」あるいは「解雇手当」支給（30日分以上の平均賃金）が必要ですが、懲戒解雇の場合は不要です。就業規則で退職金不支給を決めている会社も多いでしょう。

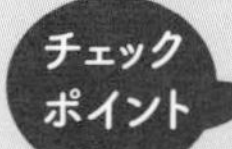

□仕事外の行為で会社の信用を著しく傷つけた場合も懲戒処分の対象。
□社員に周知・明示した規定での違反行為への制裁は法的に有効。
□懲戒解雇の場合は「解雇予告」や「解雇手当」は不要。

懲戒処分の種類

懲戒処分のステップは、上司が一人で進めるのではなく、会社全体の意思・方針の確認のもと、人事担当と協調して進めていきます。

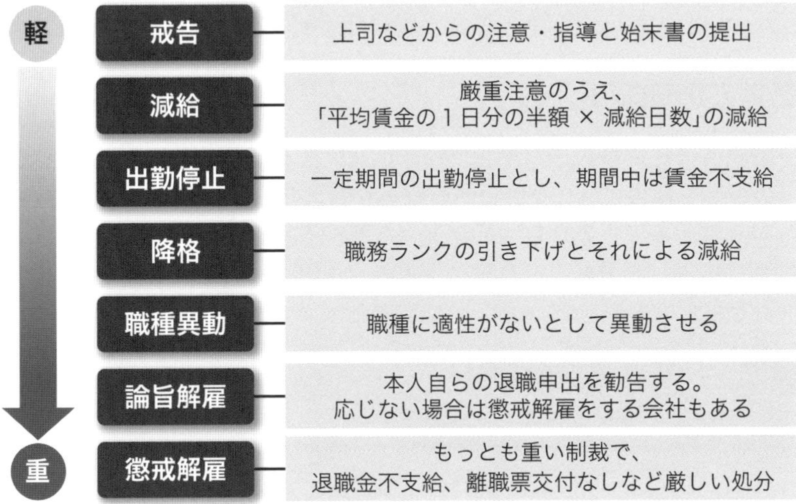

軽
重
戒告
上司などからの注意・指導と始末書の提出
減給
厳重注意のうえ、
「平均賃金の１日分の半額 × 減給日数」の減給
出勤停止
一定期間の出勤停止とし、期間中は賃金不支給
降格
職務ランクの引き下げとそれによる減給
職種異動
職種に適性がないとして異動させる
諭旨解雇
本人自らの退職申出を勧告する。
応じない場合は懲戒解雇をする会社もある
懲戒解雇
もっとも重い制裁で、
退職金不支給、離職票交付なしなど厳しい処分

解雇予告通知の例

懲戒解雇は処罰の最後の手段であり、予告通知など法的にも問題のないように書面化します。

解雇予告通知書

○○部○○殿

令和○年○月○日
(株)○○
代表取締役社長○○　印

下記の理由により、下記期日をもって貴殿を解雇することにし、解雇予告の通知をします。

記

1．解雇期日	令和○年○月○日
2．解雇理由	就業規則の定めにある服務規律に反する行為が複数回あったため
3．適用規則	就業規則○条
4．解雇予告期間の賃金	法令どおりの支払いとする

以上

業績悪化にともない事業の縮小・撤退を行う場合などは、希望退職の募集・職種転換などの策が打たれる。その際、退職金の上積み支給、転職紹介など一時的なコストが発生する。

人事制度の基本

キーワード 育児休暇 介護休暇

育児休暇・介護休暇をうまく運用する

職場での理解が大切

育児や介護をしながら働く社員が、休暇・休業などを取得しやすい**就業環境の整備を進めていくために「育児・介護休業法」があります。**

仕事と家庭の両立をしやすい職場作りは、**優秀な人材の確保・育成・定着につながるなどのメリットがあります。**育児・介護休業法にそった就業規則の改廃や運用を心掛けましょう。

育児・介護休業法の概要

項目	育児関係	介護関係
定義	1歳未満子の養育のための休業	要介護状態の家族のための休業
対象の家族	子	配偶者等一定の親族
休業回数	子1人に原則1回 事情により再度可	家族1人につき3回
期間	子1歳までの連続した期間。 2回の延長により最大2年	家族1人につき93日まで
看護休暇・介護休暇	小学校就学まで年／5日。 半日取得も可	年／5回／要介護1人
所定外労働の制限	3歳未満の養育者 所定労働時間を超える就労の不可 1日の所定労働時間6時間	要介護者の介護者 所定労働時間を超える就労の不可 休業開始から3年以上2回で所定労働時間短縮等の措置
ハラスメント防止	防止の適切な体制整備の義務	

□休暇・休業などの取得に関する法律として「育児・介護休業法」がある。
□家庭との両立をしやすい職場作りには人材確保のメリットがある。
□育児・介護休業法にそった就業規則の改廃や運用に気をつける。

育児・介護の休業取扱通知書

まず、本人から育児・介護休業の申出書を提出してもらいましょう。会社はそれを踏まえて下記のような通知書を提出します。

〔育児・介護〕休業取扱通知書

殿

令和　年　月　日
会社名

あなたから平成　年　月　日に〔育児・介護〕休業の〔申出・期間変更の申出・申出の撤回〕がありました。育児・介護休業等に関する規則（第3条、第4条、第5条、第7条、第8条及び第9条）に基づき、その取扱いを下記のとおり通知します（ただし、期間の変更の申出があった場合には下記の 事項の若干の変更があり得ます。）。

記

1　休業の期間等	あなたの申出の取り扱いは、（番号　　　番）です (1)適正な申出がされていましたので申出どおり令和　年　月　日から令和　年　月　日まで休業してください。職場復帰予定日は、令和　年　月　日です。 (2)申し出た期日が遅かったので休業を開始する日を令和　年　月　日にしてください。 (3)あなたは以下の理由により休業の対象者でないので休業することはできません。 〔　　　〕 (4)あなたが令和　年　月　日にした休業申出は撤回されました。 (5)（介護休業の場合のみ）申出に係る対象家族について介護休業ができる日数は通算93日です。今回の 措置により、介護休業ができる残りの回数及び日数は、（ ）回（ ）日になります。
2　休業期間中の取扱い等	(1)休業期間中については給与を支払いません。 (2)所属は　　　　課のままとします。 (3)・（育児休業の場合のみ）あなたの社会保険料は免除されます。・（介護休業の場合のみ）あなたの社会保険料本人負担分は、　月現在で1月約　　円ですが、休業を開始することにより、 月からは給与から天引きができなくなりますので、月ごとに会社から支払い請求書を送付します。指定された日までに下記へ振り込みしてください。振込先： (4)税については市区町村より直接納税通知書が届きますので、それに従って支払ってください。 (5)職場復帰プログラムを受講できますので、希望の場合は会社に申し出てください。
3　休業後の労働条件	(1)休業後のあなたの基本給は、　級　号　　円です。令和 年 月の賞与については算定対象期間に 日の出勤日がありますので、出勤日数により 日割りで計算した額を支給します。 (2)退職金の算定に当たっては、休業期間を勤務したものとみなして勤続年数を計算します。 (3)復職後は原則として　課で休業をする前と同じ職務についていただく予定ですが、休業終了1か月前までに正式に決定し通知します。 (4)あなたの　年度の有給休暇はあと　日ありますので、これから休業期間を除き令和　年　月　日までの間に消化してください。次年度の有給休暇は、今後　日以上欠勤がなければ、繰り越し分を除いて　日の有給休暇を請求できます。
4　その他	(1)お子さんを養育しなくなる、家族を介護しなくなる等あなたの休業に重大な変更をもたらす事由が発生したときは、なるべくその日に会社に連絡をしてください。この場合の休業終了後の出勤日を相談します。

出典：厚生労働省

厚生労働省は、「就労」と「結婚・出産・子育て、介護」の「二者択一構造」を解消し、「仕事と生活の調和（ワーク・ライフ・バランス）」を実現することが必要不可欠と、企業に働きかけている。

キーワード　年次有給休暇

年次有給休暇の付与や取得のルールを知る

有給休暇取得のルール

心身の休息・安息を得るために「年次有給休暇（年休）」があります。その付与や取得のルールを知っていなければいけません。**原則として、社員が希望する時期に取得できます**が、会社の業務事情などから取得しづらい状況も生まれます。そこで、取得推進のために法令改正が行われました。

年次有給休暇の付与日数

６ヶ月以上、かつ８割以上出勤している人は、有給休暇が付与され、取得できます。ただし、勤務年数によって付与日数が異なります。

勤務年数	6ヶ月	1.5年	2.5年	3.5年	4.5年	5.5年	6.5年超
付与日数	10日	11日	12日	14日	16日	18日	20日

※パートなど所定労働日数が少ない人にも労働日数に比定して付与されます。

付与義務のルール

2019年より、年10日以上の年次有給休暇が付与されている人に対し、年休の日数のうち年５日については、**会社が時季を指定して取得させることが義務づけられました。**会社は社員の意向を尊重して、事業の運営に悪影響をおよぼすことがない取得時季を決めます。すでに５日以上の年休を自ら取得・請求している人は、最低限の取得がされているので対象外です。

就業規則への反映

休暇に関することは、就業規則（絶対的記載事項）に記載が必要ですので、５日以上の取得義務と会社の時季変更権について改廃が必要です。

年５日以上の年休を取得させなかった場合や就業規則への不記述には罰則規則（労基法120条）があります。

- □６ヶ月以上、かつ８割以上出勤している人は有給休暇が付与される。
- □会社が時季を指定して年休を取得させることが義務づけられている。
- □年休を取得させなかった場合や就業規則への不記述には罰則がある。

年５日付与の義務の就業規則記載例

会社が年次有給休暇の時季指定を実施する場合は、対象社員の範囲や時季指定の方法等について、就業規則に記載しなければなりません。

第○条　年次有給休暇が10日以上付与された社員は、付与日から１年以内に、当該社員の有する年次有給休暇日数のうち、５日について、会社が社員の意見聴取をして、その意見を尊重したうえで、あらかじめ時季を指定して、取得させる。ただし、社員が請求取得した場合の年次有給休暇日数は、５日から控除するものとする。

付与に関するルール

年休の付与日数をわかりやすくするため付与日を社員統一し、年次有給休暇取得計画表を作成し、社員ごとの休暇取得予定を把握します。

遵守すべき事項	内容
①年次有給休暇を与えるタイミング	年次有給休暇は、労働者が請求する時季に与えることとされていますので、労働者が具体的な月日を指定した場合には、以下の「時季変更権」による場合を除き、その日に年次有給休暇を与える必要があります。 時季変更権とは？ 使用者は、労働者から年次有給休暇を請求された時季に、年次有給休暇を与えることが事業の正常な運営を妨げる場合（同一期間に多数の労働者が休暇を希望したため、その全員に休暇を付与し難い場合等）には、ほかの時季に年次有給休暇の時季を変更することができます。
②年次有給休暇の繰越し	年次有給休暇の請求権の時効は2年であり、前年度に取得されなかった年次有給休暇は翌年度に与える必要があります。
③不利益取扱いの禁止	使用者は、年次有給休暇を取得した労働者に対して、賃金の減額その他不利益な取扱いをしないようにしなければなりません（具体的には、皆勤手当や賞与の額の算定などに際して、年次有給休暇を取得した日を欠勤または欠勤に準じて取扱うなど、不利益な取扱いをしないようにしなければなりません）。

厚生労働省ホームページより

法定休暇（年次有給、産前・産後、育児休業、介護休業、子の看護休暇等）以外に特別休暇（夏季休暇、病気休暇、リフレッシュ休暇など）を設ける会社も多い。

人材の育成・教育

キーワード 目標管理

人事考課のやり方を考える

人事考課のツール

人事の大きな役割に「人事考課」の制度立案・運用があります。「能力主義」「成果主義」のなかで、働いた結果への評価は社員の最大の関心事といえます。小さな会社でも人事考課のツールとして何らかの方法がとられているはずです。

目標管理

目標管理（MBO：Management By Objectives）は、大企業で古くからとられてきた目標達成のためのツールの１つです。**全体の目標設定のうえ、それを個々人の目標設定にブレークダウン**し、それを積み上げ遂行することで、目標達成を成し遂げる構造です。企業はその過程や結果を人事評価として利用します。ただし、**目標達成を意識するあまり、ノルマ感が広がり、職場全体のチーム感を阻害するという声もあります。**

目標設定と結果評価の流れ

部門の目標とすべき施策・役割の確認

▼

上司・部下の面談のうえ、各人が目標管理シートの作成

▼

上司と定期的に進捗確認と指導の面談

▼

シートへの結果記述・自己評価

▼

結果面談と次期への指導

▼

人事評価と賞与などへの反映

□人事の大きな役割に「人事考課」の制度立案・運用がある。
□目標達成のためのツールの１つとして「MBO」がある。
□目標達成への過程、結果を人事評価として利用する。

目標・成果管理シート

賞与・昇給査定などにおいて、社員個々人の成果を書面化することは、感情的ではない論理的な評価査定につながります。

目標・成果　管理シート（　年　上期分）

本人印	上司	社長

（氏名　　　　　　　）（所属　　　　　　　）
（職務ランク　　　　）（上司名　　　　　　）

評価目標		目指す目標の内容	達成目標値	進捗度		自己評価とコメント
				前半期	後半期	
業務目標	①					
	②					
	③					
組織達成目標	①					
	②					
自己啓発目標	①					
	②					

上司　目標成果コメント		上司　執務態度評価コメント	最終　社長　総合結果コメント
作成時コメント ⇨	結果コメント		

目標・成果管理シートは個々人の目標を積み重ねて、全体の目標を達成しようとするもの。しかし、現実にはその運用は非常に難しい。社員らが互助、協調しながら仕事を進められるとよい。

キーワード OJT 教育訓練給付金

教育訓練を実施する

OJT(On the Job Training)

教育・研修を通じた人材開発・能力開発は、人事担当の大きな仕事です。しかし、社員教育の重要さは認識しつつも、コスト負担、指導者不足などから後回しになっているのが実情かもしれません。

一般に、**中小企業の社員に対する教育訓練は「OJT」教育が中心**です。OJTは、新入社員教育でよく用いられ、新入社員と先輩社員の1対1の関係で実習を行います。経験に基づく、より実践的な知識・ノウハウを身につけることができます。

これは「継続的」「計画的」「意図的」に行われる現場配属型の教育です。元来、アメリカで開発された「4段階教育指導法」が源流で、**「やってみせる→やり方を説明する→やらせてみる→確認・指導する」のフローをくり返す**教育法です。

OFF-JT(Off the Job Training)

OJTは現場研修ですが、社内集合研修や民間教育研修会社を利用して行う教育研修のことを「OFF-JT」といいます。OFF-JTは、「商工会」「公共訓練機関」「専門学校」なども利用しますが、ほとんどの場合は社内集合研修で行われています。

教育訓練給付金

教育訓練給付金は、主体的な能力開発の取組みやキャリア形成を支援し、雇用の安定と再就職の促進を図ることを目的とした国の制度です。**個人が教育訓練受講に支払った費用の一部（20%、最大10万円）が支給され**ます。会社の制度ではありませんが、「情報処理技術者資格」「簿記検定」「各位取得の大学」「ビジネス：秘書事務」など、多くの資格が対象です。

チェックポイント

- □中小企業の社員に対する教育訓練は「OJT」教育が中心。
- □「OFF-JT」は社内集合研修で行われることがほとんど。
- □個人が教育訓練受講に支払った費用の一部を国が負担する制度もある。

能力開発基本調査のOFF-JT内容

多くの会社がどのような教育訓練をやっているのかは、参考になります。新入社員教育は別にして、教育には十分な時間がさけないのが実情でしょう。

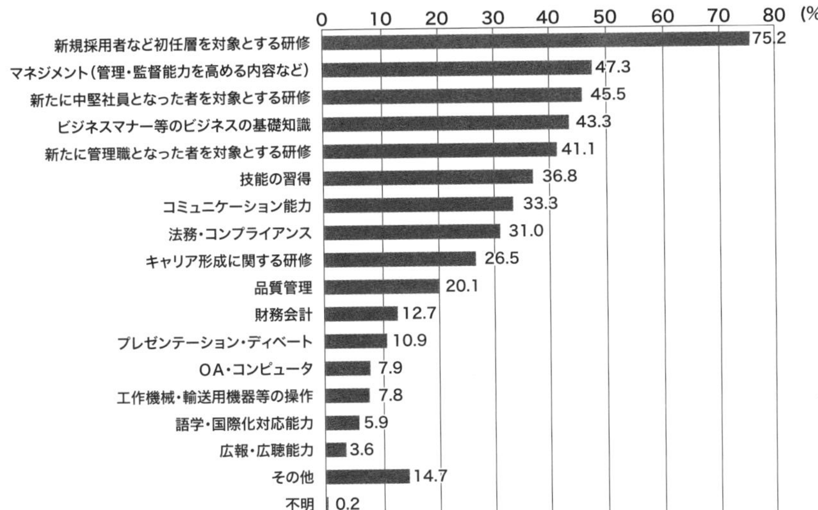

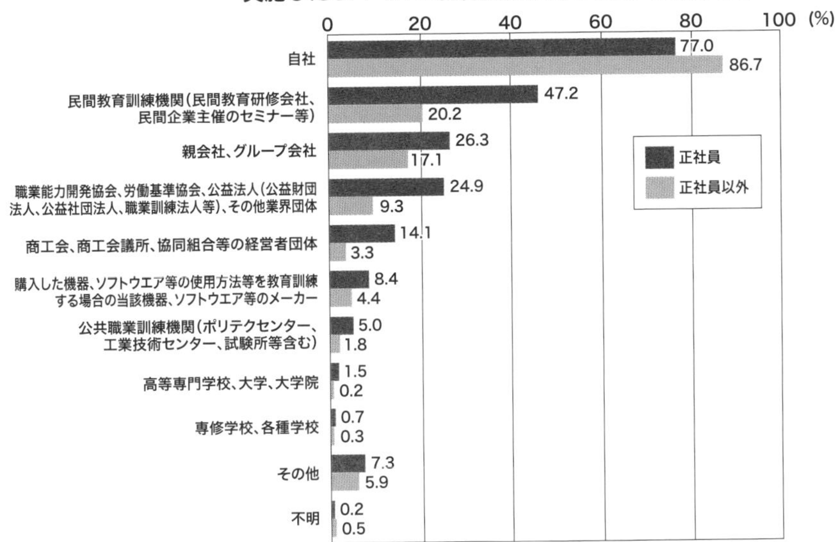

厚生労働省（平成29年）調査

「能力開発」のための教育訓練のほかに、コンプライアンスに対する理解を深める研修も必要。会社の信用失墜につながるコンプライアンス問題は近年目立つ傾向にある。

人材の育成・教育

キーワード 人事考課 人事評価制度

人事評価制度を理解する

人事評価制度

「能力主義」「同一労働・同一賃金」が指向されているなかで、人事評価（人事考課、勤務評定）を担当する経営者、人事担当の果たす役割は大きくなっており、**公平・的確な評価査定制度が求められています。**

人事評価制度は、賃金体系にかかわることですが、「月給＋賞与＝年収」という考え方に対して、**賞与をどのように位置づけるかによって、評価制度も変わってきます。**賞与を「祝儀・寸志」のようにとらえる零細企業もあれば、大企業のように成果追求のために賞与の比率が非常に大きいこともあります。このことは、人件費の固定化・変動化にもつながります。

月給のウエート	賞与のウエート	年収のバランス
人格・能力への評価	短期成果の重視	能力：短期成果の比率
職位連動で固定的	業績変動	固定：変動の比率
下位職のウエート大	上位職のウエート大	下位職：上位職の比率

評価ポイントと評価者

評価の「公明正大さ」を**社員に納得してもらうためにも、評価項目、評価着眼点を明示**しておきます。さらに、重要なのが評価をする側の評価誤差です。おもな評価誤差には以下のようなものがあります。

①１つのことだけに印象づけられ、それですべてを評価する＝**ハロー効果**
②１つのことでほかの評価もしてしまう＝**重複評価**
③評価の性格から好き嫌いで評価する＝**寛容評価と酷評評価**

このような評価誤差をなくすためにも、**評価する側の評価能力も高めるべきです。**「格差をつける人事評価」から「人材を育てる人事評価」、さらには「事業拡大のための人事評価」に変貌することが望まれます。この重大な目的の一助をなすのが人事の仕事なのです。

チェックポイント

□公平・的確な評価査定制度が求められている。
□賞与の位置づけによって、評価制度も変わってくる。
□評価誤差をなくすため、評価する側の評価能力も高めるべき。

人事評価の項目例

評価する上司も、一次評価者、二次評価者など複数にします。また、部門間調整会議を設けるなどして、評価者の評価偏重を是正しましょう。

基本項目	評価項目	評価ポイント				
		5	4	3	2	1
成果・実績 （実績）	・目標達成度　・指導監督度 ・遂行充実度　・業務負荷度					
業務能力 （能力）	・実行判断力　・リーダーシップ ・知識技能度　・創意知識					
勤務状態 （態度）	・服務規律　・遂行積極度 ・コミュニケーション力　・交渉特徴力					

下位職者への評価着眼点

部下の評価は固定化しやすく、低評価の部下はいつも同じになる傾向があります。「好き嫌い」の評価ではないことを面談などで説明しましょう。

評価ポイント	着眼点（例示）
協調性	・意見を求めて決定に従う ・自己主張が強い ・感情の起伏が激しい ・他人の嫌がることを避けない ・みんなから親しまれる ・かげ口、不満不平が多い
責任性	・仕事へのやる気が見える ・会社のことを考えている ・金銭にルーズである ・秘密が守れない ・なんでも他人のせいにする
積極性	・意見・アイデアをよく出す ・目標への達成意欲がある ・みんなをまとめようとする ・創意工夫を感じる ・他人にまかせる
規律性	・遅刻・時間にルーズ ・服装が乱れている ・公私混同がある ・整理整頓をしている ・礼儀正しい

Memo　社員個々人への適正な絶対評価がいわれるが、どうしても相対評価の要素が強くなる。「社員間」「部門間」「年度間」の相対・比較評価が大切。

人材の育成・教育

キーワード　昇給・昇格制度　等級別職務給

昇給・昇格について理解する

賃金体系のモデルパターン

小さな会社では、事業拡大とともに「中途採用者」も多くなります。**年齢や職歴がバラバラである中途採用者も、世間賃金相場のある新卒者も同じく納得のいくしくみが必要**です。そのしくみを理解し、運用するのも人事担当の仕事です。賃金体系のモデルパターンは次のとおりです。

職務給のみ	シングルレートと呼ばれ、業務が変わらない限り昇給はない
職務給＋職能給	経験的な能力を加味し、業務が同じでも習熟・経験を積むと昇給する
職務給＋年功給	勤続年齢を加味し昇給する
職務給＋職能給＋年功給	総合型で年功要素が強まる

等級別職務給

規模の大きい会社では、何らかの形で等級別職務給を取り入れています。これは**「昇給・昇格」への理解が得やすい**ためです。等級別職務給は、仕事にランク（等級）をつけ、それと部長・課長などの役職と関係づけます。**等級は、人事評価によってのみ上がり、昇給します。**等級ランク内に等号ランクをからめ、等号昇格に習熟・経験要素を入れる方法もあります。

昇格の要件審査の方法

以下のような方法の組み合わせで審査要件とすることが多いでしょう。

方　法	基　準　例
人事評価の結果	人事評価で２期連続の高評価を得る
上司の推薦	上司からの推薦が条件
資格取得・研修終了	決められた資格取得などスキル取得による
トップ面談	トップの面談審査による

チェックポイント

- □中途採用者も、新卒者も納得のいくしくみが必要。
- □規模のある会社では、等級別職務給を取り入れている。
- □等級別職務給は、仕事にランク(等級)をつけ、役職と関係づける。

等級別職務給制度のモデル

ピラミッド型の職位構造が望ましいでしょうが、会社の成長停滞が続くと構造も固定化して停滞します。上位層が厚い会社は成長しないでしょう。

階層	資格等級	職位	資格要件
上位職	8等級 7等級	部長 部長代理	会社経営目標を策定・実行できる能力
中間職	6等級 5等級	課長	経営目標を各組織に落とし込み、実行できる能力
	4等級	係長 主任	課せられた目標を部下とともに実行できる能力
一般職	3等級	主査	小規模単位のグループを引率し、部下を指導できる能力
	2等級	一般	命じられた職務を確実に実行できる能力
	1等級		業務を的確にこなす能力

等級等号テーブル　（単位：万円）

何年間も給料が同じであれば、勤労意欲も湧かないでしょう。そのため経験を重ねることを評価して、自動的に号数が上がる「最低滞留年数」を設ける場合もあります。

等級	号数			最低滞留年数
	3号	2号	1号	
8	50	45	40	8
7	40	35	30	7
6	30	25	20	6
5	20	15	10	5
4	10	8	7	4
3	7	6	5	3
2	5	4	3	2
1	3	2	1	1

Memo 「専門職」「特別職」「技術職」などの名称の賃金モデルも併用されている。営業でのインセンティブ手当などもあり、賃金体系が複数モデルある会社もよくある。

人材の育成・教育

キーワード 労働に関する指標

事務部門の効率を上げる

事務部門の生産効率

「総務・人事・経理」の事務部門も、生産効率を上げなければいけません。営業や生産部門と同様の効率測定ができないといわれますが、「仕事のスピード」「直間比率(直接部門と間接部門の人数の割合)」などで生産効率を類推します。世間の指標水準などと比較し、自分の職場を見つめ直しましょう。

労働分配率

労働分配率とは、付加価値（粗利益）に占める人件費の割合を表します。

労働分配率(%)＝ **人件費／付加価値(≒営業利益＋人件費＋減価償却)×100**

この数値（%）が小さいほうが生産性は高いといえます。

人的資産で付加価値を作り出す情報処理業などでは労働分配率は70%を超えますが、外部委託やアルバイトが大半を占めるサービス業界の労働分配率は30%程度です（日本生産性本部調査)。

入職率・離職率

入職率・離職率の計算式は次のとおりです。

入職率・離職率＝1年間の入社者・退社者数÷12月末時点の常用労働者

新卒就職者の就職後３年以内の離職は、高卒就職者の約４割、大卒就職者の約３割が、就職後３年以内に離職しています(平成29年雇用動向調査)。

上場企業の「人」に関する情報

各社の「有価証券報告書」には従業員の状況という報告欄があります。同じ業界の上場企業の下記の項目で、現状が把握できます。

①従業員数、②平均年齢、③平均勤続年数、④平均年間給与

チェックポイント

- □「スピード」「人数の直間比率」などで向上しているかを類推する。
- □労働分配率は、付加価値に占める人件費の割合を表す。
- □大卒就職者の約３割が３年以内に離職する。

産業別年齢別賃金

新卒初任給は、すべての産業でほぼ相場水準が形成されます。その後の大企業格差、業界格差を中小企業がどのように乗り越えていくかが課題でしょう。

主な産業、性、年齢階級別賃金　平成30年

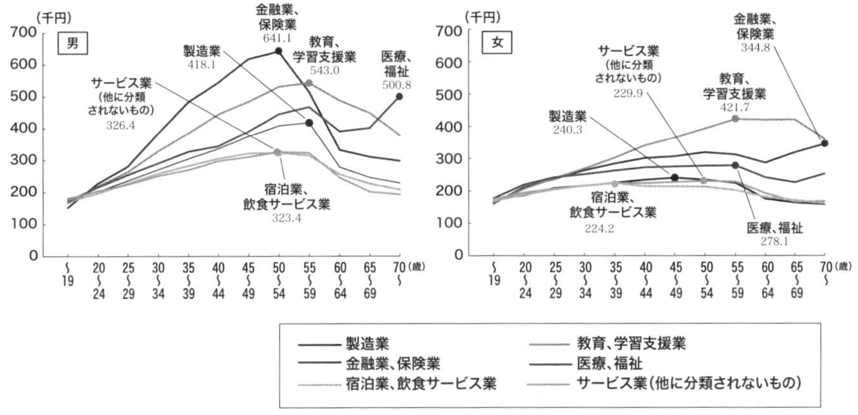

産業別入職率・離職率

自社の入職率・離職率がどのような水準にあるのかを知ることです。平均勤続年数、男女別構成なども注視すべき要素でしょう。

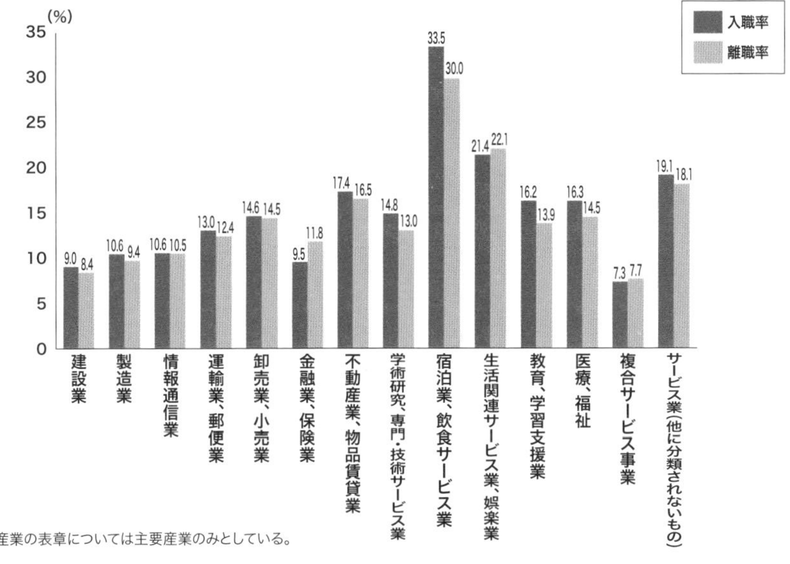

※産業の表章については主要産業のみとしている。

急成長企業、IT企業、外資系企業などでは、まったく別の視点・発想での人事業務が行われている。自分の職場でも、「ヒト」に関わる特色・特性があるはず。

給与計算

キーワード 給与計算

給与計算をする

法令も理解して給与計算しよう

給与計算に関係する**主要な法令は、「源泉所得税」と「労働基準法」**です。源泉所得税では給料・手当・賞与などを「給与」と呼び、労働基準法では「賃金」と呼びます。なお、「退職金」は含まれません。

給与に係る**「法定三帳簿」は「労働者名簿」「賃金台帳」「出勤簿」**で保管年限３年です。法令で記載事項は決まっていますが、様式は自由です。

多くの会社は給与計算をパソコンソフトで行います。しかし、給与計算担当は法令などを理解して、自分で計算できなければいけません。

給与計算の基本

総支給額の算出	①「出勤簿」(勤怠)から、残業時間、休日出勤、有休などを毎月変動する部分を算定・確定 ②基本給・手当など基準内給与の確認		
控除額の算出	①社会保険、食事代など控除額算定 ②課税対象額の確定と税金の算定	**差引支給額の確定**	①支給額の決定と給与明細書の作成 ②給与・税金・社会保険の支払処理

給与明細書の例

社員コード ○○○○		氏名 ○○○○		令和○年○月分　給与明細書		
支払	基本給	職務給	残業手当	○○手当	通勤手当	総支給額
	100,000	85,000	10,000	5,000	10,000	210,000
	非課税					課税合計
	10,000					200,000
控除額	健康保険	介護保険	厚生年金	雇用保険	社保合計	課税対象
	10,500	2,000	11,050	630	24,180	175,820
	所得税	住民税		社内控除		控除額計
	670	3,500		0		28,350
差引支給額		振込額				
		181,650				
累計	課税対象額	社会保険	所得税			扶養人数
	1,054,920	48,360	4,020			2

チェックポイント

□給与計算に関係する主な法令は「源泉所得税」と「労働基準法」。

□「法定三帳簿」の保管年限は３年。

□給与計算担当は法令への理解も必要。

法定三帳簿の例

労働者名簿はパートなども対象で年に1回作成し、変更の都度修正するのが一般的です。賃金台帳は1年分を記載できるような様式が多くなっています。

◂労働者名簿

労働者名簿

様式第19号（第53条関係）

フリガナ		性別	写真
氏名			
生年月日	年　月　日		
現住所			
雇入年月日	年　月　日		
業務の種類			
履歴			
解雇・退職または死亡	年月日		
	事由		
備考			

▾賃金台帳

様式第20号（第55条関係）

氏名	性別

賃金台帳　（常時使用される労働者に対するもの）

賃金計算期間	労働日数	労働時間数	休日労働時間数	早出残業時間数	深夜労働時間数	基本賃金	所定時間外割増賃金	手当			小計	臨時の給与	賞与	合計	控除金		実物給与

…て代えることができる。
…夜の部分の残業労働時間数を深夜労働時間数の欄にも記入すること。
…支給された実物給与の評価額をその種類ごとに記入すること。

▾出勤簿

	A	B	C	D	E	F	G
1	勤怠管理表						
2	日付	出社時刻	退社時刻	勤務時間			
3	8月1日(木)	9:00	18:30			営業開始	9:00
4	8月2日(金)	8:45	19:00			営業終了	18:00
5	8月3日(土)						
6	8月4日(日)						
7	8月5日(月)	9:00	21:08			出勤日数	
8	8月6日(火)	8:57	19:15			遅刻	
9	8月7日(水)	8:00	18:00			早退	
10	8月8日(木)	10:40	18:30				
11	8月9日(金)	8:30	18:43				
12	8月10日(土)					時給	¥900
13	8月11日(日)					給与	
14	8月12日(月)	9:00	15:00				
15	8月13日(火)	8:46	20:25				
16	8月14日(水)						
17	8月15日(木)						
18			計				

過労死が社会問題となり、正しい賃金の支払い、長時間労働の是正、労働者の健康維持などに監督、指導の目が今まで以上に向けられている。違反をした場合は労働基準監督署による是正勧告がされる。

給与計算

キーワード 毎月の給与計算 勤怠管理

毎月の給与計算と勤怠管理

毎月、同じ期日で給与計算する

給与の支払いは、「賃金支払いの５原則」によって、「毎月・一定期日払」です。つまり、**毎月、同じ期日で給与計算・勤怠管理**をします。

給与計算で面倒なのが、「残業時間」「出勤日数」「休暇取得」「法定外控除」の算定確認作業です。そのため、給与計算の締め日と給与支払日の間は10日ほどあけるのが一般的です。また、**給与支払日は、月末日あるいは直前の資金支出が集中しない日**に設定します。

【設定例】計算対象：前月16日～当月15日　支払日：当月25日

締め日、支払日が土日祝日は直前日になります。支払いの銀行への振込送金依頼も、給与支払日に着金が必須です。

残業時間と年次有給休暇の管理

「働き方改革関連法案」の成立によって、労働時間、休暇の管理をより厳密に行うことが求められています。上司の管理職の勤怠管理能力が試されます。残業の命令、処理時間の妥当性、休暇申請の時期・事由などでの部下への対応は、**「職場風土」にも影響する重要な労務管理**です。

以下は、報告書と届出の例です。

時間外勤務・休日勤務　命令書兼報告書（一覧）

氏名　○○○○

勤務命令				
課長指示	月日	内容		指示時間
印	6/4	決算作業		2時間
勤務実績報告				
開始時	終了時	時間	本人報告	課長確認
18：00	20：00	2時間	6/5印	印

休暇・欠勤届

氏名　○○○○　　提出日　令和○年○月○日

以下のとおり、届出をいたします。

期間	令和○年○月○日から 令和○年○月○日（計○日間）
区分	有給休暇・特別休暇・慶弔休暇・その他〈　　　〉欠勤
事由	

チェックポイント

- □締め日と支払日の間は10日ほどあけるのが一般的。
- □支払日は、月末日や直前の資金支出が集中しない日に設定。
- □残業や休暇などへの対応は「職場風土」にも影響する。

毎月の給与計算のステップ

計算のステップは法令等で決められたものではありませんが、税額算出などはどこの会社も同じようなステップになります。

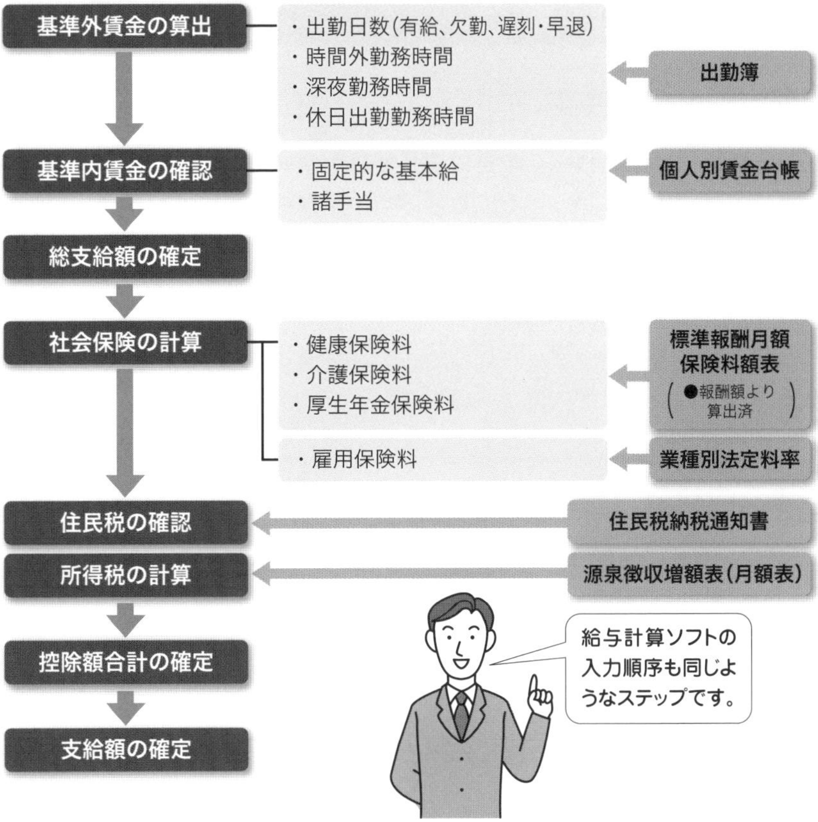

管理監督者（管理職）

「管理監督者」とは、経営と一体的な立場にあり、労働時間等の規制の枠を超えて働かざるを得ない重要な職務につく者とされています。

管理職には労働時間・休憩・休日の規定は労基法上、適用されません。よって残業代の支払の必要はありません。ただし、深夜勤務は規定が適用されます。

課長、マネージャー、店長などの役職名・呼称から、「管理監督者」に当たるかどうかは形式的に決まるものではない。職務の重要性、賃金水準、指揮命令の権限などが総合的に判断される。

給与計算

キーワード 非課税給与 経済的利益

非課税給与と経済的利益を理解する

非課税となる給与

給与の名目にかかわらず**社員に支払われた金銭は、給与所得の対象として課税**されます。しかし、そのなかでも「非課税給与」として課税の対象外となるものがあります。通勤手当がその代表格です。

給与支給のなかで、**「手当」として支給されるものは課税対象ですが、「通勤手当」は非課税**（一定の要件内）です。

ただし、健康保険など「社会保険」の「標準月額報酬」の計算には通勤手当が含まれますので注意が必要です。所得税がかかる給与と社会保険料がかかる給与は必ずしも一致しません。

経済的利益

「現物給与」とも呼ばれ、**金銭以外の方法で役員・社員に与えられるような利益を「経済的利益」といい、所得税の課税対象**になります。おもな経済的利益は次のとおりです。

①無償や低い価格で会社が譲渡あるいは貸与した物品・資産の経済的利益
②福利厚生施設の利用等で、非常に低い対価で提供した経済的利益
③社員・役員の債務（借金）を免除、負担した経済的利益

具体的には、役員に低価で社宅を売却したとき、借金を立て替えたとき、社宅を無償で貸与したとき、などです。それらを金額換算して、「給与所得」として課税されます。

給与明細で社内控除

社内で食事を提供している場合、**無償提供では給与課税対象になる**ので、「食事代」として材料代の２分の１程度を徴収します。また、独身寮、社宅を提供している場合も、一定額を寮費・社宅費として徴収します。

チェックポイント

- □社員に支払われた金銭は、給与所得の対象として課税される。
- □所得税がかかる給与と社会保険料がかかる給与は必ずしも一致しない。
- □経済的利益は所得税の課税対象になる。

非課税となる給与

社員の福利厚生のために新たな制度を採用する場合には、その支出内容、補助金などが所得税の対象になるかどうかの検討も必要です。

項目	内容
通勤定期券	1ヶ月で15万円まで非課税 （自動車通勤は距離比例での非課税額算定）
出張、転勤旅費	通常必要と認められる費用。交通費、宿泊費、出張手当など
福利厚生費	一定要件を満たす慰安旅行費用などは非課税
宿直料・日直料	1回の宿日直で4000円まで非課税。食事代は控除する
結婚祝金	社会通念上相当と認められる金額は非課税
葬儀料、香典、見舞金	社会通念上相当と認められる金額は非課税
休業補償等	休業補償、療養補償、障害補償は非課税
学資金	修学のための費用として適正なものは非課税
技術習得費	仕事に関係のある技術や知識を習得させるための費用は非課税
社宅・寮	家賃相当額の2分の1以上など一定の要件を満たす徴収がある場合は非課税
死亡退職者の給与等	死亡後に支給される給与や退職金は非課税 （相続税の対象）
食事代を支給	食事額の2分の1以上の社員負担等一定の要件を満たす場合は非課税

Memo　納税協会などから『問答式　源泉所得税の実務』という本が毎年出版されている。そのなかで、「非課税となる給与」「経済的利益」について具体的な事例を用いて、詳しい解説がなされている。

キーワード 源泉徴収義務者 源泉徴収税率

源泉徴収のしくみを理解する

給与に課税される所得税

源泉徴収とは、「給与」や「報酬」を支払う者が、相手に代わって関係する税金を差し引いて納税する制度のことをいいます。**給与に課税される所得税では「源泉徴収（源泉所得税）」**と呼びますが、**住民税・介護保険料では、給与からの控除を「特別徴収」**といいます。

また、健康保険料・厚生年金保険料・雇用保険料等の社会保険料は「徴収」といわれます。総称して、「源泉徴取」や「天引き」と呼ばれます。

源泉徴収義務者

給与や報酬などを支払う法人や個人は、所得税をあらかじめ差し引いて国に納税する義務があり、それらを「源泉徴収義務者」といいます。例えば、**給与を支払う会社は、自動的に源泉徴収義務者**となり、学校や官公庁、財団なども源泉徴収義務者になります。

以下の場合、源泉徴収義務はありません。①「個人事業主」で常時２人以下の家事使用人だけに給与などを支払っている個人、②一人で事業する個人で、給与の支払はなく、弁護士報酬などの「報酬」だけを支払っている。

源泉徴収義務者になる場合は、**開設後、１ヶ月以内に「給与支払事務所等の開設届出書」を税務署に提出する**ことになっています。

会社が源泉徴収すべき支払い

支払項目	税額計算のおもな資料
給与・手当	源泉徴収税額表（月額表）
賞与	賞与の源泉税額算出表
退職金	退職所得税率表・住民税税率
報酬・料金	税率表（所得税法204条）
配当金	一定税率（20.42%など）

チェックポイント

- □源泉徴収義務者は、あらかじめ所得税を差し引いて納税する義務がある。
- □学校や官公庁、財団なども源泉徴収義務者になる。
- □源泉徴収義務者になる場合は、開設後、１ヶ月以内に届出を提出。

給与所得の源泉徴収税額表（平成30年分）

所得税の改正によって、源泉徴収税額表は毎年のように改定されています。対象年度の「月額表」なのかどうかに注意しましょう。

(一)　**月 額 表**（平成24年３月31日財務省告示第115号別表第一（平成29年３月31日財務省告示第95号改正））（～166,999円）

その月の社会保険料等控除後の給与等の金額		甲								乙
		扶養親族等の数								
		0人	1人	2人	3人	4人	5人	6人	7人	
以上	未満	税額								税額
円 88,000	円 円未満	円 0	円 0	円 0	円 0	円 0	円 0	円 0	円 0	円 その月の社会保険料等控除後の給与等の金額の3.063%に相当する金額
88,000	89,000	130	0	0	0	0	0	0	0	3,200
89,000	90,000	180	0	0	0	0	0	0	0	3,200
90,000	91,000	230	0	0	0	0	0	0	0	3,200
91,000	92,000	290	0	0	0	0	0	0	0	3,200
92,000	93,000	340	0	0	0	0	0	0	0	3,300
93,000	94,000	390	0	0	0	0	0	0	0	3,300

給与支払事務所等の開設・移転・廃止届出書

届出は開業時などに一度だけ提出します。毎年届けることはなく、住所などに変更があるときのみ変更届を提出します。

令和　　年　　月　　日

税務署長殿

所得税法第230条の規定により次のとおり届け出ます。

事務所開設者	
住所又は本店所在地	〒 電話（　　　）　　－
（フリガナ）	
氏名又は名称	
個人番号又は法人番号	↓個人番号の記載に当たっては、左端を空欄とし、ここから記載してください。
（フリガナ）	
代表者氏名	㊞

（注）「住所又は本店所在地」欄については、個人の方については申告所得税の納税地、法人については本店所在地（外国法人の場合には国外の本店所在地）を記載してください。

開設・移転・廃止年月日	平成・令和　　年　　月　　日	給与支払を開始する年月日	平成・令和　　年　　月　　日

○届出の内容及び理由
（該当する事項のチェック欄□に✓印を付してください。）

区分	内容	「給与支払事務所等について」欄の記載事項 開設・異動前	異動後
開設	□ 開業又は法人の設立		
開設	□ 上記以外 ※本店所在地等とは別の所在地に支店等を開設した場合	開設した支店等の所在地	
移転	□ 所在地の移転	移転前の所在地	移転後の所在地
移転	□ 既存の給与支払事務所等への引継ぎ （理由）□ 法人の合併　□ 法人の分割　□ 支店等の閉鎖 □ その他 （　　　　　）	引継ぎをする前の給与支払事務所等	引継先の給与支払事務所等
廃止	□ 廃業又は清算結了　□ 休業		
その他	（　　　　　）	異動前の事項	異動後の事項

Memo
給与所得は、源泉徴収されるので課税対象に漏れはない。自営業者などは必要経費を自ら算出して自己申告するので、課税対象の公私の境界線があいまいになるといわれている。

給与計算

キーワード　源泉徴収簿　扶養控除等（異動）申告書

源泉徴収簿と源泉徴収票を作成する

個人別に記録する

月々の給与計算後、**支給金額、源泉徴収した税額等や控除対象扶養親族などの状況を各人ごとに記録**しておくが必要があります。

その記録のための標準的な様式を国税庁では「給与所得に対する源泉徴収簿」として公開しています。

給与計算後の源泉税集計ステップ

〈ステップ〉	〈タイミングと提出先〉	
○年○月　給与明細書作成	毎月	社員
▼		
○年分源泉徴収簿（個人別）	毎月記録	
▼		
○年分給与所得の源泉徴収票（個人別）	翌年1月	社員と税務署
○年　源泉徴収票の法定調書合計表	翌年1月	税務署

給与計算ソフトを利用している場合は、これらのほとんどが自動作成されるはずですが、**源泉徴収票の法定調書合計表には、代表者の記名押印が必要**です。

扶養控除等（異動）申告書での年初の確認

源泉徴収の計算を開始する場合、支払額などの会社の持つ情報だけでなく、個人（社員）の情報も事前に入手する必要があります。**社員各人から「扶養控除等（異動）申告書」を前年末または年初に提出してもらいます。**

「源泉控除対象配偶者」「控除対象親族」の情報から扶養者人数を把握して、所得税計算の「月額表」「甲欄」の「扶養親族等の数」欄にあてます。

パートなどが2か所以上から給料をもらい、会社を「従たる給与」としたときは所得税計算の「月額表」「乙欄」を使用します。

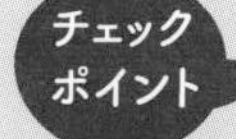

□給与計算後、各人ごとに記録する。
□源泉徴収票の法定調書合計表には、代表者の記名押印が必要。
□源泉徴収の計算を開始する場合、個人の情報も事前に入手する。

個人別毎月記録する源泉徴収簿の例

源泉徴収簿は、年末調整計算での基礎となる重要な帳簿であり、年末に一度に記帳するのでなく、毎月記帳すれば年末調整時の計算はスムーズにできます。

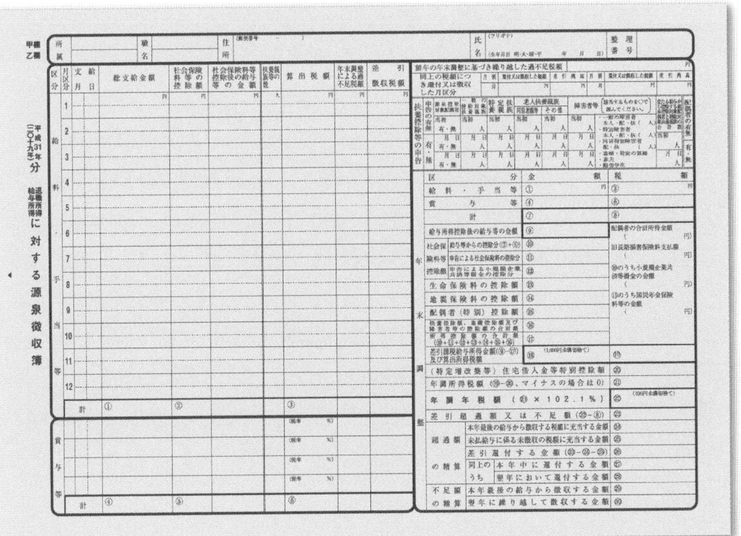

平成31年（二〇一九年）分　給与所得・退職所得に対する源泉徴収簿

甲欄　乙欄

所属		職名		住所		氏名	（フリガナ）	整理番号	

区分	月区分	支給月日	総支給金額	社会保険料等の控除額	社会保険料等控除後の給与等の金額	扶養親族等の数	算出税額	年末調整による過不足税額	差引徴収税額
給料・手当等	1		円	円	円	人	円	円	円
	2								
	3								
	4								
	5								
	6								
	7								
	8								
	9								
	10								
	11								
	12								
	計		①	②			③		
賞与等							（税率　%）		
							（税率　%）		
							（税率　%）		
							（税率　%）		
	計		④	⑤			⑥		

前年の年末調整に基づき繰り越した過不足税額　円

同上の税額につき還付又は徴収した月区分

年末調整 区分	金額	税額
給料・手当等	① 円	③ 円
賞与等	④	⑥
計	⑦	⑧
給与所得控除後の給与等の金額	⑨	配偶者の合計所得金額（　円）
社会保険料等控除額 給与等からの控除分（②+⑤）	⑩	旧長期損害保険料支払額（　円）
社会保険料等控除額 申告による社会保険料の控除分	⑪	⑩のうち小規模企業共済等掛金の金額（　円）
社会保険料等控除額 申告による小規模企業共済等掛金の控除分	⑫	⑪のうち国民年金保険料等の金額（　円）
生命保険料の控除額	⑬	
地震保険料の控除額	⑭	
配偶者（特別）控除額	⑮	
扶養控除額、基礎控除額及び障害者等の控除額の合計額	⑯	
所得控除額の合計額（⑩+⑪+⑫+⑬+⑭+⑮+⑯）	⑰	
差引課税給与所得金額（⑨-⑰）及び算出所得税額	⑱（1,000円未満切捨て）	⑲
（特定増改築等）住宅借入金等特別控除額		⑳
年調所得税額（⑲-⑳、マイナスの場合は0）		㉑
年調年税額（㉑×102.1%）		㉒（100円未満切捨て）
差引超過額又は不足額（㉒-⑧）		㉓
超過額の精算 本年最後の給与から徴収する税額に充当する金額		㉔
超過額の精算 未払給与に係る未徴収の税額に充当する金額		㉕
超過額の精算 差引還付する金額（㉓-㉔-㉕）		㉖
超過額の精算 同上のうち 本年中に還付する金額		㉗
超過額の精算 同上のうち 翌年において還付する金額		㉘
不足額の精算 本年最後の給与から徴収する金額		㉙
不足額の精算 翌年に繰り越して徴収する金額		㉚

給与所得の源泉徴収票

1月から12月までの給与の源泉内容の総額が個人ごとに手渡されます。社員にとって、年間の給与（収入）とその課税対象額（所得）の収支報告です。

これをもとに、翌年の「住民税」も市町村によって課税計算されます。

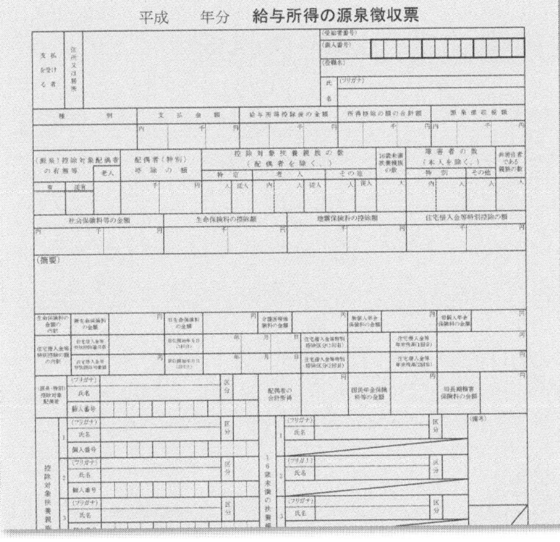

平成　　年分　給与所得の源泉徴収票

支払を受ける者　住所又は居所　（受給者番号）（個人番号）（役職名）　氏名（フリガナ）

種別	支払金額	給与所得控除後の金額	所得控除の額の合計額	源泉徴収税額
	内　千　円	千　円	千　円	内　千　円

（源泉）控除対象配偶者の有無等　老人　配偶者（特別）控除の額　控除対象扶養親族の数（配偶者を除く。）特定　老人　その他　16歳未満扶養親族の数　障害者の数（本人を除く。）特別　その他　非居住者である親族の数

社会保険料等の金額	生命保険料の控除額	地震保険料の控除額	住宅借入金等特別控除の額
内　千　円	千　円	千　円	千　円

（摘要）

生命保険料の金額の内訳　新生命保険料の金額　旧生命保険料の金額　介護医療保険料の金額　新個人年金保険料の金額　旧個人年金保険料の金額

住宅借入金等特別控除の額の内訳　住宅借入金等特別控除適用数　居住開始年月日（1回目）　住宅借入金等特別控除区分（1回目）　住宅借入金等年末残高（1回目）　住宅借入金等特別控除可能額　居住開始年月日（2回目）　住宅借入金等特別控除区分（2回目）　住宅借入金等年末残高（2回目）

（源泉・特別）控除対象配偶者　（フリガナ）　氏名　個人番号　区分　配偶者の合計所得　国民年金保険料等の金額　旧長期損害保険料の金額

控除対象扶養親族　1　2　3　（フリガナ）　氏名　個人番号　区分

16歳未満の扶養親族　1　2　3　（フリガナ）　氏名　区分　（備考）

個人が確定申告によって、「災害控除」や「医療費控除」などの減免を受ける場合には、源泉徴収票に記載された「支払金額」「源泉徴収税額」などの金額を確定申告書に必ず記入する。

キーワード
源泉徴収
住民税

源泉所得税・住民税を納付する

国の指定用紙で納付する

給与計算によって源泉徴収した所得税は、**国の指定の「納付書」用紙に記入して納付**します。納付書は「給与所得・退職所得等の所得税徴収高計算書」の名称で、**納付後の銀行の「領収印」が領収書**となります。退職金からの源泉徴収分や税理士等報酬の源泉所得税なども合わせて納付します。

また、**翌月10日（土・日・祝日であれば休日明けの日）までに会社の管轄する税務署宛てに銀行から毎月納付**します。万一、納付を忘れたときは、後日に速やかに納付しますが、**納付忘れのペナルティとして付帯税（延滞税、不納付加算税）の通知が届く**場合があります。

住民税の納付

控除した住民税も、翌月10日までに社員のそれぞれの居住地へ納付します。給付は各自治体から入手した納付書を使用します。住民税は前年（６月～５月）の所得額をもとに自治体が算定したもので、「住民税特別徴収額通知書」により、個人ごとの税額を会社に通知してきます。それに記載された月額控除税額（年税額が12等分されている）を源泉徴収します。

小規模会社の納税の特例

給与を支給する社員が**常時10人未満である会社は、源泉所得税の納期の特例申請をすることで納付を半年分まとめて行うことができます。**

・１～６月までに源泉徴収した分…**7月10日**
・７～12月までに源泉徴収した分…**翌年１月20日**

また、住民税の納期の特例もあり、各市町村へ申請をします。

・６～11月までに源泉徴収した分…**12月10日**
・12月～翌年５月までに源泉徴収した分…**翌年６月20日**

チェックポイント

□源泉徴収した所得税は、国指定の「納付書」で納付する。
□翌月10日までに管轄の税務署宛てに銀行から毎月納付。
□常時10人未満の会社は、申請のうえ、まとめて納付できる。

源泉所得税の納付書の記載例

国税庁HPより

合計金額を二重線などで訂正したものは、金融機関で受け付けてもらえません。作成する際は、金額欄を右詰めで「¥」マークをつけるなど注意が必要です。

給与所得・退職所得等の所得税徴収高計算書（一般分）

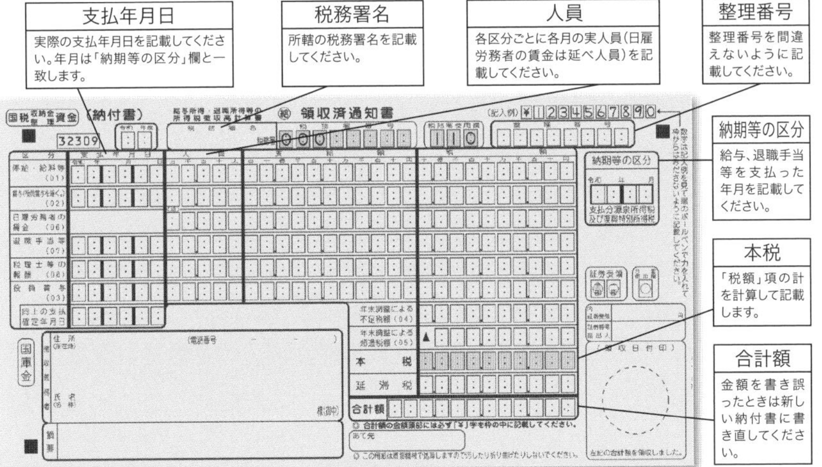

10人未満の会社が受ける6ヶ月ごとの特例納付申請書

税務署に承認申請書を提出したのち、連絡がなければ承認されたものとみなします。もし、源泉所得税を滞納すれば特例は取り消されます。

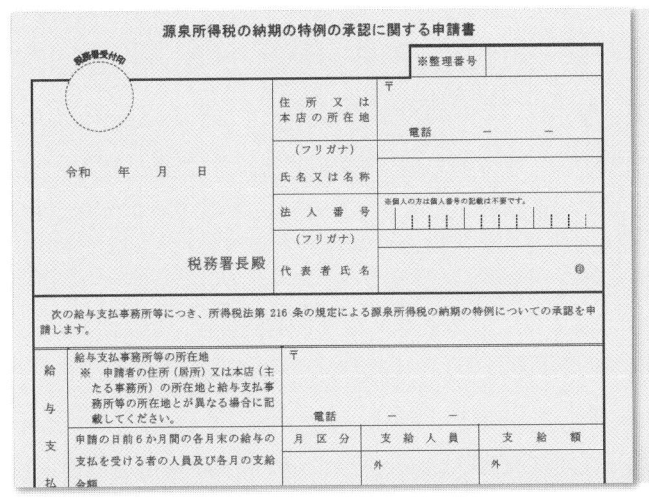

源泉所得税の納期の特例の承認に関する申請書

税務署受付印　※整理番号

令和　年　月　日

税務署長殿

住所又は本店の所在地	〒 電話　－　－
（フリガナ）	
氏名又は名称	
法人番号	※個人の方は個人番号の記載は不要です。
（フリガナ）	
代表者氏名	㊞

次の給与支払事務所等につき、所得税法第 216 条の規定による源泉所得税の納期の特例についての承認を申請します。

給与支払				
給与支払事務所等の所在地 ※ 申請者の住所（居所）又は本店（主たる事務所）の所在地と給与支払事務所等の所在地とが異なる場合に記載してください。	〒 電話　－　－			
申請の日前6か月間の各月末の給与の支払を受ける者の人員及び各月の支給金額	月区分	支給人員	支給額	
		外	外	

Memo

源泉所得税を誤って納めすぎた場合は、「源泉所得税の誤納額還付請求書」を出して還付を受ける。翌月以降の源泉徴収税から納めすぎた分を控除するときは「源泉所得税の誤納額充当届出書」を提出する。

給与計算

キーワード 給与以外の源泉徴収 報酬支払と消費税

報酬・料金等の源泉徴収をする

源泉すべき支払い報酬は決められている

会社が源泉徴収すべきものは、給与だけではありません。例えば、個人で事業をしている税理士や弁護士などの専門家に顧問料などの報酬を支払ったときも「源泉徴収義務」が生じます。所得税法の第204条に定められているので**「204条の源泉徴収」**といわれます。経理担当は、支払うときに源泉徴収すべきかの判断をしなければいけません。

源泉徴収の条件は、以下のように定められています。

①**受け取る側が個人であること**…**受け取る側が法人の場合は、源泉徴収は必要ありません。**例えば税理士法人などは法人に該当しますので、税理士法人に支払う税理士報酬についての源泉徴収は不要です。謝礼金、取材費、調査費、車代などの名目でも**実態が報酬・料金と同じ場合には、すべて源泉徴収の対象になります。**しかし、講師への旅費などで、会社がホテルなどに直接支払った場合は、報酬・料金等に含めなくてもよいことになっています。

②**対象は所得税法204条に掲げる８種類の報酬に限定される**…所得税法204条１項１号～８号に該当する支払いのみが対象で、掲げられていない支払いには源泉徴収の必要がありません。

源泉徴収するときの税率と納付

源泉徴収金額は、基本的には**「報酬・料金の支払額×税率」**となりますが、所得税法204条１項１号～８号ごとに、徴収金額がそれぞれ規定されています。源泉徴収した税額は、給与の源泉徴収税と同じ時期に、同じ納付書の別欄に記入して納付します。

相手からの請求書に報酬額と消費税が明確に区分されている場合には、その報酬額のみを源泉徴収の対象とする金額として差し支えありません。

チェックポイント

□受け取る側が法人の場合は、源泉徴収は必要ない。
□実態が報酬・料金と同じ場合は、源泉徴収の対象になる。
□源泉徴収金額は、基本的に「報酬・料金の支払額×税率」となる。

報酬・料金等の区分での源泉徴収税額計算

会社での対象となる報酬・料金の支払先は、特定されていることが多いので、「顧問料」等の勘定科目で支払額をつかめるようにしよう。

区分	控除額	源泉徴収税額
原稿料、講演料、デザイン料、著作権使用料、工業所有権使用料など	なし	10.21% (100万円超の部分20.42%)
弁護士、税理士、経営コンサルタント、建築士など	なし	同上
司法書士、土地家屋調査士など	1万円	(支払額−1万円) ×10.21%
外交員、集金人など	月額12万円	(支払額−12万円) ×10.21%
広告宣伝のための賞金	50万円	(支払額−50万円) ×10.21%

源泉徴収税額の取扱い

報酬・料金での源泉徴収税の計算は以下のように、請求書に消費税額が区分記載されているかによって決まります。

請求書　○○年○○月○○日

金　550,000円

うち消費税50,000円

○○○コンサルタント

源泉徴収税額
50万×10.21%=51,050円

請求書　○○年○○月○○日

金　550,000円

○○○コンサルタント

源泉徴収税額

55万円×10.21%=56,155円

「なぜ弁護士など特定の個人への支払いに、会社が源泉徴収しなければならないのか?」の答えは、「収入が不規則な個人への税金捕捉をするために、社員と同じような源泉徴収の作業負担を会社に求めたから」。

年末調整

キーワード 賞与からの源泉徴収

賞与からも源泉徴収する

賞与は住民税を除いて源泉徴収

賞与の支給は法律で義務づけられたものではありませんが、通常は何らかの支給があります。**賞与では、住民税を除く、「健康保険料（介護保険料含む）」「厚生年金保険料」「雇用保険料」「所得税」を源泉徴収**します。

源泉徴収の際の手順は以下のとおりです。

①**社会保険を控除する**…**総支給額から、各料率を用いて、健康保険料、厚生年金保険料、雇用保険料を控除**。「協会けんぽ」のホームページから都道府県別「健康保険・厚生年金保険　標準報酬月額および保険料率表」を参照できます。

②**所得税を控除する**…前月の給与の社会保険料控除後の金額を確認し、**「賞与の税率算出表」から所得税の税率をみて、①の控除後金額に乗じて所得税を控除**する。住民税は賞与から控除されません。

源泉徴収の計算例

以下は、賞与額50万円、前月25万円（社会保険控除後）の給与を受け取っている場合で、介護保険非課税で扶養親族２人の場合の計算例です。

社会保険料率（健康保険4.95%、厚生年金9.15%、雇用保険0.3%）

以上の条件から　所得税税額表 所得税率　12.252%

{500,000×(1−4.95%＋9.15%＋0.3%)}×(1−12.252%)

＝手取り額375,561円

社会保険料の支払届

社員各人の賞与の支払額を記載している「被保険者賞与支払届」と、支払合計人数と支払合計額を記載している「被保険者賞与支払届総括表」の**2つの書類を管轄の年金事務所に、賞与の支給日より５日以内に提出**します。

チェックポイント

□賞与では、社会保険料と所得税を源泉徴収する。

□住民税は賞与から控除されない。

□賞与の支給日より５日以内に、社会保険料の支払届を提出。

賞与の源泉所得税率

国税庁HPより

賞与に課税する源泉所得税率は、前月の給与の金額をベースとして算出します。そのため、前月の給与が高いと賞与への税率は高くなります。

賞与に対する源泉徴収税額の算出率の表（平成31年(2019年)分）

（平成24年３月31日財務省告示第115号別表第三（平成29年３月31日財務省告示第95号改正））

賞与の金額に乗ずべき率	甲							
	扶養親族							
	0人		1人		2人		3人	
	前月の社会保険料等控							
	以上	未満	以上	未満	以上	未満	以上	未満
%	千円	千円	千円	千円	千円	千円	千円	千円
0.000	68千円未満		94千円未満		133千円未満		171千円未満	
2.042	68	79	94	243	133	269	171	295
4.084	79	252	243	282	269	312	295	345
6.126	252	300	282	338	312	369	345	398
8.168	300	334	338	365	369	393	398	417
10.210	334	363	365	394	393	420	417	445
12.252	363	395	394	422	420	450	445	477
14.294	395	426	422	455	450	484	477	513
16.336	426	550	455	550	484	550	513	557
18.378	550	647	550	663	550	678	557	693
20.420	647	699	663	720	678	741	693	762
22.462	699	730	720	752	741	774	762	796
24.504	730	764	752	787	774	810	796	833
26.546	764	804	787	826	810	852	833	879
28.588	804	857	826	885	852	914	879	942
30.630	857	926	885	956	914	987	942	1,017
32.672	926	1,321	956	1,346	987	1,370	1,017	1,394
35.735	1,321	1,532	1,346	1,560	1,370	1,589	1,394	1,617
38.798	1,532	2,661	1,560	2,685	1,589	2,708	1,617	2,732
41.861	2,661	3,548	2,685	3,580	2,708	3,611	2,732	3,643
45.945	3,548千円以上		3,580千円以上		3,611千円以上		3,643千円以上	

賞与支給後に提出する社会保険支払届

社会保険料徴収の対象となる賞与は、年の支給が3回以下のものです。年4回以上支給されるものは、給与（月給）として社会保険料の徴収がされます。

厚生年金への拠出額の算定に合算されるよ！

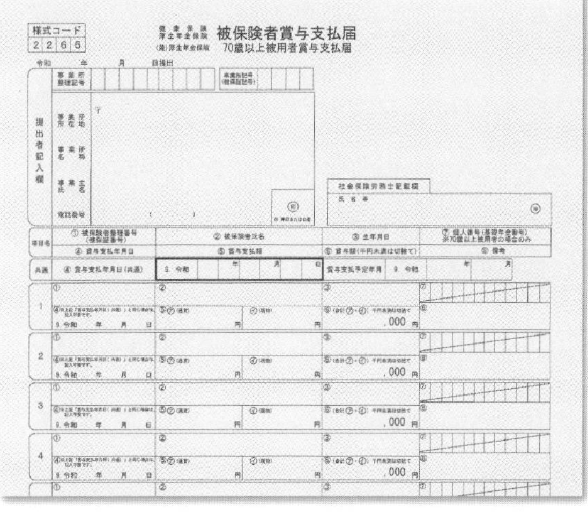

様式コード 2265

健康保険 厚生年金保険 被保険者賞与支払届
(兼)厚生年金保険 70歳以上被用者賞与支払届

令和　年　月　日提出

提出者記入欄：事業所整理記号 / 事業所番号 / 事業所所在地 〒 / 事業所名称 / 事業主氏名 / 電話番号

社会保険労務士記載欄　氏名等

項目名	① 被保険者整理番号（健保証番号）	② 被保険者氏名	③ 生年月日	⑦ 個人番号（基礎年金番号）※70歳以上被用者の場合のみ
	④ 賞与支払年月日	⑤ 賞与支払額	⑥ 賞与額（千円未満は切捨て）	⑧ 備考
共通	④ 賞与支払年月日（共通）	9. 令和　年　月　日	賞与支払予定年月	9. 令和　年　月
1	① / ④ 9. 令和　年　月　日	② / ⑤㋐（通貨）円 ㋑（現物）円	③ / ⑥（合計㋐+㋑）千円未満は切捨て ,000円	⑦ / ⑧
2	① / ④ 9. 令和　年　月　日	② / ⑤㋐（通貨）円 ㋑（現物）円	③ / ⑥（合計㋐+㋑）千円未満は切捨て ,000円	⑦ / ⑧
3	① / ④ 9. 令和　年　月　日	② / ⑤㋐（通貨）円 ㋑（現物）円	③ / ⑥（合計㋐+㋑）千円未満は切捨て ,000円	⑦ / ⑧
4	① / ④ 9. 令和　年　月　日	② / ⑤㋐（通貨）円 ㋑（現物）円	③ / ⑥（合計㋐+㋑）千円未満は切捨て ,000円	⑦ / ⑧

Memo 2003年からは、社会保険を賞与からも給与と同じように控除する「総報酬制」に移行した。それ以前は賞与からはわずかの「特別保険料」しか控除されず、個人の厚生年金拠出額には算入されなかった。

キーワード 年末調整

年末調整の対象と所得税課税を理解する

年末調整を行う

会社は、社員と役員に給与を支払い、毎月の給与計算で源泉徴収をします。しかし、その年の１年間に給与、賞与から源泉徴収した所得税の総額は、必ずしも年間で納めるべき税額とは一致しません。**賞与と月々の給与の税額計算が少し異なる**ことがその一因です。そのため、年末に年間税額の再計算をします。この作業を**「年末調整」**といいます。

年末調整は、**１月１日～12月31日の期間に支払われた給与・賞与が対象**です。例えば、12月16日～翌１月15日の支給期間で支払われた１月25日の給与は翌年の年末調整の対象になります。

●年末調整の対象者

①年末まで在籍している社員で、「給与所得者の扶養控除等（異動）申告書」を提出した者。**パート（年収103万円以下は除く）も対象者**です。

②12月の給与をもらって退社した者も対象です。また途中入社で**数ヶ月しか勤務していない社員も年末調整の対象**となります。

●年末調整をしない社員等

①年収が年2000万円以上の者

②月々の源泉徴収計算で「乙欄」を使い、所得税計算していた者（複数の会社で働く者、日雇労働者など）

給与、賞与の年間収入額	600万円	
社会保険料など所得控除	60万円(例)	➡P155C図
給与所得控除	600万×20%+44万＝164万円	➡P155A図
扶養控除・基礎控除	1人48万円　妻子で144万円	➡P155B図
課税給与所得金額	600−164−60−144＝232万円	
税率と税額控除額	10%　9.75万円	➡P155D図
所得税額	13.45万円＝232×10%−9.75	

チェックポイント

□１月１日～12月31日に支払われた給与・賞与が対象。

□パートも年末調整の対象者となる。

□源泉徴収計算の「乙欄」で所得税計算していた人は対象外。

A図　給与所得控除額

自営業者は申告納税によって収入に要した「経費」を自分で算出しますが、給与所得者は一律に一定率を「経費」として「給与所得控除額」が決められます。

平成29年分～令和元年分

給与等の収入金額 (給与所得の源泉徴収票の支払金額)	給与所得控除額
1,800,000円以下	収入金額×40%－100,000円 550,000円に満たない場合には550,000円
1,800,000円超　3,600,000円以下	収入金額×30%＋80,000円
3,600,000円超　6,600,000円以下	収入金額×20%＋440,000円
6,600,000円超　8,500,000円以下	収入金額×10%＋1,100,000円
8,500,000円超	1,950,000円(上限)

B図　扶養控除額・基礎控除額

基礎控除は所得がある人なら誰でも一律に適用されます。1人48万円が所得額から控除されます。住民税の計算時には43万円が控除額となります。

個人の合計所得金額	基礎控除額
24,000,000円以下	480,000円
24,000,000円超　24,500,000円以下	320,000円
24,500,000円超　25,000,000円以下	160,000円
25,000,000円超	0円

※扶養者のなかに障害者等がいる場合、別途加算額があります。

C図　所得控除の種類

確定申告によって所得控除を受けるものについては、会社の源泉徴収はかかわりません。社員個人が確定申告書を自分で作成、提出します。

- 社会保険料控除
- 生命保険料控除
- 地震保険料控除
- 配偶者控除
- 配偶者特別控除
- 医療費控除
- 寄付金控除
- 雑損控除
- 住宅借入金等特別控除

D図　所得税　税率表

下図は年末調整の対象となる所得金額の税率であり、所得税率には4000万円まで40%、4000万円超45%の上位の累進税率があります。

平成30年分の年末調整のための算出所得税額の速算表

課税給与所得金額（A）	税　率（B）	控除額（C）	税額＝(A)×(B)－(C)
1,950,000円以下	5%	—	(A)×5％
1,950,000円超　3,300,000円 〃	10%	97,500円	(A)×10%－97,500円
3,300,000円 〃　6,950,000円 〃	20%	427,500円	(A)×20%－427,500円
6,950,000円 〃　9,000,000円 〃	23%	636,000円	(A)×23%－636,000円
9,000,000円 〃　17,420,000円 〃	33%	1,536,000円	(A)×33%－1,536,000円

(注)　1　課税給与所得金額に1,000円未満の端数があるときは、これを切り捨てます。
　　　2　課税給与所得金額が17,420,000円を超える場合は、年末調整の対象となりません。

「所得税」以外に「住民税」にも課税されます。

所得税や相続税は所得の高いものほど税率が高くなる累進税率を採用している。しかし、住民税は2006年から税率のフラット化（一律10%）で、消費税などと同じ均等税率（単一税率）になった。

キーワード　年末調整　年末調整の手順

年末調整の作業手順を理解する

社員からの各種申告書の回収

年末調整の作業の前に、11月までの給与の源泉徴収簿への記載を終了させて、**年間の支給金額、社会保険料控除額などを12月支給分も含めて算出のうえ、源泉徴収簿を作り終えます。**また、**12月初めには、年末調整の実施のための申告書の用紙を配布し、回収期日を社内に周知**します。

翌年の「給与所得者の扶養控除等（異動）申告書」は、対象者全員から回収します。「保険料控除申告書」「配偶者控除申告書」も該当するものがあるかなどを社員に説明します。扶養者の異動の確認のため、前年度に提出してもらった扶養控除等（異動）申告書の写しを配布する会社もあります。

年末調整の必要書類と作業手順（手計算の場合）

年末調整を行う際に必要な書類は以下のとおりです。

①社員全員の源泉徴収簿
②「年調のための給与所得控除後の給与等の金額の表」
③「扶養控除額、基礎控除額及び障害者等の控除額の合計額早見表」
④「年調のための算出所得税額の速算表」
⑤社員から提出された各種の申告書

これらのうち②、③、④は国税庁のホームページから引き出せます。⑤からの情報で、社員各人の配偶者、扶養者の数、障害者の有無、年末調整で控除できる生命保険料・地震保険料の額を確定しておきましょう。

また、長期のアルバイトなどで、会社の保険に加入せず、**国民健康保険、国民年金に加入している人がいれば、社会保険支払証明書を提出してもらいます。**以上のうち、年収に対応する所得税年額を算出し、すでに源泉徴収された税額を引いて「過不足額」を出します。そして、過不足額を12月給与明細に算入・記載すれば、完了です。

□12月初めには、用紙配布、回収期日を社内に周知する。
□国民健康保険、国民年金の加入者には証明書を提出してもらう。
□算出した過不足額を12月給与明細に算入・記載すれば完了。

年末調整の作業手順

計算作業に入る前に、社員全員から控除申告のための書類を提出してもらわなければなりません。人事や経理の担当者にとっては、大きな負担となる作業です。

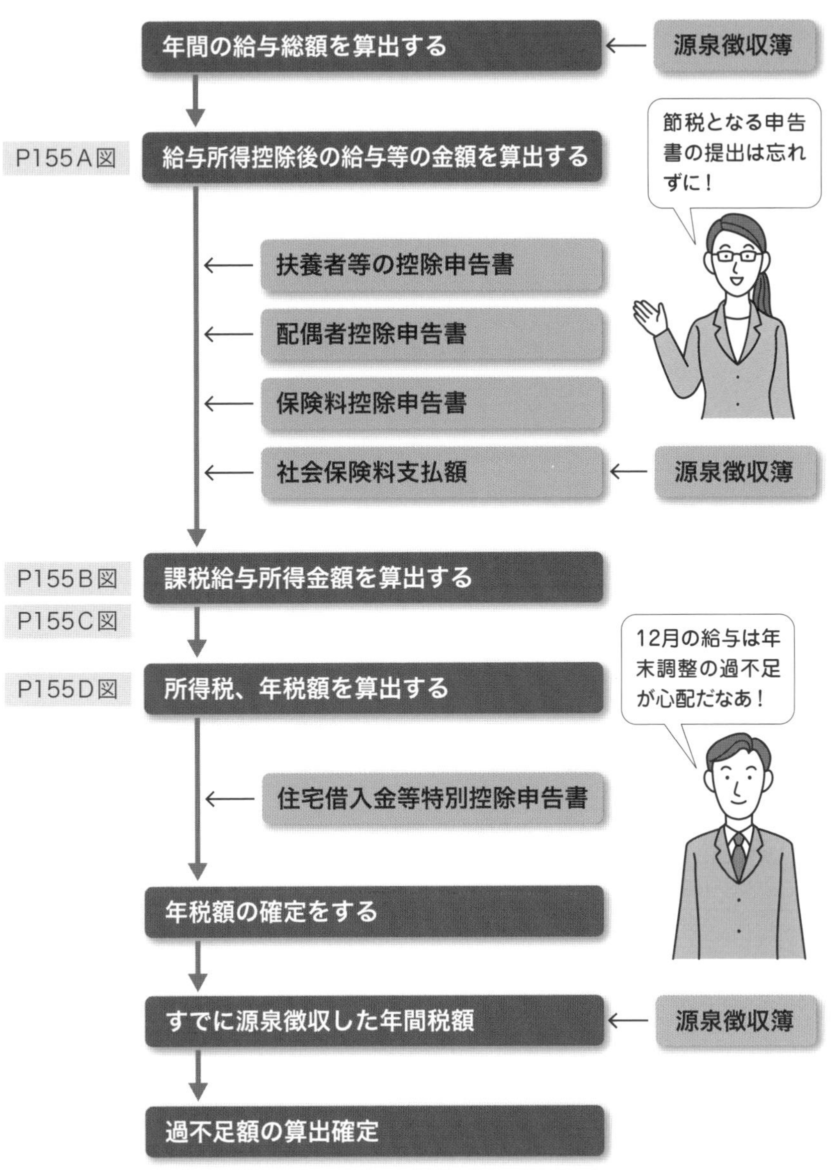

Memo 業績連動評価型での賞与支給偏重から、賞与の年収に占める割合が大きくなっている。これが、前月給与を基準にした賞与の税率方式がマッチせず、年末調整で大きな税額徴収不足が生じている。

年末調整

キーワード 扶養控除等(異動)申告書

扶養控除等(異動)申告書を提出してもらう

全員に提出してもらう

給与所得者の扶養控除等（異動）申告書は、給与の支払いを受ける社員が１月１日時点の扶養家族の有無などの申告をして、所得控除を受けるための重要な申告書です。**提出者だけが年末調整の対象者**です。その年の給与支給日の前日までに会社に提出します。扶養家族のいない独身者も、氏名・住所のみを記載して出します。

なお申告書には、**本人個人番号（番号だけでなく、番号通知書写し等確認書類）と、記載した扶養家族全員の個人番号（番号だけ）の記入が必要です**。確認後は会社が厳重に情報管理しましょう。

配偶者・扶養家族の収入額の記載

扶養家族として認められるためには、配偶者以外の親族（６親等内の血族および３親等内の姻族）で生計を一にしていること、かつ収入がない（年103万以下）ことが条件です。

配偶者が家族同様に一定額以上の収入があれば、控除対象者には該当しません。また、家族の大学生がアルバイトなどで収入を得ている場合も、収入によって該当しなくなります。なお、扶養家族に障害者がいる場合は特別控除が受けられます（障害者手帳の写しなどの添付が必要）。

「特定扶養親族」とは、控除対象扶養親族のうち、その年の年末現在の年齢が19歳以上23歳未満の人をいいます。「老人扶養親族」とは、控除対象扶養親族のうち、70歳以上の人をいいます。

区　分		控除額
一般の控除対象扶養親族		38万円
特定扶養親族		63万円
老人扶養親族	同居老親等	58万円
	同居老親等以外	48万円

チェックポイント

□扶養家族のいない独身者も提出する。

□本人と扶養家族のマイナンバーを記入する。

□アルバイトでも、収入によっては扶養家族に該当しなくなる。

扶養控除等（異動）申告書の記載例

国税庁ＨＰより

マイナンバー制度によって個々人の所得の把握が以前よりは容易になってきました。社員等からの正しい申告を呼び掛けましょう。

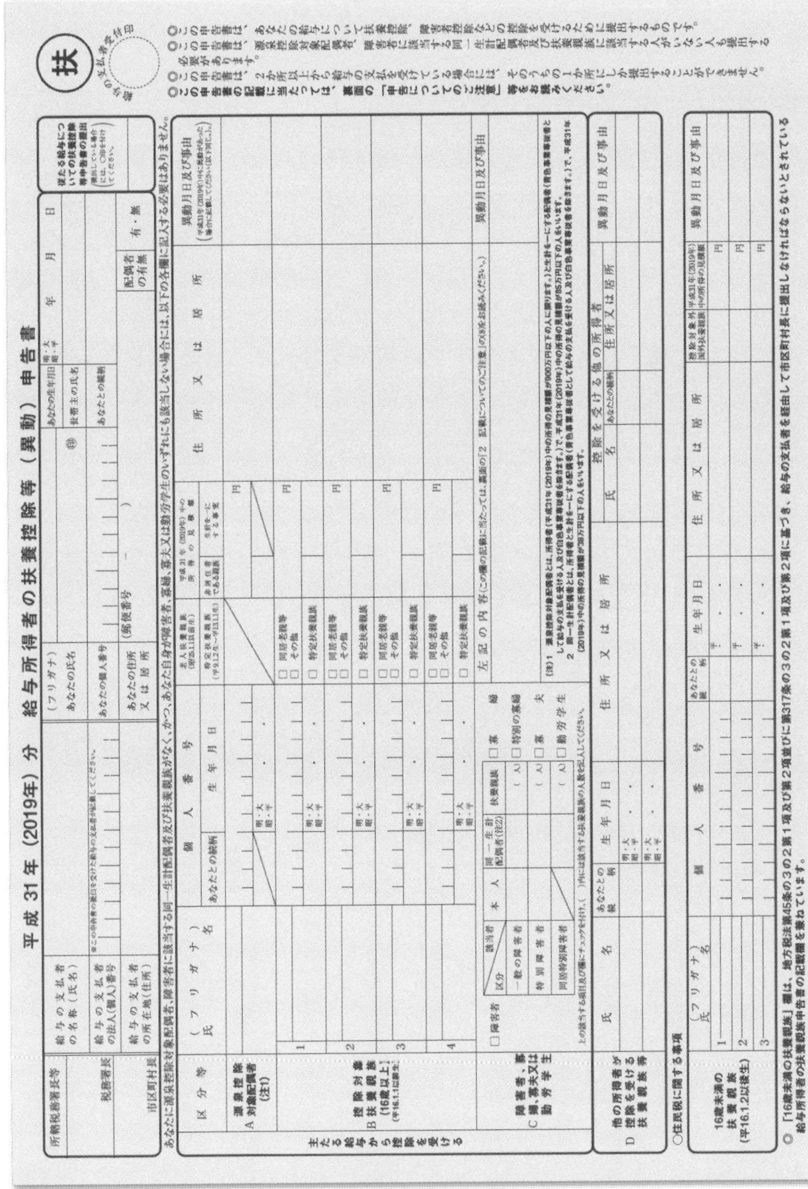

平成 31 年（2019年）分　給与所得者の扶養控除等（異動）申告書

扶

給与の支払者受付印

◎この申告書は、あなたの給与について扶養控除、障害者控除などの控除を受けるために提出するものです。
◎この申告書は、源泉控除対象配偶者、障害者に該当する同一生計配偶者及び扶養親族に該当する人がいない人も提出する必要があります。
◎この申告書は、2か所以上から給与の支払を受けている場合には、そのうちの1か所にしか提出することができません。
◎この申告書の記載に当たっては、裏面の「申告についてのご注意」等をお読みください。

所轄税務署長等	給与の支払者の名称（氏名）		（フリガナ）あなたの氏名	㊞	あなたの生年月日	明・大・昭・平　年　月　日	従たる給与についての扶養控除等申告書の提出（提出している場合には、○印を付けてください。）
税務署長	給与の支払者の法人(個人)番号	※この申告書の提出を受けた給与の支払者が記載してください。	あなたの個人番号		世帯主の氏名		
					あなたとの続柄		
市区町村長	給与の支払者の所在地(住所)		あなたの住所又は居所	（郵便番号　－　）	配偶者の有無	有・無	

あなたに源泉控除対象配偶者、障害者に該当する同一生計配偶者及び扶養親族がなく、かつ、あなた自身が障害者、寡婦、寡夫又は勤労学生のいずれにも該当しない場合には、以下の各欄に記入する必要はありません。

主たる給与から控除を受ける

区分等	（フリガナ）氏名	個人番号／あなたとの続柄	生年月日	老人扶養親族(昭25.1.1以前生)／特定扶養親族(平9.1.2生～平13.1.1生)	平成31年(2019年)中の所得の見積額	非居住者である親族／生計を一にする事実	住所又は居所	異動月日及び事由（平成31年(2019年)中に異動があった場合に記載してください(以下同じ。)）
A 源泉控除対象配偶者(注1)			明・大・昭・平　・　・		円			
B 控除対象扶養親族(16歳以上)(平16.1.1以前生) 1			明・大・昭・平　・　・	□同居老親等 □その他 □特定扶養親族	円			
2			明・大・昭・平　・　・	□同居老親等 □その他 □特定扶養親族	円			
3			明・大・昭・平　・　・	□同居老親等 □その他 □特定扶養親族	円			
4			明・大・昭・平　・　・	□同居老親等 □その他 □特定扶養親族	円			

C 障害者、寡婦、寡夫又は勤労学生

□障害者　区分＼該当者	本人	同一生計配偶者(注2)	扶養親族	
一般の障害者			（　人）	□寡婦
特別障害者			（　人）	□特別の寡婦
同居特別障害者			（　人）	□寡夫
				□勤労学生

上の該当する項目及び欄にチェックを付け、(　)内には該当する扶養親族の人数を記入してください。

左記の内容（この欄の記載に当たっては、裏面の「2　記載についてのご注意」の(8)をお読みください。）　異動月日及び事由

(注)1　源泉控除対象配偶者とは、所得者（平成31年（2019年）中の所得の見積額が900万円以下の人に限ります。）と生計を一にする配偶者（青色事業専従者として給与の支払を受ける人及び白色事業専従者を除きます。）で、平成31年（2019年）中の所得の見積額が85万円以下の人をいいます。
2　同一生計配偶者とは、所得者と生計を一にする配偶者（青色事業専従者として給与の支払を受ける人及び白色事業専従者を除きます。）で、平成31年（2019年）中の所得の見積額が38万円以下の人をいいます。

D 他の所得者が控除を受ける扶養親族等	氏名	あなたとの続柄	生年月日	住所又は居所	控除を受ける他の所得者 氏名	あなたとの続柄	住所又は居所	異動月日及び事由
			明・大・昭・平　・　・					
			明・大・昭・平　・　・					

○住民税に関する事項

16歳未満の扶養親族(平16.1.2以後生)	（フリガナ）氏名	個人番号	あなたとの続柄	生年月日	住所又は居所	控除対象外国外扶養親族	平成31年(2019年)中の所得の見積額	異動月日及び事由
1				平　・　・			円	
2				平　・　・			円	
3				平　・　・			円	

◎「16歳未満の扶養親族」欄は、地方税法第45条の3の2第1項及び第2項並びに第317条の3の2第1項及び第2項に基づき、給与の支払者を経由して市区町村長に提出しなければならないとされている給与所得者の扶養親族申告書の記載欄を兼ねています。

Memo
年末調整の申告後に税務署から会社に「扶養控除等の見直し」が届く場合がある。社員が申告した扶養家族に一定の収入があることを税務署が把握しており、社員に誤りを確認して修正の年末調整を行う。

年末調整

キーワード　配偶者控除　配偶者特別控除

配偶者控除と配偶者特別控除を理解する

配偶者控除と配偶者特別控除

配偶者がいる社員（納税者）は、一定条件のもと、給与所得額から一定額が控除されます。配偶者とは、①民法の規定による配偶者であること(内縁関係は該当せず)、②生計を一にしていること、③給与収入が年間103万円（所得額換算ゼロ）以下であること、④納税者（本人）の所得が年1000万円以下であること。この場合、配偶者控除が受けられます。

ただし、**配偶者の給与収入が年103万円を超えると、配偶者控除がなくなります。**そこで、多少の収入があっても、金額水準に応じて、段階的な金額設定で控除を認めるのが**「配偶者特別控除」**です。配偶者自身の収入と納税者（本人）の収入の双方から見て、控除金額テーブルを設定しています。配偶者が老齢者の場合は、同じテーブルでも控除額は少し多くなっています。その結果、**納税者の給与収入が1220万円超（所得額換算1000万円超）の場合、配偶者控除も配偶者特別控除も受けられません。**

国税庁の配偶者控除の金額テーブル

		控除を受ける納税者本人の合計所得金額		
		900万円以下	900万円超 950万円以下	950万円超 1,000万円以下
配偶者の合計所得金額	48万円超　95万円以下	38万円	26万円	13万円
	95万円超　100万円以下	36万円	24万円	12万円
	100万円超　105万円以下	31万円	21万円	11万円
	105万円超　110万円以下	26万円	18万円	9万円
	110万円超　115万円以下	21万円	14万円	7万円
	115万円超　120万円以下	16万円	11万円	6万円
	120万円超　125万円以下	11万円	8万円	4万円
	125万円超　130万円以下	6万円	4万円	2万円
	130万円超　133万円以下	3万円	2万円	1万円

チェックポイント
- □配偶者がいる場合、一定条件のもと、一定額が控除される。
- □配偶者の給与収入が年103万円を超えたら控除がなくなる。
- □納税者の給与収入が1220万円超の場合、控除は受けられない。

配偶者控除等申告書

若い世代のパートタイマーによる共稼ぎが一般的になっています。そのため、配偶者の収入の確認は年末調整の大切な作業となっています。

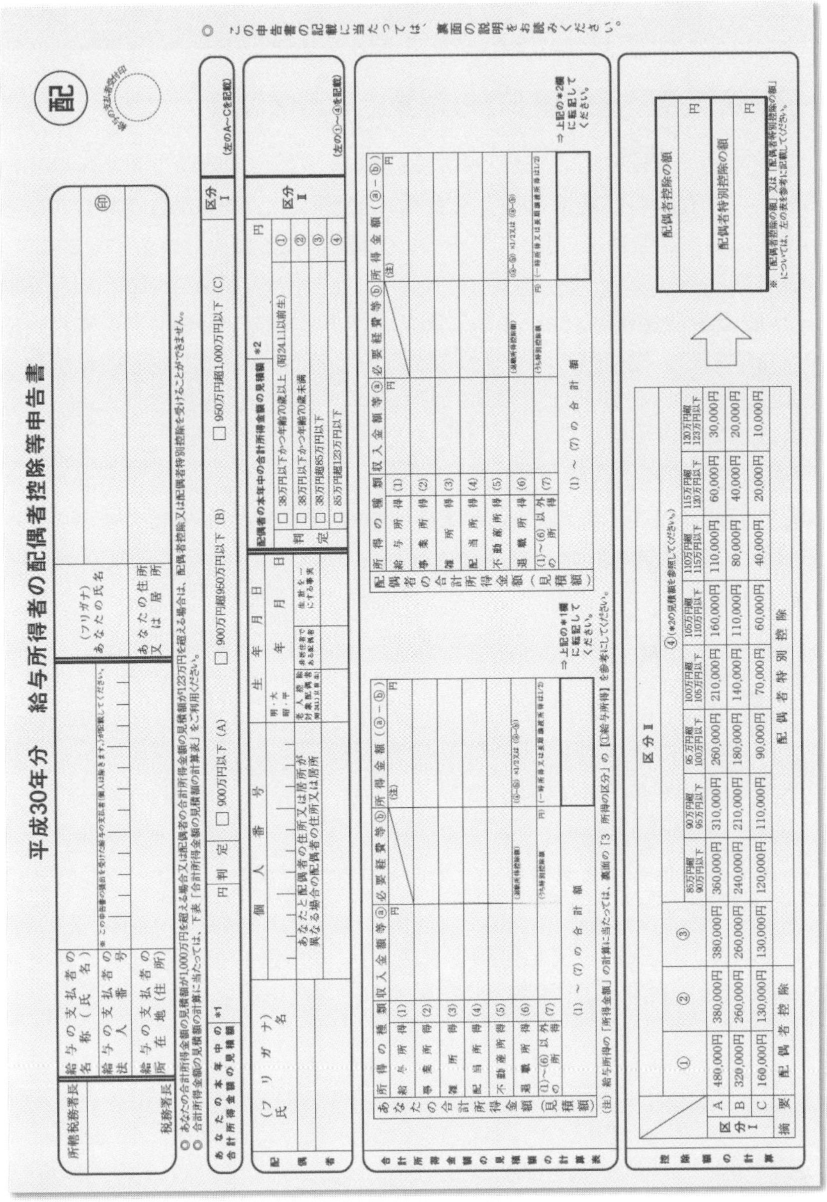

平成30年分　給与所得者の配偶者控除等申告書

配

給与の支払者受付印

○ この申告書の記載に当たっては、裏面の説明をお読みください。

所轄税務署長 税務署長	給与の支払者の名称（氏名）		(フリガナ) あなたの氏名	印
	給与の支払者の法人番号	※ この申告書の提出を受けた給与の支払者（個人は除きます。）が記載してください。	あなたの住所又は居所	
	給与の支払者の所在地（住所）			

◎ あなたの合計所得金額の見積額が1,000万円を超える場合又は配偶者の合計所得金額の見積額が123万円を超える場合は、配偶者控除又は配偶者特別控除を受けることができません。
◎ 合計所得金額の見積額の計算に当たっては、下表「合計所得金額の見積額の計算表」をご利用ください。

あなたの本年中の合計所得金額の見積額	*1　円	判定	□ 900万円以下 (A)	□ 900万円超950万円以下 (B)	□ 950万円超1,000万円以下 (C)	区分Ⅰ	（左のA～Cを記載）

配偶者	(フリガナ) 氏名	個人番号	生年月日	配偶者の本年中の合計所得金額の見積額 *2　円		区分Ⅱ
			明・大 昭・平　年　月　日	判定 □ 38万円以下かつ年齢70歳以上（昭24.1.1以前生）	①	（左の①～④を記載）
		あなたと配偶者の住所又は居所が異なる場合の配偶者の住所又は居所	老人控除対象配偶者（昭24.1.1以前生）／非居住者である配偶者／生計を一にする事実	□ 38万円以下かつ年齢70歳未満	②	
				□ 38万円超85万円以下	③	
				□ 85万円超123万円以下	④	

合計所得金額の見積額の計算表

あなたの合計所得金額（見積額） 所得の種類		収入金額等ⓐ	必要経費等ⓑ	所得金額（ⓐ－ⓑ）
給与所得	(1)	円		(注)　円
事業所得	(2)			
雑所得	(3)			
配当所得	(4)			
不動産所得	(5)			
退職所得	(6)		（退職所得控除額）	(ⓐ－ⓑ)×1/2又は(ⓐ－ⓑ)
(1)～(6)以外の所得	(7)		（うち特別控除額）　円	（一時所得又は長期譲渡所得は1/2）
(1)～(7)の合計額				

⇒ 上記の*1欄に転記してください。

配偶者の合計所得金額（見積額） 所得の種類		収入金額等ⓐ	必要経費等ⓑ	所得金額（ⓐ－ⓑ）
給与所得	(1)	円		(注)　円
事業所得	(2)			
雑所得	(3)			
配当所得	(4)			
不動産所得	(5)			
退職所得	(6)		（退職所得控除額）	(ⓐ－ⓑ)×1/2又は(ⓐ－ⓑ)
(1)～(6)以外の所得	(7)		（うち特別控除額）　円	（一時所得又は長期譲渡所得は1/2）
(1)～(7)の合計額				

⇒ 上記の*2欄に転記してください。

（注）給与所得の「所得金額」の計算に当たっては、裏面の「3 所得の区分」の【①給与所得】を参考にしてください。

控除額の計算

		区分Ⅱ										
		①	②	③	④（*2の見積額を参照してください。）							
					85万円超90万円以下	90万円超95万円以下	95万円超100万円以下	100万円超105万円以下	105万円超110万円以下	110万円超115万円以下	115万円超120万円以下	120万円超123万円以下
区分Ⅰ	A	480,000円	380,000円	380,000円	360,000円	310,000円	260,000円	210,000円	160,000円	110,000円	60,000円	30,000円
	B	320,000円	260,000円	260,000円	240,000円	210,000円	180,000円	140,000円	110,000円	80,000円	40,000円	20,000円
	C	160,000円	130,000円	130,000円	120,000円	110,000円	90,000円	70,000円	60,000円	40,000円	20,000円	10,000円
摘要		配偶者控除			配偶者特別控除							

配偶者控除の額
円
配偶者特別控除の額
円

※「配偶者控除の額」又は「配偶者特別控除の額」については、左の表を参考に記載してください。

扶養者に収入がある場合、所得税の配偶者控除だけでなく、健康保険の被扶養者対象扱いにも注意が必要。協会けんぽでは会社に「被扶養者状況リスト」を送り、現況確認を求めている。

年末調整

キーワード　保険料控除申告書

保険料の控除を理解する

「保険料控除申告書」での対象となる保険等

個人で生命保険などの決められた保険料を支払った場合、年末調整の一環として**「保険料控除申告書」を会社に提出して、所得から控除してもらいます**。この申告書で、以下の①～④の保険料などの控除申告ができます。

①生命保険

「一般の生命保険料」は、生命保険の加入契約時期（2012年以降か以前か）によって、控除限度額が若干違います。保険料の支払額が控除の対象ですが、控除の最高限度額があります。2012年以降の契約の場合、控除額最高は４万円です。

「介護医療保険料」は、掛捨て型医療保険です。支払保険料が対象で、最高限度額は４万円。また、**「個人年金保険料」**は、積立型年金保険で、生命保険料と同様の内容・控除限度額になります。

②地震保険

地震目的の保険で、火災保険は対象外。最高限度額は５万円です。

③社会保険料

通常、社員は社会保険料が給与から控除されているので、この保険料は申告の対象外。長期のアルバイトなどで会社の社会保険に加入できず、個人で国民健康保険や国民年金を支払った人がこの申告書で申し出ます。

④小規模企業共済等掛金

小規模企業共済法の共済契約の掛金や「確定拠出型年金」に加入した掛金が控除対象です。

いずれも10月頃に**「支払証明書（原本）」が保険会社から自宅に郵送されます**。支払証明書は年末調整や確定申告の際に添付します。

チェックポイント

- □保険料控除申告書で控除申告ができる。
- □生命保険の加入契約時期によって、控除限度額が違う。
- □控除には支払証明書（原本）の添付が必要。

保険料控除申告書　様式

申告書の裏面または別紙に「支払証明書」の原本を貼付して、社員から提出してもらいます。証明書は加入保険会社各社から自宅に送られてきます。

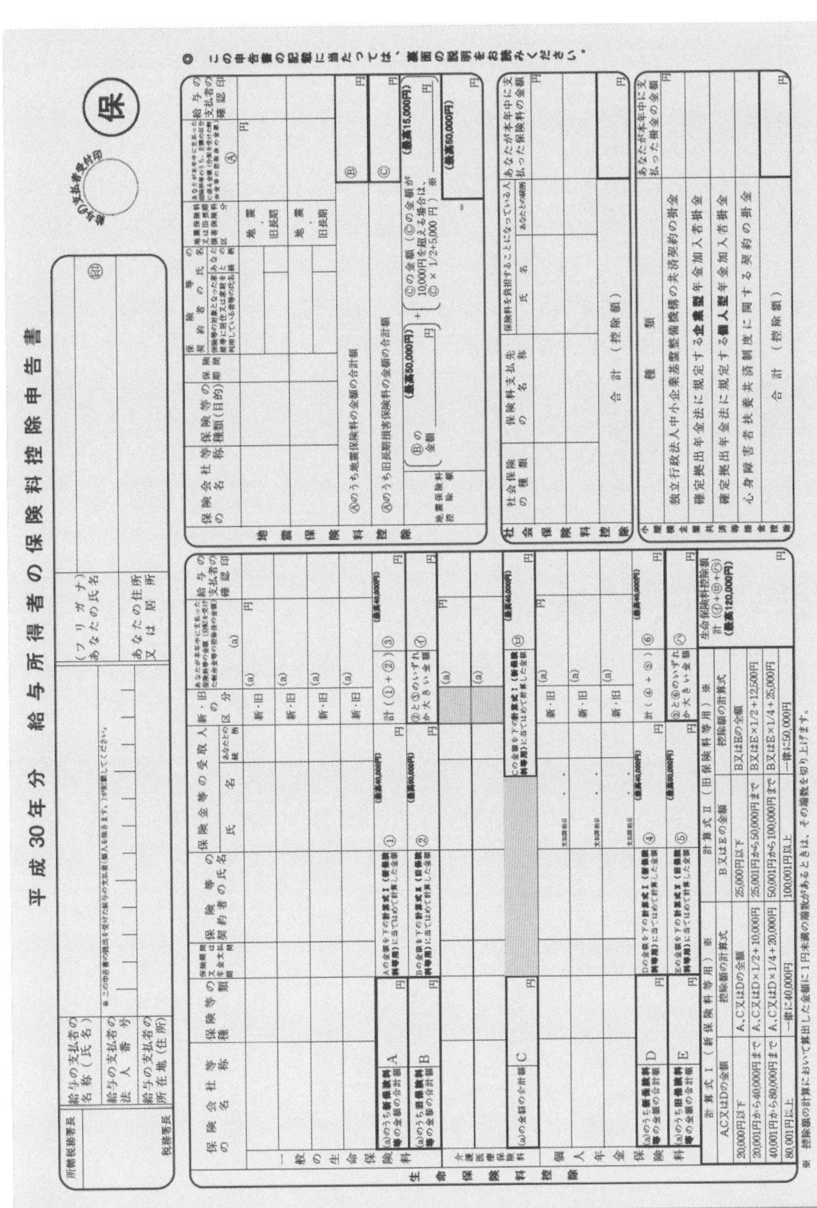

平成30年分　給与所得者の保険料控除申告書

給与の支払者受付印　保

◎ この申告書の記載に当たっては、裏面の説明をお読みください。

所轄税務署長	給与の支払者の名称（氏名）		（フリガナ）あなたの氏名	印
税務署長	給与の支払者の法人番号		あなたの住所又は居所	
	給与の支払者の所在地（住所）			

生命保険料控除（一般の生命保険料・介護医療保険料・個人年金保険料）

保険会社等の名称	保険等の種類	保険期間又は年金支払期間	保険等の契約者の氏名	保険金等の受取人 氏名	あなたとの続柄	新・旧の区分	あなたが本年中に支払った保険料等の金額（分配を受けた剰余金等の控除後の金額）(a)	給与の支払者の確認印

- 一般の生命保険料：(a)のうち新保険料等の金額の合計額 A／(a)のうち旧保険料等の金額の合計額 B
  - Aの金額を下の計算式Ⅰ（新保険料等用）に当てはめて計算した金額 ①（最高40,000円）
  - Bの金額を下の計算式Ⅱ（旧保険料等用）に当てはめて計算した金額 ②（最高50,000円）
  - 計（①＋②）③（最高40,000円）
  - ②と③のいずれか大きい金額 ㋑
- 介護医療保険料：(a)の金額の合計額 C／Cの金額を下の計算式Ⅰ（新保険料等用）に当てはめて計算した金額 ㋺（最高40,000円）
- 個人年金保険料：(a)のうち新保険料等の金額の合計額 D／(a)のうち旧保険料等の金額の合計額 E
  - Dの金額を下の計算式Ⅰ（新保険料等用）に当てはめて計算した金額 ④（最高40,000円）
  - Eの金額を下の計算式Ⅱ（旧保険料等用）に当てはめて計算した金額 ⑤（最高50,000円）
  - 計（④＋⑤）⑥（最高40,000円）
  - ⑤と⑥のいずれか大きい金額 ㋩
- 生命保険料控除額 計（㋑＋㋺＋㋩）（最高120,000円）

計算式Ⅰ（新保険料等用）※

A、C又はDの金額	控除額の計算式
20,000円以下	A、C又はDの全額
20,001円から40,000円まで	A、C又はD×1/2＋10,000円
40,001円から80,000円まで	A、C又はD×1/4＋20,000円
80,001円以上	一律に40,000円

計算式Ⅱ（旧保険料等用）※

B又はEの金額	控除額の計算式
25,000円以下	B又はEの全額
25,001円から50,000円まで	B又はE×1/2＋12,500円
50,001円から100,000円まで	B又はE×1/4＋25,000円
100,001円以上	一律に50,000円

※ 控除額の計算において算出した金額に1円未満の端数があるときは、その端数を切り上げます。

地震保険料控除

保険会社等の名称	保険等の種類（目的）	保険期間	保険等の契約者の氏名	保険等の対象となった家屋等に居住又は家財を利用している者等の氏名	あなたとの続柄	地震保険料又は旧長期損害保険料区分	あなたが本年中に支払った保険料等のうち、左欄の区分に係る金額（分配を受けた剰余金等の控除後の金額）Ⓐ	給与の支払者の確認印
						地震・旧長期		
						地震・旧長期		

- Ⓐのうち地震保険料の金額の合計額 Ⓑ
- Ⓐのうち旧長期損害保険料の金額の合計額 Ⓒ
- 地震保険料控除額：Ⓑの金額（最高50,000円）＋ Ⓒの金額（Ⓒの金額が10,000円を超える場合は、Ⓒ×1/2＋5,000円）（最高15,000円）※（最高50,000円）

社会保険料控除

社会保険の種類	保険料支払先の名称	保険料を負担することになっている人 氏名	あなたとの続柄	あなたが本年中に支払った保険料の金額
	合計（控除額）			

小規模企業共済等掛金控除

種類	あなたが本年中に支払った掛金の金額
独立行政法人中小企業基盤整備機構の共済契約の掛金	
確定拠出年金法に規定する企業型年金加入者掛金	
確定拠出年金法に規定する個人型年金加入者掛金	
心身障害者扶養共済制度に関する契約の掛金	
合計（控除額）	

Memo　保険会社、共済組合も支払保険料の負担軽減のために、保険料控除申告書の記載例を作り、証明書に同封される。それには保険料の割り戻し額もあり、控除申告書は簡単に作れる。

年末調整

キーワード 住宅借入金等特別控除申告書

住宅借入金等特別控除申告書を受け付ける

控除を受けるための申告

社員が住宅ローンを利用して、自宅を新築あるいは購入した場合には、社員による確定申告などを経て、借入金残高の一定の控除を受けられる制度です。この**控除は「税額控除」で所得税額から引かれます。**

控除については、住宅ローンを受けた金融機関などから本人に説明されますが、まずは**本人個人が初年度に確定申告**します。この過程には会社はかかわりません。

税務署が確定申告を認めると、税務署は翌年度以降の「年末調整のための住宅借入金等特別証明書」を本人に交付します。

なお、住宅の取得、増改築などのさまざまな条件があるため、確定申告は多少煩雑になります。

会社での年調作業

本人による確定申告後の２年目からは、年末調整にあたって本人から「給与所得者の住宅借入金等特別控除申告書」および税務署交付の「年調のための住宅借入金等特別控除証明書」と住宅ローン会社発行の「住宅取得資金に係る借入金の年末残高等証明書」が会社に提出されます。

会社は、確認ののちそこに記載されている**特別控除額を年末調整作業で算出した所得税額から控除して年間所得税を確定**します。

ほとんどの場合、年末調整によって所得税が本人に還付されます。

控除期間と控除額

住宅借入金等特別控除の**控除期間は10年で、控除額はその年末の借入金残高の１％相当額**です。本人が会社への申告を忘れると、自分で確定申告することになるため、注意が必要です。

□本人が初年度に行う確定申告に、会社はかかわらない。
□会社は所得税額から控除して年間所得税を確定する。
□控除期間は10年で、控除額はその年末の借入金残高の１％相当額。

住宅借入金等特別控除申告書

自宅の新築だけでなく、一定の条件を満たす場合には、増改築や災害による住宅被害の修復にも、年度末の借入金残高をもとに控除を受けられます。

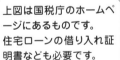

平成25年分　給与所得者の(特定増改築等)住宅借入金等特別控除申告書　給与の支払者受付印

(この申告書は、年間所得の見積額が3,000万円を超える方は提出できません。)

年末調整の際に、次のとおり(特定増改築等)住宅借入金等特別控除を受けたいので、申告します。

○○ 税務署長	給与の支払者の名称(氏名)	○○株式会社	(フリガナ)あなたの氏名	世帯主の氏名及びあなたとの続柄(国税太郎・本人) コクゼイタロウ 国税太郎 ㊞
	給与の支払者の所在地(住所)	○○区○○×－×－×	あなたの住所又は居所	○○市△△町×－××－×

(特定増改築等)住宅借入金等特別控除額の計算

新築又は購入に係る借入金等の計算					増改築等に係る借入金等の計算		
項目 ＼ 住宅借入金等の内訳		Ⓐ 住宅のみ	Ⓑ 土地等のみ	Ⓒ 住宅及び土地等	項目		金額等
新築又は購入に係る借入金等の年末残高	①	円	円	19,750,000円	増改築等に係る借入金等の年末残高	⑥	円
家屋又は土地等の取得対価の額	②	(下の㊁) 10,000,000円	(下の㊄) 12,500,000円	(下の㊁+㊄又は(下の㊅+㊆)) 22,500,000円	増改築等の費用の額	⑦	(下の⑫) 円
家屋の総床面積又は土地等の総面積のうち居住用部分の床面積又は面積の占める割合	③	(下の㊂)㎡ 70.00 / (下の㊀)㎡ 70.00 ＝100%	(下の㊅)㎡ 80.00 / (下の㊃)㎡ 80.00 ＝100%	(備考の(注1)参照) 100%	増改築等の費用の額のうち居住用部分の費用の額の占める割合	⑧	(下の⑧)円 / (下の⑩)円 ＝ %
取得対価の額に係る借入金等の年末残高(①と②の少ない方)	④	円	円	19,750,000円	増改築等の費用の額に係る借入金等の年末残高(⑥と⑦の少ない方)	⑨	円
居住用部分の家屋又は土地等に係る借入金等の年末残高(④×③)	⑤	円	円	19,750,000円	居住用部分の増改築等に係る借入金等の年末残高(⑨×⑧)	⑩	円

項目		金額
(特定増改築等)住宅借入金等特別控除額の計算の基礎となる借入金等の年末残高(⑤＋⑩)	⑪	(最高3,000万円) 19,750,000円
特定増改築等の費用の額(備考の(注2)参照)	⑫	(下の⑫) 円
特定増改築等の費用の額に係る借入金等の年末残高(⑪と⑫の少ない方)(備考の(注2)参照)	⑬	(最高200万円) 円
(特定増改築等)住宅借入金等特別控除額(⑪×1%)	⑭	(100円未満の端数切捨て) 197,500円

年間所得の見積額	8,800,000円	連帯債務による住宅借入金等の年末残高	39,500,000円

備考

私は連帯債務者として、右上の住宅借入金等の残高39,500,000円のうち、19,750,000円を負担することとしています。
○○市△△町×－××－× 国税春子 ㊞
勤務先
○○区○○ ×－××－× ○○株式会社

(注1) Ⓒ欄の③の記入に当たっては、Ⓐ欄の③の割合とⒷ欄の③の割合や①の割合と⑪欄の③の割合が、同じ場合はⒸ欄の①の割合又は②の割合を書き、異なる場合は「年末調整で住宅借入金等特別控除を受ける方へ」をお読みください。
(注2) 特定増改築等住宅借入金等特別控除を受けない方は、⑫欄及び⑬欄の記入の必要はありません。

◎ この申告書の記載に当たっては、同封の「年末調整で住宅借入金等特別控除を受ける方へ」をお読みください。
◎ この申告書の提出に当たっては、金融機関等が発行する「住宅取得資金に係る借入金の年末残高等証明書」の添付が必要です。

○ この申告書及び証明書は、平成25年分の年末調整を受ける時までに給与の支払者に提出してください。

上図は国税庁のホームページにあるものです。住宅ローンの借り入れ証明書なども必要です。

この控除を受ける手続きに会社は関与しません。手続きは住宅ローン会社などに聞きましょう。

「税額控除」とは、税率を乗じて算出した所得税から、一定の税額を控除するもの。税額控除には、配当、政党等寄付金、外国税額などがあるが、この控除は給与所得者が受けられる数少ない税額控除。

キーワード 法定調書 支払調書

支払調書を作成する

60種類ある法定調書

法定調書は、「所得税法」などで税務署に提出する義務がある資料の総称で、現在60種類あります。法定調書は前述の所得税法のほか、相続税法、租税特別措置法、国外送金等調書法で規定されています。

中小企業で扱うおもな支払調書は次のとおりです。①給与所得の源泉徴収票、②退職所得の源泉徴収票、③報酬・料金の支払調書、④不動産の使用料等の支払調書です。

年末調整作業と並行し、給与関係以外の法定調書も作成しなければいけません。これらの社員別、支払先別の明細とともに、**「給与所得の源泉徴収票等の法定調書合計表」に年間支払額を記入して提出**します。提出期限は翌年１月末です。**支払先が個人の場合は、マイナンバー（個人番号）の記載が必要**です。

不動産の使用料の支払調書

不動産の使用料の支払調書については、会社（法人）が土地や事務所などの賃借料等の不動産に係る対価を、**同一先に年間15万円超を支払ったときが作成対象**です。ただし、賃借料の支払先が法人の場合は作成の対象外です。

報酬･料金の支払調書

税理士・弁護士などへの支払いで、「204条の源泉徴収」をした支払いが主たる作成対象です。税理士などの報酬は、**年間の支払合計額５万円超が作成対象**です。税理士法人など、法人に支払われる報酬や料金で源泉徴収の対象にならないものや、限度額以下で源泉徴収の対象になっていないものもあります。その場合でも、年間の支払額が上記の規定より上回る場合は支払調書を提出する必要があります。

チェックポイント

- □法定調書は、「所得税法」などで税務署に提出義務がある資料の総称。
- □年末調整作業と並行して、給与関係以外の法定調書も作成する。
- □支払先が個人の場合は、マイナンバーの記載が必要。

支払調書の様式

法人に対して家賃や賃借料のみを支払っている場合は、支払調書の提出は必要ありません。権利金、更新料の支払額は対象になります。

令和　年分　不動産の使用料等の支払調書

支払を受ける者	住所(居所)又は所在地				
	氏名又は名称		個人番号又は法人番号		
区分	物件の所在地	細目	計算の基礎	支払金額	
				千	円
(摘要)					
あっせんをした者	住所(居所)又は所在地		支払確定年月日	あっせん手数料	
	氏名又は名称		年　月　日 ・　・	千	円
	個人番号又は法人番号				
支払者	住所(居所)又は所在地				
	氏名又は名称	(電話)	個人番号又は法人番号		
整理欄	①		②		

○「個人番号又は法人番号」欄に個人番号（12桁）を記載する場合には、右詰で記載します。

313

令和　年分　報酬、料金、契約金及び賞金の支払調書

支払を受ける者	住所(居所)又は所在地						
	氏名又は名称		個人番号又は法人番号				
区分	細目	支払金額			源泉徴収税額		
		内	千	円	内	千	円
(摘要)							
支払者	住所(居所)又は所在地						
	氏名又は名称	(電話)	個人番号又は法人番号				
整理欄	①		②				

○「個人番号又は法人番号」欄に個人番号（12桁）を記載する場合には、右詰で記載します。

309

支払調書には、支払先の個人のマイナンバーを記載しなければならない。個人情報の取り扱いに注意して、相手先よりマイナンバーを教えてもらうことになる。

年末調整後の提出書類と提出先

年末調整後に提出するおもな調書は、「法定調書合計表」「源泉徴収票」「報酬等支払調書」「給与支払報告書」の4つです。

提出書類名	提出先	納期
源泉徴収票	社員各人	12月給与明細書と同じ頃
法定調書合計表	税務署	翌年1月末
源泉徴収票		
報酬等の支払調書		
給与支払報告書総括表	市町村税務課	翌年1月末
給与支払報告書		

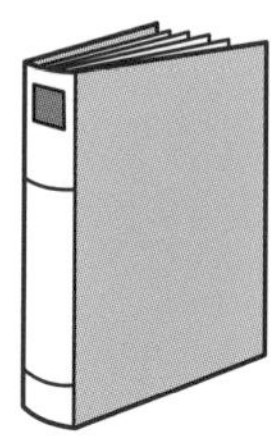

源泉徴収表の様式

年末調整後に社員個人ごとに渡した「源泉徴収票」を税務署に提出します。個人が確定申告する場合に、「源泉徴収票」の添付は不要になりました。

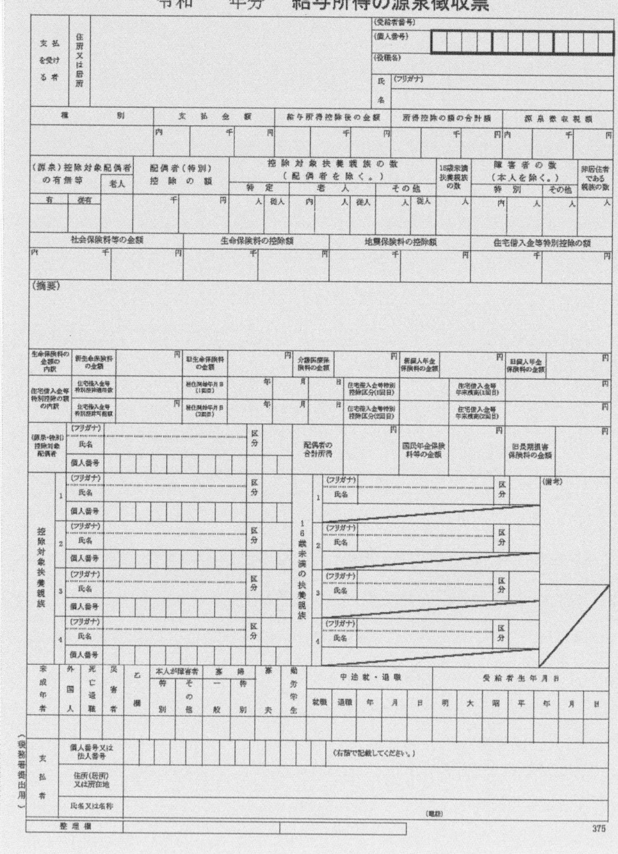

令和　　年分　給与所得の源泉徴収票

支払を受ける者　住所又は居所　（受給者番号）　（個人番号）　（役職名）　氏名　（フリガナ）

種別	支払金額	給与所得控除後の金額	所得控除の額の合計額	源泉徴収税額
	内　千　円	千　円	千　円	内　千　円

(源泉)控除対象配偶者の有無等（有／従有／老人）	配偶者(特別)控除の額	控除対象扶養親族の数(配偶者を除く。)（特定／老人／その他）	16歳未満扶養親族の数	障害者の数(本人を除く。)（特別／その他）	非居住者である親族の数
	千　円	人 従人／内 人 従人／人 従人	人	内 人／人	人

社会保険料等の金額	生命保険料の控除額	地震保険料の控除額	住宅借入金等特別控除の額
内　千　円	千　円	千　円	千　円

（摘要）

生命保険料の金額の内訳：新生命保険料の金額　円／旧生命保険料の金額　円／介護医療保険料の金額　円／新個人年金保険料の金額　円／旧個人年金保険料の金額　円

住宅借入金等特別控除の額の内訳：住宅借入金等特別控除適用数／居住開始年月日(1回目)　年　月　日／住宅借入金等特別控除区分(1回目)／住宅借入金等年末残高(1回目)　円／住宅借入金等特別控除可能額　円／居住開始年月日(2回目)　年　月　日／住宅借入金等特別控除区分(2回目)／住宅借入金等年末残高(2回目)　円

(源泉・特別)控除対象配偶者：(フリガナ)　氏名　区分　個人番号／配偶者の合計所得　円／国民年金保険料等の金額　円／旧長期損害保険料の金額　円

控除対象扶養親族 1〜4：(フリガナ)　氏名　区分　個人番号

16歳未満の扶養親族 1〜4：(フリガナ)　氏名　区分

（備考）

未成年者	外国人	死亡退職	災害者	乙欄	本人が障害者（特別／その他）	寡婦（一般／特別）	寡夫	勤労学生	中途就・退職（就職／退職／年／月／日）	受給者生年月日（明／大／昭／平／年／月／日）

（税務署提出用）

支払者：個人番号又は法人番号（右詰で記載してください。）／住所(居所)又は所在地／氏名又は名称　（電話）

整理欄　　375

令和元年から確定申告に添付は不要です。

法定調書合計表の様式

法定調書合計表とは、税務署に提出する各種法定調書を集計した表のことです。「給与所得」「退職所得」「報酬等の支払」「不動産の使用料等」をもとに作成します。

FE0103

平成□□年分 給与所得の源泉徴収票等の法定調書合計表

（所得税法施行規則別表第５（8）、５（24）、５（25）、５（26）、６（1）及び６（2）関係）

【平成28年1月1日以後提出用】　提出用

税務署受付印	平成　年　月　日提出　税務署長　殿	事業種目		署番号	
				整理番号	

提出者	
住所又は所在地	電話（　－　－　）
（フリガナ）	
氏名又は名称	
個人番号又は法人番号(注)	↓個人番号の記載に当たっては、左端を空欄にし、ここから記載してください。
（フリガナ）	
代表者氏名印	㊞

調書の提出区分 新規=1 追加=2 訂正=3 無効=4	提出媒体	1 給与	2 退職	3 報酬	4 使用	5 譲受	6 斡旋

（フリガナ）		本店等一括提出	翌年以降送付
作成担当者		有 ○	否 ○
作成税理士署名押印	㊞　電話（　－　－　）	税理士番号	

1　給与所得の源泉徴収票合計表（375）

区分	人員	左のうち、源泉徴収税額のない者	支払金額	源泉徴収税額
Ⓐ俸給、給与、賞与等の総額	人	人	円	円
Ⓐのうち、丙欄適用の日雇労務者の賃金			円	円
Ⓑ源泉徴収票を提出するもの	人		円	円
災害減免法により徴収猶予したもの	人員　人	徴収猶予税額　円	（摘要）	

2　退職所得の源泉徴収票合計表（316）

区分	人員	支払金額	源泉徴収税額	（摘要）
Ⓐ退職手当等の総額	人	円	円	
Ⓑ Ⓐのうち、源泉徴収票を提出するもの	人	円	円	

3　報酬、料金、契約金及び賞金の支払調書合計表（309）

区分		人員 個人	人員 個人以外	支払金額	源泉徴収税額
所得税法第204条に規定する報酬又は料金等	原稿料、講演料等の報酬又は料金（1号該当）	人	人	円	円
	弁護士、税理士等の報酬又は料金（2号該当）	人	人	円	円
	診療報酬（3号該当）	人	人	円	円
	職業野球選手、騎手、外交員等の報酬又は料金（4号該当）	人	人	円	円
	芸能等に係る出演、演出等の報酬又は料金（5号該当）	人	人	円	円
	ホステス等の報酬又は料金（6号該当）	人	人	円	円
	契約金（7号該当）	人	人	円	円
	賞金（8号該当）	人	人	円	円
	Ⓐ計	人	人	円	円
Ⓑ Ⓐのうち、支払調書を提出するもの		人	人	円	円

区分	件数	支払金額	源泉徴収税額	（摘要）
Ⓐのうち、所得税法第174条第10号に規定する内国法人に対する賞金		円	円	
災害減免法により徴収猶予したもの	人員　人	徴収猶予税額　円		

4　不動産の使用料等の支払調書合計表（313）

区分	人員	支払金額
Ⓐ使用料等の総額	人	円
Ⓑ Ⓐのうち、支払調書を提出するもの	人	円
（摘要）		

6　不動産等の売買又は貸付けのあっせん手数料の支払調書合計表（314）

区分	人員	支払金額
Ⓐあっせん手数料の総額	人	円
Ⓑ Ⓐのうち、支払調書を提出するもの	人	円
（摘要）		

5　不動産等の譲受けの対価の支払調書合計表（376）

区分	人員	支払金額
Ⓐ譲受けの対価の総額	人	円
Ⓑ Ⓐのうち、支払調書を提出するもの	人	円
（摘要）		

税務署整理欄	通信日付印	確認印	提出年月日（年　月　日）	身元確認
			区分　A B C D E F G H	

○提出媒体欄には、法定調書の種類別にコードを記載してください。（電子＝14　FD＝15　MO＝16　CD＝17　DVD＝18　書面＝30　その他＝99）

(注) 平成27年分以前の合計表を作成する場合には、「個人番号又は法人番号」欄に何も記載しないでください。

「給与所得の源泉徴収票」など法定調書の種類ごとに、前々年の調書の提出枚数が「100枚以上」であるものについては、e-Tax、CD、DVDなどで提出しなければならない。

社会保険・労働保険

キーワード 社会保険 労働保険

社会保険の基礎を理解する

所得に応じた保険料を支払う

日本では「国民皆保険」「国民皆年金」といわれ、すべての人が「公的保険・公的年金」に強制的に加入（強制年金）しなければいけません。

社会保険は、負担能力（所得）に応じた保険料支払いが原則で、国・地方自治体・会社も分担負担します。これは目的の１つが、社会での所得の再分配にあるからです。民間保険との大きな違いです。

給与での社会保険

給与の源泉徴収事務で対象となる社会保険は、「健康保険・介護保険」「厚生年金保険」「雇用保険」です。これに「労災保険」を加えたものが一般にいわれる社会保険です。また、「健康保険・介護保険」「厚生年金保険」を「社会保険」と呼び、「雇用保険」「労災保険」を「労働保険」と呼びます。

保険料の基本的な計算方法

●**労働保険**…会社が支払う年間の給与総額に、一定率を乗じた額を等分した額を概算で納付し、翌年に精算します。**社員からは毎月の給与の一定率を徴収**します。労災保険は会社が全額負担します。

●**社会保険**…一定期間の給与・賞与をもとに「標準月額報酬」を出し、保険料額表から料率を算出して、**会社と社員が折半して負担**します。年金の料率は国が全国一律で決めますが、健康保険は健康保険組合などによって若干の差があります。所得税のような年末調整はありません。

国民年金と国民健康保険

自営業、農林水産業従事者、無職の人などは「国民年金」「国民健康保険」に加入します。被扶養者の家族も保険に加入します。

□社会保険料は所得に応じて支払う。
□源泉徴収の対象は健康保険、介護保険、厚生年金保険、雇用保険。
□労災保険は会社が全額負担する。

社会保険の種類と窓口

会社が関係する「社会保険」の大枠とその窓口を理解しておきましょう。会社も費用負担しているので、社員への教育や共有もしましょう。

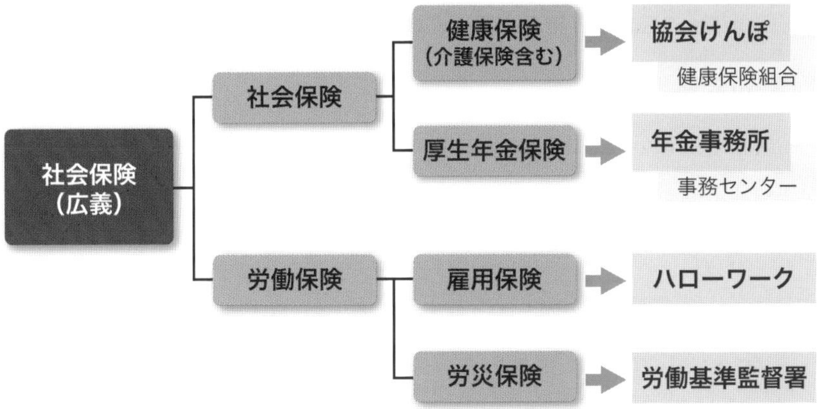

管掌する機関

給与計算を担当する部署、担当者は、管掌する機関を理解して、場合によっては、担当する出先窓口まで行かなければなりません。

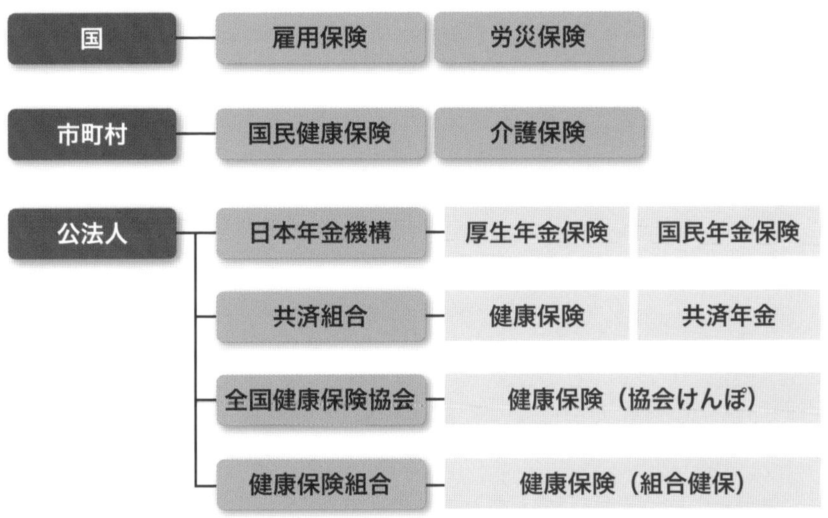

Memo　社会保険の法令や料率は毎年のように改定される。出先窓口からの連絡もあるが、新聞などで改定の動きを把握しておくとよい。大枠については社労士とも対等に会話ができるように。

キーワード　健康保険　厚生年金保険

社会保険を理解する

健康保険

中小企業の多くは**「全国健康保険協会（協会けんぽ）」に加盟**していることが多いです。組合健保には、大企業の単一組合や同種同業で組織された総合組合があります。**職域健康保険の場合、保険料は毎月の給与と賞与から「天引き」**され、会社も社員とほぼ折半で保険料を負担します。なお、それぞれの職域組合の財政状況から、料率は変化します。2018年の料率は約10%（折半前）です。

保険主体と加入者数は以下のようになっています。

- **地域健康保険**…国民健康保険（3300万人）、後期高齢者医療制度（1600万人）
- **職域健康保険**…組合健保（2900万人）、協会けんぽ（3600万人）、共済組合健保（890万人）

厚生年金保険

厚生年金保険は、会社などの社員が加入する年金（加入者4400万人）です。一方、自営業などの場合は、「国民年金保険」（加入者2400万人）に加入します。現在、厚生年金は「日本年金機構」に運用移管されており、**保険料は毎月の給料・賞与に対して定率**となっています（2018年現在で18.3%）。そのため、実際に納付する額は個人で異なります。

また、厚生年金は健康保険と同様に、会社が保険料の半額を負担しています。厚生年金は２階建てといわれ、以下のような構造です。

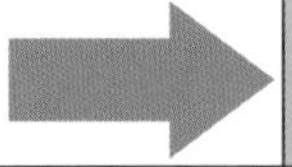

会社員、公務員が加入
厚生年金

日本に住んでいる20歳以上60歳未満のすべての人
国民年金（基礎年金）

□中小企業の多くは「協会けんぽ」に加盟している。
□会社員などは厚生年金保険、自営業などは国民年金保険に加入。
□厚生年金、健康保険は会社が保険料の半額を負担する。

国民医療費の負担構造

国民一人あたりの医療費は2016年は33万円でした。人口は増加していませんが、1990年は16万円でしたので、国民医療費は倍増しています。

厚労省ホームページより

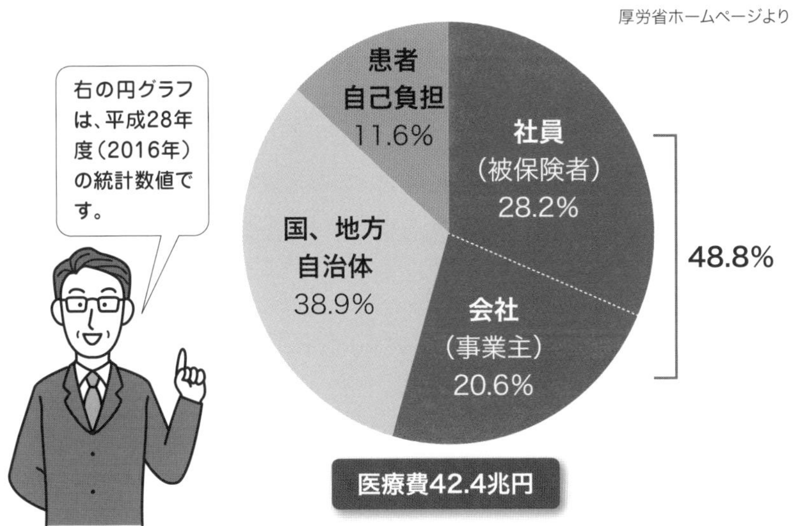

年金加入者と年金受給額

老後を年金だけで暮らせるのかが話題になっています。社会保障制度に対して、会社も社員もマクロ的な視点からの理解が必要です。

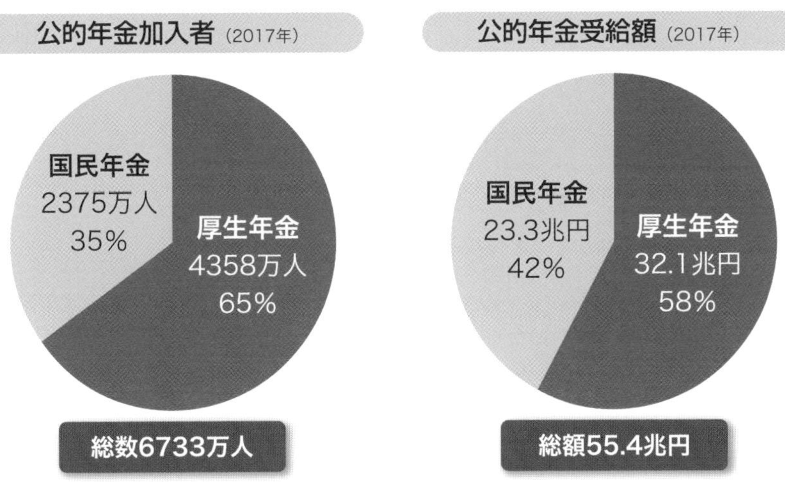

厚労省の「平成29年度厚生年金保険・国民年金事業の概況」報告では、現在の年金支給額は、国民年金が平均月額で5万5千円、厚生年金は14万7千円という数字が公表されている。

社会保険・労働保険

キーワード　介護保険制度　育児・介護休業法

介護保険制度のしくみを理解する

40歳以上のすべての人が介護保険料を負担

2000年に介護保険制度が導入され、現在では**40歳以上のすべての人が介護保険料を負担**しています。「40歳に達したとき」から第2号被保険者となり、介護保険料の徴収が開始されます（具体的には40歳の誕生日の前日で、その日が含まれる月より、給与から控除される）。

なお、介護保険料の納付には期限がありません。そのため、生涯にわたって払い続けなければいけません。「第2号被保険者」の**40歳から64歳までの人は、健康保険料と一緒に給与から控除**されますが、これは健康保険料率に上乗せされて控除されています。一方、**65歳以上（第1号被保険者）の人は、年金から控除**されます。

育児・介護休業法の概要

第２号被保険者となる40歳になったときの介護保険料支払い手続きは、**「全国保険協会（協会けんぽ）」や健康保険組合が自動的に資格取得処理を行うため不要**です。

健康保険の支払者が40歳未満で、その扶養家族が40歳を超えたときはその家族は介護保険の「特定被保険者」となり、介護保険料を支払わなければいけません。しかし、例外として、協会けんぽは特定被保険者制度を設けていないので、特定被保険者は免除されます。

介護保険サービスの財源

会社と社員の負担による介護保険料総額は、年間で2.8兆円になります。一方、健康保険料総額は、年間で年20兆円です。これらの保険料・国の税金負担・利用者負担によって、国民の医療サービス、介護サービスをまかなっています。

チェックポイント

- □40歳から64歳までは健康保険料と一緒に給与控除される。
- □介護保険料の負担には年齢制限がない。
- □介護保険料支払いの手続きは不要。

介護保険料の徴収額と介護サービス費用負担

いろいろな介護サービスの事業が展開されていますが、その主財源となるのは40歳以上から徴収される介護保険料です。

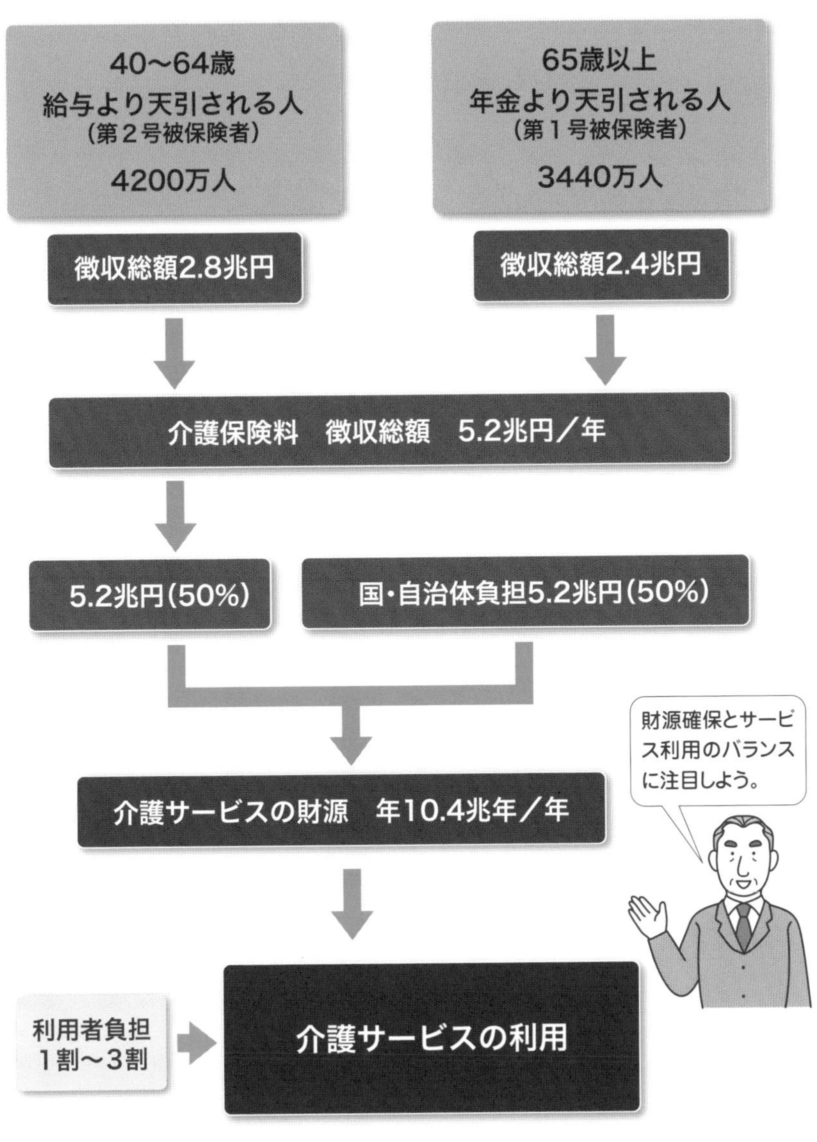

Memo 年金受給者も年金額（年18万円以上）から介護保険料を控除して支払われている。介護保険料を長らく滞納した場合、介護サービスが全額個人負担になる。

社会保険・労働保険

キーワード　社会保険　協会けんぽ

社会保険に会社が新規加入する

すべての会社が社会保険に加入

すべての会社が社会保険に加入（強制適用）します。**個人事業は常時５名以上を雇用する場合は強制適用され、５名未満の雇用の場合は任意適用。**個人事業の飲食業など16種の「特例業種」は５名以上でも任意適用です。

会社の新規適用手続き

会社は、健康保険・厚生年金を合わせて、「日本年金機構」（年金事務所）に「健康保険・厚生年金　新規適用届」を提出します。

添付書類は「法人登記簿謄本」「法人番号の通知書写し」です。届け出は、郵送・電子申請・窓口持参のいずれかの方法で行います。

日本年金機構と協会けんぽ

2010年、社会保険庁の廃止にともなって「日本年金機構」が設立され、厚生労働省管轄のもと、社会保険の申請届出事務、徴収事務、年金受給審査・支給などの権限委任された業務を行っています。**各都道府県には「年金事務所」、広域エリア担当の「広域事務センター」が設置**されています。

2008年に「全国健康保険協会（協会けんぽ）」が設立され、従来の政府管掌健康保険は協会によって運営されています。健康保険の給付の手続きや相談等は、協会けんぽの各都道府県支部で行い、健康保険の加入や保険料の納付の手続きは、日本年金機構（年金事務所）で行っています。

保険料の未納付会社のペナルティ

保険料を源泉徴収していたにもかかわらず、会社が年金事務所に**保険料の納付をしなかった場合、その会社・代表者・役員等の氏名が公表されます。**これは、厚生年金保険料の特例法によって定められています。

チェックポイント

- □会社は規模の大小にかかわらず、社会保険に加入する。
- □個人事業は常時５名以上を雇用する場合、社会保険に加入する。
- □保険料を納付しなかった場合、会社の代表者等の氏名が公表される。

健康保険・厚生年金　新規適用届

日本年金機構のホームページには適用事業所の検索ページがあり、適用されている会社名、住所、法人番号がすべてわかります。

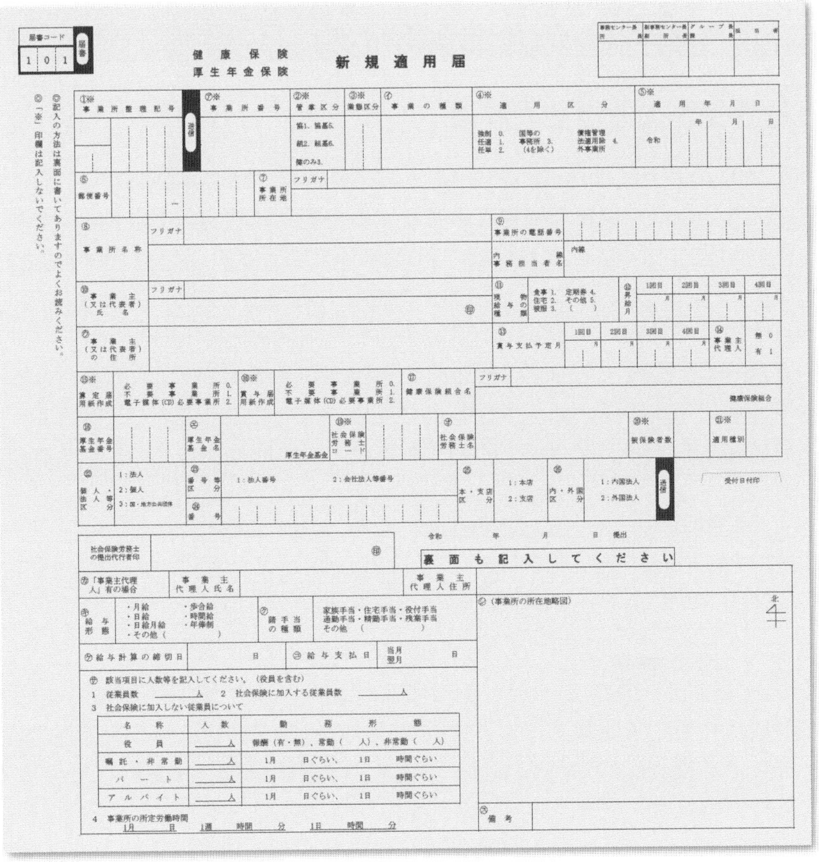

届書コード 1 0 1　届書

健康保険
厚生年金保険
新規適用届

事務センター長 所長	副事務センター長 副所長	グループ長	担当者

◎記入の方法は裏面に書いてありますのでよくお読みください。
◎「※」印欄は記入しないでください。

①※ 事業所整理記号	送信	①※ 事業所番号	②※ 管掌区分	③※ 業態区分	④ 事業の種類	④※ 適用区分	⑤※ 適用年月日
			協1. 組基5. 組2. 組基6. 船のみ3.			強制 0. 任適 1. 任単 2. 国等の事務所 3.（4を除く） 債権管理法適用除外事業所 4.	令和　年　月　日

⑥ 郵便番号　　—　　⑦ 事業所所在地　フリガナ

⑧ 事業所名称　フリガナ

⑨ 事業所の電話番号
内線 事務担当者名　内線

⑩ 事業主（又は代表者）氏名　フリガナ　㊞

⑪ 現物給与の種類　食事 1.　住宅 2.　被服 3.　定期券 4.　その他 5.（　　）

⑫ 昇給月　1回目 月　2回目 月　3回目 月　4回目 月

⑦ 事業主（又は代表者）の住所

⑬ 賞与支払予定月　1回目 月　2回目 月　3回目 月　4回目 月

⑭ 事業主代理人　無 0　有 1

⑮※ 算定届用紙作成　必要事業所 0.　不要事業所 1.　電子媒体(CD)必要事業所 2.

⑯※ 賞与届用紙作成　必要事業所 0.　不要事業所 1.　電子媒体(CD)必要事業所 2.

⑰ 健康保険組合名　フリガナ　健康保険組合

⑱ 厚生年金基金番号

⑳ 厚生年金基金名　厚生年金基金

⑲※ 社会保険労務士コード

㉑ 社会保険労務士名

⑳※ 被保険者数

㉑※ 適用種別

㉒ 個人・法人等区分　1：法人　2：個人　3：国・地方公共団体

㉓ 番号等区分　1：法人番号　2：会社法人等番号

㉔ 番号

㉕ 本・支店区分　1：本店　2：支店

㉖ 内・外国区分　1：内国法人　2：外国法人

送信

受付日付印

社会保険労務士の提出代行者印　㊞

令和　年　月　日提出

裏面も記入してください

㉗「事業主代理人」有の場合　事業主代理人氏名　事業主代理人住所

㉘ 給与形態　・月給　・日給　・日給月給　・その他（　　）　・歩合給　・時間給　・年俸制

㉙ 諸手当の種類　家族手当・住宅手当・役付手当　通勤手当・精勤手当・残業手当　その他（　　）

㉚ 給与計算の締切日　日

㉛ 給与支払日　当月 翌月　日

㉜（事業所の所在地略図）　北

㉝ 該当項目に人数等を記入してください。（役員を含む）
1　従業員数 ＿＿＿人　2　社会保険に加入する従業員数 ＿＿＿人
3　社会保険に加入しない従業員について

名称	人数	勤務形態
役員	＿＿＿人	報酬（有・無）、常勤（　人）、非常勤（　人）
嘱託・非常勤	＿＿＿人	1月　日ぐらい、1日　時間ぐらい
パート	＿＿＿人	1月　日ぐらい、1日　時間ぐらい
アルバイト	＿＿＿人	1月　日ぐらい、1日　時間ぐらい

4　事業所の所定労働時間
1月　日　1週　時間　分　1日　時間　分

㉞ 備考

社会保険に適用加入の有無については、応募者側が就職活動の際に参考にするポイントでもあります。

優秀な人材の確保のためにも、社会保険に適用加入するが、一方で社会保険に加入することで、会社の負担は大きくなるため、加入を逃れる会社も少なくない。

キーワード 社会保険手続き

社員を採用したときの社会保険手続き

社会保険の社員加入要件

常時雇用する社員を採用した場合、健康保険・厚生年金に社員（個人）が加入するための**資格取得届を会社が年金事務所に提出**します。

社会保険の加入は、勤務時間、雇用期間、企業規模（従業員数）などによって加入要件が異なります。加入できるものは、会社が５日以内に速やかに手続きをすませます。

雇用期間がなく、**社員の4分の3以上の勤務時間の人は加入対象**ですが、そのほかの雇用期間・勤務時間などの基準は以下のようになります。

雇用期間	勤務時間	社会保険	雇用保険	労災保険
2ヶ月超雇用	週30時間以上	加入	加入	加入
	週20～30時間未満	任意※	加入	加入
	週20時間未満	非加入	非加入	加入
2ヶ月以下	週20時間未満	非加入	非加入	加入

※従業員500人超は加入対象

本人確認書類

健康保険証の偽名などによる不正取得を防止するため、本人の厳重な確認を年金機構は求めています。そのため、すでに年金手帳をもっている人と、その配偶者（扶養家族対象者）から手帳を提出してもらい、「基礎年金番号」を確認します。**基礎年金番号が確認できない場合は、個人番号（マイナンバー）の確認が必要**です。

年金の被保険者区分

年金の被保険者は、**自営業者が「第1号被保険者」、厚生年金加入者が「第2号被保険者」、第2号被保険者の扶養する配偶者が「第3号被保険者」**という名称で区分されています。

チェックポイント
- □社会保険に加入するための資格取得届は会社が年金事務所に提出。
- □加入できるものは、会社が５日以内に手続きする。
- □基礎年金番号が確認できない場合は、マイナンバーの確認が必要。

健康保険・厚生年金　資格取得届

短時間働くパート・アルバイトにも加入要件が拡大しており、個々の社員の就労条件を詳しく把握しておく必要があります。

様式コード 2200

健康保険 厚生年金保険 / 厚生年金保険

被保険者資格取得届
70歳以上被用者該当届

令和　年　月　日提出

提出者記入欄
事業所整理記号 ー 事業所番号
届書記入の個人番号に誤りがないことを確認しました。
事業所所在地 〒 ー
事業所名称
事業主氏名 ㊞
電話番号 (　)

受付印

社会保険労務士記載欄
氏名等 ㊞

被保険者1
① 被保険者整理番号 ② 氏名 (フリガナ) (氏) (名) ③ 生年月日 5.昭和 7.平成 9.令和 年 月 日 ④ 種別 1.男 2.女 3.坑内員 5.男(基金) 6.女(基金) 7.坑内員(基金)
⑤ 取得区分 1.健保・厚年 3.共済出向 4.船保任継 ⑥ 個人番号 [基礎年金番号] ⑦ 取得(該当)年月日 9.令和 年 月 日 ⑧ 被扶養者 0.無 1.有
⑨ 報酬月額 ㋐(通貨) 円 ㋑(現物) 円 ㋒(合計 ㋐+㋑) 円 ⑩ 備考 該当する項目を○で囲んでください。 1. 70歳以上被用者該当 2. 二以上事業所勤務者の取得 3. 短時間労働者の取得(特定適用事業所等) 4. 退職後の継続再雇用者の取得 5. その他(　)
⑪ 住所 日本年金機構に提出する際、個人番号を記入した場合は、住所記入は不要です。 〒 ー (フリガナ) 理由：1. 海外在住 2. 短期在留 3. その他(　)

被保険者2
① 被保険者整理番号 ② 氏名 (フリガナ) (氏) (名) ③ 生年月日 5.昭和 7.平成 9.令和 年 月 日 ④ 種別 1.男 2.女 3.坑内員 5.男(基金) 6.女(基金) 7.坑内員(基金)
⑤ 取得区分 1.健保・厚年 3.共済出向 4.船保任継 ⑥ 個人番号 [基礎年金番号] ⑦ 取得(該当)年月日 9.令和 年 月 日 ⑧ 被扶養者 0.無 1.有
⑨ 報酬月額 ㋐(通貨) 円 ㋑(現物) 円 ㋒(合計 ㋐+㋑) 円 ⑩ 備考 該当する項目を○で囲んでください。 1. 70歳以上被用者該当 2. 二以上事業所勤務者の取得 3. 短時間労働者の取得(特定適用事業所等) 4. 退職後の継続再雇用者の取得 5. その他(　)
⑪ 住所 日本年金機構に提出する際、個人番号を記入した場合は、住所記入は不要です。 〒 ー (フリガナ) 理由：1. 海外在住 2. 短期在留 3. その他(　)

被保険者3
① 被保険者整理番号 ② 氏名 (フリガナ) (氏) (名) ③ 生年月日 5.昭和 7.平成 9.令和 年 月 日 ④ 種別 1.男 2.女 3.坑内員 5.男(基金) 6.女(基金) 7.坑内員(基金)
⑤ 取得区分 1.健保・厚年 3.共済出向 4.船保任継 ⑥ 個人番号 [基礎年金番号] ⑦ 取得(該当)年月日 9.令和 年 月 日 ⑧ 被扶養者 0.無 1.有
⑨ 報酬月額 ㋐(通貨) 円 ㋑(現物) 円 ㋒(合計 ㋐+㋑) 円 ⑩ 備考 該当する項目を○で囲んでください。 1. 70歳以上被用者該当 2. 二以上事業所勤務者の取得 3. 短時間労働者の取得(特定適用事業所等) 4. 退職後の継続再雇用者の取得 5. その他(　)
⑪ 住所 日本年金機構に提出する際、個人番号を記入した場合は、住所記入は不要です。 〒 ー (フリガナ) 理由：1. 海外在住 2. 短期在留 3. その他(　)

被保険者4
① 被保険者整理番号 ② 氏名 (フリガナ) (氏) (名) ③ 生年月日 5.昭和 7.平成 9.令和 年 月 日 ④ 種別 1.男 2.女 3.坑内員 5.男(基金) 6.女(基金) 7.坑内員(基金)
⑤ 取得区分 1.健保・厚年 3.共済出向 4.船保任継 ⑥ 個人番号 [基礎年金番号] ⑦ 取得(該当)年月日 9.令和 年 月 日 ⑧ 被扶養者 0.無 1.有
⑨ 報酬月額 ㋐(通貨) 円 ㋑(現物) 円 ㋒(合計 ㋐+㋑) 円 ⑩ 備考 該当する項目を○で囲んでください。 1. 70歳以上被用者該当 2. 二以上事業所勤務者の取得 3. 短時間労働者の取得(特定適用事業所等) 4. 退職後の継続再雇用者の取得 5. その他(　)
⑪ 住所 日本年金機構に提出する際、個人番号を記入した場合は、住所記入は不要です。 〒 ー (フリガナ) 理由：1. 海外在住 2. 短期在留 3. その他(　)

協会けんぽご加入の事業所様へ
※ 70歳以上被用者該当届のみ提出の場合は、「⑩備考」欄の「1.70歳以上被用者該当」および「5.その他」に○をし、「5.その他」の( )内に「該当届のみ」とご記入ください(この場合、健康保険被保険者証の発行はありません)。

2017年4月から従業員数が500人以下の会社で週20時間以上働く短時間労働者であれば、労使の合意で社会保険に加入できるようになった。今後さらに加入拡大の動きもある。

キーワード 被扶養者の異動

社員の社会保険の被扶養者に異動があったときの手続き

被扶養者の認定条件

社員の扶養家族に異動があった場合、所得税では「給与所得者の扶養控除等（異動）申告書」を税務署に提出しますが、社会保険では**「健康保険被扶養者（異動）届」を協会けんぽや健康保険組合に提出**します。社会保険料は会社との折半負担なので、その認定は費用増につながります。

また、この「健康保険被扶養者（異動）届」の用紙は、社員本人（被保険者）が入社時に提出したものと同じものです。

社員の収入によって生活している家族は「被扶養者」として健康保険の対象になります。**一般的に、健康保険の被扶養者に該当する人は、①配偶者、②18歳未満の子、③60歳以上75歳未満の家族**です。

18歳以上60歳未満の家族が被扶養者になるためには、就労できない状態にあること、および社員が生計のほとんどを負担しなくてはならない状態にあることの確認が必要です。

被扶養者の収入の条件

被扶養者の収入の条件は、「①その被扶養者の年収は社員（被保険者）の年収の2分の1未満であること」、「②その家族の収入は年間130万円未満（60歳以上または59歳以下の障害年金受給者は年間180万円未満）であること」です。なお、所得税の扶養控除の限度収入は、年130万円、住民税の扶養者非課税限度は100万円で、健康保険とは違いがあります。

同居・非同居の判定

被扶養者の範囲は、社員と同居・非同居で異なります。**同居でなくてもよいのは、①配偶者、②子・孫・兄弟姉妹、③父母など**。一方、**同居が条件なのは、①三親等内の親族（義父母等）、②内縁の配偶者の父母など**です。

- □協会けんぽ・健康保険組合に「健康保険被扶養者（異動）届」を提出。
- □社員の収入で生活している家族は、被扶養者として健康保険の対象。
- □被扶養者の範囲は、社員と同居・非同居で異なる。

健康保険の扶養家族の相関図

被扶養者の所得証明書（市町村が発行している）の提出を求めるなど、「被扶養者の現況確認」は毎年行うようになっています。

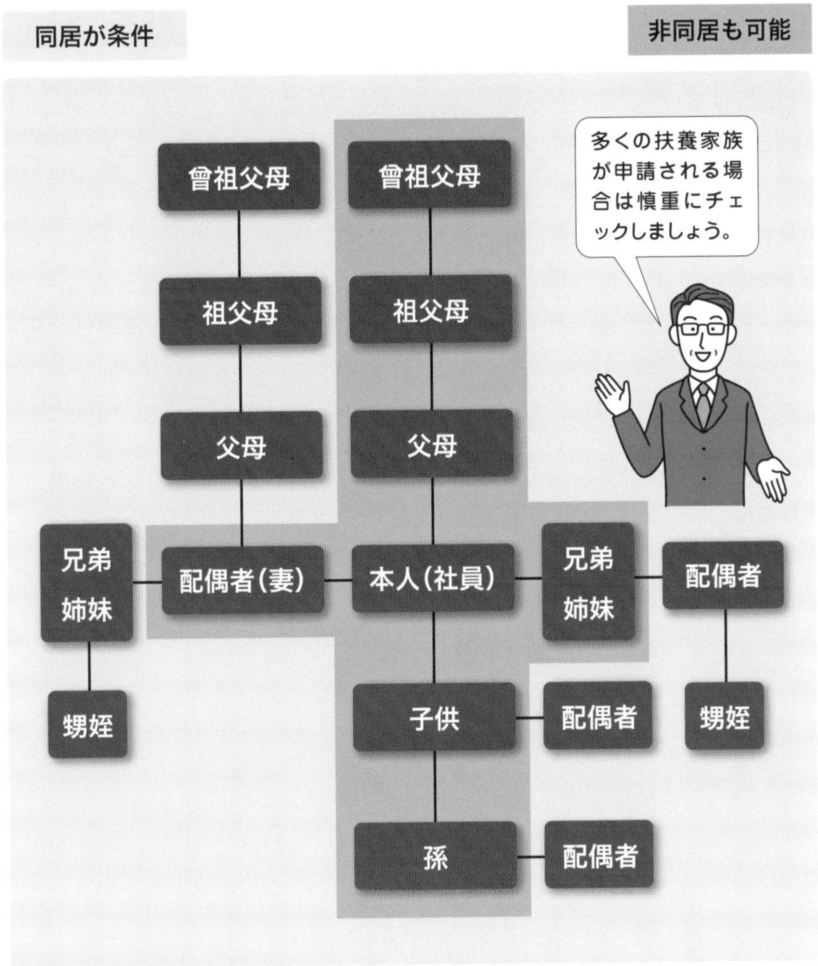

同居が条件

非同居も可能

曾祖父母 — 祖父母 — 父母 — 配偶者（妻）

曾祖父母 — 祖父母 — 父母 — 本人（社員）— 子供 — 孫

兄弟姉妹 — 甥姪（配偶者（妻）側）

兄弟姉妹 — 配偶者 — 甥姪（本人側）

子供 — 配偶者

孫 — 配偶者

多くの扶養家族が申請される場合は慎重にチェックしましょう。

被扶養者の条件

①本人（社員）が生計の面倒をみていること

②扶養者の年収が130万円以内であること

60歳以上あるいは59歳以下の障害者の年収が180万円以内であること

③同居の条件がある対象者は、同居していること

健保組合では、厳格な被扶養者の現況確認を行っている。これらは健保組合の財政状況の改善のためでもあるが、パートなどで共稼ぎが増加していることも一因。

社会保険・労働保険

キーワード　健康保険証

退職したときの社会保険手続き

退職する社員から健康保険証を回収する

社会保険に加入している社員が退職（死亡含む）する場合、**「健康保険被保険者証」（健康保険証）を本人から扶養者分も含めて回収**します。会社はそれらを添付して「健康保険・厚生年金保険　被保険者資格喪失届」を年金事務所に提出しましょう。また、退職月の社会保険料徴収については、退職日の翌日が資格喪失日ですが、**その月の給与支給日後の退職はその月末までの社会保険料も控除が必要**となるので、注意が必要です。

そのほかに提出するもの

70歳以上で引き続き雇用される社員は、厚生年金被保険者の対象者外となります。「被用者不該当届」（用紙は喪失届と同じ）の提出が必要です。

本人らに「高齢受給者証」「健康保険特定疾病療養受給者証」「健康保険限度額適用・標準負担額減額認定証」が発行されていれば、健康保険証とともに回収します。なお、本人が健康保険証を紛失しているときは、「健康保険被保険者証回収不能・紛失届」を提出してもらいます。

退職後の公的医療保険の加入

①加入していた健康保険の任意継続被保険者制度を利用する…退職後20日以内に会社に「健康保険任意継続被保険者資格取得申出書」を提出します。２年間を限度に加入延長できますが、保険料は全額個人負担となります。なお、医療治療費は３割負担です。

②国民健康保険に加入する…退職後２週間以内に居住する市町村役所の健康保険窓口に健康保険資格喪失証明書と各市町村で定められた届出書を提出して、国民健康保険への加入を申請します。保険料は毎月振込み（自動落ち）となります。

チェックポイント

□健康保険証を本人から扶養者分も含めて回収する。
□給与支給後の退職は、その月末までの社会保険料の控除が必要。
□引き続き雇用する70歳以上の社員は、厚生年金の対象者外。

被保険者資格喪失届

喪失の事由には、退職・死亡・75歳到達・障害認定があります。退職時の一連の手続きの1つとして仕事のルーティンに入れましょう。

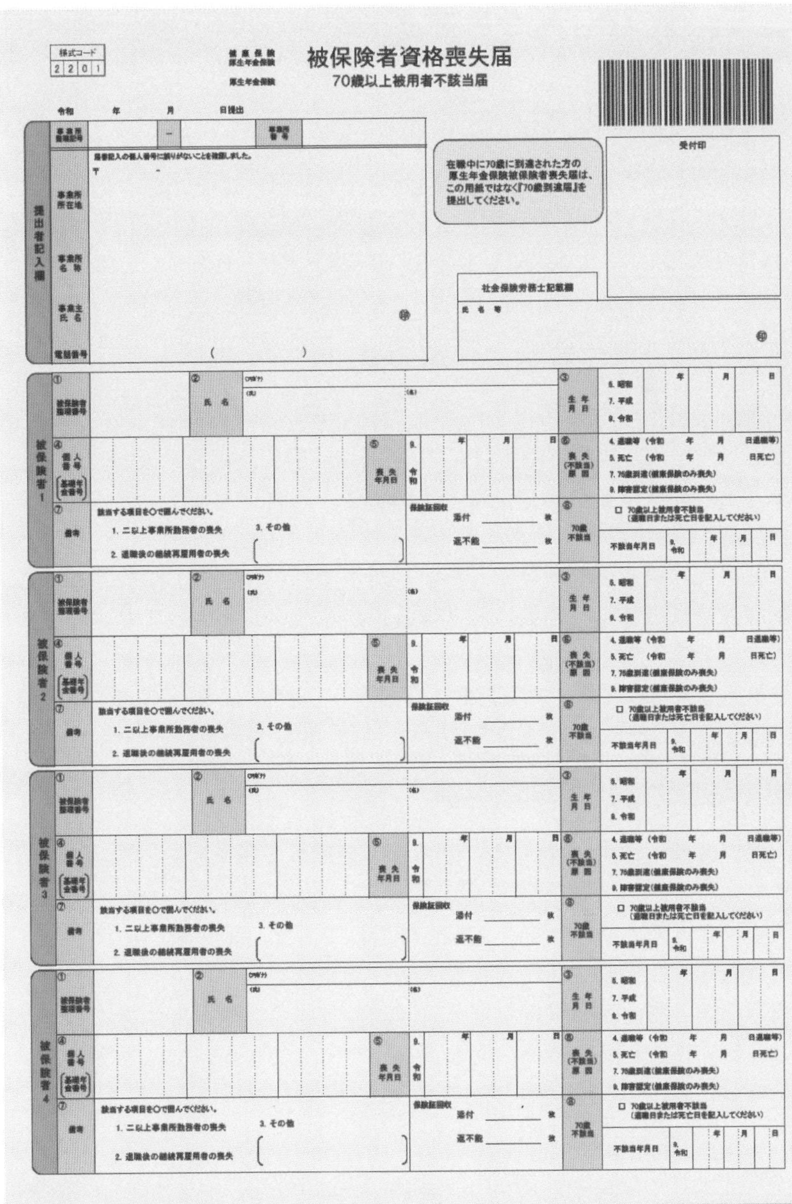

様式コード 2201

健康保険 厚生年金保険 **被保険者資格喪失届**
厚生年金保険 **70歳以上被用者不該当届**

令和 年 月 日提出

提出者記入欄

事業所整理記号 － 事業所番号

届書記入の個人番号に誤りがないことを確認しました。

事業所所在地 〒 －

事業所名称

事業主氏名 印

電話番号 （ ）

在職中に70歳に到達された方の厚生年金保険被保険者喪失届は、この用紙ではなく『70歳到達届』を提出してください。

受付印

社会保険労務士記載欄 氏名等 印

被保険者1
① 被保険者整理番号 ② 氏名 (ﾌﾘｶﾞﾅ) (氏) (名) ③ 生年月日 5.昭和 7.平成 9.令和 年 月 日
④ 個人番号（基礎年金番号） ⑤ 喪失年月日 9.令和 年 月 日 ⑥ 喪失（不該当）原因 4.退職等（令和 年 月 日退職等） 5.死亡（令和 年 月 日死亡） 7.75歳到達（健康保険のみ喪失） 9.障害認定（健康保険のみ喪失）
⑦ 備考 該当する項目を○で囲んでください。 1. 二以上事業所勤務者の喪失 2. 退職後の継続再雇用者の喪失 3. その他 〔 〕 保険証回収 添付 枚 返不能 枚
⑧ 70歳不該当 □ 70歳以上被用者不該当（退職日または死亡日を記入してください） 不該当年月日 9.令和 年 月 日

被保険者2
① 被保険者整理番号 ② 氏名 (ﾌﾘｶﾞﾅ) (氏) (名) ③ 生年月日 5.昭和 7.平成 9.令和 年 月 日
④ 個人番号（基礎年金番号） ⑤ 喪失年月日 9.令和 年 月 日 ⑥ 喪失（不該当）原因 4.退職等（令和 年 月 日退職等） 5.死亡（令和 年 月 日死亡） 7.75歳到達（健康保険のみ喪失） 9.障害認定（健康保険のみ喪失）
⑦ 備考 該当する項目を○で囲んでください。 1. 二以上事業所勤務者の喪失 2. 退職後の継続再雇用者の喪失 3. その他 〔 〕 保険証回収 添付 枚 返不能 枚
⑧ 70歳不該当 □ 70歳以上被用者不該当（退職日または死亡日を記入してください） 不該当年月日 9.令和 年 月 日

被保険者3
① 被保険者整理番号 ② 氏名 (ﾌﾘｶﾞﾅ) (氏) (名) ③ 生年月日 5.昭和 7.平成 9.令和 年 月 日
④ 個人番号（基礎年金番号） ⑤ 喪失年月日 9.令和 年 月 日 ⑥ 喪失（不該当）原因 4.退職等（令和 年 月 日退職等） 5.死亡（令和 年 月 日死亡） 7.75歳到達（健康保険のみ喪失） 9.障害認定（健康保険のみ喪失）
⑦ 備考 該当する項目を○で囲んでください。 1. 二以上事業所勤務者の喪失 2. 退職後の継続再雇用者の喪失 3. その他 〔 〕 保険証回収 添付 枚 返不能 枚
⑧ 70歳不該当 □ 70歳以上被用者不該当（退職日または死亡日を記入してください） 不該当年月日 9.令和 年 月 日

被保険者4
① 被保険者整理番号 ② 氏名 (ﾌﾘｶﾞﾅ) (氏) (名) ③ 生年月日 5.昭和 7.平成 9.令和 年 月 日
④ 個人番号（基礎年金番号） ⑤ 喪失年月日 9.令和 年 月 日 ⑥ 喪失（不該当）原因 4.退職等（令和 年 月 日退職等） 5.死亡（令和 年 月 日死亡） 7.75歳到達（健康保険のみ喪失） 9.障害認定（健康保険のみ喪失）
⑦ 備考 該当する項目を○で囲んでください。 1. 二以上事業所勤務者の喪失 2. 退職後の継続再雇用者の喪失 3. その他 〔 〕 保険証回収 添付 枚 返不能 枚
⑧ 70歳不該当 □ 70歳以上被用者不該当（退職日または死亡日を記入してください） 不該当年月日 9.令和 年 月 日

Memo 国民年金から厚生年金への切り替えは、「基礎年金番号」によって会社の資格取得届で自動的に行われる。厚生年金の資格喪失で国民年金に切り替える場合は、自分で市町村への手続きが必要。

社会保険・労働保険

キーワード 保険料の計算

社会保険の保険料の計算を行う

保険料の計算方式

健康保険と厚生年金の保険料の計算は、基本的には同じ方式です。

支払時	対象	計算式	月額表
毎月の保険料	毎月の給与	標準報酬月額×料率	金額テーブル
賞与の保険料	支払ごとの賞与	賞与額×料率	なし（上限あり）

健康保険と厚生年金の料率の違い

健康保険と厚生年金にはそれぞれの料率表があり、料率が異なります。

健康保険は所轄する**「協会けんぽ」「職域健康保険組合」の財政状況によって、個人の負担する割合が若干違います。**協会けんぽは、都道府県別に0.2％程度の地域差がある料率を設定しており、個人負担割合は折半です。組合健保では地域差はありませんが、折半でない場合もあります。**ともに料率は毎年見直され、協会けんぽは３月から改定適用**されます。介護保険料はすべて統一された料率です。

厚生年金保険は料率・負担割合は全国統一ですが、一般、船員、坑内員などの料率区分があります。**料率改定があれば、毎年９月分から適用**されます。

標準報酬月額・標準賞与額

健保、厚年ともに、４～６月の３ヶ月の給与支給額から月額を算出し、金額等級テーブル（健保50等級・厚年31等級）にあて、「標準報酬月額」を決めます。その額に料率を乗じて保険料を算出し、９月～翌年８月は毎月同じ額を徴収します。一方、賞与は、支給されるごとに「支給額の千円未満切り捨て額」を標準賞与額とし、給与と同じ料率を乗じたものが保険料となります。給与や賞与は支給される額すべてが対象で、所得税のように通勤手当非課税などはありません。

チェックポイント

□健康保険と厚生年金の保険料の計算方式は基本的に同じ。
□健康保険の料率は毎年見直され、協会けんぽは３月から改定適用。
□厚生年金保険の料率・負担割合は全国統一。

		保険料率	社人負担	会社負担
社会保険	健康保険	平均10%	平均5.0%	平均5.0%
	厚生年金	18.30%	9.15%	9.15%
労働保険	雇用保険	0.9%	0.3%	0.6%
	労災保険	0.65%	――	0.65%

2019年3月時点（一般の事業・製造業の場合）

健康保険と厚生年金保険の保険料額表

「協会けんぽ」は、都道府県ごとに料率を変えており、下図は東京都の場合です。一方、厚生年金・雇用保険・労災保険は、全国一律で同率になっています。

平成31年4月分（5月納付分）からの健康保険・厚生年金保険の保険料額表

・健康保険料率：平成30年3月分～　適用　・厚生年金保険料率：平成29年9月分～　適用
・介護保険料率：平成31年3月分～　適用　・子ども・子育て拠出金率：平成31年4月分～　適用

（東京都）　（単位：円）

標準報酬 等級	標準報酬 月額	報酬月額 円以上 ～ 円未満	全国健康保険協会管掌健康保険料 介護保険第2号被保険者に該当しない場合 9.90% 全額	折半額	介護保険第2号被保険者に該当する場合 11.63% 全額	折半額	厚生年金保険料（厚生年金基金加入員を除く） 一般、坑内員・船員 18.300%※ 全額	折半額
1	58,000	～ 63,000	5,742.0	2,871.0	6,745.4	3,372.7		
2	68,000	63,000 ～ 73,000	6,732.0	3,366.0	7,908.4	3,954.2		
3	78,000	73,000 ～ 83,000	7,722.0	3,861.0	9,071.4	4,535.7		
4(1)	88,000	83,000 ～ 93,000	8,712.0	4,356.0	10,234.4	5,117.2	16,104.00	8,052.00
5(2)	98,000	93,000 ～ 101,000	9,702.0	4,851.0	11,397.4	5,698.7	17,934.00	8,967.00
6(3)	104,000	101,000 ～ 107,000	10,296.0	5,148.0	12,095.2	6,047.6	19,032.00	9,516.00
7(4)	110,000	107,000 ～ 114,000	10,890.0	5,445.0	12,793.0	6,396.5	20,130.00	10,065.00
8(5)	118,000	114,000 ～ 122,000	11,682.0	5,841.0	13,723.4	6,861.7	21,594.00	10,797.00
9(6)	126,000	122,000 ～ 130,000	12,474.0	6,237.0	14,653.8	7,326.9	23,058.00	11,529.00
10(7)	134,000	130,000 ～ 138,000	13,266.0	6,633.0	15,584.2	7,792.1	24,522.00	12,261.00
11(8)	142,000	138,000 ～ 146,000	14,058.0	7,029.0	16,514.6	8,257.3	25,986.00	12,993.00
12(9)	150,000	146,000 ～ 155,000	14,850.0	7,425.0	17,445.0	8,722.5	27,450.00	13,725.00
13(10)	160,000	155,000 ～ 165,000	15,840.0	7,920.0	18,608.0	9,304.0	29,280.00	14,640.00
14(11)	170,000	165,000 ～ 175,000	16,830.0	8,415.0	19,771.0	9,885.5	31,110.00	15,555.00
15(12)	180,000	175,000 ～ 185,000	17,820.0	8,910.0	20,934.0	10,467.0	32,940.00	16,470.00
16(13)	190,000	185,000 ～ 195,000	18,810.0	9,405.0	22,097.0	11,048.5	34,770.00	17,385.00
17(14)	200,000	195,000 ～ 210,000	19,800.0	9,900.0	23,260.0			18,300.00
18(15)	220,000	210,000 ～ 230,000	21,780.0	10,890.0	25,586.0			20,130.00
19(16)	240,000	230,000 ～ 250,000	23,760.0	11,880.0	27,912.0			21,960.00
20(17)	260,000	250,000 ～ 270,000	25,740.0	12,870.0	30,238.0			23,790.00
21(18)	280,000	270,000 ～ 290,000	27,720.0	13,860.0	32,564.0			25,620.00
22(19)	300,000							27,450.00
23(20)	320,000							29,280.00
24(21)	340,000							31,110.00
25(22)	360,000							32,940.00
26(23)	380,000							34,770.00
27(24)	410,000							37,515.00
28(25)	440,000							40,260.00
29(26)	470,000							43,005.00
30(27)	500,000					[illegible]	[illegible]	45,750.00
31(28)	530,000					30,819.5	96,990.00	48,495.00
32(29)	560,000					32,564.0	102,480.00	51,240.00
33(30)	590,000					34,308.5	107,970.00	53,985.00
34(31)	620,000					36,053.0	113,460.00	56,730.00
35	650,000					37,797.5		
36	680,000					39,542.0		
37	710,000					41,286.5		
38	750,000					43,612.5		
39	790,000					45,938.5		
40	830,000					48,264.5		
41	880,000					51,172.0		
42	930,000					54,079.5		
43	980,000					56,987.0		
44	1,030,000					59,894.5		
45	1,090,000					63,383.5		
46	1,150,000					66,872.5		
47	1,210,000	1,175,000 ～ 1,235,000	119,790.0	59,895.0	140,723.0	70,361.5		
48	1,270,000	1,235,000 ～ 1,295,000	125,730.0	62,865.0	147,701.0	73,850.5		
49	1,330,000	1,295,000 ～ 1,355,000	131,670.0	65,835.0	154,679.0	77,339.5		
50	1,390,000	1,355,000 ～	137,610.0	68,805.0	161,657.0	80,828.5		

標準報酬 等級	標準報酬 月額	報酬月額 円以上 ～ 円未満
1	58,000	～ 63,000
2	68,000	63,000 ～ 73,000
3	78,000	73,000 ～ 83,000
4(1)	88,000	83,000 ～ 93,000
5(2)	98,000	93,000 ～ 101,000
6(3)	104,000	101,000 ～ 107,000
7(4)	110,000	107,000 ～ 114,000

3ヶ月の給与支給額から月額を算出し、該当する等級から標準報酬月額を確認する

※厚生年金基金に加入している方の厚生年金保険料率は、基金ごとに定められている免除保険料率（2.4%～5.0%）を控除した率となります。

加入する基金ごとに異なりますので、免除保険料率および厚生年金基金の掛金については、加入する厚生年金基金にお問い合わせください。

◆介護保険第2号被保険者は、40歳から64歳までの方であり、健康保険料率（9.90%）に介護保険料率（1.73%）が加わります。
◆等級欄の（ ）内の数字は、厚生年金保険の標準報酬月額等級です。
4(1)等級の「報酬月額」欄は、厚生年金保険の場合「93,000円未満」と読み替えてください。
34(31)等級の「報酬月額」欄は、厚生年金保険の場合「605,000円以上」と読み替えてください。
◆平成31年度における全国健康保険協会の任意継続被保険者について、標準報酬月額の上限は、300,000円です。

会社（事業所）のある都道府県によって「協会けんぽ」の健康保険料（介護保険除く）は差があり、最高の佐賀県10.75%から最低の新潟県9.63%までの違いがある。

社会保険・労働保険

キーワード 標準報酬月額

社会保険の標準報酬月額の改定届出をする

標準報酬月額

健康保険、厚生年金保険の月々の給与からの**保険料徴収額は、「標準報酬月額」で決まります。**以下は「協会けんぽ」のケースです。

	4月	5月	6月
給与支払日数	31日	30日	31日
給与支給額	283千円	294千円	292千円
「標準報酬月額表」個人負担徴収額	(283+294+292)÷3=290千円 金額等級：健保22等級17,445円(介護含む：東京都) ：厚年19等級27,450円		

条件：給与月の日数17日以上、40歳以上で介護保険料負担、所在地が東京の場合

標準報酬月額の決め方と見直し(定時決定)

標準報酬月額の決め方には、①資格取得時の決定、②７月の定時決定、③随時改定、④育児休業等終了時改定の４つの場合があります。

②のケースでは、**毎年７月に標準報酬月額の見直しがされ、これを「定時決定」**といいます。

７月１日現在の社員について、４～６月の給与平均額を標準報酬月額等級区分にあてはめて、その年の９月～翌年８月までの標準報酬月額を決定します。よって、給与からの徴収額は変動しません。

一方、賞与の徴収額は支給都度の計算で変動します。なお、**給与日数が「17日未満の月」は、標準報酬月額の計算から除く**ことになっています。

算定後の届出

個々人ごとに算定された報酬月額は、７月10日までに「報酬月額算定基礎届」を年金事務所に提出。同時に「算定基礎届・算定基礎総括表」と「総括表附表」も提出します。

チェックポイント

- □保険料徴収額は「標準報酬月額」で決まる。
- □毎年７月に標準報酬月額が見直される。
- □給与日数が「17日未満の月」は標準報酬月額の計算から除く。

被保険者報酬月額算定基礎届

日本年金機構のホームページには、社会保険に関する説明や届出様式が詳細に説明されています。実際の届出などで大いに活用できるでしょう。

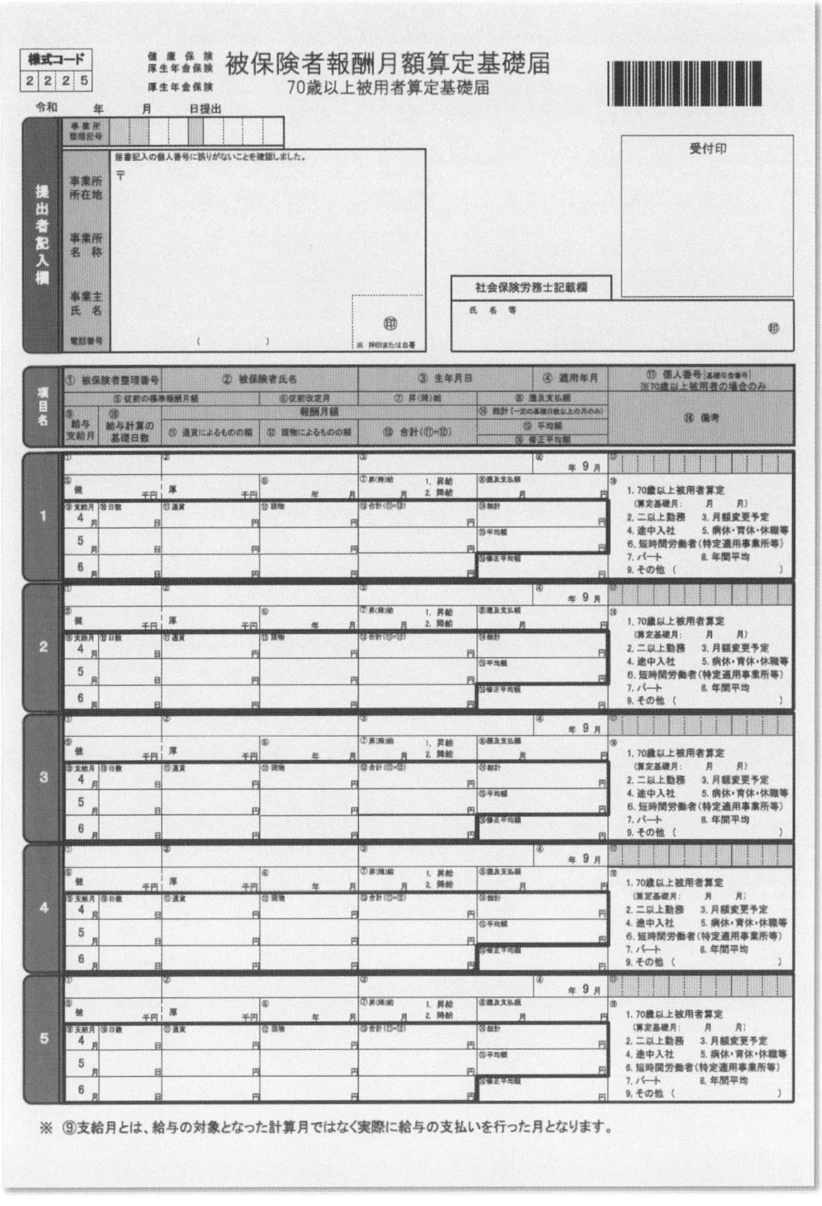

様式コード
2 2 2 5

健康保険
厚生年金保険
厚生年金保険

被保険者報酬月額算定基礎届
70歳以上被用者算定基礎届

令和　年　月　日提出

提出者記入欄
事業所整理記号
届書記入の個人番号に誤りがないことを確認しました。
事業所所在地　〒
事業所名称
事業主氏名　印　※ 押印または自署
電話番号　（　　）

受付印

社会保険労務士記載欄
氏名等　印

項目名						
① 被保険者整理番号	② 被保険者氏名		③ 生年月日	④ 適用年月		⑰ 個人番号［基礎年金番号］※70歳以上被用者の場合のみ
⑤ 従前の標準報酬月額		⑥ 従前改定月	⑦ 昇(降)給	⑧ 遡及支払額		⑱ 備考
⑨ 給与支給月	⑩ 給与計算の基礎日数	報酬月額 ⑪ 通貨によるものの額	⑫ 現物によるものの額	⑬ 合計(⑪+⑫)	⑭ 総計(一定の基礎日数以上の月のみ) ⑮ 平均額 ⑯ 修正平均額	

1	①	②	③	④ 年 9 月		⑰
	⑤ 健　千円	厚　千円	⑥ 年　月	⑦ 昇(降)給　月　1. 昇給　2. 降給	⑧ 遡及支払額　月　円	⑱ 1. 70歳以上被用者算定（算定基礎月：　月　月）2. 二以上勤務　3. 月額変更予定　4. 途中入社　5. 病休・育休・休職等　6. 短時間労働者(特定適用事業所等)　7. パート　8. 年間平均　9. その他（　）
	⑨ 支給月 4 月	⑩ 日数　日	⑪ 通貨　円	⑫ 現物　円	⑬ 合計(⑪+⑫)　円	⑭ 総計　円
	5 月	日	円	円	円	⑮ 平均額　円
	6 月	日	円	円	円	⑯ 修正平均額　円
2	①	②	③	④ 年 9 月		⑰
	⑤ 健　千円	厚　千円	⑥ 年　月	⑦ 昇(降)給　月　1. 昇給　2. 降給	⑧ 遡及支払額　月　円	⑱ 1. 70歳以上被用者算定（算定基礎月：　月　月）2. 二以上勤務　3. 月額変更予定　4. 途中入社　5. 病休・育休・休職等　6. 短時間労働者(特定適用事業所等)　7. パート　8. 年間平均　9. その他（　）
	⑨ 支給月 4 月	⑩ 日数　日	⑪ 通貨　円	⑫ 現物　円	⑬ 合計(⑪+⑫)　円	⑭ 総計　円
	5 月	日	円	円	円	⑮ 平均額　円
	6 月	日	円	円	円	⑯ 修正平均額　円
3	①	②	③	④ 年 9 月		⑰
	⑤ 健　千円	厚　千円	⑥ 年　月	⑦ 昇(降)給　月　1. 昇給　2. 降給	⑧ 遡及支払額　月　円	⑱ 1. 70歳以上被用者算定（算定基礎月：　月　月）2. 二以上勤務　3. 月額変更予定　4. 途中入社　5. 病休・育休・休職等　6. 短時間労働者(特定適用事業所等)　7. パート　8. 年間平均　9. その他（　）
	⑨ 支給月 4 月	⑩ 日数　日	⑪ 通貨　円	⑫ 現物　円	⑬ 合計(⑪+⑫)　円	⑭ 総計　円
	5 月	日	円	円	円	⑮ 平均額　円
	6 月	日	円	円	円	⑯ 修正平均額　円
4	①	②	③	④ 年 9 月		⑰
	⑤ 健　千円	厚　千円	⑥ 年　月	⑦ 昇(降)給　月　1. 昇給　2. 降給	⑧ 遡及支払額　月　円	⑱ 1. 70歳以上被用者算定（算定基礎月：　月　月）2. 二以上勤務　3. 月額変更予定　4. 途中入社　5. 病休・育休・休職等　6. 短時間労働者(特定適用事業所等)　7. パート　8. 年間平均　9. その他（　）
	⑨ 支給月 4 月	⑩ 日数　日	⑪ 通貨　円	⑫ 現物　円	⑬ 合計(⑪+⑫)　円	⑭ 総計　円
	5 月	日	円	円	円	⑮ 平均額　円
	6 月	日	円	円	円	⑯ 修正平均額　円
5	①	②	③	④ 年 9 月		⑰
	⑤ 健　千円	厚　千円	⑥ 年　月	⑦ 昇(降)給　月　1. 昇給　2. 降給	⑧ 遡及支払額　月　円	⑱ 1. 70歳以上被用者算定（算定基礎月：　月　月）2. 二以上勤務　3. 月額変更予定　4. 途中入社　5. 病休・育休・休職等　6. 短時間労働者(特定適用事業所等)　7. パート　8. 年間平均　9. その他（　）
	⑨ 支給月 4 月	⑩ 日数　日	⑪ 通貨　円	⑫ 現物　円	⑬ 合計(⑪+⑫)　円	⑭ 総計　円
	5 月	日	円	円	円	⑮ 平均額　円
	6 月	日	円	円	円	⑯ 修正平均額　円

※ ⑨支給月とは、給与の対象となった計算月ではなく実際に給与の支払いを行った月となります。

「年金事務所」や「事務センター」は年金を取り扱うだけでなく、「協会けんぽ」の健康保険の手続きも仲介している。「健保組合」に加入している会社はそれぞれに届け出ることになる。

社会保険・労働保険

キーワード 社会保険料

賞与のときの社会保険料の計算

賞与から社会保険料も控除する

一般に年２回の**賞与の支給があり、そのとき、社会保険料も控除（天引き）されます。**賞与の支給額の1000円未満切り捨て額が「標準賞与額」で、それに給与と同じ料率を乗じて徴収額が算出されます。よって、給与で使う「標準報酬月額表」は使用しません。

提出時期と退出届

賞与を支払った日から**５日以内に、会社は年金事務所に「健康保険・厚生年金保険　被保険者賞与支払届」とその「支払届総括表」を提出**します。

会社の新規適用届のなかで賞与支払予定日を記入していた場合は、その時期に合わせて、年金事務所から届け出用紙が郵送されてきます。

標準賞与額の上限設定

標準賞与額には上限があり、その**上限を超えた分には社会保険料がかからない**ことになります。上限額は、健康保険では年度（４月１日から翌年３月31日）の累計賞与支給額が573万円、厚生年金保険では１回の支給（１ヶ月合計）ごとに150万円となっています。そのため、**上期と下期の賞与支給額が同じでも保険料が変わることがあります。**

●簡単なケース（個人負担：健保料率5%、厚年料率9.15%）

年間	支給額		対象額	個人保険料負担
上期賞与	300万円	健保上限額	300万	15.0万円
		厚年上限額	150万	13.7万円
下期賞与	300万円	健保上限額	273万	13.6万円
		厚年上限額	150万	13.7万円

チェックポイント

□賞与の支給のとき、社会保険料も控除する。
□賞与の支給から５日以内に書類を年金事務所に提出する。
□標準賞与額の上限を超えた分には社会保険料がかからない。

被保険者賞与支払届

個人ごとの「被保険者賞与支払届」と合計表の「被保険者賞与支払総括表」を年金事務所あるいは事務センターに提出します。

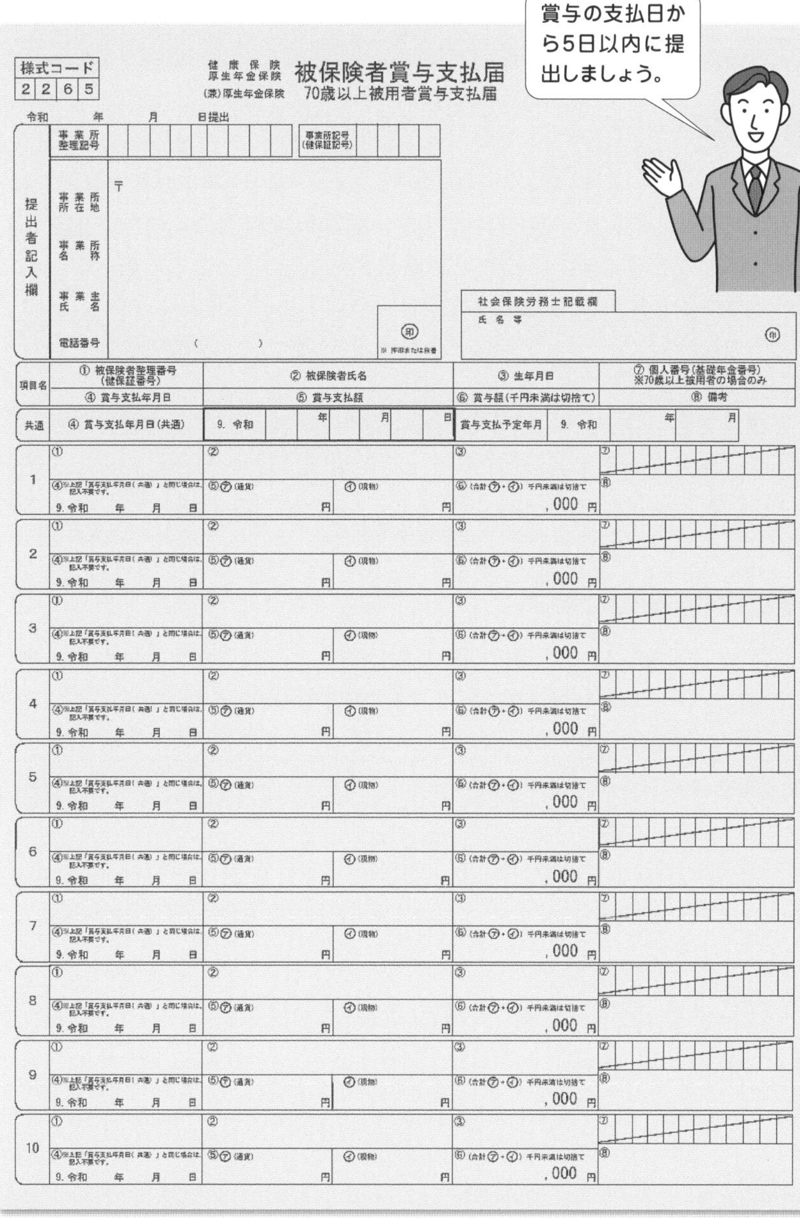

賞与の支払日から5日以内に提出しましょう。

様式コード 2265

健康保険 厚生年金保険 被保険者賞与支払届
（兼）厚生年金保険 70歳以上被用者賞与支払届

令和　年　月　日提出

提出者記入欄
- 事業所整理記号
- 事業所番号（健保証記号）
- 事業所所在地　〒
- 事業所名称
- 事業主氏名　㊞　※ 押印または署名
- 電話番号　（　　）

社会保険労務士記載欄
氏名等　㊞

項目名	① 被保険者整理番号（健保証番号）	② 被保険者氏名		③ 生年月日	⑦ 個人番号（基礎年金番号）※70歳以上被用者の場合のみ
	④ 賞与支払年月日	⑤ 賞与支払額		⑥ 賞与額（千円未満は切捨て）	⑧ 備考
共通	④ 賞与支払年月日（共通）	9. 令和　年　月　日		賞与支払予定年月　9. 令和　年　月	
1	①	②		③	⑦
	④※上記「賞与支払年月日（共通）」と同じ場合は、記入不要です。9. 令和　年　月　日	⑤㋐（通貨）円	㋑（現物）円	⑥（合計㋐＋㋑）千円未満は切捨て ,000 円	⑧
2	①	②		③	⑦
	④※上記「賞与支払年月日（共通）」と同じ場合は、記入不要です。9. 令和　年　月　日	⑤㋐（通貨）円	㋑（現物）円	⑥（合計㋐＋㋑）千円未満は切捨て ,000 円	⑧
3	①	②		③	⑦
	④※上記「賞与支払年月日（共通）」と同じ場合は、記入不要です。9. 令和　年　月　日	⑤㋐（通貨）円	㋑（現物）円	⑥（合計㋐＋㋑）千円未満は切捨て ,000 円	⑧
4	①	②		③	⑦
	④※上記「賞与支払年月日（共通）」と同じ場合は、記入不要です。9. 令和　年　月　日	⑤㋐（通貨）円	㋑（現物）円	⑥（合計㋐＋㋑）千円未満は切捨て ,000 円	⑧
5	①	②		③	⑦
	④※上記「賞与支払年月日（共通）」と同じ場合は、記入不要です。9. 令和　年　月　日	⑤㋐（通貨）円	㋑（現物）円	⑥（合計㋐＋㋑）千円未満は切捨て ,000 円	⑧
6	①	②		③	⑦
	④※上記「賞与支払年月日（共通）」と同じ場合は、記入不要です。9. 令和　年　月　日	⑤㋐（通貨）円	㋑（現物）円	⑥（合計㋐＋㋑）千円未満は切捨て ,000 円	⑧
7	①	②		③	⑦
	④※上記「賞与支払年月日（共通）」と同じ場合は、記入不要です。9. 令和　年　月　日	⑤㋐（通貨）円	㋑（現物）円	⑥（合計㋐＋㋑）千円未満は切捨て ,000 円	⑧
8	①	②		③	⑦
	④※上記「賞与支払年月日（共通）」と同じ場合は、記入不要です。9. 令和　年　月　日	⑤㋐（通貨）円	㋑（現物）円	⑥（合計㋐＋㋑）千円未満は切捨て ,000 円	⑧
9	①	②		③	⑦
	④※上記「賞与支払年月日（共通）」と同じ場合は、記入不要です。9. 令和　年　月　日	⑤㋐（通貨）円	㋑（現物）円	⑥（合計㋐＋㋑）千円未満は切捨て ,000 円	⑧
10	①	②		③	⑦
	④※上記「賞与支払年月日（共通）」と同じ場合は、記入不要です。9. 令和　年　月　日	⑤㋐（通貨）円	㋑（現物）円	⑥（合計㋐＋㋑）千円未満は切捨て ,000 円	⑧

Memo 社会保険の新規適用届を出したのちは、賞与支払届などの用紙が事務センターから会社に毎回郵送されてくる。賞与支払届を出したのち、「納入告知書」が郵送されてくるので、それで支払う。

社会保険・労働保険

キーワード　標準報酬月額の変更

社会保険の標準報酬月額を変更する

随時改定

社員の報酬が、昇格などで給与の固定給部分が大幅に変わったときは、年１回（７月）の定時決定を待たずに、**標準報酬月額の変更届を出し、徴収保険料を変更**します。これを「随時改定」といいます。

随時改定は、次の**３つの条件**をすべて満たす場合に行います。

①昇給または降給等により固定賃金に変動があった（残業手当など変動するものは対象外）

②変動月からの３ヶ月間に支給された報酬（残業手当等を含む）の平均月額に該当する標準報酬月額と、これまでの標準報酬月額との間に２等級以上の差が生じた（給与35万円のとき２等級の差は約４万円）

③３ヶ月とも給与支給日数が月17日以上あること

保険料の変更と届出

保険料を変更する場合、**「被保険者報酬月額変更届」を年金事務所に提出**します。給与が変動したのち、３ヶ月平均の報酬額を算定するので、届出を含めて、**変動後４ヶ月目の給与から、新しい保険料徴収が開始**されます。

●年金機構のホームページでの説明図

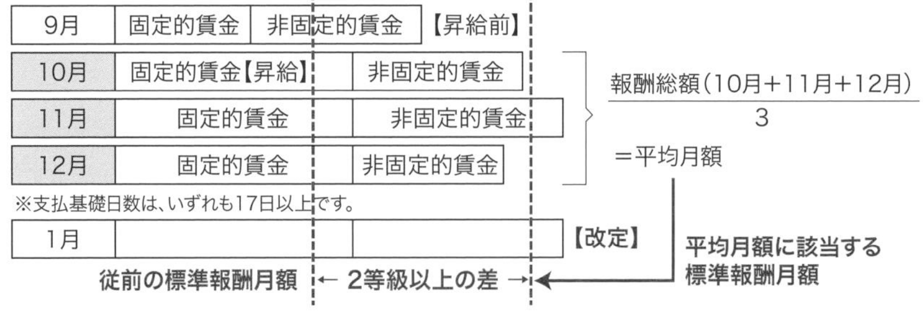

チェックポイント

□固定給が大幅に変わったときは、徴収保険料を変更する。

□随時改定を行うには、３つの条件を満たす必要がある。

□年金事務所に「被保険者報酬月額変更届」を提出する。

被保険者報酬月額変更届

固定的賃金とは月給日給、役職手当、通勤手当、住宅手当など支給率・額が固定されているものをいい、変動する残業代、皆勤手当などは除きます。

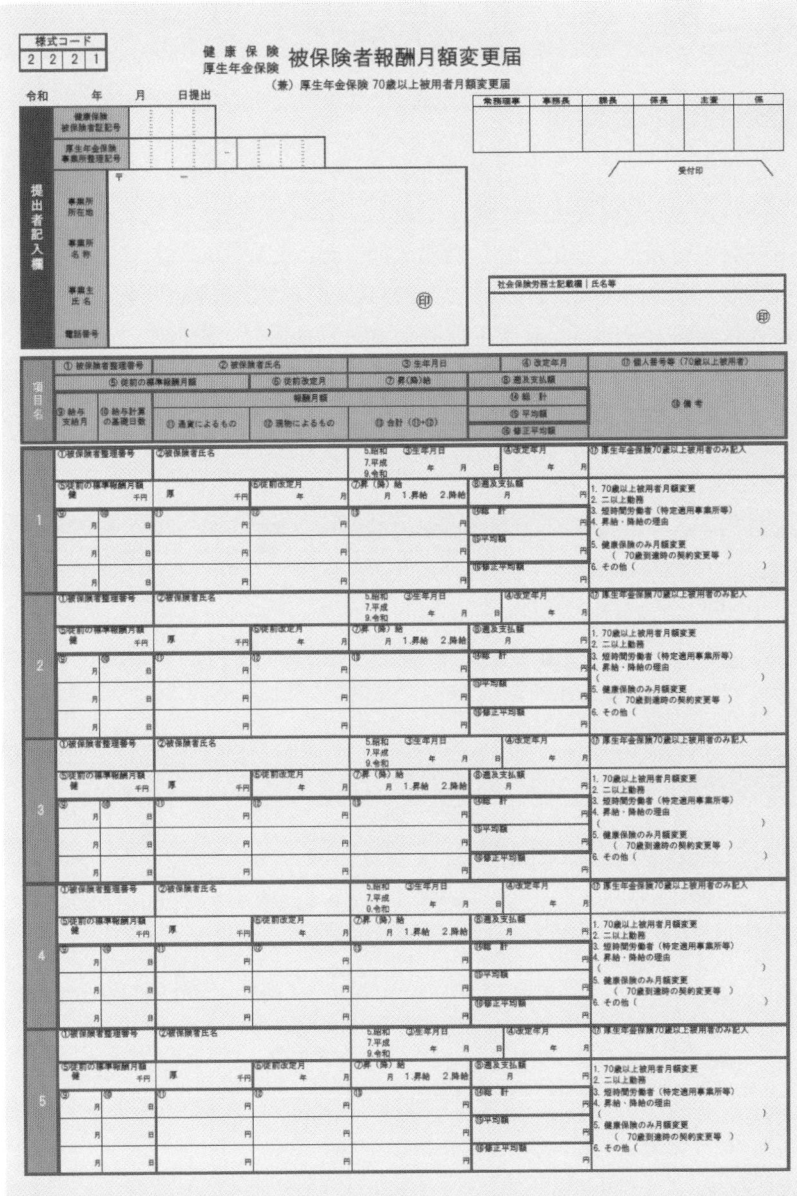

様式コード 2221

健康保険
厚生年金保険　被保険者報酬月額変更届

（兼）厚生年金保険 70歳以上被用者月額変更届

令和　年　月　日提出

常務理事	事務長	課長	係長	主査	係

受付印

提出者記入欄

健康保険 被保険者証記号	
厚生年金保険 事業所整理記号	－
事業所所在地	〒　－
事業所名称	
事業主氏名	㊞
電話番号	（　）

社会保険労務士記載欄｜氏名等　㊞

項目名

① 被保険者整理番号	② 被保険者氏名	③ 生年月日	④ 改定年月	⑰ 個人番号等（70歳以上被用者）
⑤ 従前の標準報酬月額	⑥ 従前改定月	⑦ 昇(降)給	⑧ 遡及支払額	⑱ 備考
⑨ 給与支給月 / ⑩ 給与計算の基礎日数	報酬月額 ⑪ 通貨によるもの / ⑫ 現物によるもの / ⑬ 合計（⑪+⑫）		⑭ 総計 / ⑮ 平均額 / ⑯ 修正平均額	

	①被保険者整理番号	②被保険者氏名	③生年月日	④改定年月	⑰厚生年金保険70歳以上被用者のみ記入
1			5.昭和 7.平成 9.令和　年　月　日	年　月	
	⑤従前の標準報酬月額 健　千円 厚　千円	⑥従前改定月 年　月	⑦昇（降）給 月 1.昇給 2.降給	⑧遡及支払額 月　円	1. 70歳以上被用者月額変更 2. 二以上勤務 3. 短時間労働者（特定適用事業所等） 4. 昇給・降給の理由（　） 5. 健康保険のみ月額変更（70歳到達時の契約変更等） 6. その他（　）
	⑨ 月 ⑩ 日	⑪ 円 ⑫ 円	⑬ 円	⑭総計 円	
	月 日	円 円	円	⑮平均額 円	
	月 日	円 円	円	⑯修正平均額 円	
2	（1と同じ記入欄）				
3	（1と同じ記入欄）				
4	（1と同じ記入欄）				
5	（1と同じ記入欄）				

Memo
社会保険の手続きは定例的なものとなり、定時決定では算定届を出すので「算定（さんてい）」と呼び、随時改定では月額変更届を出すので「月変（げっぺん）」と呼ぶ。

社会保険・労働保険

キーワード　社会保険料の納付

社会保険料の納付と各種届出一覧

保険料納入告知書

社員の給与・賞与から源泉徴収（天引き）した保険料と会社負担の保険料を合わせて、**翌月末までに納付**します。

日本年金機構は、提出される資格取得、喪失、標準報酬月額、変動届出などをもとに、毎月10日頃に前月分を確定し、**20日頃に各会社へ「保険料納入告知書」を郵送**します。保険料納入告知書は「納付書」も兼ねているので、そのまま金融期間に提示して振込をしましょう。

なお、納入告知書は「領収済通知書」「領収控」「納入告知書（納付書）」の3枚複写でしたが、2015年1月から単票に変更されています。

保険料の納付の流れ

保険料の納付の流れは以下のようになります。

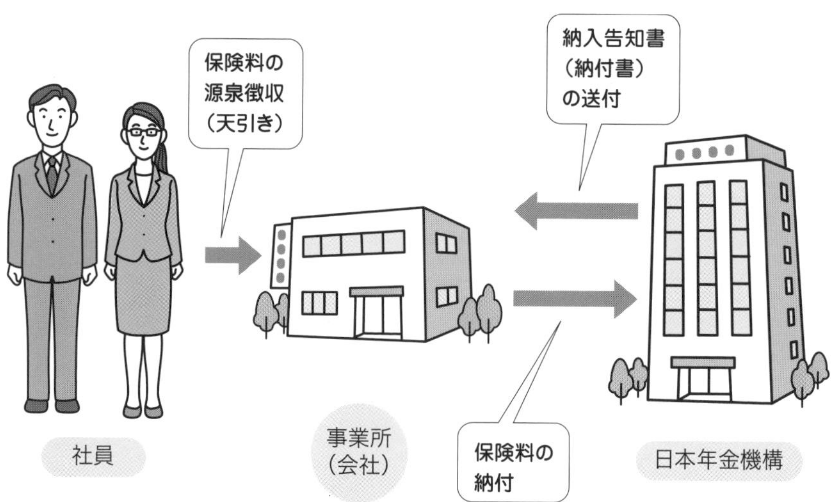

チェックポイント
- □給与から天引きした保険料と会社負担の保険料を合わせて納付。
- □日本年金機構から「保険料納入告知書」が郵送される。
- □納入告知書は納付書を兼ねている。

社会保険に関する書類提出先（協会けんぽの場合）

さまざまな手続きのうえ、提出すべき届出一覧です。添付書類などもあるので、詳細を確認してから提出しましょう。

	年金事務所	協会けんぽ
会社操業開始時	●健康保険・厚生年金保険新規適用届	
会社住所等変更時	●適用事業所所在名称変更（訂正）届	
	●事業所関係変更（訂正届）	
社員採用時	●被保険者資格取得届	
	●健康保険被扶養者（異動届）	
社員住所等変更時	●被保険者住所変更届	
	●被保険者氏名変更（訂正）届	
年金手帳・保険証紛失時	●年金手帳・再交付申請書	●被保険者訂正再交付申請書
給与・賞与の支払い	●被保険者報酬月額算定基礎届	
	●被保険者報酬月額変更届	
	●被保険者賞与支払届	
退職・死亡のとき	●被保険者資格喪失届	●任意継続被保険者資格取得届
病気・ケガのとき		●療養費支給申請書 ●高額療養費支給申請書 ●限度額適用標準負担額減額認定申請書
出産・育児のとき	●産前・産後休業取得者申出書 ●育児休業等取得者申出書	●出産手当支給申請書 など

Memo　年金や健康への関心の高まりとともに、「日本年金機構」（www.nenkin.go.jp/）、「協会けんぽ」（www.kyoukaikenpo.or.jp/）のホームページの内容も充実している。

キーワード 労働保険

労働保険を理解する

労働保険は労災保険と雇用保険の総称

労働保険とは「労働者災害補償保険（労災保険）」と雇用保険とを総称した呼称で、「健康保険・厚生年金保険」とともに、社会保障の双璧をなしています。また、「労災保険」と「雇用保険」の保険料の申告・納付等については一体のものとして取扱いされるので、保険ごとの対応は必要ありません。ただし、**保険給付は両保険ごとに別々に行われています。**

なお、**社員（パート、アルバイトを含む）を一人でも雇用していれば、業種・規模を問わず労働保険の強制適用**となります。会社は成立（加入）手続きを行い、労働保険料を納付しなければいけません。

労災保険

労災保険は、社員（労働者）が業務上の事由または通勤によって負傷したり、病気に見舞われたり、あるいは死亡したりした場合に被災労働者や遺族を保護するため保険給付を行うもの。対象者は派遣、パートなどの呼称に関係なくすべての働く人が対象です。

保険料は会社が負担し、社員からの加入届出は一切必要ありません。被保険者数は5280万人（厚生労働省2009年調査）です。

雇用保険

雇用保険は、社員（労働者）が失業した場合や倒産など雇用が困難となる事由が生じた場合に、生活および雇用の安定を図るとともに、再就職を促進するため保険給付を行うもの。対象者は週20時間以上かつ１ヶ月以上の雇用見込みのある人です（季節労働者、昼間学生、65歳以上の再雇用者、取締役役員は対象外）。保険料は**会社と社員が一定割合を給与水準に応じて負担**します。被保険者数は3770万人（厚生労働省2009年調査）です。

□労働保険は労災保険と雇用保険を総称した呼称。
□労災保険と雇用保険の保険給付は別々に行う。
□社員を一人でも雇用していれば、労働保険の強制適用。

労働保険の財政

（H28　厚労省調査）

労災保険率は、事業の種類ごとに過去３年間の保険給付等に基づき、保険給付費用の予想額を想定して改定されています。

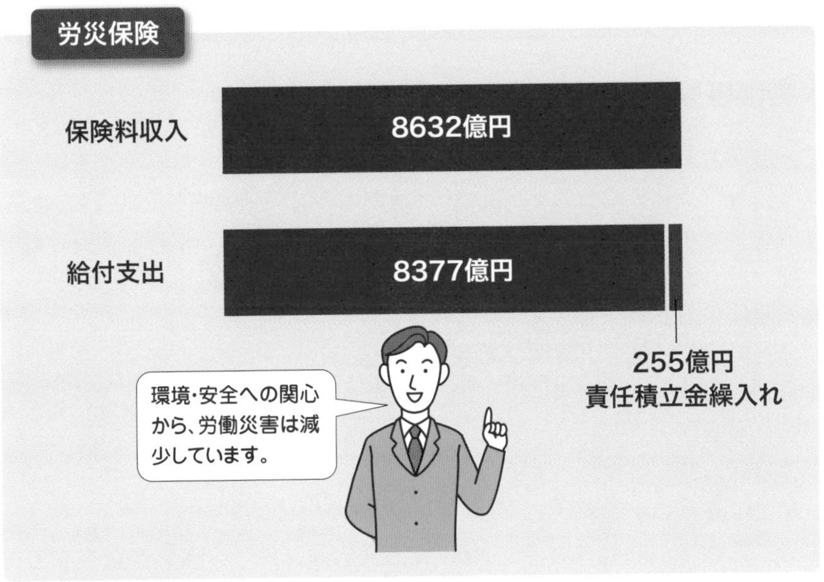

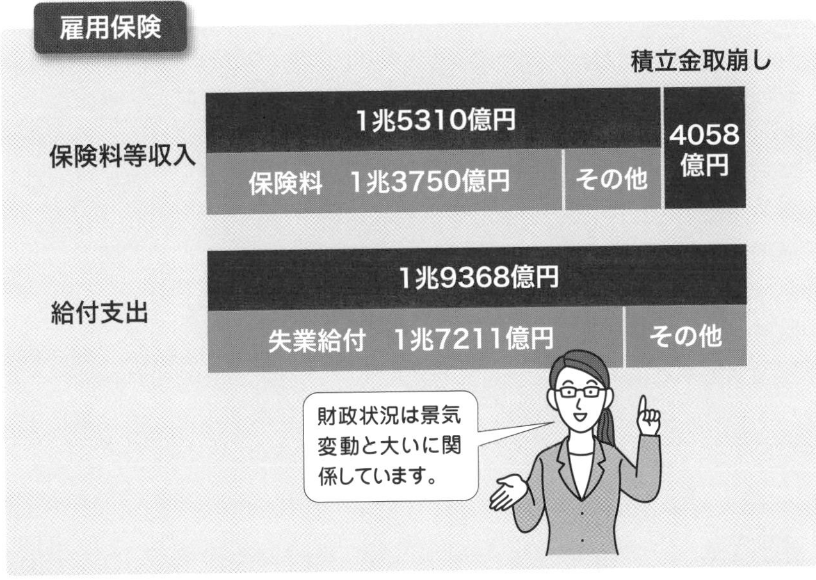

2009年度以降の失業給付受給者は毎年減少しており、順調な景気の継続が反映している。最近では、2016年度の受給者数は約40万人で、リーマンショック時の2001年度の約85万人から半減している。

キーワード 労働保険の届出

事業開始後の労働保険の届出をする

労働保険の成立手続き

会社を設立して事業を開始するために、社員・パートなど誰かを雇い入れて給与を支払うことになったら、労働保険に加入しなければいけません。

労働保険の成立手続きは次のとおりです。会社は労働基準監督署とハローワーク（公共職業安定所）に、以下の①〜④の届出を提出します。

①保険関係成立届

会社の名前、住所、業種など基本的な情報の届出をします。

なお、**税務署への届出によって、「法人番号」を事前に入手**しておく必要があります。

②労働保険概算保険料申告書

給与の支払いを始めたら、すぐに保険料を概算値で申告します。保険関係成立日から、３月末までの**給与支払見込額を出し、保険料率を乗じて「概算保険料額」を算出**します。

【概算保険料額の算出例】

10月に事業を開始し、給与の支払いを行った。その後、３月まで人員の追加採用もあり、「４人×20万円×６ヶ月間＝480万円」と概算を見積もった。この場合の概算保険料は、「給与総額480万円×(労災料率3/1000＋雇用料率9/1000)＝5.76万円」となる。なお、**納付すべき概算保険料が40万円以上の場合は延納も可能。**

③雇用保険適用事業所設置届

会社の基本情報をハローワークに提出します。

④雇用保険被保険者資格取得届

雇用するごとにハローワークに届出します。雇用した社員が保険の対象者（被保険者）となる届出で、社員の氏名・生年月日・マイナンバーを記載します。

- □会社の基本情報を届出する前に、法人番号を入手する。
- □給与を支払い始めたら、保険料を概算値で申告する。
- □雇用するごとにハローワークに届出する。

事業を開始して雇用したときの届出

届出には営業実態を証するために、会社登記簿謄本、営業許可証や事務所賃貸契約書、労働者名簿など、添付書類が必要です。

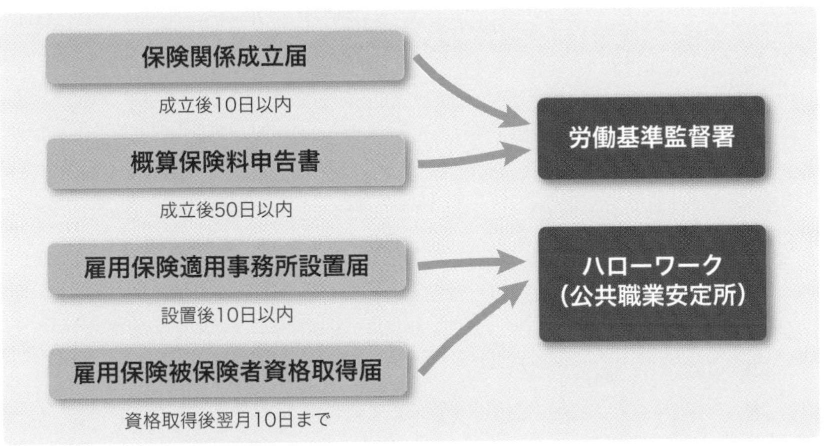

雇用保険率表

保険料率は4月から翌年3月までを期間として、毎年改定されます。近年は財政状況が安定しているので変動は少なくなっています。

事業の種類	保険料	会社負担	社員負担
一般の事業	9/1000	6/1000	3/1000
農林水産業	11/1000	7/1000	4/1000
建築の事業	12/1000	8/1000	4/1000

労災保険率表

製造業、建設業など10の事業区分があり、製造業のなかも食品製造業、化学工業など約20の区分があり、それぞれ業種番号が付されています。

業種	業種番号	料率
製造業	61	6.5/1000
小売業	98	3/1000
印刷業	46	3.5/1000

Memo　労災保険は被保険者という概念はなく、会社が加入していればそこで働くすべての人が自動的に対象になる。雇用保険は被保険者があり、会社が個人ごとに届出をすることで加入が成立する。

労働保険の保険料申告書

労働保険の保険料申告書は、概算・増加概算・確定の３つの兼用の申告用紙になっています（厚生労働省ホームページより）。

様式第６号（第24条、第25条、第33条関係）（甲）（1）（表面）

労働保険 / 石綿健康被害救済法　概算・増加概算・確定保険料 / 一般拠出金　申告書

継続事業（一括有期事業を含む。）

標準字体 0 1 2 3 4 5 6 7 8 9

第2片「記入に当たっての注意事項」をよく読んでから記入して下さい。OCR枠への記入は上記の「標準字体」でお願いします。

提出用

下記のとおり申告します。

年　月　日

種別 32700　※修正項目番号　※入力徴定コード

① 労働保険番号（都道府県・所掌・管轄・基幹番号・枝番号）

※各種区分（管轄(2)・保険関係等・業種・産業分類）

あて先 〒

②増加年月日（元号：令和は9）　③事業廃止等年月日（元号：令和は9）　※事業廃止等理由

④常時使用労働者数　⑤雇用保険被保険者数　⑥免除対象高年齢労働者数　※保険関係　※片保険理由コード

労働保険特別会計歳入徴収官殿

確定保険料算定内訳	⑦ 区分	算定期間　年　月　日から　年　月　日まで		
		⑧ 保険料・一般拠出金算定基礎額	⑨保険料・一般拠出金率	⑩ 確定保険料・一般拠出金額（⑧×⑨）
	労働保険料	千円	1000分の	円
	労災保険分	千円	1000分の	円
	雇用保険分　雇用保険法適用者分	千円		
	雇用保険分　高年齢労働者分	千円	1000分の	円
	雇用保険分　保険料算定対象者分	千円	1000分の	円
	一般拠出金	千円	1000分の	円

概算・増加概算保険料算定内訳	⑪ 区分	算定期間　年　月　日から　年　月　日まで		
		⑫ 保険料算定基礎額の見込額	⑬ 保険料率	⑭ 概算・増加概算保険料額（⑫×⑬）
	労働保険料	千円	1000分の	円
	労災保険分	千円	1000分の	円
	雇用保険分　雇用保険法適用者分	千円		
	雇用保険分　高年齢労働者分	千円		
	雇用保険分　保険料算定対象者分	千円	1000分の	円

（なるべく折り曲げないようにし、やむをえない場合には折り曲げマーク（▶）の所で折り曲げて下さい。）

（注1）石綿による健康被害の救済に関する法律第35条第1項に基づき、労災保険適用事業主から徴収する一般拠出金
（注2）一般拠出金は延納できません

⑮事業主の郵便番号（変更のある場合記入）　⑯事業主の電話番号（変更のある場合記入）　⑰ 延納の申請　納付回数

※検算有無区分　※還額対象区分　※データ指示コード　※再入力区分　※修正項目

⑧⑩⑫⑭⑳の（ロ）欄の金額の前に「￥」記号を付さないで下さい。

⑱ 申告済概算保険料額　円

⑲申告済概算保険料額　円

⑳ 差引額
- （イ）充当額（⑱−⑩の（イ））　円
- （ハ）不足額（⑩の（イ）−⑱）　円
- （ロ）還付額（⑱−⑩の（イ））　円
- ㉚充当意思　1：労働保険料のみに充当　2：一般拠出金のみに充当　3：労働保険料及び一般拠出金に充当

㉑増加概算保険料額（⑭の（イ）−⑱）　円

㉛ 法人番号

㉒ 期別納付額
- 第1期（初期）又は全期：（イ）概算保険料額（⑭の（イ）÷㉒＋次期以降の円未満端数）　（ロ）労働保険料充当額（⑳の（イ）（労働保険料分のみ））　（ハ）不足額（⑳の（ハ））　（ニ）今期労働保険料（（イ）−（ロ）又は（イ）＋（ハ））　（ホ）一般拠出金充当額（⑳の（イ）（一般拠出金分のみ））　（ヘ）一般拠出金額（⑩の（ヘ）−⑳の（ホ））（注2）　（ト）今期納付額（（ニ）＋（ヘ））
- 第2期：（チ）概算保険料額（⑭の（イ）÷㉒）　（リ）労働保険料充当額（⑳の（イ）−㉒の（ロ））　（ヌ）第2期納付額（（チ）−（リ））
- 第3期：（ル）概算保険料額（⑭の（イ）÷㉒）　（ヲ）労働保険料充当額（⑳の（イ）−㉒の（ロ）−㉒の（リ））　（ワ）第3期納付額（（ル）−（ヲ））

㉓ 保険関係成立年月日

㉔ 事業廃止等理由　(1)廃止　(2)委託　(3)個別　(4)労働者なし　(5)その他

㉕ 事業又は作業の種類

㉖加入している労働保険　（イ）労災保険　（ロ）雇用保険

㉗特掲事業　（イ）該当する　（ロ）該当しない

㉘ 事業　（イ）所在地　（ロ）名称

㉙ 事業主　郵便番号　電話番号　（イ）住所（法人のときは主たる事務所の所在地）　（ロ）名称　（ハ）氏名（法人のときは代表者の氏名）　記名押印又は署名　㊞

雇用保険被保険者資格取得届

開業時に雇用保険適用事業所設置届を提出したのち、対象となる社員個人ごとの氏名、個人番号などを資格取得届として提出します。

様式第2号　**雇用保険被保険者資格取得届**　標準字体 0123456789
（必ず第2面の注意事項を読んでから記載してください。）

帳票種別 17101
1. 個人番号 □□□□□□□□□□□□
2. 被保険者番号 4900-123456-7
3. 取得区分 2（1 新規　2 再取得）
4. 被保険者氏名 夏目　フリガナ（カタカナ） ナツメ
5. 変更後の氏名 花子　フリガナ（カタカナ） ハナコ
6. 性別 2（1 男　2 女）
7. 生年月日 3-521025（2 大正　3 昭和　4 平成　5 令和）元号 年 月 日
8. 事業所番号 4900-987654-3
9. 被保険者となったことの原因 2（1 新規雇用（新規学卒）　2 新規（その他）雇用　3 日雇からの切替　4 その他　8 出向元への復帰等（65歳以上））
10. 賃金（支払の態様－賃金月額：単位千円） 1-300（1 月給　2 週給　3 日給　4 時間給　5 その他）百万 十万 万 千円
11. 資格取得年月日 5-310401（4 平成　5 令和）元号 年 月 日
12. 雇用形態 7（1 日雇　2 派遣　3 パートタイム　4 有期契約労働者　5 季節的雇用　6 船員　7 その他）
13. 職種 01（01～11）第2面参照
14. 就職経路 1（1 安定所紹介　2 自己就職　3 民間紹介　4 把握していない）
15. 1週間の所定労働時間 40□□ 時間 分
16. 契約期間の定め 2（1 有－契約期間 □-□□□□□□ から □-□□□□□□ まで（4 平成　5 令和）　契約更新条項の有無 2（1 有　2 無）　2 無）

事業所名（　　）　備考（　　）

（この用紙は、このまま機械で処理しますので、汚さないようにしてください。）

17欄から22欄までは、被保険者が外国人の場合のみ記入してください。
17. 被保険者氏名（ローマ字）（アルファベット大文字で記入してください。）
被保険者氏名〔続き（ローマ字）〕
18. 国籍・地域（　　）
19. 在留資格（　　）
20. 在留期間 □□□□□□□□ まで　西暦 年 月 日
21. 資格外活動許可の有無 □（1 有　2 無）
22. 派遣・請負就労区分 □（1 派遣・請負労働者として主として当該事業所以外で就労する場合　2 1に該当しない場合）

※公共職業安定所記載欄
23. 取得時被保険者種類（1 一般　2 短期常態　3 季節　11 高年齢被保険者（65歳以上））
24. 番号複数取得チェック不要（チェック・リストが出力されたが、調査の結果、同一人でなかった場合に「1」を記入。）
25. 国籍・地域コード（18欄に対応するコードを記入）
26. 在留資格コード（19欄に対応するコードを記入）

雇用保険法施行規則第6条第1項の規定により上記のとおり届けます。
令和　年　月　日

事業主　住所
氏名　記名押印又は署名　印
電話番号

公共職業安定所長　殿

社会保険労務士記載欄	作成年月日・提出代行者・事務代理者の表示	氏名	電話番号
	令和31年 4月 6日	印	

※所長	次長	課長	係長	係	操作者

※備考
確認通知　令和　年　月　日

2019. 5

Memo 労働保険関係の電子申請が推奨されており、電子政府の総合窓口イーガブ（e-Gov　https://www.e-gov.go.jp）から申請アプリケーションをインストールののち、申請を行う。

所在地等変更があった場合の手続き

会社の住所や事業所の変更があったときは、変更届を提出します。すみやかに労働基準監督署に「労働保険　名称・所在地等変更届」を提出し、ほぼ同じ内容の「雇用保険事業主事業所各種変更届」をハローワークに提出します。

雇用保険事業主事業所各種変更届

（必ず第２面の注意事項を読んでから記載してください。）

※　事業所番号

帳票種別 13003

※1. 変更区分

2. 変更年月日　元号　年　月　日（4 平成　5 令和）

3. 事業所番号

4. 設置年月日　元号　年　月　日（3 昭和　4 平成　5 令和）

●下記の5～11欄については、変更がある事項のみ記載してください。

5. 法人番号（個人事業の場合は記入不要です。）

6. 事業所の名称（カタカナ）

事業所の名称〔続き（カタカナ）〕

7. 事業所の名称（漢字）

事業所の名称〔続き（漢字）〕

8. 郵便番号

10. 事業所の電話番号（項目ごとにそれぞれ左詰めで記入してください。）　市外局番　市内局番　番号

9. 事業所の所在地（漢字）　市・区・郡及び町村名

事業所の所在地（漢字）　丁目・番地

事業所の所在地（漢字）　ビル、マンション名等

11. 労働保険番号　府県　所掌　管轄　基幹番号　枝番号

※ 公共職業安定所記載欄　12. 設置区分（1 当然　2 任意）　13. 事業所区分（1 個別　2 委託）　14. 産業分類

（この用紙は、このまま機械で処理しますので、汚さないようにしてください。）

変更事項	15. 事業主	（フリガナ） 住所（法人のときは主たる事務所の所在地）		18. 変更前の事業所の名称	（フリガナ）		
		（フリガナ） 名称		19. 変更前の事業所の所在地	（フリガナ）		
		（フリガナ） 氏名（法人のときは代表者の氏名）		20. 事業の開始年月日	年　月　日	24. 社会保険加入状況	健康保険 厚生年金保険 労災保険
16. 変更後の事業の概要				※事業の 21. 廃止年月日	令和　年　月　日	25. 雇用保険被保険者数	一般　人
				22. 常時使用労働者数	人		日雇　人
17. 変更の理由				23. 雇用保険担当課名	課 係	26. 賃金支払関係	賃金締切日　日
							賃金支払日　当・翌月　日
備考				※所長	次長	課長	係長　係　操作者

（この届出は、変更のあった日の翌日から起算して10日以内に提出してください。）

2019. 5

キーワード 一般拠出金制度

労働保険
一般拠出金を知る

一般拠出金制度

2006年にアスベスト（石綿）の健康被害の対策として、「石綿健康被害救済法」が制定されました。その財源確保のため、雇用保険法も改正され、「一般拠出金制度」が導入されました。

これは、石綿と直接的な関係を持たない会社を含む**全国すべての会社が負担する拠出金**で、給与総額から一定率を負担します。

●拠出金の算定方式

年度での給与支給総額×一般拠出金率 0.02/1000＝一般拠出金額

労働保険の年度更新時に納付

７月の労働保険の年度更新時に、労働保険料と同じ申告書の別欄に記入します。納付書にも、労働保険料と別欄に記載されますが、納付は合計額で行います。厚生労働大臣（都道府県労働局）が徴収したのち、「石綿健康被害救済基金」に収納されます。そして、「環境再生保全機構」によって給付業務など救済の財源にあてられます。

労災保険適用と石綿健康被害救済法による救済

建設業などで直接的な被害を受けた労災被保険者には、労災が適用されますが、それ以外にも健康被害があります。**石綿健康被害救済法は、これらの健康被害を救済するための法律**でもあります。

救済給付……石綿取扱い工場の近隣住民など労災保険の対象とならない石綿健康被害者を対象とした給付。

特別遺族給付金……石綿による疾病で死亡した労働者等の遺族で労災保険の遺族補償給付の請求権を時効により失った者を対象とした給付。

チェックポイント

- □全国すべての会社が負担する拠出金で、給与総額の一定率を負担。
- □７月の労働保険の年度更新時に納付する。
- □労働保険料と別欄に記載するが、納付は合計額で行う。

社会保険・労働保険

キーワード　消滅申請書

労働保険の消滅届を理解する

消滅申請書

工場を閉鎖したときや、支店・事業所を廃止したときには「消滅申請書」などを届出します。これは、会社が合併や休業したときも同様です。

●労働保険…保険関係消滅申請書

事業が廃止された翌日には、保険関係は消滅します。申請書の提出有無にかかわらず、発生事実をもって消滅します。**申請には、社員の同意書の添付が必要です。**

●雇用保険…被保険者資格喪失届

雇用保険適用事業所廃止届とともに、**10日以内にハローワークに提出**します。これは、退職・離職することになった社員（被保険者）への対応のために必要な手続きです。また、「雇用保険被保険者離職証明書」の作成も必要です。

労働保険料の確定精算

保険関係の消滅にともない、50日以内に今までに概算で納付してきた労働保険料を精算する必要があります。これは、閉鎖や廃止までに支払った給与総額から**「確定保険料申告書」を作成して、労働保険料を納付**することになります。

社会保険の廃止手続き

会社の閉鎖となれば、社員は離職・退職となるため、**「健康保険証」を回収して、年金事務所に返納**しなければなりません。

この場合、「健康保険・厚生年金保険　適用事業所全喪届」「健康保険・厚生年金保険被保険者資格喪失届」を年金事務所に提出します。**資格喪失した場合、任意継続の処理はできません。**

チェックポイント

- □保険関係は事業が廃止された翌日に消滅する。
- □50日以内に、労働保険料を精算する。
- □会社の閉鎖となれば、健康保険証を回収し、年金事務所に返納する。

事業縮小や廃止したときの手続き

事業をやめるケースは少ないですが、事業所を移転・廃止するとき、事業を縮小するときなどでも、労働保険だけでなくさまざまな届出が必要になります。

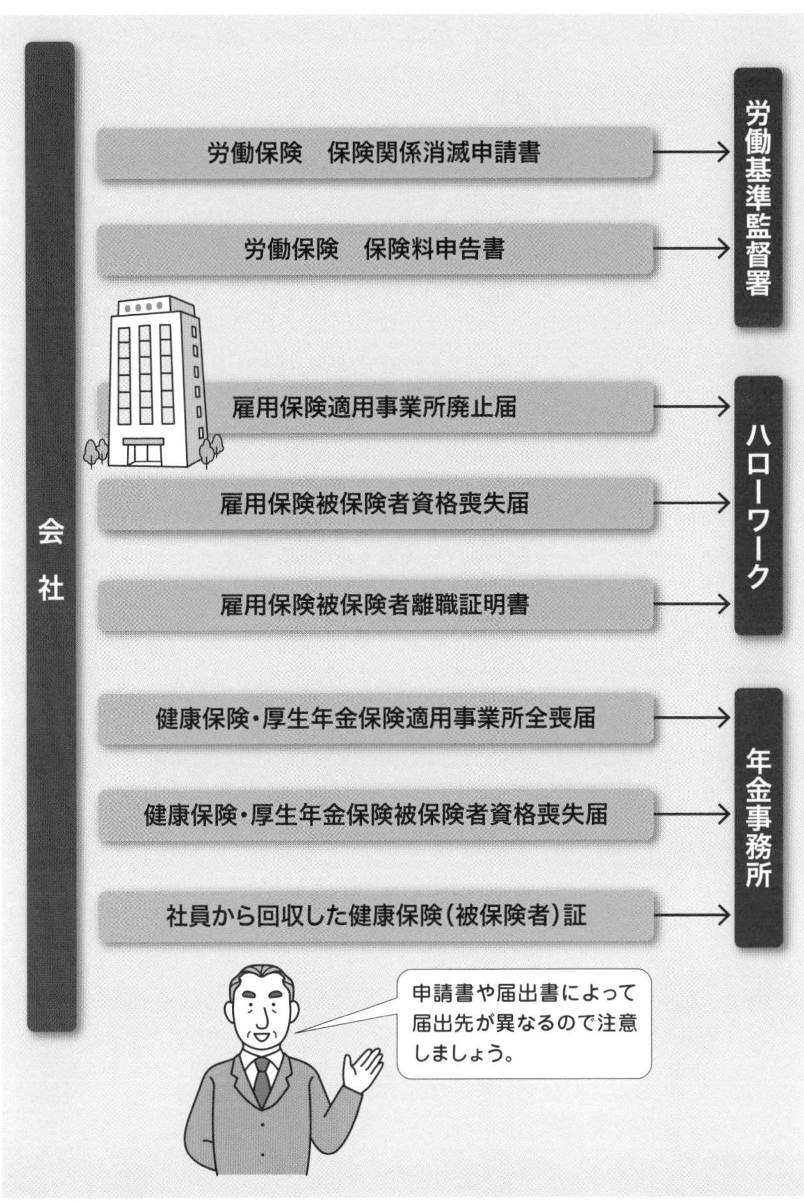

Memo
事業の整理解散には、社会保険など社員に関する手続きに加えて、債権者、出資者への清算手続きが重要になる。「特別清算」「破産」などでは弁護士や裁判所の関与が必要。

社会保険・労働保険

キーワード 労働保険の年度更新

労働保険の年度更新をする

労働保険の年度更新

雇用保険と労災保険は、**毎年7月に今後1年間の総給与額を概算計算した保険料を年金事務所に申告**します。これは、概算値で年間の保険料を前払いし、1年後に精算する方式です。労働保険の年度は4月～翌3月までの1年間です。前年に概算納付した保険料の確定差し引き申告計算と、新たな翌年の概算申告計算を同時に行います。この作業を「年度更新」と呼び、毎年繰り返し行います。**6月1日から7月10日が提出期限**です。一方、「一般拠出金」は概算・精算方式でなく、年度確定額を同時に申告します。

なお、65歳以上の高齢者社員は雇用保険対象外でしたが、2017年1月から適用拡大されました。**週20時間以上勤務し今後も雇用見込みがあれば、雇用保険の適用の対象**となります。以前から勤務していた65歳以上の社員で資格取得届が出ていない場合は新たに届出が必要です。

保険料の延納申告

概算保険料が40万円以上のときは、**年度更新時に延納欄に記入すれば、3回まで分割納付**できます（第1期7月、第2期10月、第3期翌年1月の3回）。所定の納期までに納付しないと年金事務所から督促状が送付されてきます。**不正納付や未納付には、追徴金や延滞金の罰則規定**があります。

労働保険事務組合

労働保険事務組合は、中小企業向けに労働保険の申告・納付などの業務を請け負う厚生労働大臣の認可を受けた中小事業主等の団体です。**委託するときは「労働保険事務委託書」を労働保険事務組合に提出**します。

なお、委託できる中小企業は常時雇用者が小売業50人以下、卸売業・サービス業100人以下などの制限があります。

- □雇用保険と労災保険は、毎年7月に保険料を年金事務所に申告。
- □保険料の不正納付や未納付には、追徴金や延滞金の罰則規定がある。
- □労働保険事務組合に委託するときは「労働保険事務委託書」を提出。

労働保険　保険料申告書

厚生労働省は申告にあたってのパンフレットを作成しており、公表されています。そのなかでは詳細な申告書作成チェックポイント一覧などもあります。

様式第6号（第24条、第25条、第33条関係）（甲）（1）（表面）

標準字体 0123456789

31759　労働保険 概算・増加概算・確定保険料／石綿健康被害救済法 一般拠出金 申告書

継続事業（一括有期事業を含む。）

第3片「記入に当たっての注意事項」をよく読んでから記入して下さい。OCR枠への記入は上記の「標準字体」でお願いします。

提出用

下記のとおり申告します。

種別 32701　※修正項目番号　※入力徴定コード

平成31年 6月 12日

①労働保険番号　都道府県 所掌 管轄 基幹番号 枝番号：XX 1 01 234214 - 000

※各種区分　管轄(2) 保険関係等 業種 産業分類：01　111　9801　50

あて先 〒XXX-XXXX　○○市○○　○-○-○　○○労働局 uaj39uuy　労働保険特別会計歳入徴収官殿

②増加年月日（元号：平成は7、新元号は9）　③事業廃止等年月日（元号：平成は7、新元号は9）　※事業廃止等理由

④常時使用労働者数 0　⑤雇用保険被保険者数 0　⑥免除対象高年齢労働者数 0　※保険関係　※片保険理由コード

確定保険料算定内訳　算定期間　平成30年4月1日 から 平成31年3月31日 まで

⑦区分	⑧保険料・一般拠出金算定基礎額	⑨保険料・一般拠出金率	⑩確定保険料・一般拠出金額（⑧×⑨）
労働保険料 (イ)	0 千円	1000分の 12.00	0 円
労災保険分 (ロ)	千円	1000分の 3.00	円
雇用保険分 雇用保険法適用者分 (ハ)	千円		
雇用保険分 高年齢労働者分 (ニ)	千円	1000分の 9.00	円
雇用保険分 保険料算定対象者分 (ホ)(ハ)-(ニ)	千円	1000分の 9.00	円
一般拠出金（注1）(ヘ)	0 千円	1000分の 0.02	0 円

（注1）一般拠出金は延納できません
（注2）石綿による健康被害の救済に関する法律第35条第1項に基づき、労災保険適用事業主から徴収する一般拠出金

概算・増加概算保険料算定内訳　算定期間　平成31年4月1日 から 平成32年3月31日 まで

⑪区分	⑫保険料算定基礎額の見込額	⑬保険料率	⑭概算・増加概算保険料額（⑫×⑬）
労働保険料 (イ)	2000 千円	1000分の 12.00	24000 円
労災保険分 (ロ)	千円	1000分の 3.00	円
雇用保険分 雇用保険法適用者分 (ハ)	千円		
雇用保険分 高年齢労働者分 (ニ)	千円		
雇用保険分 保険料算定対象者分 (ホ)(ハ)-(ニ)	千円	1000分の 9.00	円

⑮事業主の郵便番号（変更のある場合記入）　⑯事業主の電話番号（変更のある場合記入）　⑰延納の申請 納付回数

※検算有無区分　※算詳対象区分　※データ指示コード　※再入力区分　※修正項目

⑧⑩⑫⑭㉓の（ロ）欄の金額の前に「￥」記号を付さないで下さい。

⑱申告済概算保険料額 24,000 円

⑳差引額 (イ) 充当額 ⑱-⑩の(イ) 24,000 円　(ハ) 不足額 ⑩の(イ)-⑱ 円　⑳充当意思 1
(ロ) 還付額 ⑱-⑩の(イ) 円

⑲申告済概算保険料額　㉑増加概算保険料額 ⑭の(イ)-⑲

法人番号 1234512345123

㉒期別納付額

	(イ) 概算保険料額	(ロ) 労働保険料充当額	(ハ) 不足額	(ニ) 今期労働保険料	(ホ) 一般拠出金充当額	(ヘ) 一般拠出金額	(ト) 今期納付額
第1期	24,000 円	24,000 円	円	0 円	円	0 円	0 円

	(チ) 概算保険料額	(リ) 労働保険料充当額	(ヌ) 第2期納付額
第2期	円	円	円

	(ル) 概算保険料額	(ヲ) 労働保険料充当額	(ワ) 第3期納付額
第3期	円	円	円

㉕事業又は作業の種類　卸売業・小売業

郵便番号 XXX－XXXX　電話番号（XXX）XXX－XXXX

㉓保険関係成立年月日　㉔事業廃止等理由 (1)廃止 (2)委託 (3)個別 (4)労働者なし (5)その他

（なるべく折り曲げないようにし、やむをえない場合には折り曲げマーク（▶）の所で折り曲げて下さい。）

労働保険は、毎年7月に概算額を納付ののち翌年6月に確定額と差し引き精算をする方式で、これを毎年繰り返していくことになります。

継続事業の一括申請とは、同じ事業展開のなかで事業所・支店ごとの申請は煩雑になるので、本社で一括申請する方式。「労働保険継続事業一括認可申請書」を所轄労働基準監督署に提出する。

キーワード 離職証明書

退職したときの雇用保険の手続き

退職後10日以内にハローワークに提出

社員（雇用保険被保険者）が退職したときは、「雇用保険被保険者資格喪失届」と「雇用保険被保険者離職証明書」を**退職後10日以内にハローワークに提出します。**そのほかにも、社会保険の資格喪失届の提出、住民税の変更手続きがあります。

離職票（離職証明書）の発行

離職票は、退職した従業員が失業給付金の受給を申請する際、本人がハローワークに提出する書類です。

離職証明書の欄に、離職理由を記入する部分があります。離職理由が自己都合か、倒産など会社の都合によるものかなどによって、**失業給付金の給付が変わってきます。**ハローワークは、会社が記載した離職理由に本人の異議があるかを確認します。

離職理由には解雇、定年移籍出向、契約期間満了、正当な理由による自己都合などの区分があります。これらの離職区分により、失業給付の条件が決まるため、ハローワークによる離職理由の確認は慎重に行われます。

「大量雇用変動届」の提出

事業規模の縮小等にともない、１ヶ月以内に30人以上の労働者が**離職を余儀なくされることが見込まれる場合、離職が発生する１ヶ月前までに「再就職援助計画」を作成**し、ハローワークに提出、認定を受けなければなりません（雇用対策法24条）。

また、雇用する高年齢者が１ヶ月以内に５人以上、解雇等によって離職する場合は、「多数離職届」をハローワークに提出しなければなりません（高年齢者雇用安定法第16条）。

チェックポイント

- □退職後10日以内に書類をハローワークに提出。
- □離職票は、失業給付金の受給を申請するとき、本人が提出する書類。
- □会社が記載した離職理由について、ハローワークが本人に確認する。

雇用保険　離職票

資格喪失届ののち、ハローワークからは「資格喪失確認通知書」「離職票」が会社に交付されてきます。労災保険は退職時の手続きはありません。

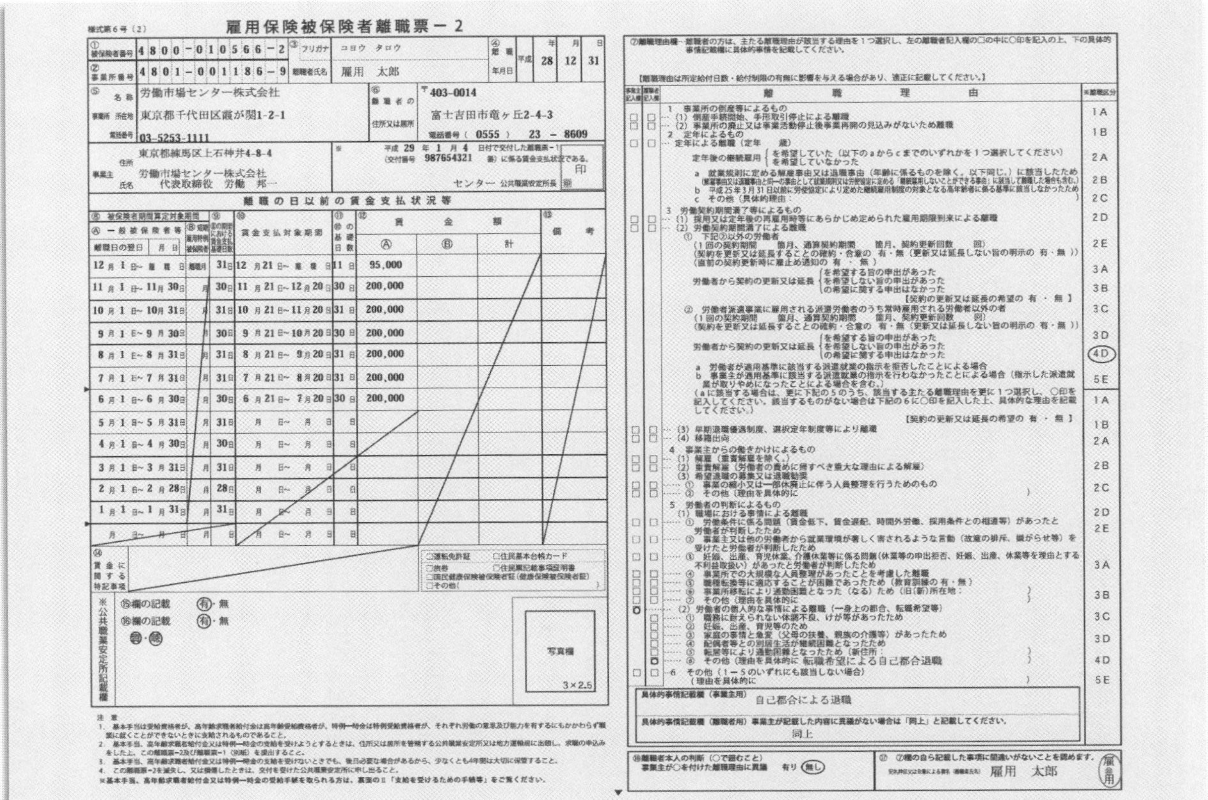
様式第6号（2）

雇用保険被保険者離職票－2

①被保険者番号	4800－010566－2
②事業所番号	4801－001186－9
③フリガナ	コヨウ　タロウ
離職者氏名	雇用　太郎
④離職年月日	平成 28年 12月 31日
⑤事業所 名称	労働市場センター株式会社
所在地	東京都千代田区霞が関1-2-1
電話番号	03-5253-1111
⑥離職者の住所又は居所	〒403-0014 富士吉田市竜ヶ丘2-4-3 電話番号（0555）23－8609
事業主 住所	東京都練馬区上石神井4-8-4
氏名	労働市場センター株式会社 代表取締役　労働　邦一

※ 平成 29年 1月 4日付で交付した離職票－1（交付番号 987654321番）に係る賃金支払状況である。
センター　公共職業安定所長 印

離職の日以前の賃金支払状況等

⑧被保険者期間算定対象期間 Ⓐ一般被保険者等 離職日の翌日	Ⓑ短期雇用特例被保険者	⑨⑧の期間における賃金支払基礎日数	⑩賃金支払対象期間	⑪⑩の基礎日数	⑫賃金額 Ⓐ	Ⓑ	計	⑬備考
12月1日～離職日	離職月	31日	12月21日～離職日	11日	95,000			
11月1日～11月30日	月	30日	11月21日～12月20日	30日	200,000			
10月1日～10月31日	月	31日	10月21日～11月20日	31日	200,000			
9月1日～9月30日	月	30日	9月21日～10月20日	30日	200,000			
8月1日～8月31日	月	31日	8月21日～9月20日	31日	200,000			
7月1日～7月31日	月	31日	7月21日～8月20日	31日	200,000			
6月1日～6月30日	月	30日	6月21日～7月20日	30日	200,000			
5月1日～5月31日	月	31日	月日～月日	日				
4月1日～4月30日	月	30日	月日～月日	日				
3月1日～3月31日	月	31日	月日～月日	日				
2月1日～2月28日	月	28日	月日～月日	日				
1月1日～1月31日	月	31日	月日～月日	日				
月日～月日	月	日	月日～月日	日				

⑭賃金に関する特記事項

□運転免許証　□住民基本台帳カード
□旅券　□住民票記載事項証明書
□国民健康保険被保険者証（健康保険被保険者証）
□その他（　）

※公共職業安定所記載欄
⑮欄の記載　㊒・無
⑯欄の記載　㊒・無
資・聴

写真欄 3×2.5

注意
1. 基本手当は受給資格者が、高年齢求職者給付金は高年齢受給資格者が、特例一時金は特例受給資格者が、それぞれ労働の意思及び能力を有するにもかかわらず職業に就くことができないときに支給されるものであること。
2. 基本手当、高年齢求職者給付金又は特例一時金の支給を受けようとするときは、住所又は居所を管轄する公共職業安定所又は地方運輸局に出頭し、求職の申込みをした上、この離職票－2及び離職票－1（別紙）を提出すること。
3. 基本手当、高年齢求職者給付金又は特例一時金の支給を受けないときでも、後日必要な場合があるから、少なくとも4年間は大切に保管すること。
4. この離職票－2を滅失し、又は損傷したときは、交付を受けた公共職業安定所に申し出ること。
※基本手当、高年齢求職者給付金又は特例一時金の受給手続を取られる方は、裏面のⅡ「支給を受けるための手続等」をご覧ください。

⑦離職理由欄…離職者の方は、主たる離職理由が該当する理由を1つ選択し、左の離職者記入欄の□の中に○印を記入の上、下の具体的事情記載欄に具体的事情を記載してください。

【離職理由は所定給付日数・給付制限の有無に影響を与える場合があり、適正に記載してください。】

事業主記入欄	離職者記入欄	離職理由	※離職区分
		1 事業所の倒産等によるもの	
□	□	(1) 倒産手続開始、手形取引停止による離職	1A
□	□	(2) 事業所の廃止又は事業活動停止後事業再開の見込みがないため離職	1B
		2 定年によるもの	
□	□	定年による離職（定年　歳） 定年後の継続雇用 {を希望していた（以下のaからcまでのいずれかを1つ選択してください）/を希望していなかった} a 就業規則に定める解雇事由又は退職事由（年齢に係るものを除く。以下同じ。）に該当したため（解雇事由又は退職事由と同一の事由として就業規則又は労使協定に定める「継続雇用しないことができる事由」に該当して離職した場合も含む。） b 平成25年3月31日以前に労使協定により定めた継続雇用制度の対象となる高年齢者に係る基準に該当しなかったため c その他（具体的理由：　）	2A 2B 2C
		3 労働契約期間満了等によるもの	2D
□	□	(1) 採用又は定年後の再雇用時等にあらかじめ定められた雇用期限到来による離職	2E
□	□	(2) 労働契約期間満了による離職 ① 下記②以外の労働者 （1回の契約期間　箇月、通算契約期間　箇月、契約更新回数　回） （契約を更新又は延長することの確約・合意の 有・無（更新又は延長しない旨の明示の 有・無）） （直前の契約更新時に雇止め通知の 有・無） 労働者から契約の更新又は延長 {を希望する旨の申出があった/を希望しない旨の申出があった/の希望に関する申出はなかった} 【契約の更新又は延長の希望の 有・無】 ② 労働者派遣事業に雇用される派遣労働者のうち常時雇用される労働者以外の者 （1回の契約期間　箇月、通算契約期間　箇月、契約更新回数　回） （契約を更新又は延長することの確約・合意の 有・無（更新又は延長しない旨の明示の 有・無）） 労働者から契約の更新又は延長 {を希望する旨の申出があった/を希望しない旨の申出があった/の希望に関する申出はなかった} a 労働者が適用基準に該当する派遣就業の指示を拒否したことによる場合 b 事業主が適用基準に該当する派遣就業の指示を行わなかったことによる場合（指示した派遣就業が取りやめになったことによる場合を含む。） （aに該当する場合は、更に下記の5のうち、該当する主たる離職理由を更に1つ選択し、○印を記入してください。該当するものがない場合は下記の6に○印を記入した上、具体的な理由を記載してください。） 【契約の更新又は延長の希望の 有・無】	3A 3B 3C 3D (4D) 5E
□	□	(3) 早期退職優遇制度、選択定年制度等により離職	1A
□	□	(4) 移籍出向	1B
		4 事業主からの働きかけによるもの	2A
□	□	(1) 解雇（重責解雇を除く。）	
□	□	(2) 重責解雇（労働者の責めに帰すべき重大な理由による解雇）	2B
		(3) 希望退職の募集又は退職勧奨	
□	□	① 事業の縮小又は一部休廃止に伴う人員整理を行うためのもの	2C
□	□	② その他（理由を具体的に　）	
		5 労働者の判断によるもの (1) 職場における事情による離職	2D
□	□	① 労働条件に係る問題（賃金低下、賃金遅配、時間外労働、採用条件との相違等）があったと労働者が判断したため	2E
□	□	② 事業主又は他の労働者から就業環境が著しく害されるような言動（故意の排斥、嫌がらせ等）を受けたと労働者が判断したため	
□	□	③ 妊娠、出産、育児休業、介護休業等に係る問題（休業等の申出拒否、妊娠、出産、休業等を理由とする不利益取扱い）があったと労働者が判断したため	3A
□	□	④ 事業所での大規模な人員整理があったことを考慮した離職	
□	□	⑤ 職種転換等に適応することが困難であったため（教育訓練の 有・無）	
□	□	⑥ 事業所移転により通勤困難となった（なる）ため（旧（新）所在地：　）	3B
□	□	⑦ その他（理由を具体的に　）	
○		(2) 労働者の個人的な事情による離職（一身上の都合、転職希望等）	3C
	□	① 職務に耐えられない体調不良、けが等があったため	
	□	② 妊娠、出産、育児等のため	
	□	③ 家庭の事情の急変（父母の扶養、親族の介護等）があったため	3D
	□	④ 配偶者等との別居生活が継続困難となったため	
	□	⑤ 転居等により通勤困難となったため（新住所：　）	
	○	⑥ その他（理由を具体的に 転職希望による自己都合退職　）	4D
□	□	6 その他（1－5のいずれにも該当しない場合）（理由を具体的に　）	5E

具体的事情記載欄（事業主用）　自己都合による退職

具体的事情記載欄（離職者用）事業主が記載した内容に異議がない場合は「同上」と記載してください。
同上

⑯離職者本人の判断（○で囲むこと）
事業主が○を付けた離職理由に異議　有り　（無し）

⑰ ⑦欄の自ら記載した事項に間違いがないことを認めます。
（離職者氏名）雇用　太郎　（雇用）

> **Memo** 離職票（離職証明書）は3枚複写になっており、3枚目が本人交付用。退職者に再就職の意図がなく「離職票」の請求がない場合は、本人に渡す必要はない。

社会保険・労働保険

キーワード
業務災害
通勤災害

労災保険の補償給付の内容を理解する

業務災害と通勤災害

社員が業務上あるいは通勤途中でケガや病気になった場合、また死亡した場合に、労災保険から本人や家族に補償給付があります。

補償給付の内容は被害のレベルによって給付の種類がありますが、治療費の負担や一時金、年金の支払いなどです。業務災害は、業務中だけでなく、会社での休憩時間中、出張中、休日出勤中など、**会社の指示で拘束されている場合の被災が対象**です。通勤災害は、自宅から職場への往復の通勤中、会社行事などの移動中等での被災が対象です。通勤経路の途中が条件ですが、日常生活で必要な買い物途中、通院途中なども認められます。ただし、**通常の通勤経路から逸脱しているときの被災は対象外**です。

給付基礎日額

補償給付は給付基礎日額に規定の日数分を乗じて算定されます。

給付基礎日額とは、原則として労働基準法の平均賃金に相当する額のことをいいます。平均賃金とは、事故が発生した日の**直前3ヶ月間に支払われた給与総額を、その期間の歴日数で割った「1日当たりの賃金額」**のことです。臨時的に支払われた賃金、賞与など3ヶ月を超える期間ごとに支払われる賃金は含まれません。

費用徴収制度

会社が労災保険に未加入（違反）のときでも、被災があれば補償給付されます。ただし、**給付の費用は会社が負担**しなければいけません。費用徴収制度とは、会社が労災保険に未加入だった場合や、保険料を未納していた場合などで、その保険給付に要した費用の全部または一部を会社から徴収する制度です。不正な受給があった場合は受給者から費用を徴収します。

チェックポイント

- □補償給付の内容は、被害のレベルによって給付の種類がある。
- □補償給付は、給付基礎日額に規定の日数分を乗じて算定される。
- □会社が労災保険に未加入でも、被災があれば補償給付される。

労災保険の補償給付の種類と内容

会社は労働災害が発生して死傷者が出た場合は、労働基準法により補償責任を負わねばなりません。また、労働基準監督署に報告する義務があります。

種類	支給事由	給付の内容
療養補償給付	業務災害または通勤災害による傷病により療養するとき	必要な療養費の全額
休業補償給付	業務災害・通勤災害による傷病療養のため、労働できず賃金を受け取れないとき	休業4日目から、休業1日につき、給付基礎日額の60%相当額
障害補償一時金	業務災害・通勤災害による傷病が治った後に、障害等級8～14級までの障害が残ったとき	障害の程度に応じて給付基礎日額の56～503日分の一時金
障害補償年金	業務災害・通勤災害による傷病が治った後に障害等級1～7級までの障害が残ったとき	障害の程度に応じて給付基礎日額の131～313日分の年金
遺族補償一時金	遺族補償年金を受け取る遺族がいないときなど	給付は基礎日額の1000日分の一時金
遺族補償年金	業務災害・通勤災害で死亡したとき	遺族の数に応じて給付基礎日額の153～245日分の年金
傷病補償年金	業務災害・通勤災害での傷病が1年6ヶ月以上治らず障害が残ったとき	障害の程度に応じて給付基礎日額の245～313日の年金
介護補償給付	障害年金・傷病年金のうち、障害等級1～2級で介護を受けているとき	介護の費用の一定額の支給
その他	二次健診給付や葬祭料給付などがある	

Memo　労災で治療を受けるとき、会社に報告したのち、労災指定医療機関や労災病院で受診する。後日、療養補償給付請求書に会社証明のうえ、医療機関に提出することで、無償で治療を受けられる。

キーワード 雇用保険 失業保険

雇用保険の給付内容を理解する

失業保険の受給資格

雇用保険（基本手当）とは、失業した離職者が生活を送りつつ、早く再就職するために支援する保険給付です。給付のうち、**「求職者給付」の「基本手当」の支給のことを「失業保険」**と呼んでいます。

一般的な「失業保険」の受給資格は、**離職前２年間に雇用保険を納めた被保険者期間が１年以上あることが原則条件**ですが、倒産・閉鎖等の理由でやむを得なく離職した場合では直近加入期間６ヶ月以上が条件です。また、就職する意思・意欲があり、いつでも就職できる状態で、再就職活動をしていることも条件です。そのうえで、**本人がハローワークに受給申請**します。妊娠、出産、育児、病気、ケガですぐに就職できない人や、就職するつもりがない人、自営業の人などは受給することができません。

失業保険申請に必要な書類等

失業保険申請には**「雇用保険被保険者離職票」**と**「雇用保険被保険者証」**が必要です。また、個人番号確認書類、運転免許証などの身分証明書、写真（２枚）、印鑑、本人名義の預金通帳も手続きの際に持参しましょう。

雇用保険の給付の種類

①**求職者給付**……再就職活動を支援するもの。いわゆる「失業保険」もこの給付に該当する
②**就業促進給付**……就職が決まったときに、就業を支援するもの
③**教育訓練給付**……能力開発や資格取得のために受けた教育に対する講座費の一部を負担するもの
④**雇用継続給付**……高齢者の就業促進のためや、介護や育児で休業する際に支給されるもの

チェックポイント
□離職前２年間に被保険者期間が１年以上あることが受給条件。
□失業保険の受給は、本人がハローワークに申請する。
□すぐに就職できない人や、自営業の人などは受給できない。

雇用保険のおもな給付一覧

雇用保険の給付申請には、会社はかかわりません。離職票を本人に渡した後は、すべて本人個人が再就職の意思のもと届出などを行います。

給付区分	給付名称		概　要
求職者給付	・基本手当（失業保険）		・日当支給
	・技能習得手当	・受講手当	・受講料負担
	・傷病手当		・療養日当支給
	・高年齢求職者給付金		・65歳以上支給
就業促進給付	・就業促進手当	・再就職手当	・就職時一時金支給
		・就業手当	・再就職以外への手当
	・求職活動支援費	・広域就職活動費	・旅費宿泊費支給
		・短期訓練受講費	・費用の一部負担
教育訓練給付	・教育訓練給付金	・一般教育訓練給付金	・訓練費一部負担
雇用継続給付	・高年齢雇用継続給付	・雇用継続基本給付金	・60-65歳減収補てん
		・高齢者再就職給付金	・再就職での減収補てん
	・育児休業給付		・休業手当支給
	・介護休業給付		・介護手当支給
職業訓練受講給付	・職業訓練受講給付金		・受講料負担

Memo　求職者給付の内容は平均給与・年齢・勤務期間・退職事由によって算定される。例えば、給与20万・30歳未満・勤続5年未満・自己都合退職の場合で、日当約5000円が最大90日間給付される。

キーワード 高年齢者雇用安定法

高年齢者雇用安定法を理解する

高年齢者雇用確保措置

高年齢者雇用安定法は、会社に①定年の引上げ、②継続雇用制度の導入、③定年制の廃止などの高年齢者雇用確保措置を講じることを義務づけています。60歳以上の社員がいない会社であっても、継続雇用制度の導入等の措置を講じていなければいけません。**雇用確保措置を義務づけているだけで、65歳までの定年延長を義務づけるものではありません。**

再雇用契約

高年齢者雇用確保措置によって、会社は60歳で定年を迎えた社員を再び雇う「継続雇用制度」の導入を選択しやすくなっています。ただしそのためには、**就業規則の改定が必要**となります。契約に際しては、労働条件を見直して、給与、労働時間などを再契約しましょう。

一方、**若年層の採用が抑制されることや、高齢者のやる気を損なうなどの弊害**も考えられます。若手人材の不足、社員の高年齢化への対応をうまくできるかどうか、会社経営の手腕が問われます。

就業規則の改定例は次のとおりです。

> 第○条　従業員の定年は満60歳とし、60歳に達した月の給与締め日をもって退職とする。ただし、本人が希望し、解雇事由又は退職事由に該当しない者については、65歳まで継続雇用する。

雇用保険の高年齢雇用継続給付

再雇用によって、給与が75％以下に下がった場合、本人によるハローワークへの申請によって、**雇用保険の高年齢雇用継続給付が受けられます。**

在職老齢年金の受給もできますが、給与水準によって年金の支給額は減額されます。

チェックポイント

- □65歳までの定年延長を義務づける法律ではない。
- □継続雇用制度の導入には、就業規則の改定が必要。
- □再雇用で給与が75％以下に下がった場合、給付が受けられる。

再雇用契約書

多くの会社が定年後の再雇用制度を制定して、再雇用に努めています。その雇用に際しては、例えば、下図のような契約書で条件を書面化しておきます。

令和　　年　　月　　日

再雇用契約書

社員No＿＿＿＿＿＿

氏名＿＿＿＿＿＿＿＿＿

次の労働条件によって再雇用契約を締結します。

項目		内容
雇用期間		令和　　年　　月　　日　～令和　　年　　月　　日
更新の有無		1　契約の更新の有無 ［自動的に更新する・更新する場合があり得る・契約の更新はしない その他（　　　　　　　　　　）］ 2　契約の更新は次により判断する ・契約期間満了時の業務量　・勤務成績、勤務態度　・能力 ・会社の経営状況　・従事している業務の進捗状況 ・その他（　　　　　　　　　　）
就業場所		
業務内容		
就業時間		始業　午前　　時　から　終業　午後　　時　　分 休憩時間　午後　　時　　分　～　午後　　時　　分
所定時間外労働の有無		所定時間外労働　無・有　（約　　時間／月） 休日労働　無・有　（約　　日／月）
休　日		土曜日　日曜日　国民の祝日 年末年始（　　月　　日　～　　月　　日）
休　暇		年次有給休暇（法定通り） 特別休暇（　　　日間　有給・無給　）
賃　金	給与	基本給　　　　円（月給・日給・時給） 役職手当　　　　円 通勤手当　　　　円
	割増賃金率	所定時間外　法定内　：　　％　／法定超　：　　％ 休　日　法定休日：　　％　／法定外休日：　　％ 深　夜　：　　％
	締切日 支払日	毎月　　　日締め日 当月・翌月　　　日支払日
	賞　与	有・無
	昇　給	有・無
	退職金	有・無
その他		・社会保険の加入状況（健康保険　厚生年金　厚生年金基金　その他（　　）） ・雇用保険の適用（　有　・　無） ・その他（　　　　　　　　　　）

本契約書は、２通作成し、双方が各１通を保管する。

会社　所在地＿＿＿＿＿＿＿＿＿＿
　　　会社名＿＿＿＿＿＿＿＿＿＿
　　　代表者＿＿＿＿＿＿＿＿＿＿印

本人　住所＿＿＿＿＿＿＿＿＿＿
　　　氏名＿＿＿＿＿＿＿＿＿＿印

再雇用契約書で労働条件を明示しましょう。

Memo 年金の受給開始年齢が引き上げられるなかで定年制度の見直しが求められている。一方で、体力がいる職場では高齢化による業務への支障も現れている。社員の年齢構成偏重への対応は大きな経営課題。

育児休業
介護休業

出産補償・育児介護補償を理解する

産前産後休暇

労働基準法では、産後８週間（うち６週間は絶対的就業禁止期間）は就労をさせてはいけないと定められています。また、本人からの請求があれば、産前６週間は就労させられません。**休暇中の解雇は禁止**されています。

妊産婦は労働時間についても制限があります。危険有害業務の就業制限のほか、申し出があれば軽い業務に転換する措置が必要です。また、残業なども制限されます。休業期間中は社会保険料の免除制度があります。

出産と育児休業

出産後はすみやかに**健康保険の「扶養者（異動）届」を提出してもらい、会社は健康保険証を交付**します。健康保険の「出産手当」「出産育児一時金」も請求できます。

育児休業中の減収に対しては、雇用保険の「育児休業給付金」があります。子供が**１歳６ヶ月まで休業できますが、申し出により最長２歳まで**休業取得が可能です。育児休暇についても、育児・介護休業法の改正により、小学校就学の始期に達するまで育児目的で利用できる休暇制度を設けることが企業の努力義務になりました。

また、「妊娠・出産・育児・介護休業等を理由とする不利益取扱防止措置」（いわゆるマタハラ・パワハラの防止）の義務も新設されています。

介護休業

介護休業は、２週間以上の期間で介護が必要な家族のための休業制度です。**休業可能期間は通算93日**です。

休業中の減収のため、雇用保険の「介護休業給付金」が申請により受給できます。ただし、社会保険料の免除制度はありません。

チェックポイント

- □産後８週間は就労をさせてはいけない。
- □産前産後休暇の期間中は社会保険料の免除制度もある。
- □出産後は「扶養者（異動）届」を提出し、健康保険証を交付してもらう。

出産・育児・介護に関する給付制度

「出産」「育児」「介護」への補償内容は、今後ますます充実させざるをえない労働市場環境です。その社内での安定した運用作りは新たな課題となります。

保険	給付名	概　要
健康保険	・出産・育児一時金	子供一人につき一定額
	・出産手当金	産前6週間、産後8週間支給
	・出産育児一時金	家族が出産したとき一定額
雇用保険	・育児休業給付金	休業期間中の減収分の 一部補てん
健康保険 厚生年金保険	・健康保険　・厚生年金 （育児休業等取得者申出書）	社会保険の休業中免除
雇用保険	・介護休業給付金 （支給申請書）	休業期間中の減収分の一部 補てん

これらの公的な給付制度にとどまらず、リフレッシュ休暇、フレックスタイムなど独自の制度を設けている会社も少なくありません。

労働基準法、労働安全衛生法、労働契約法、派遣法、パートタイム法などさまざまな基礎知識が必要です。

Memo
「働き方改革」によってさまざまな知識理解が「経営管理者」に求められている。そして、「人事」担当は、これら法令・知識の習得のうえ、すべての社員に教育研修を実施しなければならない。

コラム③

製造業とサービス業の「感覚」の違い

製造業とサービス業の各上場企業にかかわった際、そこで感じた「職場風土の違い」がありました。より良い商品、サービスを世の中に送り出そうとする姿勢は変わりませんでしたが、「コスト」と「品質」に対する感覚に違いを感じました。

◆製造業のコスト・品質の意識

製造業のコストは、原価計算規程に見られるように、非常に緻密な分析や計算がされ、「モノ」へのコスト意識は非常に高いものです。品質についても、工場での「5S運動」などで、マニュアルや現場の整理整頓が行き届いています。「品質」と「コスト」の両立が製品の優劣を決めます。

しかし、製造現場では、「顧客」との直接接触が少ないので、顧客の無理難題の声は聞こえてきません。無理難題は「市場ニーズ」と読み換えられ、競合相手のとらえる市場ニーズとどのように違いがあるのかわかりません。

◆サービス業の品質・コストの意識

日頃、顧客との対話で売上が決まるので、顧客の無理難題にいかに応えていくかが最大の課題です。紋切型、マニュアル一辺倒の応対では、競合相手との差がつきません。サービスの「品質基準」を数字表現するのは難しいものです。よって、「品質」という言葉はあまり聞きません。「サービスの品質とは？」と自問したくなります。また、あるサービスにいくらの時間・労力をかけることが標準原価となるのかをあまり考えないように感じました。

一方、顧客満足のためには「なんでもやります的」な姿勢は徹底しています。この姿勢の強さは製造業では感じられません。

第4章

経理の仕事

第4章のおもな重要キーワード

経理の仕事領域／目的別会計／簿記／勘定科目コード／会計ソフト／事業報告書／剰余金計算書／損失金処理／キャッシュフロー計算書／現金管理／預金管理／キャッシュレス決済／小切手／手形／振込送金／売上の会計基準／信用調査／在庫管理／実地棚卸／固定資産台帳／減価償却／リース／レンタル／販売管理費／交際費／通勤手当／役員報酬／損益計算書／税務調査／期間損益／引当金／法人税／青色申告／法人税申告書／法人事業税／消費税／資金管理／資金計画／利益計画／予算編成／経営分析／損益分岐点

アウトライン

キーワード　経理の仕事領域

経理の仕事の目的領域

経理の仕事

「経理」は複式簿記などによる「技術」が必要な専門職といえます。毎日、黙々とパソコンに向かって伝票を入力しているのが経理の仕事ではありません。**貸借対照表、損益計算書のロジックの理解が必要不可欠**です。そして、日々の伝票チェックや入力作業には、①業績を把握する、②資金を有効活用する、③予算を統制する、といった大きな目的があるのです。

これを人の健康管理にたとえるなら、①身長・体重の測定、②血液の検査、③健康生活指導といえます。

また、小さな会社の経理担当は、**経営者、管理者との連携が必要であり、彼らへの助言者**としての重要な役割を担っています。

今後、会計ソフトの充実で誰にでもできる職務になるかもしれませんが、実績分析のなかの「予測」「対策」の工程などは、まだまだ経理担当の経験が求められます。

キャッシュフローをコントロールする

小規模な会社では、**結果である「損益」より、予測である「資金の動き」のほうを優先します**。なぜなら「回収－支払い＝資金の過不足」が大きな関心事になるからです。

そのコントロールには、**毎月の締め日、支払日の厳格なスケジュール管理がもっとも重要**です。「いつでも支払います」「入金はいつでもいいです」「いくらでも買います」では、資金の制御は不可能です。

そのため経理の仕事には、「計画性」「予測・予知」の能力が求められます。なお、このようなシステム化された考え方を、「予算統制」といいます。社長一人の「頭」のなかで資金をコントロールするのは近代的ではありません。

チェックポイント

- □貸借対照表、損益計算書のロジックの理解が必要。
- □毎月の締め日、支払日の厳格なスケジュール管理が最重要。
- □経理の仕事には、計画性と予測・予知能力が求められる。

経理のサイクル

まずは会社の実態をつかむことが大前提になります。会社の動き（業績）を把握して、その結果を報告することが経理の仕事の第一歩になります。

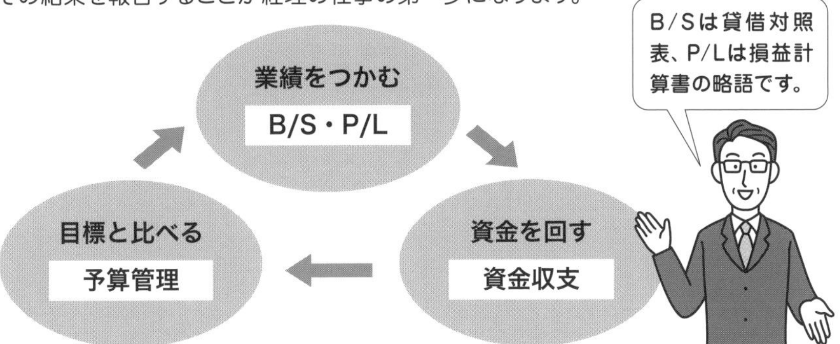

仕事のサイクル

経理にかぎらず、すべての仕事のサイクルは図のようになります。経理はそのサイクルをまわす尺度として「数字」「金額」を使い、表現していきます。

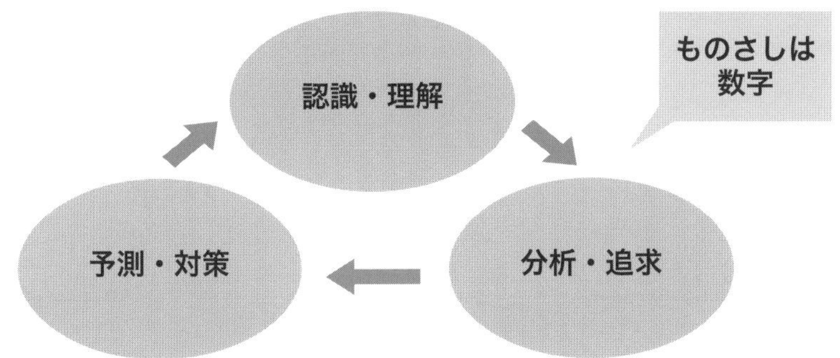

日本標準職業分類（総務省　平成21年基準設定）

すべての職業は「職業分類」によって明示されていますが、会計事務の職業の仕事内容は以下のように表示されています。

会計事務従事者

- 各種帳簿の作成、月次・年次決算書類の作成、納税書類の作成
- 収支予算案の編成
- 物品の購入管理
- 資金収支の管理
- 事業予算の編成
- 製造の原価計算

仕事の進め方にPDCA理論がある。Plan（計画）→Do（実行）→Check（評価）→Action（改善）を繰り返すことで、この理論ではPlan（計画）がもっとも強調される。仕事の進め方の参考になる。

経理の年間スケジュール（3月決算会社の場合）

4月	5月	6月
・年次決算作業 ・年度方針発表会 ・年度予算月別展開 ・固定資産税納付	・株主総会準備 ・法人税等申告・納付 ・事業所税納付 ・消費税申告納付	・上期賞与支給 ・株主総会開催 ・金融機関業績説明
メモ欄：自分の担当		

10月	11月	12月
・中間決算作業	・社員研修会実施 ・法人税等中間申告納付	・下期賞与支給 ・次期予算ガイド検討 ・設備固定資産現物確認
メモ欄：自分の担当		

経理の仕事は時期により変動があって、年末も忙しいです。この時期は来期に向けての準備を始めましょう！

決算期の時期によって業務の負荷変動も違いますが、3月期決算の会社では3月から6月頃がピークになります。予算立案は3月頃がピークです。

7月	8月	9月
・経理研修実施	・廃棄文書整理	・中間決算棚卸実施 ・下期資金繰り検討

夏のシーズンは比較的負荷が少なくなるので、書類書庫などの整理整頓をやりましょう！

1月	2月	3月
・金融機関年始挨拶 ・次期経営計画策定開始 ・償却資産税申告	・次期経営計画立案 ・計画ヒヤリング実施	・次期経営計画承認 ・期末棚卸確認 ・次期資金繰り検討

来期の計画立案に関わる仕事は、現状を理解したベテラン社員が担当し、経営トップとの意思疎通が重要になります。

Memo　多くの会社の決算期は3月ですが、デパート業界などは2月期、外国企業は12月期を採用しています。中小企業では税理士の負荷集中を避けて、夏頃を決算期とするところもあります。

アウトライン

業績の把握のルール

キーワード　目的別会計

決算は何のために行うのか？

会社の財産と収益を把握する

決算は会社の「家計簿」をつけることとほとんど同じです。しかし、家計簿は何に支出したかを記帳するものなので「利益」の概念がありません。その月の家計が儲かったのか、損をしたのかを算出することはできず、現預金の増減だけが結果としてわかります。さらに家計簿では、家の財産の増減も把握できません。一方、会社の会計「企業会計」は、財産と収益の把握を目的とし、**複式簿記という手法で行うもの**です。

経理の目的別会計

会計は目的ごとに事業活動の結果が異なってはいけません。いわゆる**「二重帳簿」は、公正適正な会計ルールとはいえないからです**。株主、取引先などの利害関係者への虚偽・仮装となり、信用を損なう可能性があります。

企業会計の呼称	何に使うか
財務会計	**事業活動の結果を知るために作る** 一般的に「決算」といわれるもので、基本的な会計、決算を財務会計と呼ぶ。公正妥当な会計のルールで作り、これを「税務会計」や「管理会計」に作り替えていく。
税務会計	**税金計算・納税のために作る** 「法人税」の法令は、詳細な規定があり、その規定にそうように、決算を作る。小さな会社では、さまざまな決算組み替えをするのが面倒なので、「財務会計＝税務会計」とする。
管理会計	**次の打ち手のために作る** 財務会計をベースに、改善のための分類・分析ができるしくみになっている。「部門別会計」「商品別会計」「独立採算」などの名称がつけられている。「どの商品が儲かっているのか？」「どの部門が赤字なのか？」「予算を達成しているのか？」を知ることで、次の打ち手・施策を考えることができる。

チェックポイント

- □企業会計は、複式簿記という手法で行う。
- □二重帳簿は、公正適正な会計ルールとはいえない。
- □基本的な会計、決算を財務会計と呼ぶ。

継続的な活動のなかの収支＝期間決算

期間決算とは、「決算期」という期間を尺度に会社の活動結果を測る慣行です。50年ほど前まで、6ヶ月を決算期間としていた歴史もあります。

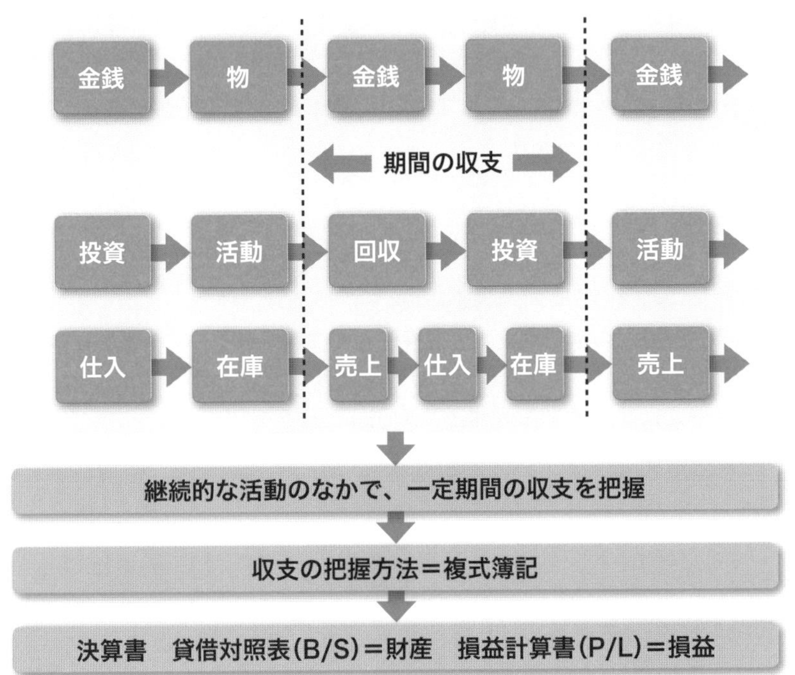

なぜ決算をするか？

「会社は何のためにあるのか」によって会計も変わります。「社会貢献」や「環境」など新しい概念による業績把握の会計も生まれつつあります。

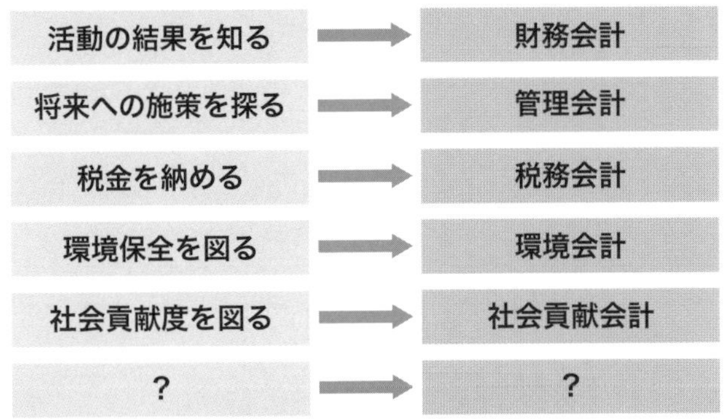

業績の把握のルール

Memo 「株式会社」などの会社の会計は歴史がある。都道府県など地方公共団体にも「公営企業会計」がある。「会計」を通じて、税金がどのように使われたかを知ることも興味深い。

業績の把握のルール

キーワード
簿記
仕訳

簿記を理解する

仕訳をする

「簿記」を一言で説明するのは難しいものです。詳細については市販の書籍などを参考に学習してください。さて、**会社の取引は、「借方」と「貸方」に入る「勘定科目」によって表現します**（P234参照）。**簿記上の取引を借方と貸方に分けて、仕訳帳に記入することを「仕訳」**といいます。

「貸方：勘定科目」対「貸方：勘定科目」＝金額

例：①商品を売って、現金500,000円を受け取った
　　②接待のため飲食費を現金20,000円で支払った

借方（かりかた）	貸方（かしかた）	金　額（円単位）
①現　金	売上高	500,000
②交際費	現　金	20,000

試算表から決算書を作る

仕訳をしたものを勘定科目ごとに5つに分け、集計表「試算表」を作ります。**勘定科目は5つのどれかに属することが簿記で決められています**。5つのどれに属するかは、覚えていきましょう。

借　方	貸　方
①資　産	②負　債
	③純資産（資本）
⑤費　用	④収　益

その後、試算表から決算書（B/S・P/L）を組み立てるという流れになります。貸借対照表は「B/S（Balance Sheet）」、損益計算書は「P/L（Profit & Loss）」と略されます。以下のB/SとP/Lの考え方を理解しましょう。

- B/S…**①資産－②負債＝純資産＋当期利益**
- P/L…**④収益－⑤費用＝当期利益**

チェックポイント

- □会社の取引は勘定科目で表現する。
- □勘定科目ごとに5つに分け、試算表を作る。
- □勘定科目は、5つのどこに属するかが決められている。

会計の基本的なフロー

会計ソフトの普及によって、「総勘定元帳」「精算表」などの言葉は死語になりつつあります。しかし、その基本的な決算のロジックは変動していません。

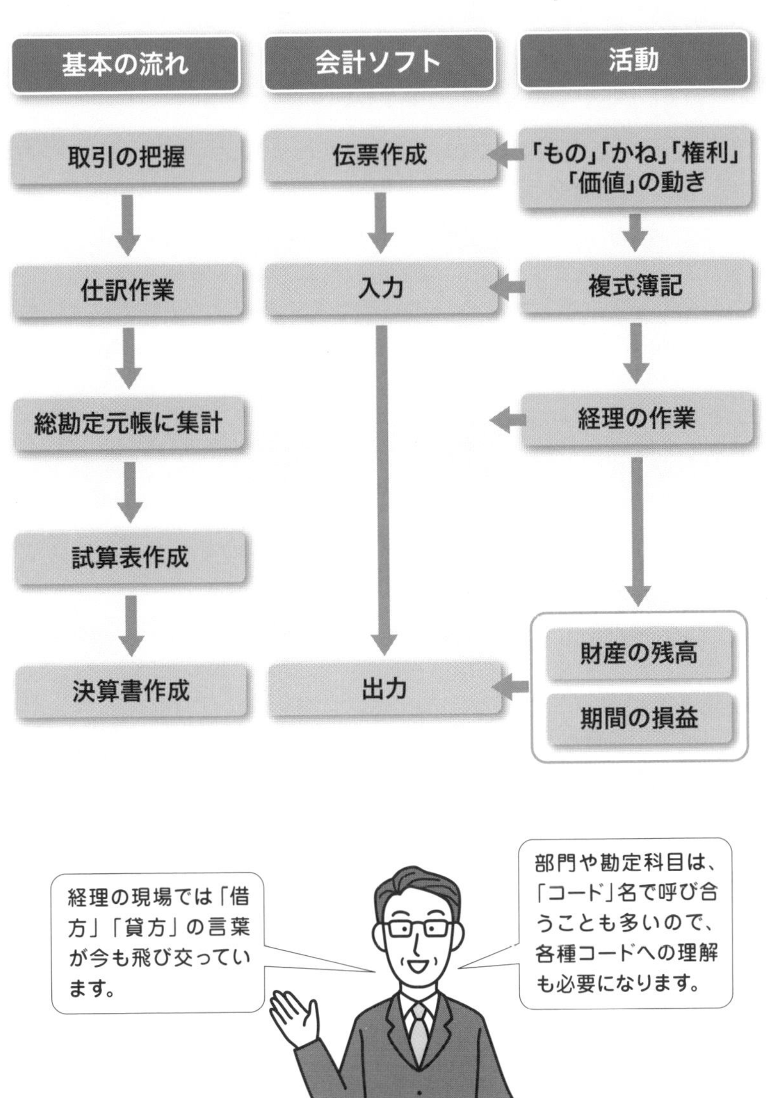

Memo 会計ソフトからのアウトプット資料をどのように読み取るかが、経理の大切な仕事。インプットの作業に追われるだけでは、経理として十分とはいえない。会計の基本を学ぼう。

キーワード 経理を取り巻く法令・法規

経理の法令・規則の名前を覚える

企業会計原則と金融商品取引法

人事担当に「労働基準法」の理解が必要なように、経理担当は「企業会計原則」や「財務諸表等規則」などを理解する必要があります。これらの主要な法令や規則の名前と概要は覚えましょう。

- **企業会計原則**…戦後まもなく「企業会計」の公正・妥当な基準としてまとめられた**もっとも基本的な会計ルール**です。これは、会計の幅広い慣行ルールのなかから、欧米の会計原則を考察してまとめたもので、法律ではありませんが、従わなければいけない基準となっています。企業会計原則のなかには、７つの一般原則が設けられています。
- **金融商品取引法**…**有価証券（おもに株式）の売買などで投資家を保護し、「資本市場」が公正・円滑に機能するように定められた法律**です。上場会社・証券会社・一般の投資家にとって重要な法律で、個人もこの法律のもと「株」を買います。

財務諸表等規則

- **財務諸表等規則**…「金融商品取引法」で決められた「財務諸表」の作成にかかわる規則で、**上場企業や大企業はこの規則にそって決算書を作ります**。「公認会計士」などの「会計監査人」は、この規則にそって監査します。「財務諸表」とは、①貸借対照表、②損益計算書、③株主資本等変動計算書、 ④キャッシュフロー計算書、⑤附属明細表のことを指します。

法人税法

- **法人税法**…会社の利益に課せられる主たる法律で、個人の「所得税」とともに、国の基幹となる税法です。税金は法律がなければ課せられず、税金の計算も法律によると決められています（租税法律主義）。

チェックポイント

- □企業会計原則は、法律ではないが、従わなければいけない基準。
- □上場企業や大企業は、財務諸表等規則にそって決算書を作る。
- □会社の利益に課せられる主たる法律が法人税。

経理をとりまく基本的規則・法律

毎年の法令改正などに対応して、それらをすべて理解することは大変です。日頃から、業界紙、新聞、専門雑誌などに関心の目を向けましょう。

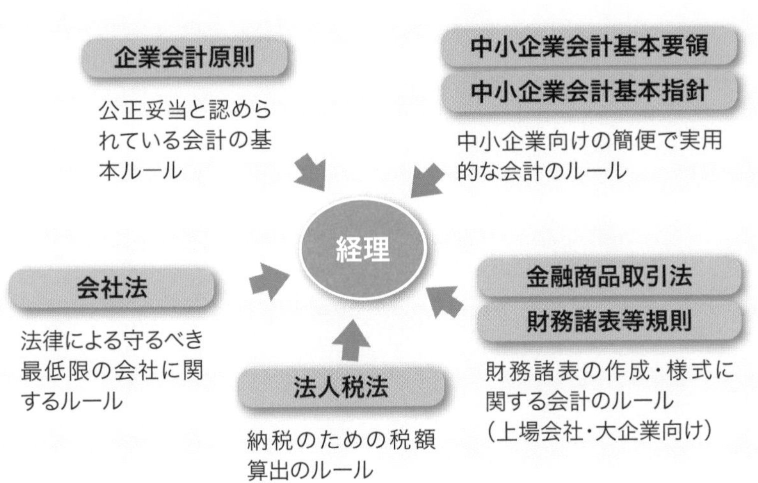

企業会計原則の一般原則

日常の経理の仕事のなかで、条文などを見ることはありませんが、一般原則の言葉程度は覚えましょう。これは、「経理」の仕事への基本姿勢です。

①真実性の原則	企業の財政状態、経営成績に真実の報告を提供するものでなくてはならない
②正規の簿記の原則	すべての取引につき、正規の簿記の原則にしたがって、正規な会計帳簿を作成しなければならない
③資本・損益取引区分の原則	資本取引と損益取引を区別し、資本剰余金と利益剰余金とは混同してはならない
④明瞭性の原則	会計事実を明瞭に表示し、状況に関する判断を誤らせないようにしなければならない
⑤継続性の原則	処理の原則・手続きを毎期継続し適用しなければならない
⑥保守主義と安全性の原則	財務に不利な影響を及ぼす可能性があるとき健全な会計処理をしなければならない
⑦単一性の原則	信頼される会計記録に基づき、政策のために事実の真実な表示をゆがめてはならない

Memo　上場企業の採用する会計基準には、日本基準、米国基準（SEC基準）、国際基準（IFRS基準）があり、企業によってその採用基準が異なる。決算書などを見るときには注意が必要。

業績の把握のルール

キーワード
中小企業の会計に関する指針
中小企業の会計に関する基本要領

小さな会社の会計基準を学ぶ

中小企業向けの会計ルール

小さな会社には、会計・税務に精通する人材が多くいないため、上場会社のように精細な会計規則・規定に基づく決算書を作ることはできません。しかし、中小企業には中小企業庁が中心となってまとめた中小企業向けの会計ルールが存在します。

中小企業向けの会計ルールは、「中小企業の会計に関する指針（中小会計指針）」と「中小企業の会計に関する基本要領（中小会計要領）」の２つがあります。いずれも**法的な拘束力はなくガイドライン**のようなものです。

「会社法」では、**すべての会社に「計算書類」の作成を義務づけています**が、その作り方の簡易版といえるでしょう。

中小企業の会計に関する指針（中小会計指針）

上場企業や大企業は「国際会計基準（IFRS）」など最新の会計ルールに準拠した財務諸表を作っています。中小企業も、「中小企業の会計に関する指針」の会計ルールを使って**水準の高い決算書を作ることができます。**

中小企業の会計に関する基本要領（中小会計要領）

「中小企業の会計に関する基本要領」は、決算書作成に大きな負担がかからないように考慮した小さな会社向けの会計ルールです。**株主、金融機関、税務署などに、最低限の情報を提供できるレベル**が記載されています。ですが、公的なルールにそっているので、決算への信用力は増します。

中小企業向けの公的融資などで、このルールを採用していることが条件となっているところもあります。日本税理士連合会（日税連）は、税理士が担当する会社の決算書が中小会計要領に適用しているかの「チェックリスト」を公表しています。

チェックポイント
- □中小企業向けの会計ルールはガイドラインで、2つある。
- □株主、金融機関、税務署などに、最低限の情報を提供できるレベル。
- □日本税理士連合会がチェックリストを公表している。

計算書類（決算書）の違い

もっとも単純な理解は、「決算書」＝「貸借対照表」＋「損益計算書」です。会社の規模、業態によって、作成しなければならない計算書類も増します。

区分	会社法	法人税法	金融商品取引法
決算書の呼び方	・計算書類	・計算書類等	・財務諸表
対象の会社	・すべての会社	・すべての会社	・上場企業 ・大企業
提出先	・株主総会など	・税務署	・金融庁など
作成する書類名	・貸借対照表 ・損益計算書 ・株主資本等変動計算書 ・個別注記表	・貸借対照表 ・損益計算書 ・株主資本等変動計算書	・貸借対照表 ・損益計算書 ・株主資本等変動計算書 ・キャッシュフロー計算書 ・附属明細表

中小企業向けの会計ルール

自分の会社がどのような会計ルールに基づいて決算をしているのかを理解し、その会計ルールを説明した初歩的な書籍を手元に置いておきましょう。

中小企業の会計に関する基本要領（中小会計要領）

中小企業の会計に関する指針（中小会計指針）

大企業ほどでもないが一定の会計基準を保つ会計処理

できるだけ簡便な会計処理

中小規模の会社

小規模の会社

Memo 「中小企業の会計に関する指針」は、公認会計士協会、税理士会連合会、商工会議所、企業会計基準委員会が連名で公表している。そして、毎年のように改正されてきた。

貸借対照表と損益計算書のヒナ型

貸借対照表は、ある時点の「財産」の有り高を示しています。「財産目録」のようなもので、全財産の現在価値を表しています。

貸　借　対　照　表　(ヒナ型)

令和○○年○○月○○日現在

項　目	金　額	項　目	金　額
資産の部		負債の部	
Ⅰ　流動資産		Ⅰ　流動負債	
現預金	4,790	支払手形	348
受取手形	402	買掛金	705
売掛金	1,855	短期借入金	168
有価証券	53	未払金	556
製品及び商品	783	預り金	11
仕掛品	1,116	未払費用	123
原材料及び貯蔵品	1,014	未払法人税等	517
短期貸付金	157	賞与引当金	195
未収金	412	その他	475
その他	107	流動負債合計	3,098
貸倒引当金	△19	Ⅱ　固定負債	
流動資産合計	10,670	長期借入金	1,327
Ⅱ　固定資産		退職給与引当金	333
建物	1,520	固定負債合計	1,660
構築物	304	負債合計	4,758
機械装置	1,149	(純資産の部)	
工具器具及び備品	250	Ⅰ　株主資本	
土地	2,830	資本金	1,206
有形固定資産合計	6,053	資本剰余金	1,936
ソフトウエア	137	資本準備金	1,420
その他	50	その他資本剰余金	516
無形固定資産合計	187	利益剰余金	
出資金	701	利益準備金	570
長期貸付金	212	その他利益剰余金	9,701
その他	334	配当積立金	4,650
投資その他の資産	1,247	繰越利益剰余金	5,051
固定資産合計	7,487	利益剰余金合計	10,271
		自己株式	△14
		株主資本合計	13,399
		純資産合計	13,399
資　産　合　計	18,157	負債・純資産　合　計	18,157

損　益　計　算　書（ヒナ型）

自　令和〇〇年〇〇月〇〇日　　　至　令和〇〇年〇〇月〇〇日

項　目	金　額	
売上高		12,531
売上原価		3,817
売上総利益		8,714
販売費及び一般管理費		5,271
営業利益		3,443
営業外収益		
受取利息	36	
受取配当金	47	
雑収入	83	
営業外収益　合計		166
営業外費用		
支払利息	49	
雑損失	125	
営業外費用　合計		174
経常利益		3,435
特別利益		
固定資産売却益	17	
その他	10	
特別利益合計		27
特別損失		
固定資産除却損	40	
その他	37	
特別損失合計		77
税引前当期純利益		3,385
法人税住民税及び事業税		875
当期純利益		2,510

決算書を読むとき、その金額の大小だけでなく、比率も重要な情報となります。営業利益率などがそれにあたります。

決算書はどの会社も同じ様式・項目であるので、他社との比較は簡単にできます。競合相手の決算書を入手しましょう！

Memo　小さな会社の決算書を見るとき、その安全性、信用力に関心がいく。①借入金はどれだけあるのか？　②売上の規模とその利益率は？　③資産負債からみて、売上規模、利益率は妥当な水準なのか？

株主資本等変動計算書と個別注記表

株主資本等変動計算書は、英語では「S/S(Statements of Shareholders' Equity)」といい、すべての会社に作成が義務づけられています。

株主資本等変動計算書のヒナ型

純資産の変動を表すもので、旧商法での利益処分計算書に代わるものです。

	株主資本										評価・換算差額等			
		資本剰余金			利益剰余金									
						その他利益剰余金								
	資本金	資本準備金	その他資本剰余金	利益剰余金合計	利益準備金	××積立金	繰越利益剰余金	利益剰余金合計	自己株式	株主資本合計	その他有価証券評価差額金	評価・換算差額等合計	新株予約権	純資産合計
前期末残高	000	000	000	000	000	000	000	000	000	000	000	000	000	000
当期変動額														
新株の発行	000	000		000						000				000
剰余金の配当							000	000						
剰余金の配当に伴う利益準備金の積立て					000		000	000						
当期純利益								000		000				000
自己株式の処分									000	000				000
株主資本以外の項目の当期変動額(純額)											000	000	000	000
当期変動額合計	000	000	-	000	000	-	000	000	000	000	000	000	000	000
当期末残高	000	000	000	000	000	000	000	000	000	000	000	000	000	000

個別注記表のヒナ型

会計に関する重要な事項について記載するものです。

個　別　注　記　表

自　令和○○年○○月○○日　　　至　令和○○年○○月○○日

1. この計算書類は『中小企業の会計に関する基本要領』によって作成しています。
2. 重要な会計方針に係る事項に関する注記
　(1)資産の評価基準及び評価方法
　　①　有価証券の評価基準及び評価方法　　総平均法による原価法
　　②　たな卸資産の評価基準及び評価方法　　総平均法による原価法
　(2)固定資産の減価償却の方法
　　①　有形固定資産　　定率法(ただし、建物、構築物は定額法)
　　②　無形固定資産　　定額法
　(3)引当金の計上基準
　　①　貸倒引当金　債権貸倒れによる損失に備え、一般債権について法人税法の規定に基づく法定繰入率により計上
　　②　賞与引当金　従業員の賞与支給に備えるため、支給見込額の当期負担分を計上
　　③　退職給与引当金　従業員の退職給付に備え、決算期末日の従業員全員の自己都合による退職要支給額の総額100%を計上
　(4)その他計算書類作成のための基本となる重要な事項
　　①　リース取引の処理方法　賃貸借取引に係る方法により、支払いリース料を費用処理
　　②　消費税等の会計処理　税込方式
3. 貸借対照表に関する注記
　(1)有形固定資産の減価償却累計額　　○○○○円
　(2)受取手形割引額　　○○○○円
　(3)受取手形裏書譲渡額　　○○○○円
　(4)担保に供している資産及び対応する債務　建物○○○○円　土地○○○○円
　　長期借入金　○○○○円
4. 株主資本等変動計算書に関する注記
　(1)期末日での発行済株式の数○○○株　(2)期末日での自己株式の数○○株
　(3)当事業年度中に行った剰余金の配当に関する事項
　　令和○○年○○月○○日の定時株主総会で次の決議がされました。
　　配当金総額：○○円　　配当の原資：利益剰余金　　1株当たりの配当額：○円
　　基準日　令和○○年○○月○○日　　効力発生日　令和○○年○○月○○日
　(4)当事業年度の末日後に行う剰余金の配当に関する事項
　　令和○○年○○月○○日開催予定の定時株主総会で次の決議を予定しています。
　　配当金総額：○○円　配当の原資：利益剰余金　1株当たりの配当額：○円
　　基準日　令和○○年○○月○○日　効力発生日　令和○○年○○月○○日

Memo　中小企業には、「注記表」という独立した書面を作成することを省略して、貸借対照表の注記として重要な事項のみを記述することも「中小企業の会計に関する指針」では認められている。

キーワード 勘定科目コード

勘定科目を覚える

勘定科目

「勘定科目」とは、仕訳をするときに用いる集計単位のことを指します。貸借対照表のヒナ型にあるような科目です。勘定科目は、すべての会社で同じ名称で使用され同じ意味を持っています。ただし、「経費科目」や「原価項目」は、それぞれの会社の業態や実情に合わせて決められます。

勘定科目コード

会計ソフトなどを利用するときは、漢字の名称に代わって「コード」で処理をします。コードは会計ルールでは触れられていませんが、日本工業規格（JIS X0406）で示されており、４桁の数字で構成され、４つのレベルがあります。ただし参考的なもので強制力はありません。

- 大分類…1000（流動資産）
- 中分類…1100（当座資産）
- 小分類…1110（現金および預金）
- 細分類…1111（現金）

B/S、P/Lの表示科目のすべてに４桁のコードが付されています。会計ソフトを利用しているときは、そのソフトごとにコードが決められているでしょう。

その他のコード

「部門コード」「社員コード」「商品コード」「顧客コード」などは、社内での管理のために制定します。その制定・改廃の担当を明確に決め、継続して使用しないと情報の時系列把握ができなくなります。また、公表されている「銀行コード」「市町村コード」などは、そのまま使用します。「部門＋科目＝会計コード」として、一体的に制定する方法もあります。

勘定科目は頻繁に変更されることはありませんが、部門コードは組織変更とともに頻繁に変更されるので注意が必要です。

チェックポイント

- □会計ソフトを利用するときは「コード」で処理する。
- □「銀行コード」「市町村コード」は、そのまま使用する。
- □部門コードは組織変更とともに頻繁に変更される。

5つの勘定科目グループ

「簿記」の基礎知識として、その「勘定科目」が5つのどのグループに属するものかを覚えることです。それができないと「仕訳」を間違えます。

B/S　資産

1111　現金
1112　当座預金
1130　売掛金
1120　製品
2110　建物
2630　長期貸付金　など

P/L　費用

8220　仕入商品
8420　給与
8431　旅費交通費
8610　受取利息
8810　支払利息　など

B/S　負債

4120　買掛金
4110　支払手形
4130　借入金
4350　賞与引当金　など

B/S　純資産

7110　資本金
7210　資本剰余金
7260　利益準備金　など

P/L　収益

8110　売上
8610　受取利息
8650　受取賃貸料　など

資産は「借方（かりかた）」、収益は「貸方（かしかた）」などと覚えましょう。

貸倒引当金などの引当金や、前受収益などの経過勘定の表示は難しいものです。

Memo　上場企業での国際会計基準（IFRS）の採用で、勘定科目の名称も変更されることがあり、日本基準にはない名称が採用されている。連結決算書などでも、個別決算書にない勘定科目が使われる。

キーワード　経理の帳票

取引の帳票伝票を知る

伝票手順を理解する

すべての取引の処理を振替伝票（仕訳伝票）１つでやってしまう方法もあれば、取引の種類ごとに専用伝票（あるいは専用の入力画面）を作る方法もあります。会計ソフトでは、専用伝票に相当する入力画面が作られているはずです。どのような伝票があるか、以下の経理伝票を確認して伝票手順を理解しましょう。

●入出金伝票

入出金伝票は、**現金・預金が動く取引すべてに使用**します。経理以外の社員が「出金依頼」をするのは、おもに旅費、接待、事務用品などの立替精算のときです。そのため、それぞれ申請・認可者レベルも違うので、専用伝票（専用入力画面）を設けます。

●旅費精算請求伝票

旅費精算請求伝票は、「出張旅費規定」に日当などの詳細が決められており、そのチェックができる形式の伝票です。宿泊費実費（または定額）、日当、乗車クラス、出張距離など会社によってさまざまであり、専用の伝票（報告書）が必要になります。

●設備購入伝票

固定資産に計上するには、現物管理、減価償却などのために記録すべき情報が多々あります。**生産部門の機械装置は、購入後の維持メンテなど品質面での管理情報も必要**です。設備購入伝票は、購入の際にこれら情報も一緒に把握できる伝票です。

●納品書(売上伝票)／仕入伝票(購買伝票)

納品書と仕入伝票は、仕入・売上に関するライン部門の重要な伝票です。業態によって多種多様で、**在庫管理や売上請求管理と連動して起票（入力・出力）されます。**

- □すべての取引の処理を振替伝票１つでやる方法もある。
- □取引の種類ごとに専用伝票を作る方法もある。
- □入出金伝票は、現金・預金が動く取引すべてに使用する。

経費の認可権限

社内での不正を防止するためにも、内部牽制の視点から複数人による認可が必須です。金額基準、認可者基準を定めておきましょう。

	一般	課長	部長	社長
出張旅費	作成	照査	認可	
交際接待費		作成	照査	認可
寄付金			作成	認可
オフィス用具	作成	照査	認可	
レンタル契約		作成	照査	認可
設備取得			作成	認可

伝票の押印ルール

ペーパーレスの普及で、入力画面認可も増えています。誰が、いつ、何を入力したかが重要な情報になります。

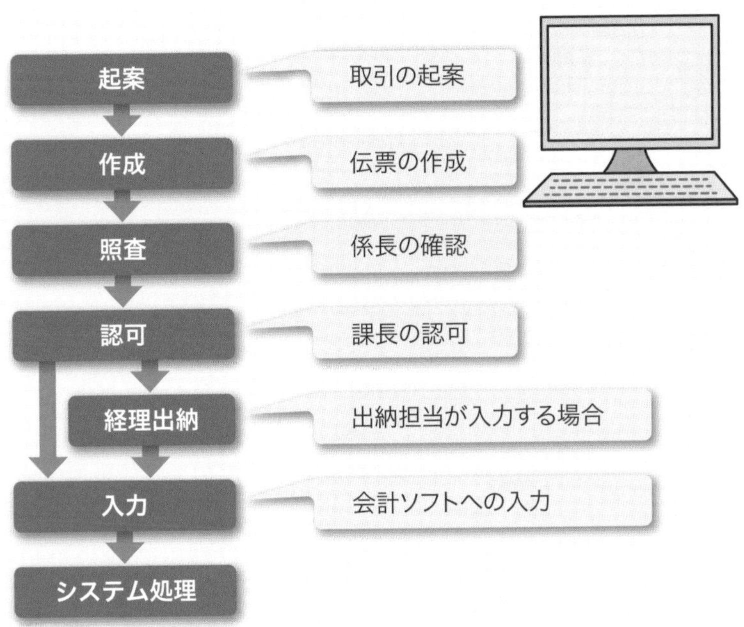

Memo　会計ソフトの普及で、伝票入力作業が重要な仕事になっている。伝票がいくら正しく作成・認可されても、最終の入力作業にミスがあれば問題となるため注意が必要。

業績の把握のルール

キーワード　報告体制

報告体制を作る

月次経理報告

経理担当は、自ら月々の業績を報告することを心掛けましょう。ただし、「伝票を集計したらこのようになりました」という報告では不十分だといえます。このような報告だと、報告内容にいろいろな質問や注文がつく可能性がありますが、それらに対応することがスキル向上につながります。

●「定例の月次経理報告日程」の例

タイミング	作業と報告
前月25日	給料締め日
月末締め日３日前	経費支払・旅費精算締め日
月末日	仕入伝票締め日　給料支給日
稼働日２日目	売上締め日
３日目	伝票入力完了
４日目	各残高の確認と整合
５日目	月次決算書の作成完了　管理部門内で決算書分析
６日目	経営陣への月次報告会
10日目	取締役会での報告

毎月同じタイミングでの作業と報告をくり返すことで「手順化」が進みます。日程は社員全員に周知徹底させましょう。

「予算対比」と「前年同期比」の2つ

数値があるべき水準なのかは、予算対比と前年同期比との２つの比較対比で表します。「予算対比」は目標への達成度を示すことができますが、予算そのものへの「精度」が課題です。どんぶり予算では比較検証ができないため、「前年同期比」で補います。

貸借対照表項目の予算立案はレベルが高いので、予算数値のある損益計算書項目の比較報告にならざるをえません。ただし、資金繰りの見通しは報告したいものです。なお、競合他社比較は、月々の情報が入手できないため、参考にする程度がよいでしょう。

チェックポイント

- □毎月同じタイミングで作業と報告を繰り返すことで手順化が進む。
- □予算対比と前年同期比を用いて比較する。
- □少なくても資金繰りの見通しは報告する。

業績報告は簡潔、見やすさを重視

経理での業績結果は「数字」で出てきますが、その数字を羅列するだけでなく、その背景へのコメント（文章）が有用な情報提供になります。

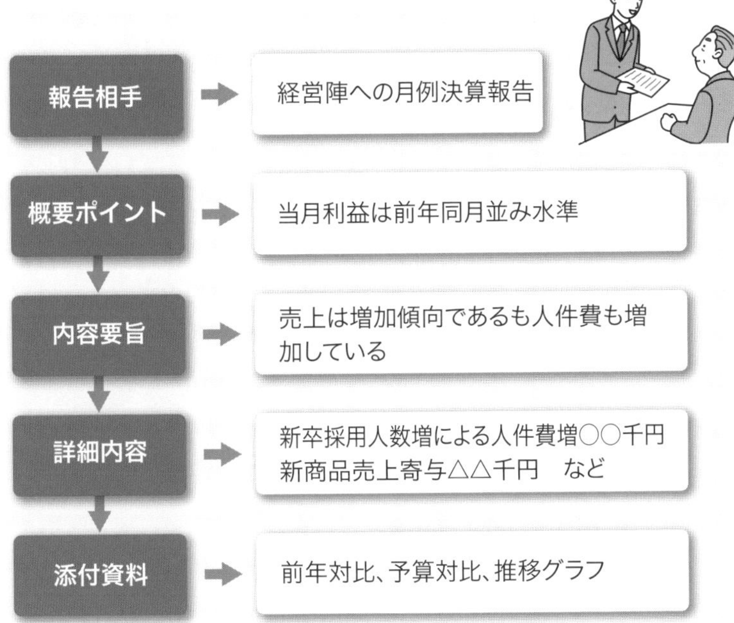

月次損益報告

毎月の損益報告が中心になりますが、資金繰りについての報告も必要です。書類による報告だけでなく、会議や面談での報告を定例化すべきでしょう。

項目	当月			次月	
損益項目	実績	予算比	前年同月比	予算	前年同月実績
売上	1,045	105%	110%	1,000	115
人件費	175	100%	103%	180	105
当月利益	280	110%	105%	300	110

Memo　「健全な報告体制」を維持するには、会社全体での開かれた経営姿勢という観点も重要になる。報告することで、「責任追及」「犯人捜し」ばかりになることは避けねばならない。

業績の把握のルール

キーワード 会計ソフト

会計ソフトを使いこなす

会計ソフトは2タイプ

会計ソフトを利用すると、パソコン画面に入力するだけでほとんどの経理処理を完了することができます。ソフトウエアは、会社の規模、業態によって、さまざまな種類が販売されています。問題はどこのソフトウエアを利用するのかです。**導入後は会計データの継続性の観点から、ソフトウエアを簡単に変更することはできないため慎重に選択しましょう。**

ソフトウエアのタイプは以下の２つです。

●インストール型会計ソフト

インストール型会計ソフトは、会社のパソコン内ですべての情報処理、保管をする独立型の運用です。会計ソフトを買い取り、会社のパソコンにインストール（またはダウンロード）します。インターネット環境は必要なく、**ランニングコストはかかりません**。データの紛失・消滅には注意が必要です。また、**最新の会計処理にはバージョンアップが必要**です。

●クラウド型会計ソフト

クラウド型会計ソフトは、情報処理・保管はすべて社外の業者サーバーにあります。情報はインターネットを通じて、複数人で同時に見られます。また、**会計ルールの改廃に対応して自動的にバージョンアップされます。**

利用料を毎月支払うので、**ランニングコストがかかります**。ある程度の会社規模なら、このタイプを利用することが多いようです。

会計ソフトのカバー領域

会計ソフトでは、基本的に**①売上の請求・回収処理、②仕入れの検収・支払処理、③給与計算、④出納の入出金処理の４つの領域をカバーすること**ができます。これらの情報の組み合わせで、決算書などを出力することができるのです。

チェックポイント

- □会計ソフトには、インストール型とクラウド型がある。
- □データの継続性の観点から、会計ソフトは簡単に変更できない。
- □ある程度の会社規模なら、クラウド型を使うことが多い。

インストール型

クラウド型

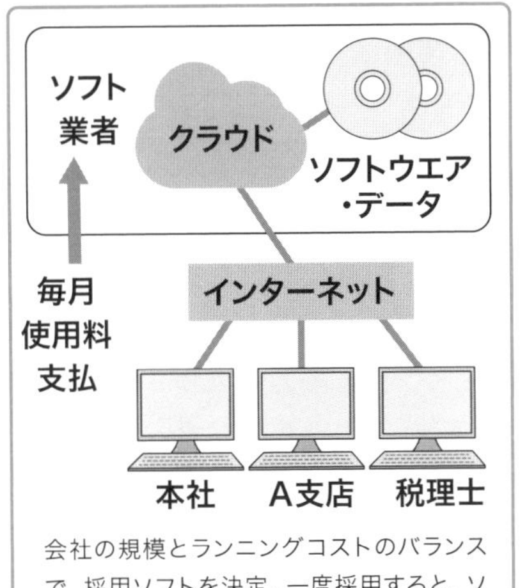

会計ソフトの基本的対応領域

下記のジャンルのほかに、減価償却を含む固定資産管理、資金繰り管理、予算実績管理などの領域ソフトがあり、対応には取捨選択しましょう。

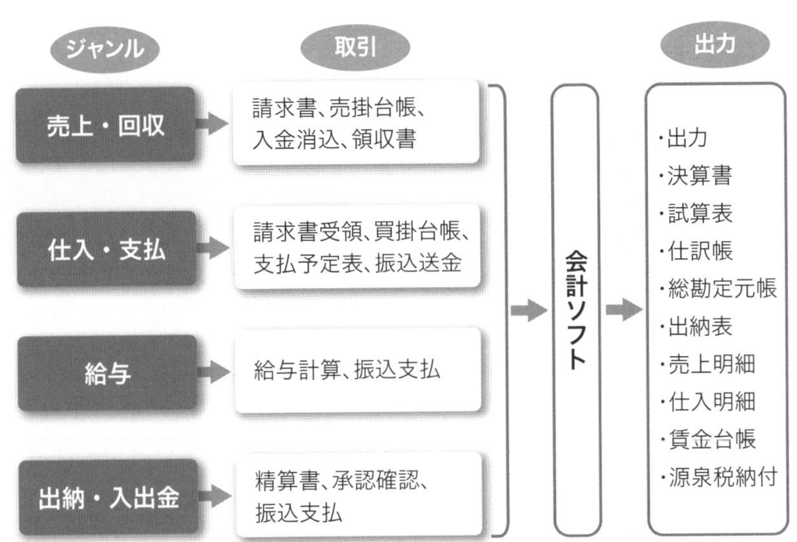

Memo　高度な情報管理ソフトとして、ERP（統合管理システム）と呼ばれるものがある。これらは、小規模の会社にはコスト、維持メンテの観点から負荷が大きい。

業績の把握のルール

キーワード 重要な会計方針

税務署に届出を提出する

関係する主要な税法は4つ

経理が担当する届出は税金関係のものになり、関係する主要な税法は、**①法人税、②地方法人税、③消費税、④源泉所得税の４つ**です。なお、源泉所得税関係は給与計算の項（P148）を参照してください。

会社設立後の届出

会社のある所在地の税務署を「所轄税務署」といい、届出や申告は所轄税務署長に提出します。なお、それぞれの**届出書には提出期限が設けられています**。

会社設立後に提出すべき届出は、次のとおりです。①法人設立届出書、②青色申告の承認申請書、③給与事務所等の開設届出書、④棚卸資産の評価方法の届出書、⑤減価償却資産の減価償却方法の届出書、⑥有価証券の一単位当たりの帳簿価額の算出方法の届出書、⑦消費税課税事業者届出書（納税対象のとき）。

地方法人税関係

地方法人税を申告、納付するために、県税事務所（都税事務所）、市町村の役所（役場）の税務課に「法人設立届出書」の提出が必要です。**事業所が複数ある場合は、すべての所在地の県、市に提出**しましょう。

異動届出書

会社設立後に改廃があった場合、**その都度、「異動届出書」の提出が必要**です。決算期の変更、資本金額の異動、会社名の変更、本店移転、代表者名の変更、事業目的の変更、支店・事業所の移転、合併・分割・解散などが発生した際には、税務署、県または市に異動届の提出をしましょう。

- □関係する主要な税法は法人税、地方法人税、消費税、源泉所得税。
- □事業所が複数ある場合は、すべての所在地の県、市に提出。
- □改廃があるたびに、異動届出書の提出が必要。

異動届の申請書

異動届の申請書（異動届出書）は、「法人税」と「消費税」の異動届を兼ねています。

異動届出書
（□ 法人税　□ 消費税）

※整理番号	
※通算グループ整理番号	

税務署受付印

令和　年　月　日

税務署長殿

次の事項について異動したので届け出ます。

提出法人		
□ 連結子法人となる法人 □ 連結子法人 □ 連結親法人となる法人 □ 連結親法人 □ 単体法人	（フリガナ）	
	本店又は主たる事務所の所在地	〒 電話（　）　－
	（フリガナ）	
	納税地	〒
	（フリガナ）	
	法人等の名称	
	法人番号	
	（フリガナ）	
	代表者氏名	㊞
	（フリガナ）	
	代表者住所	〒

異動事項等	異動前	異動後	異動年月日（登記年月日）
所轄税務署	税務署	税務署	

納税地等を変更した場合	給与支払事務所等の移転の有無　□ 有　□ 無（名称等変更有）　□ 無（名称等変更無） ※ 「有」及び「無（名称等変更有）」の場合には「給与支払事務所等の開設・移転・廃止届出書」の提出も必要です。
事業年度を変更した場合	変更後最初の事業年度：（自）平成/令和　年　月　日 ～（至）平成/令和　年　月　日
合併、分割の場合	合併　□ 適格合併 □ 非適格合併　分割　□ 分割型分割：□ 適格 □ その他　□ 分社型分割：□ 適格 □ その他

（その他参考となるべき事項）

（規格A4）

税理士署名押印	㊞

※税務署処理欄	部門		決算期		業種番号		番号		入力		名簿	

01.06改正

異動届出書は、
税務署、県または
市に提出します。

Memo 異動届出書は子会社設立、支店開設など事業の拡大によって提出することになる。設立時に提出した届出書控が保管されているかの確認を。

業績の把握のルール

事業報告

附属明細書

事業報告と附属明細書を理解する

事業報告と附属明細書

会計に関する会社の状況は、B/S、P/Lなどの決算書で表されていますが、それら以外の重要な状況について報告する書類の作成を、すべての会社は義務づけられています（会社法435条）。作成すべき書類は**「事業報告」とそれに付随する「附属明細書」**です。

なお、上場会社などの「公開会社」は、詳細な記載事項が決められていますが、**小さな会社向けの例示・ヒナ型は公表されていません。**

事業報告は、株主総会で社長が株主に説明する**「会社の置かれている重要な経営の状況」を文章にしたもの**と理解しましょう。つまり経理の領域ではなく、経営の領域についての記載内容が必要です。

記載すべき内容としては、①経営の方針・戦略、②受注等今後の見通し、③事業上のリスク、④業務提携、設備投資等の状況などが挙げられます。

附属明細書は、**事業報告を補足する重要な事項を記載するもの**になります。公開会社では、役員の社外兼務の状況などが記載されますが、小さな会社では「記載すべき内容はありません」と記載されているのが一般的です。

決算書（計算書類）の附属明細書

上記で述べた「事業報告の附属明細書」とは別に、「決算書の附属明細書」も作成する必要があります。これは、記載すべき項目・内容（計算規則145条）が決められています。**①有形固定資産及び無形固定資産、②引当金、③販売費及び一般管理費の明細書のほか、補足する重要な事項**となっています。

また、金融商品取引法で適用される「財務諸表規則」にも、「附属明細表」（120条）についての規定があります。

チェックポイント

- □すべての会社は事業報告と、その附属明細書を作成する。
- □事業報告は、会社の経営状況を文章化したもの。
- □附属明細書は、事業報告を補足する事項を記載したもの。

会社法での計算書類

計算書類などの表示名称は混同しやすいので注意が必要です。会社法での計算書類は下図のような構成になっています。

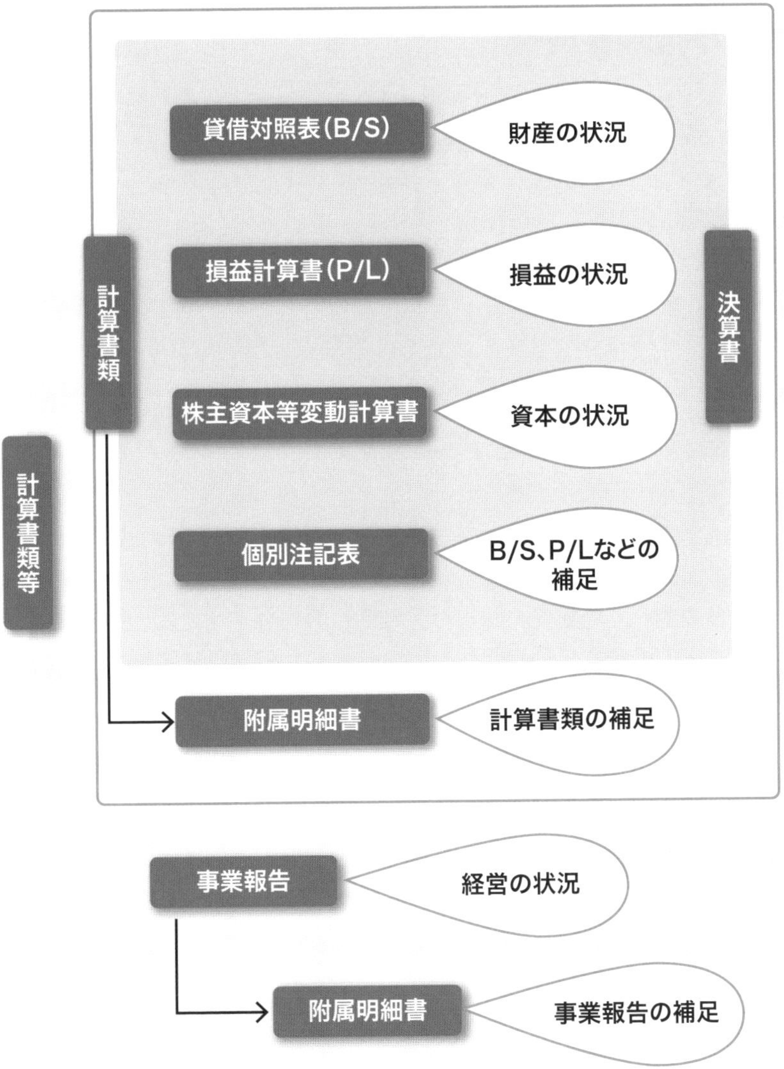

中小企業では、いずれの附属明細書も重要な扱いを受けていない。ほとんどが記載すべき内容がないと判断しているのが現状。「事業報告」についても、外部株主の有無などによっては簡素化されている。

剰余金計算書

損失金処理

利益処分・損失金処理をどうするか

利益は内部留保が多い

当期に生まれた利益は、内部で留保するか、社外に流出（配当、役員慰労金など）させるかの２つの方法があります。

中小企業では会社の財務体質向上のため、多くは内部留保しますが、そのうち一定額を継続的に毎年配当するのが一般的です。

●**剰余金処分**…剰余金処分である株主への配当は、株主総会の決議により決定され、何度でも行えます。定款に定めることで、取締役決議で配当を決議できる場合もあります。中小企業では、決算確定後の定時株主総会で年１回だけ配当するのが一般的です。

●**配当の制限**…貸借対照表の純資産額が300万円未満の場合、配当はできません（会社法458条）。また、配当の総額は「分配可能額」を超えてはいけません（会社法461条）。通常、配当は金銭（現金）で、出資した株数に応じて割り当てます。分配可能額は、小さな会社の場合、剰余金から自己株式を控除した額と思ってよいでしょう。

●**配当金の送金**…上場企業の配当金受け取り方法はさまざまですが、中小企業では株主総会で決議した配当効力が生じた日に、株主が指定する銀行口座に振り込みます。なお、配当源泉税（約20%）を控除した額が送金額となります。

損失金処理

決算で欠損金が出た場合は、定時株主総会で損失金処理案として、その処理を決議します。処理の方法として次のようなケースがあります。

①そのまま、次期繰越欠損金として、繰り越しする。

②その他、利益剰余金があれば、そこから補填する。

③資本金、資本剰余金から補填する（減資）。

□中小企業では、定時株主総会で年１回だけ配当するのが一般的。

□貸借対照表の純資産額が300万円未満の場合は配当できない。

□通常、配当は現金で、出資した株数に応じて割り当てる。

繰越利益剰余金の位置づけ

「純資産の部」は「株主資本」「評価・換算差額等」「新株予約権」に区分され、そのうち株主資本は下部のような構成になっています。

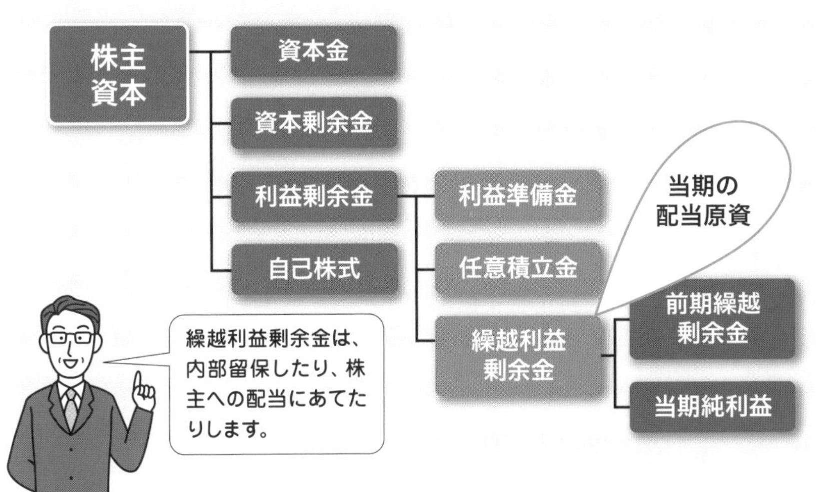

株主総会　利益処分議案の例

株主総会での重要な決議事項は、「配当」と「役員選任」です。その期で生じた損益処分のため、株主総会ではなんらかの決議が必要です。

配当をする

第○号議案　剰余金の処分の件
　議長は、下記の要領で剰余金を配当したい旨を述べ、その賛否を議場に諮ったところ、満場一致をもってこれに賛成した。
①配当財産の種類　金銭
②配当財産の割当てに関する事項及びその総額
　普通株式1株につき金○円、配当総額金○万円
③効力発生日　令和○年○月○日

損失を補填する

第○議案　剰余金処分案及び損失処理案承認の件
　議長は、以下の剰余金処分案及び損失処理案に関して説明がなされた後、議場に諮ったところ異議なく、可決承認された。

①別途積立金と取り崩し繰越利益剰余金に振り替える
　当期未処理損失金　▲○○○○円
　　前期繰越損失金　▲○○○○円
　　当期損失金　▲○○○○円
　損失補填額
　　任意積立金取崩額　▲○○○○円
　次期繰越損失　▲○○○○円
②効力発生日　令和○年○月○日

中小企業での株主構成は役員などの同族会社が多く、役員報酬には関心があるものの配当を重要視している会社は少ないのが現状。

業績の把握のルール

キーワード キャッシュフロー計算書

キャッシュフロー計算書を理解する

キャッシュフロー計算書の概要

上場企業では財務諸表の一部として、キャッシュフロー計算書の作成が義務づけられています。中小企業では作成義務はありませんが、資金の動きを理解しやすいので、内容を知っておきましょう。

キャッシュフロー計算書とは、決算期間のキャッシュ・インとキャッシュ・アウトをとらえ、キャッシュ（現預金）の流れを計算して表示する財務諸表のことです。現預金がどれだけ増減したか、それはどのような事業活動から生み出されたのかを知ることができます。

キャッシュが生み出される3つの活動

①**営業活動**……商品を仕入れ、それを売上・回収します。そして、人件費や経費を支払い納税も行います。これらが営業活動と呼ばれ、その結果が当期利益（損失）となります。

②**投資活動**……事業拡大のため、設備投資や新規事業投資など投資に投入する活動です。

③**財務活動**……営業・投資活動で賄えない（または余った）キャッシュは、借入金（返済）で調達します。配当を支払う必要もあります。

これら３つの活動の結果がキャッシュ（現預金）の増減として表れます。

B/SやP/Lで見えないものが見える

キャッシュフロー計算書によって、以下のことを知ることができます。以下の情報から、企業の財務体質の危うさや健全さを読み取りましょう。

①当期利益の大きさでなく、営業活動でどれだけの資金が増加したのか。

②設備投資をどれだけしたのか。銀行からどれだけ借入をしたのか。

③過剰な設備投資や新規投資をしていないか。

チェックポイント

- □上場会社は、キャッシュフロー計算書の作成が義務づけられている。
- □キャッシュフロー計算書では、キャッシュの流れを計算して表示。
- □現預金がどれだけ増減したかを把握できる。

キャッシュフロー計算書　ヒナ型（間接法）

「キャッシュフロー経営」という言葉が示すように、キャッシュフロー計算書を重要ととらえる経営者が増えています。

営業活動によるキャッシュフロー		
税引前当期利益		3,385
減価償却費	721	
固定資産売却益	17	
貸倒引当金繰入額	4	
受取利息及び配当金	△83	
支払利息	49	
売上債権の増減	115	
棚卸資産の増減	△84	
その他の流動資産の増減	△257	
仕入債務の増減	△151	
その他の流動負債の増減	178	
小計		3,894
利息及び配当金の受取額	83	
利息の支払額	△49	
法人税等の支払額	△839	
営業活動によるキャッシュフロー		3,089
投資活動によるキャッシュフロー		
固定資産の取得による支出	△1,967	
固定資産の売却による収入	117	
長期貸付金の減少による収入	21	
投資活動によるキャッシュフロー		△1,829
財務活動によるキャッシュフロー		
短期借入金の増減	△470	
長期借入金の増減	△508	
配当金の支払い	△490	
財務活動によるキャッシュフロー		△1,468
現金・預金の増加額		△208
V現金・預金の期首残高		4,998
VI現金・預金の期末残高		4,790

業績の把握のルール

Memo　「資金繰り表」と「キャッシュフロー計算書」は、資金のとらえ方が違う。効率的な資金の使い方を判断するにはキャッシュフロー計算書がわかりやすくできている。

キーワード 現金管理 インプレスト方式

小口現金の管理をする

現金管理のルールを厳格に守る

顧客から売上回収代金の現金入金がある現金管理（回収金庫）と、社内での小口経費の支払いだけの現金管理（経費金庫）がありますが、**現金（手提げ金庫）は必ず分けます**。可能であれば、出納担当者も分けましょう。

預金口座と同様に、回収金と支払金の流れを整理しましょう。これにより、現金過不足ミスも「回収入金ミス」か「支払ミス」なのか明確にすることができます。現金管理のルールは次のとおりです。

①**回収現金**……業態にもよりますが、現金商売の場合、レジスターなどで入金管理がされています。**「釣銭・両替」「銀行入金」は必ず決められた日（毎日、毎週末など）に行います**。レジスター集計も同様です。

②**経費現金**……最低限の額しか持たないようにし、社員への出金は決められた日のみとします。社員の立替・両替・金庫への預かりはしないようにします。また、**「領収書」のない支払いはしない**ようにしましょう。

経費現金は本当に必要か？

紛失リスク、金庫の施錠、残高の管理などの手間を考えると、**金庫をなくすことが一番**です。つまり、オフィスでの「現金の取り扱いはしない」と考えるのです。宅配の代引支払、急な香典、業者からの小口請求、切手の購入等々があればどうするのかという反対意見が出るかもしれませんが、すべて、後日振込か、よほどの場合は管理者の個人立替とします。現金を使わないようにすると、現金支払いそのものがなくなっていきます。

どうしても、**オフィスで現金を管理する必要がある場合は、「インプレスト方式（定額資金前渡方式）」を導入**しましょう。これは、「現金残高＋支払った領収書額＝常に一定額」になるように、**不足額だけの現金を補充する**やり方です。これにより、残高チェックが容易になります。

チェックポイント

□回収金庫と経費金庫の現金は必ず分ける。
□釣銭・両替、銀行入金は必ず決められた日に行う。
□社員への出金は決められた日のみとする。

現金金庫

終業時の現金金庫の残高確認は経理の大切な仕事。ただし、会社全体のお金の流れを把握するなどの重要な業務もあるので、手間のかからない手順を心掛けましょう。

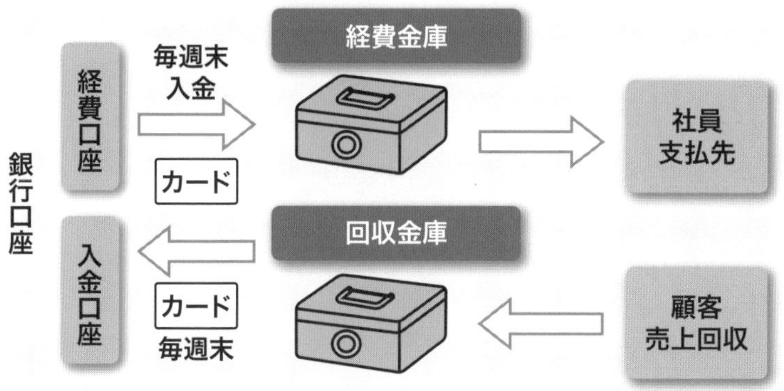

ポイント

① 「経費金庫」と「回収金庫」を分ける
② 「回収金庫」は「おつり」用定額をのぞき毎週末（または毎日）銀行に預け入れる
③ 「経費金庫」は最小限の金額固定して不足分を毎週末（または毎日）銀行から引き出す
④ それぞれ銀行口座カードを分ける
⑤ 銀行に出かけるのは週1回（または毎日）とする

インプレスト方式

インプレスト方式は支店や営業所が多くある会社で、現金管理を出先の営業担当がする場合などに、わかりやすい管理方法です。

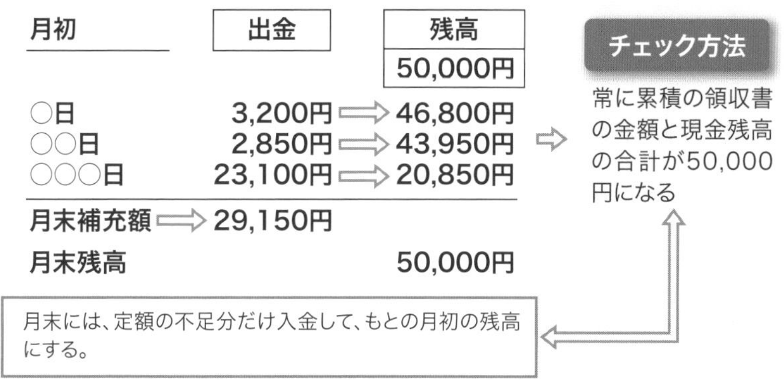

月初	出金	残高
		50,000円
○日	3,200円	46,800円
○○日	2,850円	43,950円
○○○日	23,100円	20,850円
月末補充額	29,150円	
月末残高		50,000円

キャッシュレス決済が普及すれば、社内での現金管理がなくなり、経理担当の仕事は軽減される。一方、新たな決済手数料コストが生まれることになる。

日常の経理業務

キーワード 預金管理

預金口座の管理をする

銀行との付き合い方

「ドンブリ」口座では資金の動きがわかりにくくなります。そういった状況を防ぐために、**メイン口座を中心に目的ごとに預金口座を分けましょう。**付き合いをしている取引銀行が複数の場合も、利用銀行を目的ごとに使い分けます。

多くの会社は銀行からの融資・支援・サービス提供を受けていますので、すでに何らかの形で、銀行との付き合いがあるはずです。

複数の銀行を利用する場合、メイン銀行、サブメイン銀行など重要度によって、預け金等のシェアを分けます。そして、継続的、安定的な関係を維持しましょう。「資金口座＝Ａ銀行」「回収口座＝Ａ・Ｂ銀行」「支払口座＝Ａ・Ｂ・Ｃ銀行」などと分けるのが理想ですが、事業が安定していることが前提になります。

銀行への情報提供

銀行との信頼関係は財務にとって重要です。**銀行の信頼を得るためには、会社についての情報提供が重要**です。

特にメインの銀行には配慮をしましょう。具体的には、①決算書の提出・説明、②年度計画の説明と経過報告、③重要案件の事前説明、④役員人事異動などの情報を、経営トップ自らが説明しましょう。なお、定期的な情報提供・報告は大手企業も行っています。

政府系金融機関

政府系金融機関の利用も検討してみましょう。そのうち**商工組合中央金庫（商工中金）**が、**中小企業向けの活動を展開**しています。また、「日本政策金融公庫」、都道府県などにも企業向けの融資制度があります。

- □目的ごとに預金口座を分ける。
- □銀行に対して、定期的な情報提供・報告を行う。
- □商工中金が、中小企業向けの活動を展開している。

預金口座の管理

口座は少ないほうがよいといえますが、それぞれの利用目的を明確にしたうえで、口座の種類や取引銀行を決めましょう。

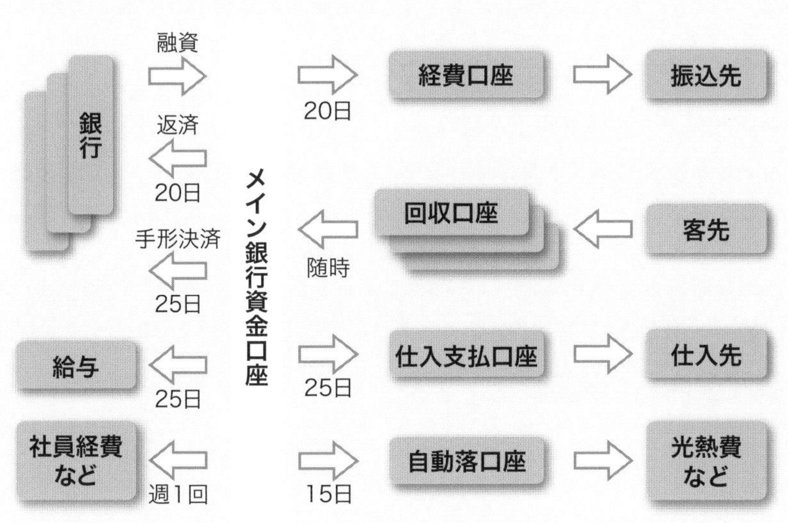

毎月の支払日を固定させる

毎月のやるべき仕事を明確に固定化し、業務のルーティンを効率化させます。支払先や社内関係者からの例外要請を受け付けない姿勢も必要です。

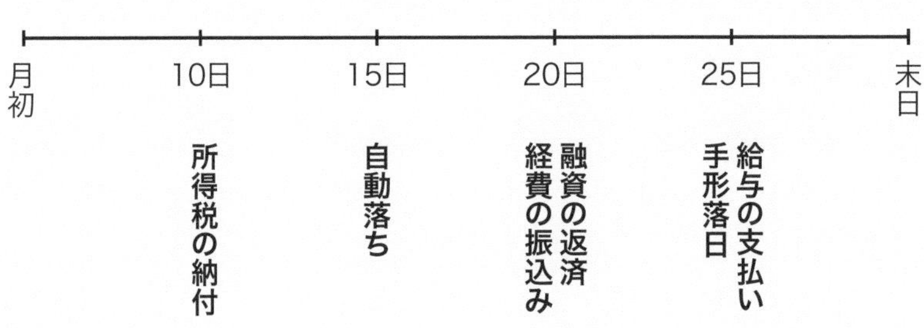

Memo 「特別支払」「例外措置」「臨時払い」「立替払い」などのルール外の出納が常態化すると、業務の効率低下となり、仕事負荷を増やすことになる。

キーワード 金銭に関する不正と予防

金銭の回収・支払の不正を防止する

金銭処理は2人以上の確認が前提

小さな会社では社員数が少ないゆえに、内部牽制が必ずしも有効に機能しないこともあります。購買担当が仕入先に値引きを強要して、値引き分を着服するケースなどを防ぐためにも、**回収・支払の金銭処理は、少なくとも処理者と出納者の２人以上の確認処理が前提**です。

このような業者との共謀・癒着による不正は、内部監査、税務調査、残高確認など第三者の指摘で発見されるケースが多いです。

領収書発行の管理

未使用の領収書は出納責任者が保管し、必要に応じて、回収に出向く営業担当に交付します。交付した領収書は、相手先・発行番号・日時・担当名・金額などを管理簿につけます。

支払った際に受け取る領収書も、記載内容を確認し、書き換えなどをチェックしましょう。**所定様式でない手書や仮領収書には特に注意が必要**です。

定期的な残高確認

主要な取引先には、定期的に残高確認書を送付して、相手の帳簿残高との整合を確認します。上場企業では、決算の都度、会計監査人が抜き取りで残高確認書を取引先に郵送しています。このように、**相手先との残高不一致の内容を把握することで不正を防止**できます。

銀行振込の利用

回収入金・請求支払は極力銀行振込を利用しましょう。回収代金の着服や領収書不正発行による着服を防止できます。振込による入金・送金は、銀行に取引履歴が残るため、領収書の発行を行う必要はありません。

チェックポイント

- □回収・支払いの金銭処理は、２人以上の確認処理が前提。
- □主要な取引先には、定期的に残高確認書を送付。
- □回収入金・請求支払は銀行振込を極力利用する。

金銭の回収に伴う不正

経営者自らが全体の動き・会計処理を理解し、定期的にチェックしていることを社員に示すことが、不正への抑止力になります。

- [ ] 売上代金を回収しても入金処理をせず使い込む
- [ ] 相手への領収書を偽造して、回収金の一部を着服する
- [ ] 領収書を不正発行して着服する
- [ ] 現金・小切手など流用・着服する
- [ ] 勘定照合表などを操作して、つじつまを合わせる
- [ ] 回収後に勝手に値引処理のみをして着服する

↓

- [ ] 領収書発行の管理を経理がする
- [ ] 回収・支払いはできるだけ振込にする
- [ ] 取引先への残高確認を定期的にする
- [ ] 回収金から経費の支払いに流用することはさせない
- [ ] 担当者と出納処理担当を明確に分ける
- [ ] 伝票起票者と認可者を分ける

金銭の支払いに伴う不正

社内でのホウ・レン・ソウ（報告・連絡・相談）を徹底し、風通しの良い職場風土作りへの努力姿勢を経営管理者自らが具現しなければなりません。

- [ ] 支払先と共謀して架空の取引をつくる
- [ ] 現金・小切手そのものを横領する
- [ ] 仮領収書などを勝手に発行して着服する
- [ ] 数量や単価を書き換えて過大支払いをさせる
- [ ] 支払先への値引分を着服する

社内の不正や問題を未然に防ぐために、上場企業には2008年から「内部統制」の実施が義務づけられた。業務の効率、財務諸表の信頼性、法令の遵守のため、「内部統制監査」も実施されている。

日常の経理業務

キーワード キャッシュレス決済

キャッシュレス決済に対応する

サービス業は対応必須

会社間の決済は銀行振込が主流となり、現金や小切手・手形を用いた決済は極端に減っています。しかし、サービス業などの業態では、個人顧客からの現金支払いがいまだ主流です。ただし、個人のキャッシュレス決済の増加にともない、**今後サービス業では対応が必須**です。

キャッシュレス決済には、クレジットカード、電子マネー、デビットカードなどがありますが、注目を集めているのがQRコード決済です。QRコード決済は**情報量が多く、初期コストが少ない**のが特徴です。

顧客は、スマートフォンに支払いを行うためのアプリをダウンロードし、クレジットカード情報を登録します。そして、会社側（店舗）は決済用のアプリをダウンロードしたのち、QRコードを店舗が表示して顧客が読み込む、あるいは顧客が表示し、店舗が読み込むことで決済が可能になります。ただし、これはあくまで、個人を顧客とする業態の会社での話になります。

キャッシュレス決済のメリット・デメリット

デメリット……①決済手数料が高い、②導入時の端末コストが高い、③暗証番号・端末操作が多様で複雑

メリット……①お釣り等現金不要、②支払い・回収が確実、③売上情報が入手できる、④特典ポイントが付与できる

会社内でのキャッシュレス決済利用

会社内の社員への支払事務軽減のため、一定の規則のもと社員にクレジットカードを持たせている会社も増えています。小口現金を廃止させるために、**出納担当に利用限度設定をしたカードを持たせるのも一考**でしょう。

チェックポイント

- □サービス業は、キャッシュレス決済への対応が必須。
- □QRコード決済は「情報量が多い」「初期コストが少ない」のが特徴。
- □社員にクレジットカードを持たせている会社も増えている。

クレジットカードの決済フロー

クレジットカードだけでなく、QRコード決済、タッチ型決済、交通系ICカード、流通系ICカード、デビットカードなど決済手段は多岐にわたります。

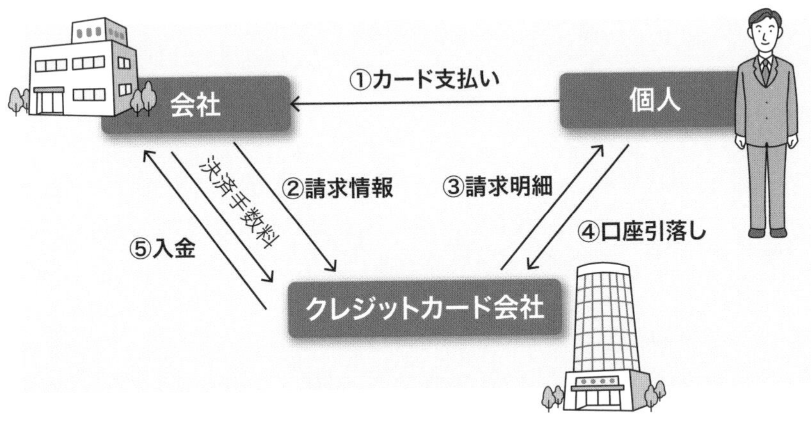

決済会社との関係

公正取引委員会の調査では、決済会社との締結時に入札や見積りを実施した中小企業の割合は少ないようです。

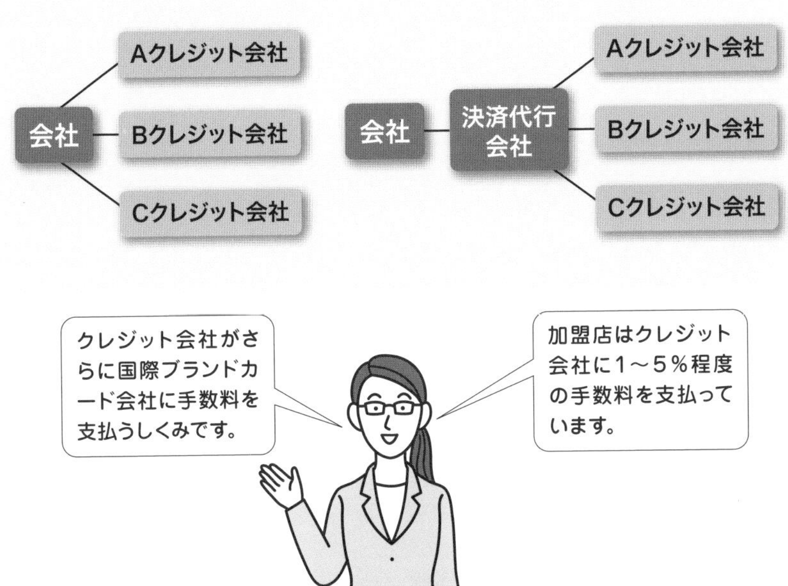

Memo 業界団体の日本クレジット協会(JCA)の取り決めで、国内においては「現金払い」と「カード支払額」が同額になるように、カード払いでの決済手数料を購入者に負担させることは規約違反となる。

日常の経理業務

キーワード　小切手

小切手のしくみを知っておく

小切手の要件

小切手の流通量は非常に少なくなっていて、一般的には見かけなくなっています。ただし、売上回収などで小切手を受け取るケースもあります。

小切手は受取人の名前がない「持参人払い」なので、「小切手法」にもとづき、**銀行は持込んだ人なら誰にでも支払いを行います**。紛失などによって第三者に悪用されるのを防ぐために「線引小切手」にしておくのが安心です。

小切手の用紙は、当座預金口座を開設した会社に渡されますので、**様式はすべて統一**されています。小切手の記載要件は、①小切手の表示、②金額、③振出日、④振出地（銀行住所)、⑤振出人記名、⑥支払委託文句、⑦支払地（銀行住所)、⑧支払人（銀行）です。

受け取るときには、金額、振出人の記名捺印、振出日を確認します。なお、振り出した会社の当座預金に残高があるのか受取人にはわかりません。不渡りを回避するためにも、振出人の信用がなければ、小切手を受け取るのはやめましょう。

小切手はすぐに資金化される

受け取った小切手はすみやかに裏に会社口座名を書き、自社の銀行に持ち込みます。持ち込みは振出日から10日以内が「呈示期間」で、銀行に呈示してから3日ほどで口座に入金されます。

安全のため、小切手の左肩に2本線を書き込みしたものを「線引小切手」といいます。「BANK」「銀行渡り」と書かれたゴム印が押されていることが一般的です。これがあることで銀行口座にしか入金できなくなります。ゴム印に銀行名があれば、「特定線引小切手」となり、その特定の銀行口座にしか入金できません。

- □小切手の様式はすべて統一されている。
- □小切手を受け取るとき、金額、振出人記名捺印、振出日を確認する。
- □受け取った小切手は裏に会社口座名を書き、自社の銀行に持ち込む。

小切手サンプル

小切手での売上回収などは少なくなっており、営業担当が小切手を知らないケースも出てきています。どのような様式かを教えておきましょう。

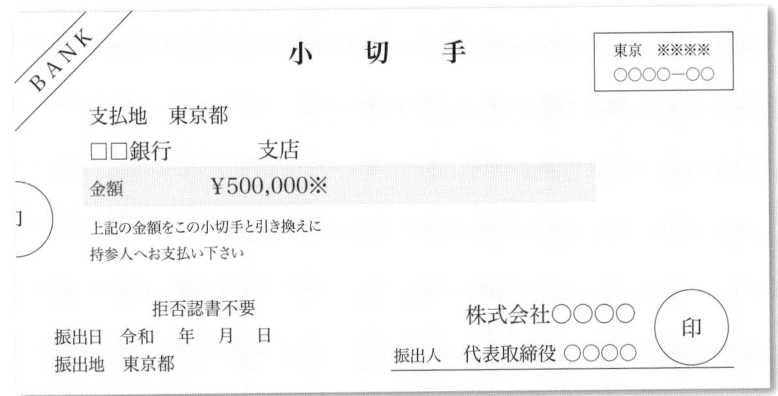
BANK

小　切　手

東京　※※※※
○○○○－○○

支払地　東京都
□□銀行　　　支店
金額　　¥500,000※
上記の金額をこの小切手と引き換えに
持参人へお支払い下さい

拒否証書不要
振出日　令和　年　月　日
振出地　東京都

株式会社○○○○
振出人　代表取締役 ○○○○
印

小切手の受取時の確認事項

小切手用紙は銀行から交付されるものでそこに記入された内容を確認します。

①金額が正しく、チェックライターか手書漢数字で鮮明に記入されているか？
　数字の頭と末尾は「¥」「※」あるいは「金」「也」でクローズされているか？
②振出人は正しいか？
③振出日は受取り日か？　先日付でないか？
④振出人の記名捺印は正しいか？
⑤線引き小切手か？（線引小切手が安全）
⑥印紙は不要
⑦裏側には何も書かれていないか？

欧米では広く支払手段として用いられています。現金は治安上危険であり、小切手のほうが安全という理由もあります。

最近は、個人が小切手を使う目的で、銀行の当座預金を開設することは容易にはできません。

Memo　日本では口座自動振替が普及しているが、欧米では銀行口座から勝手に引き落とされることを嫌い、自宅に郵送される請求書を確認したうえで小切手を郵送して支払うケースが多い。

キーワード　手形

約束手形のしくみを知っておく

支払日と支払金額を約束するもの

約束手形は**振出人が受取人に支払日と支払金額を約束する形式の小切手**です。その記載要件は「手形法」で決められていますが、銀行が発行する「統一手形用紙」に印刷されているので、発行時に「受取人」「支払期日」「金額」「振出日」「振出人住所」「振出人名・押印」を記載しましょう。それに加え、金額に応じた「印紙」を貼ります。

ただし、約束手形は**約束するだけで支払期日に確実に支払われるかはわかりません**。相手の信用を疑問視したら、受け取らない選択をすることも重要です。

約束手形の決済

約束手形は振出されたのち、支払期日に決済されます。それまでの期間を「手形サイト」といい、60日サイトといえば、約２ヶ月後に決済されることを意味します。**約束手形を受け取った場合、預金入金のためには少なくとも支払期日の３日前までに銀行に「取立依頼」**しなければなりません。

約束手形の資金化

なお、一般的に手形は額面金額が大きく、サイトの長い手形はそれまで現金化できません。その不便さを解消するため、**「裏書譲渡」と「手形割引」というしくみがあります。**

- **裏書譲渡**…手形の裏面には「この手形を次の者に支払いください」の文言欄があり、表面の受取人の記名押印で、第三者に譲渡して、受取人の支払いにあてます。
- **手形割引**…受け取った手形を支払期日前に金利と割引料を支払うことで、銀行に買い取ってもらう制度です。

チェックポイント

- □信用を疑問視したら、約束手形を受け取らない。
- □約束手形が振出されたのち、支払期日に決済されます。
- □手形は信用リスクがあることを忘れずに取り扱う。

約束手形サンプル

手形には印紙税が課税されます。このため、大企業を中心に印紙税削減などで手形の発行が激減しており、振込など現金決済が広がっています。

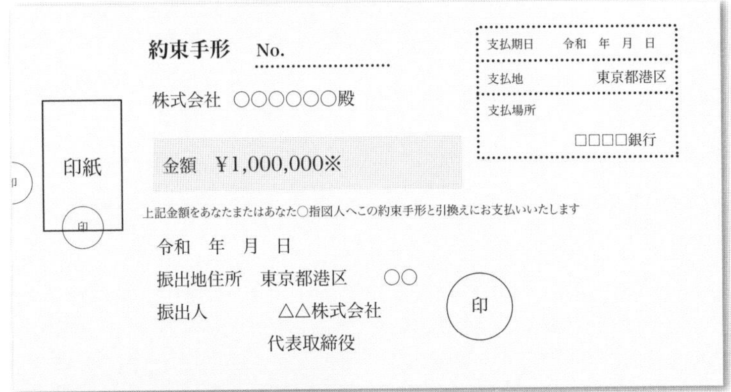
約束手形　No.

株式会社　○○○○○○殿

支払期日　令和　年　月　日

支払地　東京都港区

支払場所　□□□□銀行

印紙

金額　¥1,000,000※

上記金額をあなたまたはあなた〇指図人へこの約束手形と引換えにお支払いいたします

令和　年　月　日

振出地住所　東京都港区　○○

振出人　△△株式会社

代表取締役

印

手形の受取時の確認事項

①金銭が正しくチェックライターで印字されているか？
②振出人名は正しいか？　振出日は正しいか？
③支払期日は振出日から何日後（サイト）か？　その期間は約束どおりか？
④受取人名は正しいか？　銀行印は鮮明か？
⑤収入印紙の貼付・消印があるか？
⑥裏側を見て、裏書されていないか？

約束手形の裏側

回り手形（裏書譲渡手形）を受け取った場合、最初の振出人が期日までに資金を用意できなかったときは、その責任は裏書した者が負うこととなります。

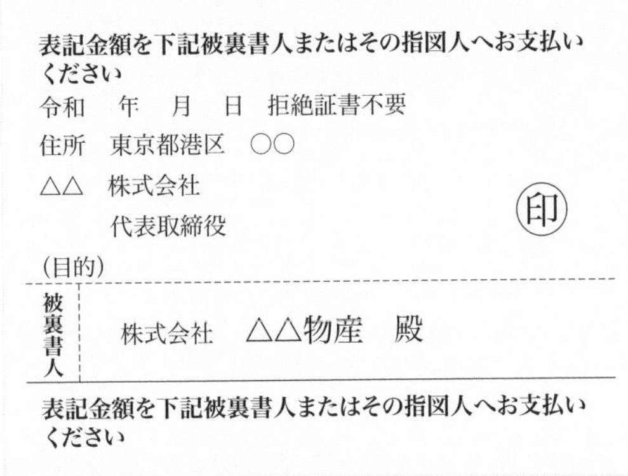
表記金額を下記被裏書人またはその指図人へお支払いください

令和　年　月　日　拒絶証書不要

住所　東京都港区　○○

△△　株式会社

代表取締役

印

（目的）

被裏書人　株式会社　△△物産　殿

表記金額を下記被裏書人またはその指図人へお支払いください

Memo
民法のなかの特別法として「手形法」「小切手法」がそれぞれある。手形法のなかは、為替手形と約束手形に区分されている。金融機関が手形や小切手などを持ち寄る「手形交換所」がある。

キーワード 振込送金

振込制度を利用する

銀行振込

会社、個人にかかわらず、「銀行振込」が支払手段の主流になっています。**振込サービスを利用することで、経理の仕事の負荷を軽減させることが可能です。**

同一銀行同一支店の口座間の資金移動を「口座振替」と呼びます。「銀行振込」は他の銀行口座に送金することを指し、「振込手数料」(銀行手数料)が必要です。

銀行振込の一般的な振込み方法としては、①銀行窓口で「振込依頼書」に記入して振込手続きをする、②ATMを操作して自分で振込手続きをする、③インターネットバンキングサービスを利用して振込手続きをするなど、いくつかの方法があります。なお、多額な送金の場合、銀行で振込依頼書を使うよう指定されることもあります。

さまざまな振込方法

①一覧振込依頼書……給料など**一度に多数の振込先がある場合は、一覧表形式の振込依頼書を使用**します。Excelで作成できる場合もあります。

②自動払込申込書……電気ガス使用料、電話料金など毎月変動するが少額の費用支払いが発生するときは、支払先への自動払込を申し込むことで自動的に振込支払いができます。これらは、**自動落ちの専用口座を設けると支払実績が把握しやすい**です。

③定額自動振込依頼書……定額自動振込は、毎月同じ日に同じ金額が支払先の銀行口座に振込まれます。**賃借料、リース料、駐車場料などの支払いに便利**です。

いろいろな振込支払方法を活用することで、決められた日に決められた作業をすることができ、仕事の単純化・効率アップになります。

チェックポイント

- □同一銀行同一支店の口座間の資金移動を口座振替と呼ぶ。
- □一度に多数の振込先がある場合は、一覧表形式の振込依頼書を使用。
- □自動落ちの専用口座を設けると支払実績が把握しやすい。

いろいろな振込依頼書（抜粋）

「依頼書」や「申込書」は、金融機関がそれぞれ各行の様式を定めており、利用する際はそれぞれの用紙を入手することになります。

振込一覧依頼

振込依頼書

ご依頼日　年　月　日

振込指定日　年　月　日

ご依頼人（カタカナ）

自動引落届出印

（ご住所）

（お名前）　様

ご連絡先 ☎（　）　－

	銀行名（漢字）支店名（漢字）	預金種目	口座番号	受取人（全角カタカナで入力してください）	金額（円）	手数料（税込）円
1						
2						
3						
4						

自動落ち申込書

預金口座振替依頼書・自動払込利用申込書（㊙ ㊎）

（兼　預金口座振替申込書）

令和　年　月　日

収納企業名

ゆうちょ銀行以外の金融機関

金融機関名　銀行／信託銀行／信用金庫／信用組合／その他　支店名　支店／御中

預金種目　1.普通（総合）　2.当座　口座番号（右づめ7桁でご記入ください）

フリガナ

口座名義人　（法人の場合は代表者名・肩書きのフリガナは不要です。）

※法人の場合は必ず代表者名・肩書きもご記入ください。

金融機関へのお届出印　印

振替日　日　（金融機関休業日の場合は翌営業日）

定額自動振込依頼書

定額自動振込・口座振替依頼書

殿

日付 令和　年　月　日

私名義の預金口座から口座振替の方法により次のとおり受取人に振込することを、裏面約定を承諾のうえ依頼します。

おところ　お電話番号　－　－

お名前（預金名義人）

フリガナ

お届印

お振込依頼人名（※預金名義人と同一の場合は記入不要です。）

フリガナ

振込日	毎月　日	振込期間	年　月　～　年　月	引落指定口座	当座・普通
振込日	信用金庫　銀行　店			お受取人口座	当座・普通・（　）
	フリガナ				

振り込みサービスを利用して、仕事の負荷を軽減させましょう。

Memo

振込には「電信扱い」と「文書扱い」があるが、ほとんどは電信扱い。「文書扱い」の手数料は安いが、着金までに3～5日かかる。今では文書扱いの取扱いを終了した金融機関も多い。

キーワード 売上の会計基準

売上を計上する

会計基準

売上は会社の最大の関心事です。それゆえ、その処理は、その都度正確に処理しなければいけません。なお、どの時点を売上ととらえるかは、業態によっていろいろな基準があります。売上は、商品の引き渡しやサービスの提供などが実現していること（実現主義）が大原則で、予約や注文時点での売上の計上はできません。**どのタイミングで売上計上するかは、会計基準によって決められます**。そして、継続的にその方法を採用します。

①売上となる契約が成立しているか、②売上となる金額が算定できるか、③相手が債務を認識したか、の確認ステップを踏んだのち、相手が仕入認識した時点を正式な売上時期とします。出荷と相手の受取検収がほぼ同時である場合は、商品を出荷した時点で売上時期とすることができます。しかし、**相手が認識した検収時点での売上が基本**になります。

「出荷基準」「引渡基準」「検収基準」「回収基準」の４つの基準がありますが、取引の形態、いままでの慣行などを考慮して、基準を決めます。なお、**売上代金の支払いがあった時点で売上とするのが一番確実な方法**です。

売上リベート

売上拡大のため、協力金、報償金、販売促進費などの名目で、リベートが支払われることもよくあります。

売上リベート……販売数量や販売金額に対して支払われるものです。リベート率を使うケースが多いです。

売上値引……販売定価からの値引きで、品質性能に対する補償見返りですが、競合先との価格比較からの値引きもあります。

売上割引……手形支払を振込にするなど支払条件を改善してくれた見返りに支払う金融リベートで、営業外費用で処理します。

チェックポイント

- □どのタイミングで売上計上するかは、会計基準で決める。
- □相手が認識した検収時点での売上が基本。
- □売上代金の支払いがあった時点で売上とするのが一番確実。

売上票のサンプル

売上計上の前後に「見積書」と「請求書」の提出がありますが、「売上票＝請求書」としている会社もあります。また、記載項目も業界によってさまざまです。

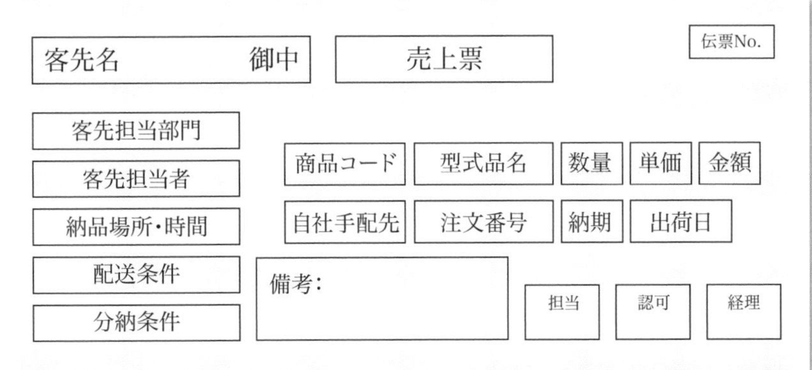

商品販売の売上基準

中小企業では出荷基準を採用していることも多いですが、会計基準の変更で上場企業では出荷基準の見直しが求められています。

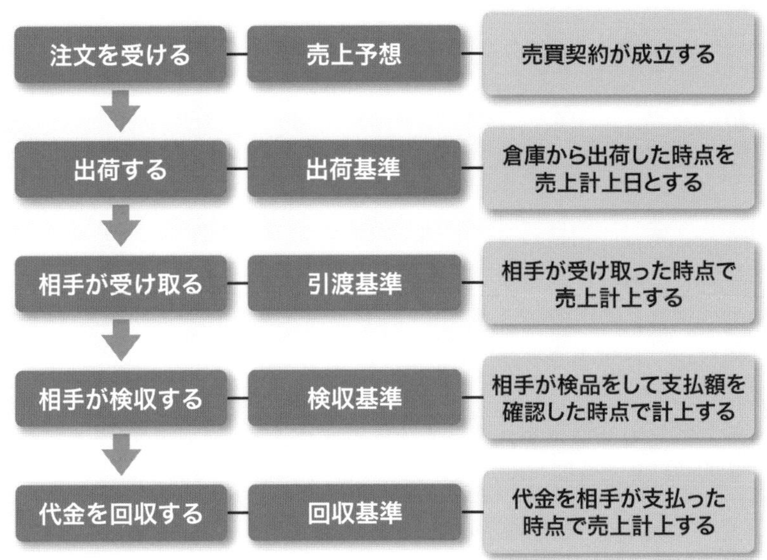

Memo
2018年3月に企業会計基準第29号「収益認識に関する会計基準」が公表された。この会計基準は売上の計上基準を厳格にするもので、企業会計・法人税・消費税の処理に影響が出る。

キーワード 売掛金消込作業

売掛金の消込作業をする

売掛金消込

売上代金を請求すると入金されます。請求額と入金額を照合して差額（違算）があった場合、その原因を調べて追加請求などの処理作業をします。この作業を「売掛金消込」といいます。ただし、何度も取引をしたことのある相手方であっても、**必ず「請求額＝入金額」になるとは限りません**ので注意しましょう。

客先別個別消込作業

消込作業は客先ごとに毎月、①売上・請求の内容・金額の把握、②入金の内容・金額確認、③違算確認（①と②の差額）と原因追求、の手順で行います。**膨大な取引がある場合は、客先から「支払明細書」を入手**して、相手の注文№（Purchase Order：PO）と、こちらの請求明細とを照合しましょう。この作業のためのソフトウエアを利用しているところもあります。

違算の原因と追及

違算の原因には、①月ズレ：相手の検収遅れ・翌月まわし、②振込手数料：相手が相殺送金、③返品・値引の処理モレ、④消費税の端数：計算間違い、⑤請求間違い：単価・数量の間違い、⑥誤入金：相手支払いの間違い、⑦入金モレ：相手の支払遅延、⑧相殺違い：相手の一方的相殺、などがあります。違算が発生すると、追加の値引処理や相手への督促、手数料の追加仕訳などの作業が後から出てきます。

違算が多く発生する客先とは、信頼関係がなくなってしまうことがあります。一方で、こちらに請求漏れがあっても、検収どおり支払ってくれる良心的な客先もあります。**違算の発生・追及は客先との信頼関係のバロメーター**ともいえます。

チェックポイント

- □請求額と入金額が同じになるとは限らないので注意が必要。
- □膨大な取引がある場合は、客先から「支払明細書」を入手する。
- □違算の発生・追及は客先との信頼関係のバロメーター。

売掛金の消込作業の具体例

取引先、業界の慣行などによって、「売上請求額＝回収支払額」とならないケースも多々あります。取引先との内容確認の情報交換が重要になります。

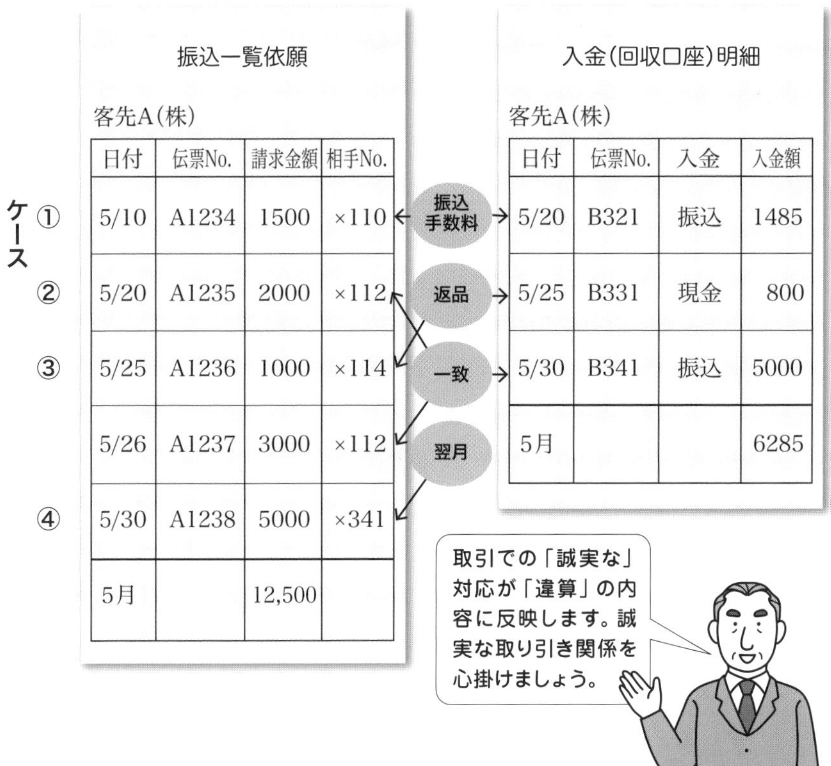

ケース	控除額	源泉徴収税額
①	差額は振込手数料の当社負担	振込手数料として処理 消込完了
②	2回の請求に対して1回の支払入金	一致したので消込完了
③	返品の処理漏れ	返品処理をして売上のマイナス
④	未入金で翌月回収	翌月へ未消込リストで繰越

Memo　多数の取引先、少量多数回の取引などの業態の場合、消込作業に手間取る。そのとき、「消込」「突合」のために「鍵（キー）」となる情報（Invoice No.やPO No.）がポイントです。

日常の経理業務

キーワード　与信限度額

与信限度の管理をする

与信取引と与信管理

商品受渡しと現金の交換で取引すれば債権が焦げつくことはありません。しかし、現実的には取引が頻繁かつ継続して起こるので、「掛け売り」「手形回収」という方法をとることになります。これらは相手を信用して、商品を受渡した数ヶ月先に代金の現金化がされる「与信取引」です。

売上代金を数ヶ月先に現金で回収できる保証はなく、回収できないリスクは残ります。**取引先の信用や注文状況を見てリスクを管理することを「与信管理」**といいます。

与信限度額の設定（売上高予想法）

会社が売上拡大を最大の目標としていた場合、注文がきたらいくらでも受注してしまうことがあります。万が一、納入後に相手の取引が不渡りを出して倒産し、回収できなくなった場合、**一定額の範囲で損失を食い止める限度額を与信限度額**といいます。

一般的な算出方式は、債権サイトから算出します。例えば、毎月300万円の売上がある客先が回収不能となった場合、最大1350万円の損失が出ます。この損失が2000万円まで許容できるなら、毎月450万円までの注文が受けられるということです。

月間売上予定額	×	（売掛月数＋受取手形サイト月数）	＝	与信限度額
300万	×	（1.5ヶ月+3ヶ月）	＝	1350万

回収不能がまったくないと確実に判断できるなら、いくら受注してもかまいません。しかし、取引実績が短かったり、突然大量の受注があったりしたときなどに回収不能リスクは高まります。**与信限度は、「売上機会」と「信用リスク」のバランスを見て設定**します。信用度合いの判断に困る客先には、与信限度額内の取引量に止め、リスク許容額を認識しておきます。

チェックポイント

- □リスクを取引先の信用や注文状況を見て管理するのが与信管理。
- □一定額の範囲で損失を食い止める限度額が与信限度額。
- □与信限度は「売上機会」と「信用リスク」のバランスを見て設定。

与信管理の流れ

売上拡大にまい進するあまり、与信管理が後回しになりがちです。与信限度をウォッチする担当を設けて、定期的な検証をしましょう。

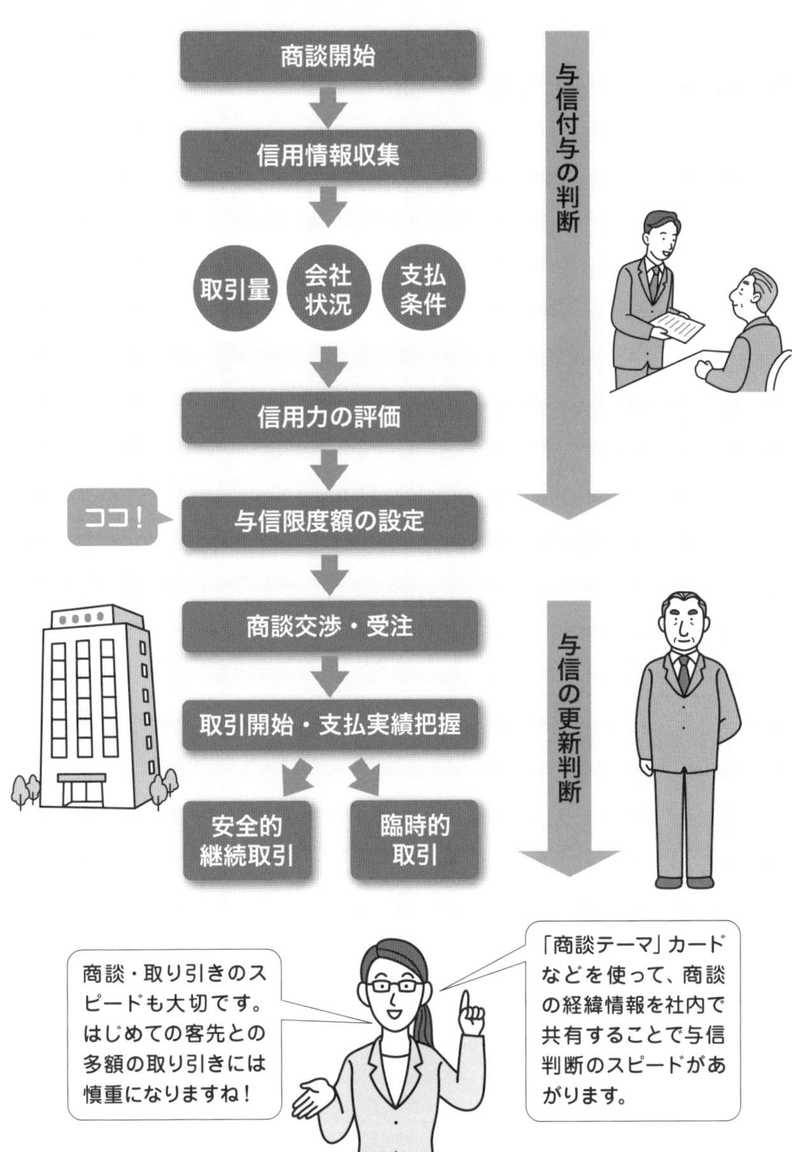

Memo　通販会社では宅配会社と連携して、与信管理をアウトソーシングしているケースもある。与信リスクを宅配会社がとり、その一定のリスク料を通販会社が負担するというスキーム。

キーワード　信用調査　危険兆候チェック

信用調査の情報を収集する

取引相手の支払能力を調べる

信用調査とは、取引開始前あるいは取引中の相手の支払能力を調査することです。外部の調査会社に依頼することもできますが、まずは自社で調べてみましょう。そのためには、営業担当や経理担当が支払能力に関する情報を収集します。

営業担当は、日頃から信用調査に関心を持って、客先に出かけましょう。「ウワサ」「評判」を耳にすることが情報収集です。その際は、右ページの「信用危険兆候」のポイントを考慮しながら情報収集することを心掛けてください。もし、信用力に疑問があるなら、現金売り、前受金による取引にせざるを得ません。

信用調査の際、次のような項目を押さえます。

- **「ひと」に関する視点**……①経営者の経営姿勢や日頃の行動で信用できる人材か、②そこで働く社員が信頼できる行動・行為を行っているか、③会社の業務・業態が適正・明朗な展開をしているか
- **「もの」に関する視点**……①登記簿謄本による業種履歴や代表者変更等の内容、②建物など不動産・設備の所有状況
- **「かね」に関する視点**……①決算書による財務状況（入手できないことが多い）、②相手の取引先、仕入先の状況、③取引銀行はどこの銀行なのか

信用調査会社（興信所）への調査依頼

どうしても相手の状況が把握できない場合は、有料の専門調査会社に頼ります。調査会社のレポートは、業態、資本構成、業績、取引関係、資金繰りなどの情報から客先の信用度を査定します。

この信用調書は有用なものですが、最終判断はあくまで自社で行いましょう。

チェックポイント

- □信用調査は、取引相手の支払能力を調査すること。
- □営業担当は日頃から信用調査に関心を持って客先に出かける。
- □信用力に疑問がある場合は現金売り、前受金による取引にする。

信用危険兆候のチェックポイント

取引先との良好な関係を作るためにも、露骨な信用調査はできません。日頃からの相手との接触によって、信用情報を手に入れましょう。

- □ 支払条件が急に変更された
- □ 売上が大幅に減少した
- □ 手形不渡りが出るなどとウワサが飛び交う
- □ 在庫処分に慌てている
- □ 取引銀行がコロコロ替わっている
- □ 不動産への担保設定が増加している
- □ 社外取締役が急に辞任した
- □ 幹部社員の退社が相次いでいる
- □ 支払手形の期日が延長された
- □ 異常な設備投資あるいは売却をしている
- □ 経営者、経理担当に面談できない
- □ 主力客先が倒産した

危険兆候判断後の対応

取引相手が「倒産」と判断される前に、他の債権者よりすばやい対応がとれるかが重要です。危険兆候判断後の対応には、以下のようなポイントがあります。

- □ 危険兆候の分析、判断
- □ 売掛債権の確認、違算解消
- □ 支払条件短縮交渉
- □ 支払請求の強化
- □ 担保の交渉
- □ 出荷（売上）調整
- □ 出荷（売上）停止
- □ 納入済商品の引上げ
- □ 法的手段の検討、実行

支払遅延、滞留など早期の兆候発見がもっとも大切です。

Memo 信用調査会社は「帝国データバンク」と「東京商工リサーチ」が2大会社。全国規模での信用調査シェアはこの2社の寡占状態で、2社のどちらかに依頼するとよい。

日常の経理業務

キーワード　仕入れの計上基準　仕入れ割引・リベート

仕入高をつかむ

仕入れの動きを金額で集計する

卸売業であれば、商品を仕入れて販売します。どこから・どれだけ・いくらで購入するかは、売上とともに大きな損益要素です。仕入先選択・価格交渉は、「購買」担当の仕事ですが、経理担当はその動きを金額で集計します。

仕入れの計上基準と月末締め日のルール

商品を仕入れて、それを受け入れる（債務として認識する）タイミングで仕入れを計上します。仕入れの計上基準には、①仕入先出荷基準：仕入先が出荷した時点（客先直送など）、②入荷基準：仕入先から会社に運び込まれた時点、③検収基準：運び込まれた商品を検品した時点、の3つがあります。いずれの場合も、注文書に**出荷日、入荷日、検収日の日付情報を記入**します。仕入れの計上基準は継続して採用します。一般的には検収基準で仕入れ、検収日をもって「支払台帳」（買掛金台帳）に記帳されます。

例えば、月末の棚卸作業や在庫計算に手間がかかるため、**仕入れの締め日は月末日の前日と決めておきます**。その結果、在庫倉庫の入出荷は月末日にできないことになります。売上・仕入処理の月末ルールを明確にして、営業・購買担当らと確認しておきましょう。

●仕入原価（PL科目は売上原価）の算定方法

一般的に、**仕入原価は月末在庫高から逆算**します。つまり、「前月在庫高＋当月仕入高－月末在庫高＝仕入原価」という算式になります。

業　務	借　方	貸　方	金　額
商品を仕入	仕入商品(PL)	買掛金(BS)	10000
期首在庫取崩	売上原価(PL)	商品(BS)	8000
期末在庫計上	商品(BS)	売上原価(PL)	7000

算出数値　売上原価　8000+10000−7000=11000

チェックポイント

- □仕入れの計上基準は同じ基準を継続して採用する。
- □仕入れの締め日は月末日の前日と決めておく。
- □一般的に仕入原価は月末在庫高からの逆算。

商品仕入のフロー

仕入れ・購買担当と売上・回収担当は区別するのが、通常の組織運営でしょう。在庫・倉庫管理をする担当とも区別します。

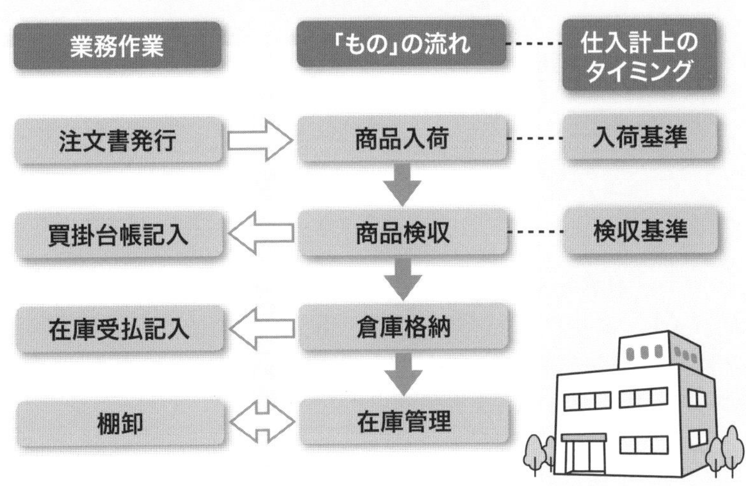

卸売業（商品仕入販売）の売上原価算出

卸売業者が仕入れるために支払う仕入原価（仕入商品）と、製造業が原材料を仕入れ、それらを加工するコストを含めた製造原価があります。

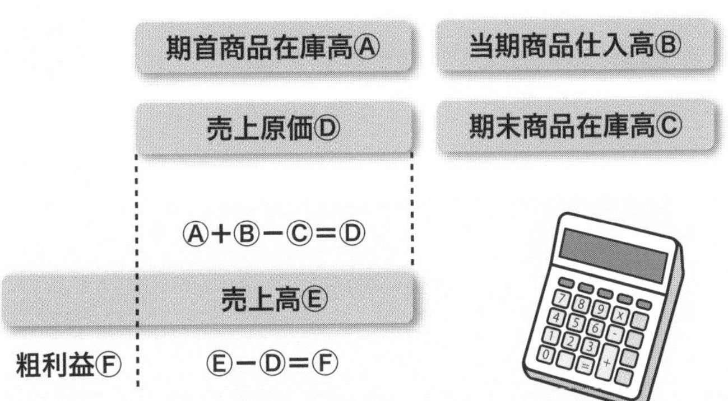

Memo　会計諸則のなかには「原価計算基準」があり、原価管理に関する目的やルールが示されている。製造業を中心に原価管理は重要だが、本書では原価計算の領域には踏み込んでいない。

日常の経理業務

キーワード 在庫管理・在庫評価 適正在庫・デッドストック

在庫高を計算する

在庫管理の重要性

会社の業態によって「在庫」の概念はさまざまですが、商品販売業の場合、「商品」の在庫管理は以下のように分担されます。

購買部門	倉　庫　部　門			営　業　部　門	
仕入発注	入荷検収	在庫保管	出荷配送	売　上	回　収

「仕入れ→在庫→売上→回収」のサイクルの回転率を高めることが、「経営効率」につながります。そのため、「在庫管理」は重要な業務です。①倉庫の整理整頓、②安全確実な保管・入出荷作業、③継続的な在庫記録、④適正在庫の追求などが倉庫業務に求められます。

商品受払台帳

倉庫では商品ごとの棚または箱に「受払カード」を貼り、「入庫数」「出庫数」を記入します。カードと「棚卸」をもとに「商品受払台帳」を作成し、「在庫金額」を算出します。なお、会社によっては、入出庫のデータを入力して商品受払台帳を作成するソフトウエアも利用されています。

在庫評価方法

中小企業には計算が容易な「最終仕入原価法」が認められています。この方法では、購入単価が複数あっても、最後に仕入れた単価で計算します。一般的には原価法による先入先出法や移動平均法ですが、個別法、総平均法、売価還元法もあります。

在庫評価損の計上

商品の売価（時価）が大きく低下して、仕入価格を下回る場合に評価損を計上します。賞味期限切れ、破損損傷なども評価損の対象です。

チェックポイント

- □商品受払台帳を作成し、在庫金額を算出する。
- □中小企業には計算が容易な最終仕入原価法が認められている。
- □商品の売価が仕入価格を下回ると評価損を計上する。

商品受払台帳

商品受払台帳は、「入庫数」と「出庫数」を正確に記録するだけでなく、変動する「仕入単価」も記録して、在庫高を計算するための台帳です。

年 月	日	伝票No	入庫数	単価	出荷数	在庫 数量	在庫 単価	たな卸増減	引当数	有効数	注文 月	注文 日	注文数
5	30	前月繰越				150	5						
6	10	A-1	30	5		180			120	150			
	15	B-1			70	110							
		A-2	20	6		130							
		A-3	20	6		150							
	20	B-2			50	100							
		当月末				95							
			30	5		5	5						
		累計	40	6		90	6						
		月末残高	**70**		**120**	**95**	**6**						

先入先出法とは、商品は仕入れの早い順に払い出されるものとして、仕入金額の期末在庫を計上する方法です。

月末在庫高　最終仕入原価法：95個×6円＝570円

先入先出法：5個×5円+90個×6円＝565円

商品ケースに貼付するカード

倉庫での在庫管理には、商品ごとに格納ケースに入れて数量管理をします。日々の入出庫を記録するのが、「受払カード」です。

すべての格納ケースに貼り付けて、毎月更新します。

商品カード　　たな番

品名

コード　　仕入先

発注点　　納期

日付	入庫数	出庫数	残高

Memo　「売上単価－仕入単価＝粗利」が単純な算式だが、受注への即納のため在庫を持つ。売価も仕入単価もそれぞれ異なるタイミングで変動する。そのことで在庫評価の方法が生み出される。

日常の経理業務

キーワード 実地棚卸

実地棚卸で在庫を確認する

実地棚卸計画表

棚卸資産は、実際の有り高を数量や保管状況で検証し、「棚卸票」あるいは「棚札票」に数量を記入します。

この作業は、毎月あるいは半年に１回行います。実地棚卸計画表は事前に作成し、実施日時、担当、場所、立会者、入出庫の制限などを社内で周知しておきましょう。

実地棚卸の方法

①**一斉棚卸**……月末、毎月末など決められた日に、倉庫すべてで行う一般的な方法です。一斉なので多くの人数が必要です。継続的に記録されてきた受払台帳から対象品名をリストした「棚卸表」を作っておきます。事前に対象リスクを作らず、実際の在庫棚に「棚札」を張り、それに数量を書きこむ「棚札」方式もあります。

②**循環棚卸**……一定の計画のもと、倉庫、品目棚、置き場区画などで棚卸の実施順番の区分けをしておき、数日かけて順番に実施するやり方です。時間がかかりますが、少人数で実施できます。

棚卸差額の原因究明

継続的に記帳された商品受払台帳の数量（理論値）と、実地棚卸での数量（実際値）の差額を「棚卸差額」といい、次のような原因が考えられます。

現物棚卸のミス……①棚卸のカウントミス、②棚卸後の持ち出し、③品目の間違い入出庫、④外部への預け品、⑤盗難紛失

受払台帳のミス……①入出庫の記入ミス、②売上・払出処理の漏れ、③台帳の集計ミス、④入庫など伝票の紛失、⑤返品の未記入

売上処理漏れや盗難紛失、原因不明は、損失につながります。

チェックポイント

- □実地棚卸は、毎月あるいは半年に１回行う。
- □実地棚卸での数量の差額を棚卸差額という。
- □売上処理漏れや盗難紛失、原因不明は損失につながる。

実地棚卸の実施指示書

「入庫数」と「出庫数」を正確に把握することで、計算上の在庫数が把握できます。それを実際に確認するのが「実地棚卸」の作業です。

事前に実地棚卸計画表を作成し、必要事項を社内に周知しておきましょう。

1. 棚卸の対象	●倉庫内の全品 ●預け品、預かり品
2. 実施日	○月○日　○○時より
3. 棚卸の目的	●保管状況を調査し、在庫管理の向上を目指す ●実地棚卸数と台帳数の差異を確認し、資産の正確な評価を行う
4. 担当	●実施責任者　○○○ ●実施者　A倉庫　B棚　C棚
5. 棚卸	●棚卸のため「棚札」を使用すること ●全品に棚札を貼付すること ●未使用、書き損じも回収すること ●棚札には連番を印刷済
6. 準備	●事前に倉庫内の整理整頓をすること ●仕入先・客先への入出庫制限の日時を連絡すること
7. 預け品	●外部に預けている対象品があれば相手に棚卸にいくこと ●預かり品がある場合は相手への預け依頼書を入手すること
8. 棚卸当日の入出金	●当日は原則、入出庫をしない ●当日やむを得ず出荷するものは、客先への納品書写を棚卸に添付し、出荷売上日は翌日とし、出荷数量は棚卸に算入する

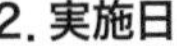

「棚札票」を用意して、倉庫内のすべての物に片っ端から、品目・数量を確認して記入・貼付します。その後、すべてを回収します。

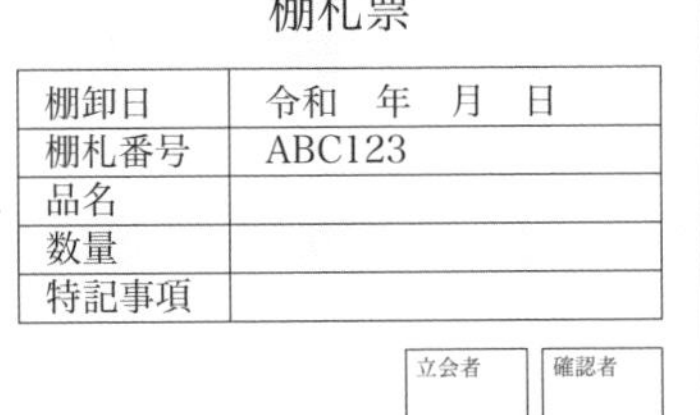

棚札票

棚卸日	令和　年　月　日
棚札番号	ABC123
品名	
数量	
特記事項	

立会者	確認者

日常の経理業務

実施棚卸は、定期的に実際の在庫有り高（数量）を確認するもの。多くの場合で、帳簿上の有り高と相違が出てくる。その相違原因を解明することが「仕事の精度」につながる。

キーワード 発注点方式

適正な在庫量を保つ

安全在庫

商品を仕入れて販売する業態では、需要の変動に備えて一定の在庫を抱えています。客先への納期対応に許容される在庫量を安全在庫と呼びますが、需要が変動するために、どこまでが安全水準か判断するのは難しいものです。そのため、**適正な水準と判断した量を在庫として保有**します。

在庫のための仕入れ発注パターン

仕入れ発注には次のパターンが考えられます。

		発注する時期	
		定期（一定の日）	不定期（都度）
発注する量	定量	**Aパターン**：決められた日に決められた量を発注する	**Bパターン**：時期を定めず不定期に一定量を発注する
	不定量（都度）	**Cパターン**：決められた日に量を読み発注する	**Dパターン**：時期も決めず、量も決めず都度対応で発注する

需要予測（受注予測）に関係なく仕入れるAパターンは在庫管理の観点では現実的ではなく、Dパターンは判断が難しいでしょう。

発注点方式

統計的在庫管理手法の１つで、**在庫がある一定量に低下した時発注を行う方法を発注点方式**といいます。業務上支障をきたす在庫量の水準を決め、発注点をOrder Point（OP）と呼びます。

発注点＝１日当たりの消費量×購買リードタイム日数＋安全在庫量

比較的需要が安定し、安価な品目に適しています。デッドストックを少なくするには、受注予測、倉庫在庫、物流方法、仕入先管理、品質維持など総合的な知識と経験が必要です。

チェックポイント

- □客先への納期対応に許容される在庫量を安全在庫と呼ぶ。
- □発注点方式は、在庫がある一定量に低下した時発注を行う方法。
- □デッドストックを少なくするには総合的な知識と経験が必要。

定期発注方式

決められた時期に仕入れの発注をすることで、発注作業の効率化につながります。また、発注先もその時期を想定して納入準備ができます。

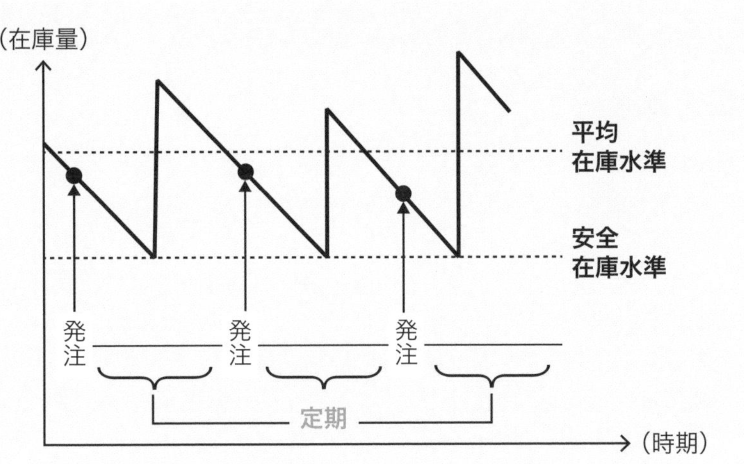

定量発注方式

仕入れの発注は不定期になるものの、定量発注による仕入単価削減交渉がやりやすくなります。また、受注変動への対応がやりやすくなります。

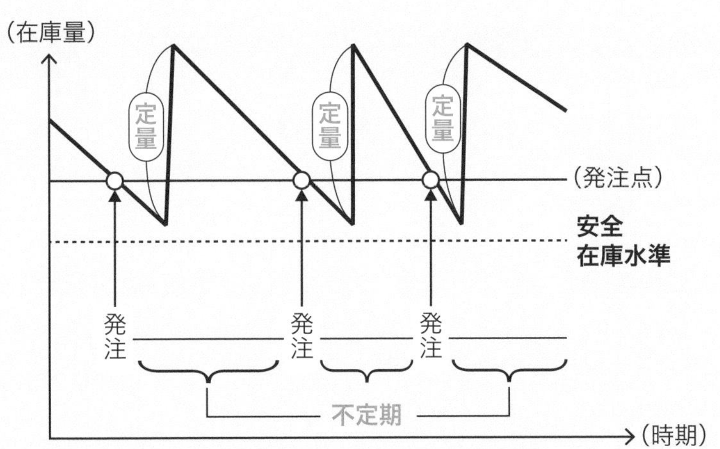

Memo　需要は変動するため、安全在庫の見極めは難しい。在庫管理は適正な水準を判断することが最大の課題である。

キーワード 固定資産の範囲

固定資産を管理する

固定資産

機械や設備に投資することは生産性を上げるための有効な経営手段です。「固定資産」とは長期に保有する資産で、「有形固定資産」「無形固定資産」「投資その他の資産」の３つに区分します。一方、正常な取引過程にあり、１年以内に処分等があるもの（金融業の貸付金等）は「流動資産」に計上します。

固定資産の管理には、次の２つがあります。

①**現物管理**……機械装置などが正常に稼働しているか現物確認を定期的に行います。遊休、破損、陳腐化などで稼働見込がないものは、処分を検討します。個々の資産が特定できるように「設備シール」を本体に貼り、資産No.で管理します。

②**台帳管理**……資産No.ごとに台帳を作り、管理部門、設置場所、名称、仕様、取得金額などを継続的に記帳します。固定資産のなかには「減価償却」対象のものもあり、減価償却計算にも台帳を使います。

労働装備率

製造業にとって、設備投資は重要な経営判断要素であり、その設備投資水準を判断する指標に「労働装備率」があります。労働装備率は、「労働装備率＝有形固定資産÷従業員数」で求めます。

業態によって、「労働力」への依存度が高い「労豪集約」型と、設備への依存度が高い「資本集約」型があります。中小企業の場合、資本力が少ないこともあり、労働集約的な経営にならざるを得ません。

第三次産業分野では、「ひと」「ソフト」への投資優先度が高く、設備投資への関心が薄いといえます。また、「資本装備率」は総資本を労働力で除したもので、これが高ければ高いほど資本集約的といえます。

チェックポイント

□固定資産とは長期に保有する資産のことで、３つに区分される。
□個々の資産が特定できるように「設備シール」を本体に貼る。
□第三次産業分野では、設備投資への関心が薄いのが実態。

固定資産の種類

減価償却資産とそうでないものの区分もあります。また、現物確認のできる有形と無形の区分もあります。すべて事業に有用な資産として管理をします。

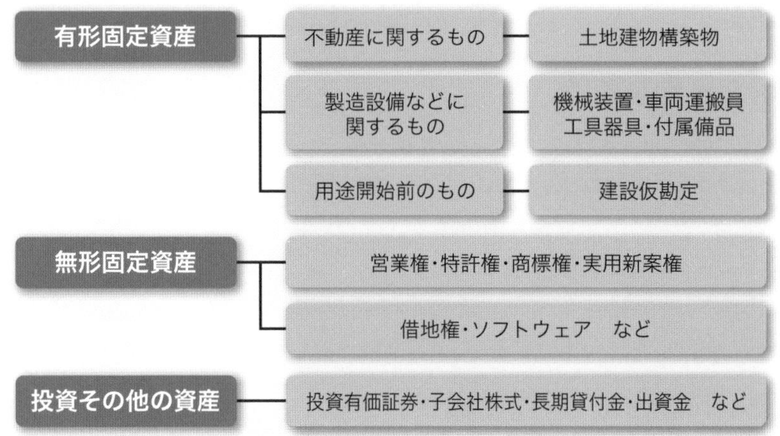

資本装備率の分布状況（中小企業、業種別）

以下のグラフは、事業業態によって、どの程度の設備投資をしないといけないかを示しています。資本集約型の事業展開には多額の資金投入が必要になります。

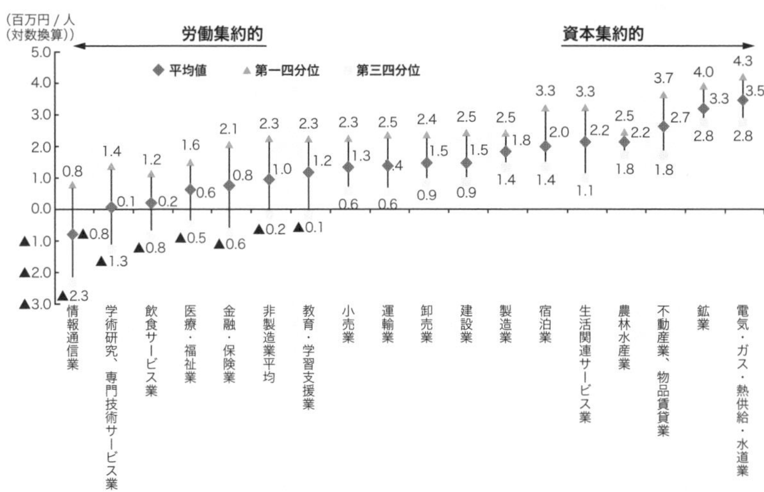

Memo　重厚長大型の重化学工業等の産業では、設備投資が大きな経営判断となる。一方、ソフト情報産業、サービス業では「ひと」への投資ウエートが高くなる。「ひと」への投資を表す勘定科目はない。

キーワード 固定資産台帳

固定資産台帳を作成する

現物管理が重要

機械装置だけでなく、数万円のパソコンや机・イスも会社の財産です。これらが適正に保管され利用されていることが大切です。特にパソコンのように金額的に固定資産にならないものの、その中に**重要な情報が入っているものは現物管理が重要**です。

会社によっては、1万円以上で1年以上の使用に耐える物品はすべて管理の対象にして、設備台帳を作成する場合もあります。

固定資産台帳（設備台帳）

固定資産台帳には、**設備一品ごとにその購入履歴や設置場所などを継続的に記録**します。土地や建物も対象です。保有が長期にわたるので、記録しておかないといつ購入したかがわからなくなってしまいます。

製造工場での設備は、メンテナンスや性能検査をして品質維持に努めましょう。**生産技術の場では現物管理が重要**です。

減価償却計算の結果明細

決算では、個々の固定資産台帳をもとに**減価償却計算を行い、以下のような科目別の増減表を作成**します。この増減表はキャッシュフロー計算書の作成のときに必ず必要になります。

科目	期首取得価額	累計償却額	期首簿価	当期取得額	当期減少額	当期償却額	期末簿価
建物	200	20	180	50	20	25	185
構築物							

チェックポイント

- □設備一品ごとに購入履歴や設置場所などを継続的に記録する。
- □生産技術の場では現物管理が重要。
- □決算では、科目別の増減表を作成する。

設備台帳

設備台帳の様式は法令などで定められたものではありません。しかし、管理項目はすべての会社で同じようなものになります。

資産No.

設備台帳

作成者	認可者

科目　部門　品名　仕様　設置場所

購入年月日　購入先　取得価格　耐用年数

日付	摘要	取得価格	償却額	帳簿価格	記入者

固定資産残高明細書

附属明細書の作成では、会社法及び会社計算規則で具体的な様式は示されていませんが、以下のようなものになります。

作成者	認可者

○○年○○期　固定資産残高明細書

科目	資産No.	品名	取得年月日	取得価格	耐用年数	償却率	前期簿記	除去等減少	当期償却額	期末簿記
工具器具	AB×××	○○○	2018.4.1	2,500,000	11	0.189	1,644,302	－	310,773	1,333,529

設備シール

職場や製造現場に設置されている固定資産のすべてに、一品ごとに「設備シール」を貼り、定期的にシールで現物を目視します。管理者も確認しましょう。

品名	耐火金庫
資産No.	AB×××
取得年月日	○○年○○月○○日
管理部門	総務課
購入先	△△△金庫(株)

Memo 固定資産残高明細書は、市町村の減価償却資産税の申告にも使われる。製造業では、品質管理のなかで、使用する設備のメンテナンスやチェックにも使われる。

日常の経理業務

キーワード　減価償却

減価償却計算のしくみを知る

減価償却計算の方法

機械や建物は時間の経過とともに劣化し、価値が減少します。その目減り計算を「減価償却計算」といいます。税法に則って計算した目減り額（減価償却費）だけが費用として認められます。

企業会計原則では、「定額法」「定率法」「級数法」「生産高比例法」の４つがありますが、**実際は税法による「定率法」か「定額法」**が使われます。

機械装置の性能や使用頻度で耐用年数は変わりますが、税法では業種や資産によって「耐用年数」「減価償却率」を決めています。

償却方法の届出と基本的な計算

有形固定資産のなかで、「建物」「構築物」は定額法と決められています。その他の有形固定資産は定率法、定額法の選択ができ、**税務署に選択した方法を届出**ます。「のれん」などの無形固定資産の償却方法は定額法です。**「土地」「価値ある絵画・骨とう品」は減価償却ができません**。

減価計算にかかわる基本的な計算は下記です。

●**定額法**……取得価額×耐用年数に応じた定額法の償却率＝当期償却額
　毎年、一定額の償却額になります。

●**定率法**……前年の簿価×耐用年数に応じた定率法の償却率＝当期償却額
　毎年、償却額は低減していきます。

備忘価額（償却可能限度価額）

耐用年数５年の場合、５年先には簿価が「ゼロ」になりますが、まだ使用できる場合も多くあります。その場合は**台帳から抹消せずに「備忘価額１円」として台帳に記録**しておきます。

□目減り額（減価償却費）だけが費用として認められる。
□税法では業種や資産によって耐用年数、減価償却率を決めている。
□「土地」「価値ある絵画・骨とう品」は減価償却ができない。

減価償却計算の例

減価償却によって、「簿価」は毎年逓減していきますが、償却方法によってその逓減のカーブが異なります。

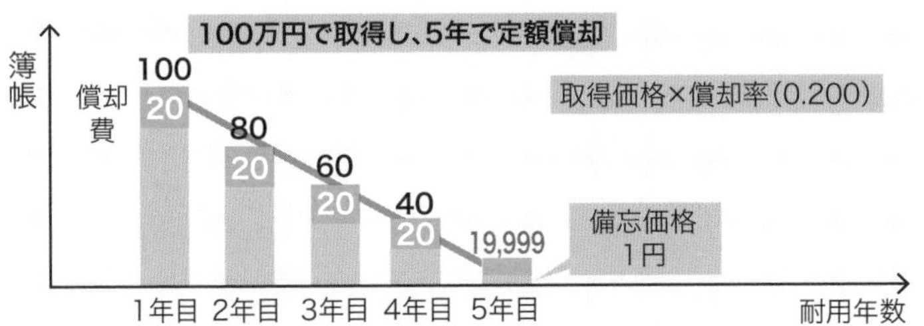

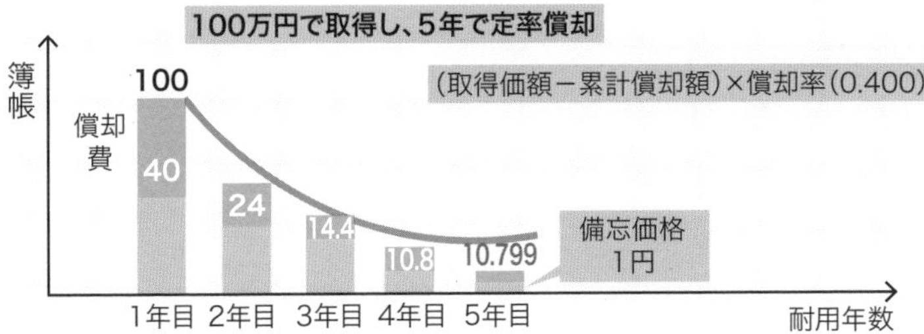

償却率表

税法上での償却率は、過去に何度も改定されており、その取得時の償却率を使用して償却していきます。

平成24年4月以降取得分　償却率表（耐用年数省令別表第十）

耐用年数	定率法償却率	定率法　償却率		
		償却率	改定償却率	保証率
2	0.500	1.000	—	—
3	0.334	0.667	1.000	0.11089
4	0.250	0.500	1.000	0.12499
5	0.200	0.400	0.500	0.10800
6	0.167	0.333	0.334	0.09911
7	0.143	0.286	0.334	0.08680

定率法での償却額（償却率）が償却保証額（保証率）を下回った年度以降からは、改定償却率を使います。

減価償却資産の法定耐用年数は、財務省令で定められている。「機械装置」は会社業種ごとに定めているが、その他の工具器具・備品などは業種関係なく品目ごと同じ率が適用される。

日常の経理業務

キーワード 少額資産

少額資産と償却資産の違いを知る

金額水準で決める

固定資産は1年以上にわたり使用するものですが、少額の物も対象とすると事務が煩雑になります。そこで税法では、いくらの物まで対象とするかを「金額」水準で決めています。**10万円と20万円が金額の1つの判定水準**です。なお、金額判定には消費税抜きの処理が前提です。

一括減価償却制度

減価償却制度の対象は取得価額10万円以上ですが、10万円以上～20万円未満の物を「少額資産」として一括で減価償却計算できます。

一品ごとでなく、その期の取得金額合計によって、3年均等償却します。**会社では、「少額資産」の資産科目を設けて取得総額を把握**します。

中小企業向けの少額減価償却制度

中小企業を対象に、取得価額10万～30万円未満のものを費用処理できる制度があります。30万円未満のものを、年度の取得総額300万円まではすべて費用処理できます。累積300万円を超えたら、20万円までは「一括減価償却制度」、20万円以上は通常減価償却制度の対象です。

●制度の概要

制度名	少額減価償却制度	一括減価償却制度	通常の減価償却制度
対象会社	中小企業(資本金1億以下、1000人以下)	すべて	すべて
対象資産	10万～30万円未満かつ年間累積300万円以内	10万～20万円未満	20万円以上
償却方法	全額費用処理	3年均等償却	通常の償却
法人税申告書	別表十六(七)	別表十六(八)	別表十六(一)他
特例法令	時限立法		

チェックポイント

- □金額水準で固定資産の対象を決める。
- □少額資産の資産科目を設けて取得総額を把握する。
- □取得価額30万円未満のものを費用処理できる制度がある。

中小企業の少額減価償却資産判定

判定のポイントとなる取得金額は、10万円・20万円の2つとなります。年間取得累計額300万円以下の中小企業は、30万円もポイントとなります。

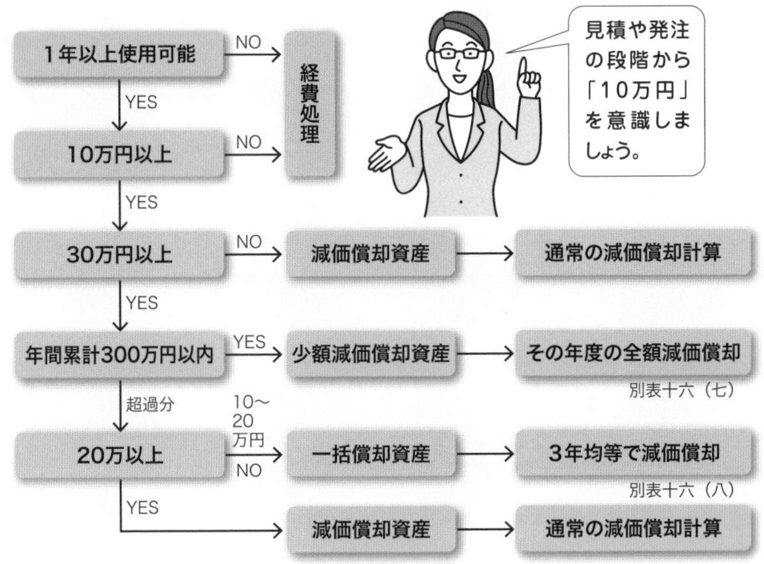

少額資産の法人税申告書〔別表十六（七）（八）〕

法人税の申告にあたって、減価償却の明細申告書を作成しますが、その内容どおりの帳簿処理（会計処理）がなされていないと認められません。

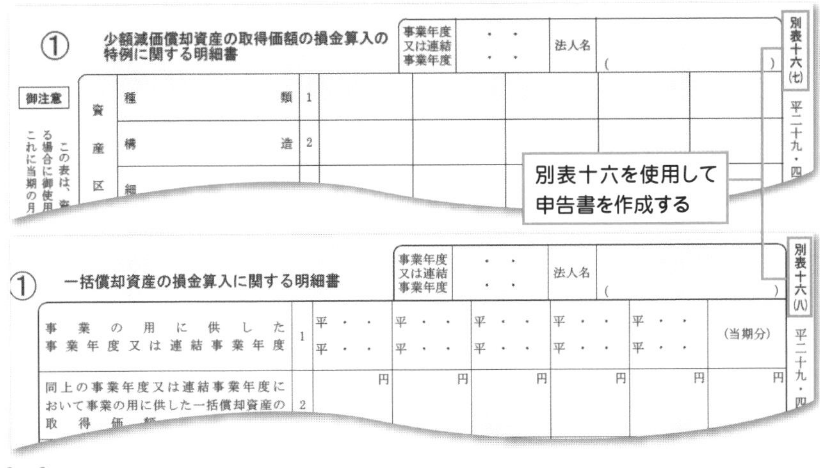

① 少額減価償却資産の取得価額の損金算入の特例に関する明細書

事業年度又は連結事業年度　・　・　　法人名（　　）　別表十六(七)　平二十九・四

御注意　この表は、資…る場合に御使用…これに当期の月…

資産区分	種類	1					
	構造	2					
	細…						

別表十六を使用して申告書を作成する

① 一括償却資産の損金算入に関する明細書

事業年度又は連結事業年度　・　・　　法人名（　　）　別表十六(八)　平二十九・四

事業の用に供した事業年度又は連結事業年度	1	平・・ 平・・	平・・ 平・・	平・・ 平・・	平・・ 平・・	平・・ 平・・	（当期分）
同上の事業年度又は連結事業年度において事業の用に供した一括償却資産の取得価額	2	円	円	円	円	円	円

Memo 取得価格の算定では消費税の税込処理であれば、消費税を含み取得価格とする。また、消費税免税事業者の経理方式は税込経理になる。そして、青色申告のみに減価償却費の損金処理が認められる。

キーワード 資本的支出 修繕費

資本的支出と修繕費を見分ける

修繕の取り扱い

固定資産は、修理、メンテナンス、破損、処分などが必要になるため管理することが求められます。また、それが単なる修理なのか、性能が向上する改良改造なのかということも問題になります。**「修繕費」にすれば「経費扱い」ですが、改良改造と判断すれば「資本的支出」**と呼び、その額を固定資産に計上しなければなりません。

製造業における現場では、機械の修理やメンテナンスがたびたび起こります。そのとき、機械の原状回復にとどまらず、**性能を向上させる改造を行うケースがあるため、費用の算定が難しい**ことがあります。例えば、50万円の工具器具の修繕費が100万円かかったとしたら、誰も修理とは思わないでしょう。そこで、一定のルールで判断していきます。

資本的支出の台帳管理

固定資産台帳では、個々の固定資産に「資産No.（設備No.)」を振っています。改造した**設備の資産No.には附属番号をつけて関連づけ、一体のものとして把握**しておきましょう。

本体を廃棄処分したときなど、附帯である資本的支出部分だけが台帳に残ってしまうケースもあります。

以下は、資本的支出の例示として挙げられているものです。

(1) 建物に避難階段を取付したなど物理的な追加工事の額
(2) 用途変更のための模様替え改装に直接要した額
(3) 機械の部品を高品質・高性能のものに取替えたときの通常の取替費用を超える額

20万円未満の修繕費や3年以内で周期的にするメンテナンス費用などは、修繕費扱いにできます。

- □原状回復であれば「修繕費」、性能を向上させれば「資本的支出」となる。
- □性能を向上させる改造を行うケースがあるため、費用の算定が難しい。
- □台帳では資産No.に附属番号をつけて関連づけ一体のものとして把握。

資本的支出と修繕費の判定ルール

法人税の通達には、移転費・取壊費用・陳腐化などについて解説されています。支出したときの見積書や請求書の内容なども判定を判断する際の参考になります。

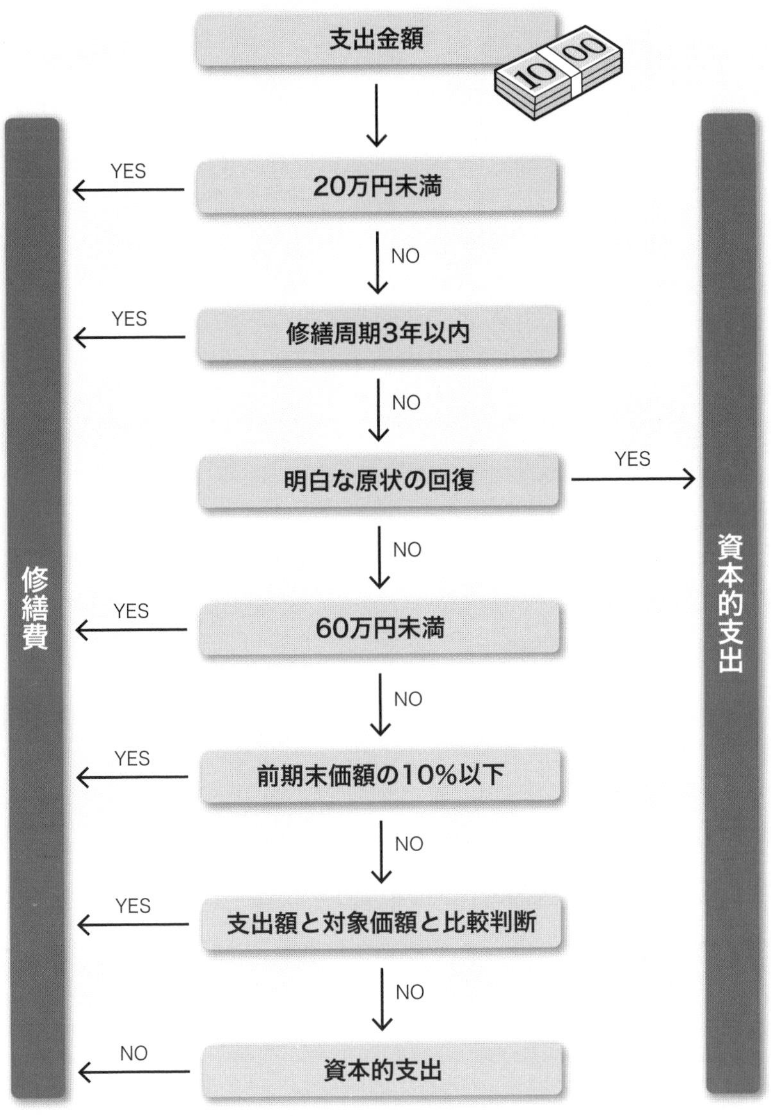

Memo　会計の専門用語では、英語ベースの表現も多く、資本的支出の語源は、英語のCapital expenditureからきている。資本的支出に対して「収益的支出」（修繕費のこと）という言葉もある。

日常の経理業務

キーワード リース レンタル

リースとレンタルの違いを理解する

リースとレンタルの違い

最近ではリースやレンタルを利用する機会が増えており、特にコピー機や車両のレンタルが普及しています。設備投資を考える場合、**「自社購入」「リース契約」「レンタル（賃貸借契約）」などの方法**があります（右ページ参照）。

リース契約の特徴

リース契約の場合、例えば貸主は借主の要望によって指定の物件（通常は新品）を購入し、それを貸主に貸し出すというケースがあります。この場合「途中の解約不可」「フルペイアウト（物件の消耗まですべての費用を支払う債務契約）」が特徴です（ファイナンス・リース）。

分割払いの購入（売買契約）と同じように解釈でき、**会計処理は売買取引に準じたもの**となります。「リース資産」「リース負債」は貸借対照表に計上します（オンバランス）。

レンタル契約の特徴

レンタル契約の場合は、レンタカーを借りるときと同じで、借りる期間、借りる費用を契約して、不要になれば返却をします。よって**発生するのは、毎月の賃借料のみ**となります。また会計処理は賃貸借契約と同じで、貸借対照表（BS）には計上されません（オフバランス）。

中小企業のリース取引の会計処理

『中小企業会計基本要領』では、「賃貸借取引」または「売買取引」に係る方法に準じて行うとあり、リースへの売買取引に準じる処理を強要していません。よって、リースもレンタルと同じ処理を行うことが可能です。

チェックポイント

- □会設備投資には「リース契約」「レンタル」などいくつかの方法がある。
- □リース契約は売買取引に準じたものになる。
- □レンタル契約は毎月の賃借料のみが発生する。

リースとレンタルの会計処理

中小企業ではリース取引も「賃貸借取引」とすることが多いですが、未経過の累計リース料が多額な場合は、貸借対照表などでの注記が望ましいです。

レンタル（賃貸借取引）

機械を毎月10万円でレンタル

	借方	貸方
借りたとき	賃借料(P/L)10	現金(B/S)10
翌月以降の支払時	賃借料(P/L)10	現金(B/S)10

リース（売買取引）

購入額：機械500万円
支払総額：毎月12万円×50日＝600万円

	借方	貸方
契約時	リース資産(B/S)500	リース負債(B/S)500
リース料支払時	リース債務(B/S)10 支払利息(P/L)2	現金(B/S)12
決算時	減価償却費(P/L)120	リース資産　120

中小企業での賃貸借取引仕訳	借方	貸方
毎月支払時	リース料(P/L)12	現金(B/S)12

リースとレンタルの違い

リースの場合、多額な契約となるケースが多く、リース専門会社を通じての契約となります。契約書様式はレンタルもリースもそれぞれ一般化しています。

	レンタル	リース
物件の取得購入者	需要を見越して、先に貸主が購入しておく	借主が物件を指定して貸主が購入する
借りる側	不特定多数	特定限定者
期間	自由に設定	途中解約不可 （耐用年数相当期間）

Memo　税務上では、リース契約であっても売買契約とみなされる場合がある。例えば、リース期間がその耐用年数に比して非常に短い場合や、リース後の買い取り価格が有利な条件である場合など。

日常の経理業務

キーワード 固定資産の廃棄・売却

設備の廃棄・移動にも注意する

廃棄・売却処理

設備の現物管理は、日常で設備を使用する担当が行いますが「廃棄」「売却」「貸与」「移動」などの会計処理を伴う際は、経理担当がかかわることがあります。

陳腐化、破損、性能劣化などが原因で利用価値がなくなったものは廃棄せざるを得ません。

帳簿上の価値「簿価」は、全額損失（営業外費用：設備廃棄損）となり、廃棄処理の決裁権限規定を設けて、廃棄事由など厳しく決裁していきます。

社外への売却処分を前提に処分の証拠証憑を残し、たとえ屑として売却する場合も業者の引取り書類を作る必要があります。これは税務調査で廃棄の証明が求められるためです。

貸与・移動処理

外部へ生産委託を行う際、生産設備や工具を無償貸与することがあります。

貸与する場合も決裁権限規定に則り、貸与期間や設置場所、管理責任者などを明確にした契約書を作りましょう。

貸与する際に事業所間の移動が発生するため、設備台帳へ「設置場所」の変更を記載して、現物所在地が把握できるようにします。

その他固定資産の管理

投資等の資産は、廃棄・移動などが起こりにくい資産ですが、有形固定資産同様に管理台帳を作って記録・更新していきます。土地の登記簿謄本、ゴルフ会員権証、出資証券、権利証などの現物確認も定期的に行い、保管状況、更新記録などをチェックしましょう。

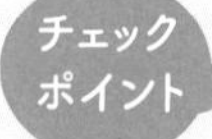

- □経理担当も会計処理を伴う場合、設備の現物管理を行う場合がある。
- □貸与する場合、貸与期間、設置場所などを明確にした契約書を作成する。
- □投資などの資産も、有形資産同様に管理台帳の作成が必要。

決裁権限規定の例

設備の取得決裁の場合、見積・発注の段階で「決裁手続」は完了させておきます。廃棄や売却などの場合は、その起因事由を記した決裁手続きをとります。

	事項	基準	起案	課長	部長	社長	協議部門
①	固定資産の取得・リース	①100万円以上 ②100万円未満 ③50万円未満	担当 担当 担当	照査 認可 決裁	認可 決裁 －	決裁 －	役員会
②	固定資産の廃棄	①100万円以上 ②100万円未満 ③簿価50万未満					
③	固定資産の売却						
④	動産の賃貸						

設備（資産・経費）移動・廃棄伺票

令和○○年○○月○○日

NO.

設備内容		廃棄の処理		移動処理	
科目名		処分理由		移動理由	
資産NO				旧設置場所	
品名		売却日・売却先		新設置場所	
取得年月日		下取り等		受入責任者	
取得価額		コメント・指示事項など			
簿価					
仕様書		申請書 認可 決裁		申請書 認可 決裁	

上場企業には「減損会計」が適用されている。これは中小企業会計指針でも認めている。設備等で使用見込がなく、転用でも不採算なときは評価損を計上できる。しかし、税務上では認められていない。

キーワード 販売管理費

販売費および一般管理費をつかむ

管理科目の分類目的

製造業の会社が作成する『製造原価計算書』は「材料費」「労務費」「経費」などの項目に区分されますが、販売管理部門ではこれらの項目は「販売費および一般管理費」と称されます。

予算目的…人件費・経費をどれだけ使っているか把握するために、科目を設け「部門別」「科目別」の予算対実績をみていきます。

税務目的…税務では「交際費」「租税公課」「寄付金」「減価償却費」などは独立した科目表記を求められます。

科目の標準的な設定

『中小企業会計基本要領』では科目分類の例示をしており、多くの会社がほぼ同様の科目設定をしています。科目名などは法令で決められているものは少なく、会社の実態にあわせて区分・名称が決められます。

例えば「販売にかかわる経費」は、主に「販売手数料」「倉庫費」などが挙げられます。また「ひとにかかわる経費」であれば、「給与」「賞与」、「ものにかかわる経費」は、「リース料」「保険料」などがあります（右ページ参照）。

経費削減での集中管理科目

売上が予算どおりに進まないときなど、全社レベルで「経費削減」が叫ばれますが、各人では制御できない科目も存在します。例えば「減価償却費」「租税公課」「法定福利費」「リース料」「賃借料」などは会社全体でコントロールすべきでしょう。一方「残業代」「旅費交通費」「交際費」「光熱費」「事務用消耗品費」などは各人で削減行動がとれます。経理担当はこれらを理解して、削減のために使用実績などの情報提供をしていきましょう。

- □販売管理部門では「労務費」などは「販売費及び一般管理費」に分類。
- □科目名は法律で決められておらず各会社が決めている。
- □「減価償却費」「租税公課」など、社員では削減できない科目も存在する。

販売費及び一般管理費の明細

損益計算書（P/L）では「販売費及び一般管理費」として総額表示します。そして、別紙でその科目別明細書を作ります。

自令和〇〇年〇〇月〇〇日
至令和〇〇年〇〇月〇〇日

（単位：円）

項目	金額	項目	金額
販売手数料	〇〇〇	通信費	〇〇〇
荷造費	〇〇〇	水道光熱費	〇〇〇
運搬費	〇〇〇	事務用消耗品費	〇〇〇
広告宣伝費	〇〇〇	消耗工具器具備品費	〇〇〇
見本費	〇〇〇	租税公課	〇〇〇
保管費	〇〇〇	図書費	〇〇〇
役員報酬	〇〇〇	減価償却費	〇〇〇
役員賞与	〇〇〇	修繕費	〇〇〇
役員退職金	〇〇〇	保険料	〇〇〇
従業員給与	〇〇〇	賃借料	〇〇〇
従業員賞与	〇〇〇	寄付金	〇〇〇
従業員退職金	〇〇〇	研究開発費	〇〇〇
法定福利費	〇〇〇	その他	〇〇〇
福祉厚生費	〇〇〇		
通勤費	〇〇〇	**合計**	〇〇〇

科目の標準的な設定

社員が取り組む「経費削減」活動では、その対象となる費用科目を限定して取組みます。そのためにも、経費科目の分類設定には知恵が必要です。

販売にかかわる経費	ひとにかかわる経費	ものにかかわる経費	オフィスの経費
販売手数料	給与	減価償却費	通信費
倉庫費	賞与	リース料	光熱費
運搬費	法定福利費	保険料	寄付金
広告宣伝費	福利厚生費	家賃地代	租税公課
業務委託費	役員報酬	消耗工具器具	会議費
交際費	退職金	修繕費	賃借料
見本費　など	通勤費		事務用消耗品費
	慶弔費　など		など

Memo　勘定科目の表示順番は、販売費用、人件費、一般管理費の順で記載する。上場企業の有価証券報告書では、管理費の勘定科目までは公表していない。

キーワード 交際費

交際費は課税される

交際費の支出ルール

会社が事業を展開するなかで消費される経費は費用として所得から控除されます（課税されない）が、**「交際費」「寄付金」などの一部は費用として認められていません**。「交際費」や「寄付金」は、会社の活動と関係ない支出、例えば役員などの私的な支出とみられるケースがよくあるためです。

このような支出は無制限に認められてはおらず、限度額が設けられています。税法ではさまざまな例を挙げ「交際費」を説明しているので、これらを知っておくことも経理の仕事の1つです。

交際費の科目処理

「交際費」は会社が**「交際費」の科目で処理したものだけでなく、支出実態から判断**されます。社員のために支出した「厚生福利費」でもその実態が「交際費」にあたるのであれば、税法上は「交際費」になります。

また「広告宣伝費」「会議費」「厚生福利費」「寄付金」「給与手当」などには、その支出内容によって「交際費」になる支出もあります。このように「交際費」は判断が難しい科目となっております。

接待飲食費の支出ルール

客先など取引先との接待飲食はよくあることです。そのため、**少額の支出の場合、一人あたり5000円までであれば、接待交際費から除外できます。しかし、役員、社員など社内関係者の飲食費はすべて課税**されます。

社内での交際費の支出認可は厳しく行い、認可基準を決めて運用を徹底しましょう。認可基準がないと経理担当だけで不適切な支払申請を止めることができません。役員などに一定額を渡し切りする交際費は、**個人への「給与」扱い**になるため注意が必要です。

チェックポイント

- □交際費などの会社の活動と関係ない支出は費用として認められない。
- □別の科目の支出であっても、内容によって「交際費」になる場合がある。
- □一人あたり5000円までの基準は社外者との飲食費だけが対象。

中小企業（資本金1億円以下）限度額

資本金1億円以下の会社でも、大会社の100%子会社であれば、中小企業の限度額は適用されません。

800万円	

うち接待飲食費		
50%	50%	

←　交際費支出額　→

① 年間800万円以下なら800万円までの金額

② 年間800万円超えになる「接待飲食費」の50%
あるいは「800万円」の選択

接待飲食費の一人当たり5000円基準

接待相手がもっぱら役員、社員、親族だけの飲食費等は、5000円基準が適用されず、全額が交際費限度額計算の対象になります。

一定の条件で「接待飲食費」が交際費課税されない

①会社の役員・社長・社員・親族に対する接待飲食は除く
②社外の者への接待飲食費で以下の書類のあるもの

(A)飲食の年月日　(B)関係者の氏名・名称・関係
(C)参加した者の人数　(D)支出金額
(E)支出した所在地・飲食店名

通常要する社員の慰安のための運動会、親睦行事、旅行等のための費用や、会議での飲料、弁当などの費用は交際費に該当しない。通常要するとは世間一般的な金額水準のことをいう。

キーワード 寄付金

寄付金にも課税される

寄付金の課税限度額

寄付とは、見返りを求めず金品を贈ることをいいますが、会社の場合まったく見返りのない支出をすることはなく、何らかの効果を望んでいるため経費で処理します。しかし、寄付の名目で課税逃れの贈与が発生する恐れがあるので、税法では一定の限度額を超える分の金額については課税をします。経理担当は、**寄付金の内容を把握し、課税限度額などを理解しておく必要がある**でしょう。税法では、寄付金を①指定寄付金、②国・地方公共団体への寄付、③特定公益増進法人への寄付、④一般寄付金の４つに分けて、それぞれ費用に認める限度額を設けています。

指定寄付金と特定公益増進法人寄付金

指定寄付金は、特定公益法などの公益を目的とする事業を行う法人、または団体に対する寄付金のことを指します。緊急を要する公益性の高いもので、財務省が期間及び募金総額を定めています。**公益財団・社団、私立学校、日本赤十字などが特定公益増進法人**にあたり、税法で規定されています。指定寄付金は、告知第○○号と番号がつくため会社はこの番号を把握しておく必要があります。税務申告ではこれら告知番号・公益法人名などの寄付明細が必要ですので、支払時に内容を確認しておきましょう。

贈与（寄付）とみなされる取引

会社が寄付金の科目で処理していなくても寄付金に認定されるものがあります。例えば、無利息貸付や、時価を大きく下回る資産の譲渡、資産の無償貸与・譲渡などが当てはまります。一般常識ではありえない取引には注意が必要です。また、従業員への金品の贈与は、「給与」とみなされるケースがあるのでこちらも気をつけましょう。

チェックポイント

- □経理は、寄付金の税限度額などを理解しておく必要がある。
- □特定公益増進法人は、公益財団、私立学校、日本赤十字などを指す。
- □寄付金の科目で処理をしていなくても寄付金に認定される場合がある。

寄付金の4つの種類

寄付金の支出決裁は経営管理者など上位職が行うので、これらの寄付金の税法上での取り扱いの違いを上位職は理解しておきましょう。

種類	内容	費用限度額
①指定寄付金	財務省が認定した 公共性が高い団体への寄付	全額
②国・地方・公共団体への寄付金	国・都道府県・市町村への寄付	全額
③特定公益増進法人への寄付	公益団体法人など 教育・福祉貢献のための 公益法人への寄付	限度額まで
④一般寄付金	①②③以外の寄付金	限度額まで

一般寄付金の損金算入限度額

(資本金×0.25%＋当期の所得額×2.5%)×1/4

特定公益増進法人寄付金の損金算入限度額

(資本金×0.375%＋当期の所得額×6.25%)×1/2

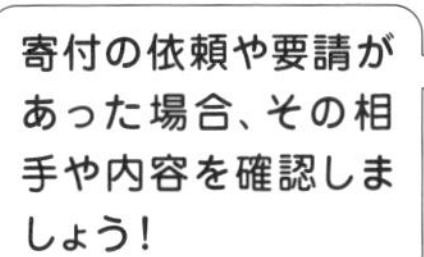

寄付の依頼や要請があった場合、その相手や内容を確認しましょう！

指定寄付金の場合、寄付相手先が依頼時に指定告知番号などを伝えてきます。

法人税では「未払寄付金」は認めていないので、寄付は支払いが完了した時点で寄付金と認定される。また、「拠出金」「見舞金」「協賛金」などの名目では判断されない。

キーワード 旅費交通費 通勤手当

旅費交通費・通勤費を管理する

出張のポイント

事業の拡大とともに増えてくる出張ですが、**費用の負担については「旅費規程」を定めておきましょう。**

自己負担となれば社員の不平不満が溜まるため、出張の命令を出す上司は旅費規程の中味をよく理解しなければなりません。また、**旅費の精算の際は出金を行う経理担当が規程どおりかチェック**をしましょう。

〈出張前のチェックポイント〉

①業務上で必要な出張か？　②出張者は社命内容を十分に理解しているか？　③最小日数で最短経路か？　④複数人での出張は適切か？　⑤出張者の体調などは充分か？　⑥安全な交通手段か？　⑦出張先での連絡手段はあるか？

〈出張後のチェックポイント〉

①出張の結果・成果はすみやかに報告されたか？　②適正・迅速な旅費精算請求か？　③支出費用の領収書など証憑資料があるか？

通勤手当の支給

ほとんどの会社では社員に通勤手当を支給しています。そのため支給基準と税法の非課税限度額を理解しておくことが必要です。

以下は通勤手当の支給基準の一例です。

①公共交通機関による通勤用定期券額を支給する
②自宅より直線距離で2km未満の距離の場合、支給しない
③新幹線・在来線特急行・座席指定券の利用は認めない
④自動車での通勤は認可制とし、保険加入・安全運転などを義務づける

給与として通勤手当が支給される場合は、一定の限度内であれば所得税は課税されません（右ページ参照）。

□出張費用の負担について、事前に「旅費規程」を定めておく。
□旅費の精算の際は、出金を行う経理が規程どおりかチェックする。
□通勤手当は一定基準の範囲内であれば、所得税は非課税である。

旅費規程の例

旅　費　規　程

目的　第1条　本規程は社命により出張する社員の旅費に関する事項を定める。
転勤旅費、海外出張については別に定める。

定義　第2条　出張とは業務のため勤務場所の所在する市町村外に旅行することをいう。
勤務場所から200km以遠かつ所要時間が6時間以上かかる場合をいう。
また、200km未満あるいは6時間未満であっても宿泊がともなう場合をいう。

2.　首都圏、近畿圏のエリア内の移動は出張扱いしない。

手当　第3条　旅費は交通費・日当・宿泊費に分ける。

旅程　第4条　やむをえない場合を除き、発着時間の最も便利かつ合理的な順路によるものとし日程は業務上必要な最小の日数とする。

支給基準　第5条　出張旅費は、別表1により支給する。

2.　交通費は勤務地（自宅から出張する場合自宅）を起点として計算する。
ただし、 経路の一部が通勤経路と重複する場合はその区間は対象としない。

3.　当社または外部の主催する研修会・講習会に参加する場合は日当を支給しない。

4.　宿泊費は宿泊数に応じ実費支給するが、別表1の金額を上限とする。

5.　長距離バス・船舶などでの宿泊は1泊あたり5000円とする。また、親族・知人宅での宿泊は泊数に関係なく、1回5000円とする。

6.　出張先での諸経費は事前に所属長の承認をえること。

7.　出張中の事故・病気などやむをえない事情で滞在を延期する場合は、その期間中の出張旅費は支給する。

8.　長期出張の場合、15日目以降は所定日当の8割を支給する。

規程所轄　第6条　本規程の所轄は管理部とする。

別表1

資格等級区分	日　当	宿　泊　費	交　通　費
Aランク以上	1日あたり2500円	1日あたり12000円	実費
Bランク	2000円	11000円	実費
Cランク	1500円	10000円	実費

税法での通勤費非課税限度額

区分	非課税限度額
公共交通機関利用に通勤定期券	1ケ月当たり最大15万円まで
自動車・自転車等の交通手段の通勤	2km未満　全額課税 2～55km以上まで段階的設定 4200円～31600円

「カラ出張」の言葉もあるように、架空・過大請求などの不正には職場風土が反映する。経営管理者の不正への厳しい姿勢がないと、経理でのチェックだけでは根絶できない。

日常の経理業務

キーワード　役員報酬

役員報酬を理解する

役員の定義

会社で働く役員には役員報酬が支払われます。ただし、役員が好き勝手に高額の報酬をとらないために、税法では一定の条件に該当しないものを費用として認めません。役員とは、取締役、監査役、理事などを指します。また、会社で働く大株主とその親族など特殊な関係にある社員も含まれます。これは同族会社での、親族へのお手盛り報酬を抑制するためです。

役員報酬の決め方

税法では、次の３つのうちのいずれかに該当するものを、役員報酬の費用として扱うことができます。

①**定期同額給与**…月額の報酬額を株主総会で決議し、毎月同額が支給されます。業績が良い場合も増額はなく、事業年度内の変更はできません。

②**事前確認届出給与**…税務署で事前に個人ごとに報酬額を届け、それを認めてもらう方法。この場合も株主総会議事録などの添付が必要です。

③**業績連動給与**…会社の業績に役員の給与額を連動させる制度のこと。同族会社には適用できず、実質上場企業しか取り入れることはできません。

税法で認められた役員給与は費用となり、従業員とおなじく源泉徴収をしますが、役員からは雇用保険料を徴収しません。

役員報酬の支給

役員報酬は定款で定めるか、株主総会決議によって決まります。ただし、同業他社に比べて不当な高額報酬は費用とは認められません。

また役員報酬を改定する場合、通常は決算期末後3ヶ月以内と決まっていますが、役員報酬を減額する理由が業績悪化などやむを得ない理由の場合、給与は費用として認められます。

チェックポイント

- □役員報酬は一定の条件に該当しないものを費用として認めない。
- □税法で認められた役員給与は費用となり源泉徴収を行う。
- □役員報酬を改定する場合、決算期末後3ヶ月以内に行う必要がある。

株主総会議事録の例

取締役、監査役のそれぞれの総額を株主総会で承認し、役員個人ごとには取締役会で決定するのが上場企業の一般的なやり方です。

株主総会議事録

第○号　議案　役員報酬金額承認の件

議長より役員報酬金額につき、下記のとおりにしたい旨、その理由を説明した。

議場に賛否を諮ったところ、全員一致をもってこれに賛成した。これにより

議長は役員報酬を下記のとおりとする決定をして、可決された。

代表取締役社長　○○○　月額報酬　○○万円

取締役　○○○　月額報酬　○○万円

取締役　○○○　月額報酬　○○万円

変更の時期　令和○○年○○月　支給分より

税務署へ届出書（抜粋）

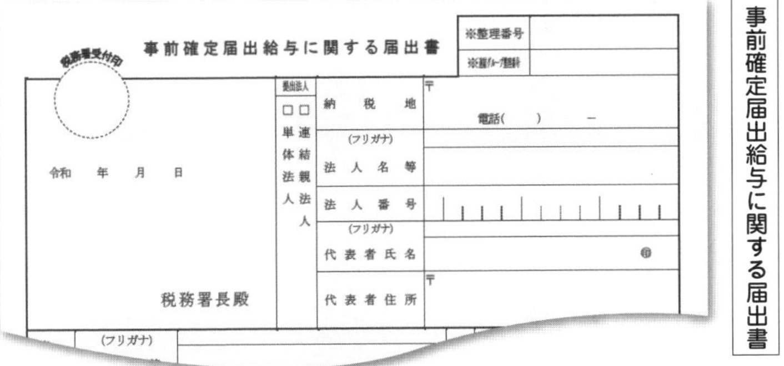

事前確定届出給与に関する届出書

税務署受付印

※整理番号

※通算グループ整理番号

□ 単体法人 □ 連結親法人	納税地	〒 電話(　　)　－
	(フリガナ)	
	法人名等	
	法人番号	
	(フリガナ)	
	代表者氏名	㊞
	代表者住所	〒

令和　年　月　日

税務署長殿

(フリガナ)

事前確定届出給与に関する届出書

付表　1　（事前確定届出給与等の状況（金銭交付用））　No.

事前確定届出給与対象者の氏名（役職名）	(　　　　)
事前確定届出給与に係る職務の執行の開始の日（職務執行期間）	平成・令和　年　月　日 (平成・令和　年　月　日 ～ 令和　年　月　日)
当該（連結）事業年度	平成・令和　年　月　日 ～ 令和　年　月　日
職務執行期間開始の日の属する会計期間	平成・令和　年　月　日 ～ 令和　年　月　日

事前確	職務執行期間	区分	支給時期（年月日）	支給額（円）	事前確	金銭によ	職務執行期間	支給時期（年月日）	支給額（円）
		届出額	・　・					・　・	
								・　・	
		支給額	・　・					・　・	
								・　・	

事前確定届出給与等の状況

役員の数や兼務役員の有無も考えないといけません。

中小企業の役員報酬はどの程度か？　国税庁による「民間給与実態統計調査」のなかに、企業規模別の給与所得者の給与水準分布が示されている。「役員」を区分した調査結果もある。

日常の経理業務

キーワード 営業外費用

営業外損益や特別損益を読み取る

通常の営業活動以外の出来事で発生

営業外損益と特別損益は損益計算書の「営業利益」から下に表示される損益項目です。これは、通常の営業活動以外の出来事で発生したもので、**営業利益の額に比べて、小さな額になるのが正常**です。

その期の業績の落ち込みで、営業利益があがらず「営業損失」になったときなどに、保有する株式や不動産を処分し、売却益を出して当期利益を確保するケースがあります。その場合、営業外収益・特別収益が多額に計上されます。営業損益・特別損益の科目・金額の大小を読むことで、収益の実情が変化していることがわかります。なお、それぞれの項目の合計金額の10%以上を占めるものは、適切な科目名を付して独立表記します。

営業外損益と特別損益

営業外損益とは、本業以外のところで、毎期経常的に発生する収益・費用です。財務の動きから生じる金融収益・費用が代表格で、利息や配当金などのことです。また、不動産を賃貸したときの受取賃貸料も該当します。

特別損益とは、本業とはかかわりなく、その期だけの特別要因によって生じた損益のことです。通常の活動では起こらないことなので、あまり損益計算書（P/L）には計上されません。

最近の上場企業では、「減損損失」を計上しているところが見受けられます。新規事業などで収益確保が見込めない場合などで、将来新たなキャッシュフローを生み出せないとの判定が出されると減損の対象となります。「経理規程」のなかで、「減損処理規程」を設けて、対象単位などを決めておきましょう。将来価値がいくらになるかを「事業計画」「割引率」などから算定します。**減損損失は将来の損失予想なので、税務上はその期の損失とは認めません。**

チェックポイント

- □営業外損益、特別損益は営業活動以外の出来事で発生する。
- □利息や配当金などは営業外損益に含まれる。
- □特別損益はその期だけの特別な要因によって生じる。

営業外損益、特別損益の科目

営業外や特別損益の個別項目の表示について、総額の10％以上を占める個別項目があれば、独立して表示するというルールがあります。

項目	科目名	内容の例示
営業外収益	・受取利息 ・受取配当金 ・仕入割引 ・有価証券利息 ・有価証券売却益 ・雑収入　その他	・預金の利息収入など ・株式の配当金 ・仕入支払の短縮による割引料 ・社債などの利息 ・株式の売却
営業外費用	・支払利息 ・有価証券売却損 ・社債利息 ・開業費償却 ・貸倒損失 ・雑損失　その他	・借入金の支払利息 ・株式の売却 ・社債を発行しているときの利息 ・開業時の繰延資産の償却 ・債権の貸倒れ
特別利益	・固定資産売却益 ・前期損益修正益 ・その他	・設備の売却益 ・減価償却方法などの変更等
特別損失	・固定資産売却損 ・減損損失 ・災害による損失 ・前期損益修正損 ・その他	・設備の売却損 ・減損には注記がいる ・火災などの損害 ・会計基準の変更によるものなど ・設備の廃棄損など

Memo　金融機関が融資などに際して決算書を審査するとき、営業外損益や特別損益があれば内容を詳細に問い合わせてくる。本業以外での損益には関心が高くなる。

キーワード 損益計算書の利益区分

利益の種類を理解する

売上総利益、営業利益

損益計算書（P/L）での利益は５つあります（右ページ参照）。単なる利益という表現ではなく、事業活動の中身を区分して、利益に個別の名称を付しています。

売上高から売上原価を差し引いた後の利益のことを売上総利益といい、一般的には「粗利（あらり）」と呼ばれます。

売上総利益率（粗利率）＝売上総利益÷売上高

“もの”の原価がある製造業は粗利率は低く、“もの”がないサービス業は高くなります。同業他社との比較で競争力、販売力の強弱が測れます。

また、売上総利益から販売管理費を控除したものを営業利益といい、本業での「儲け」を示します。営業利益は利益の源泉であり、営業利益率が損益の競争力を表します。収益性を測る指標であり、本来の事業活動の結果をしめす指標として、賞与や昇給の査定指標にも使われます。

営業利益率＝営業利益÷売上高

経常利益、税引前当期純利益、当期純利益

経常利益は「けいつねりえき」とも呼ばれ、事業の回転のなかで、日常的に生じる損益収支を示す利益です。営業利益に財務金融コストの収支を加味したものといえます。また、税金コストを引く前の利益を税引前当期純利益といいます。利益に対する税金の負担率はほぼ同じになるので、実質的な実力を示す利益です。当期純利益は最終的な利益であり、剰余金の一部として株主配当の源泉になります。投下資源に対して、どれだけの利益を上げているのかの指標になります。

ROE（自己資本利益率）＝当期純利益÷自己資本×100
ROA（総資産利益率）＝当期純利益÷総資産×100

チェックポイント

- □利益は中身によって５つに分かれる。
- □売上総利益は、一般的に「粗利」と呼ばれる。
- □営業利益は「儲け」を示す。

損益計算書（P/L）での利益区分

損益計算書の基本構成です。すべての会社の決算書に適用されるもので、他社比較が容易にできます。

売上高	1000	
売上原価	800	
売上総利益	200	粗利率＝$\frac{200}{1000}$ ＝ 20%
販売費および一般管理費	150	
営業利益	50	営業利益率＝$\frac{50}{1000}$ ＝ 5％
営業外収益・費用	5	
経常利益	45	経常利益率＝$\frac{45}{1000}$ ＝ 4.5％
特別利益・損失	5	
税引前当期純利益	40	
法人税等	15	
当期純利益	25	当期純利益率＝$\frac{25}{1000}$ ＝ 2.5％

中小企業産業別利益率

中小企業庁の「中小企業経営調査」によると、おもな業種ごとの営業利益率の平均は以下のように示されています。

営業利益率

営業利益率＝
営業利益÷売上高

小売業	卸売業	製造業
4.3％	1.6％	4.0％

Memo　2016年度決算ベースでの中小企業全業種での平均指標値（ROE 9.34%、ROA 3.51%、売上営業利益率 2.99%、総資本回転率 1.17回）

キーワード 税務調査

税務調査への対応をする

税金の説明・教育をできるようになる

企業の「コンプライアンス」が叫ばれる昨今では、経営者だけでなく、社員全員が「納税」に対して正しく理解することが大切です。そのため、経理担当者は日頃から、社内での税金の説明・教育を心掛けましょう。

税務調査とは、申告内容が正しいかどうかを税務署が調べることですが、**会社は伝票、手順、許認可、保管などの規定を見直すよい機会**になります。

税務調査の種類

税額については、会社が自主的に申告する「自主申告制度」がとられているので、確定申告書で申告・納税します。そののち、その内容が正しいものかを税務署が調査をします。税務調査官は「質問検査権」が認められており、銀行、取引先、社員などを調査できます。

調査には、任意調査と強制捜査（査察）があります。任意調査は周期的に調査をするもので、会社の規模・業績・過去の調査内容などで周期はいろいろです。国税庁が担当する大企業では、1年おきに調査があります。

強制捜査（査察）は国税犯則取締法による調査で、検察庁に告発することもできます。悪質な脱税などがあると税務署が疑った場合は、強制調査に入ります。その場合は、ある日突然、会社に調査が入り、関係書類を思われるものをすべて「差し押さえ」されます。

税務否認への対応

税務調査の結果、申告内容に誤りがあれば「税務否認」として自主的に「修正申告」します。税務署が一方的に決定・処理する「更正決定」の場合もあり、**悪質な場合は「重加算税」としての重い税が課せられます**。税務調査には誠実な対応で臨み、「隠蔽・仮装」があってはなりません。

チェックポイント

- □経理担当者は、納税に対しての正しい知識を広める。
- □任意調査と強制捜査（査察）の違いを理解する。
- □申告に誤りがあるときは、税務否認をする。

税務調査

中小企業では税務申告を税理士に委託することが多いので、税務調査での対応は税理士の仕事となりますが、経理担当も同席します。

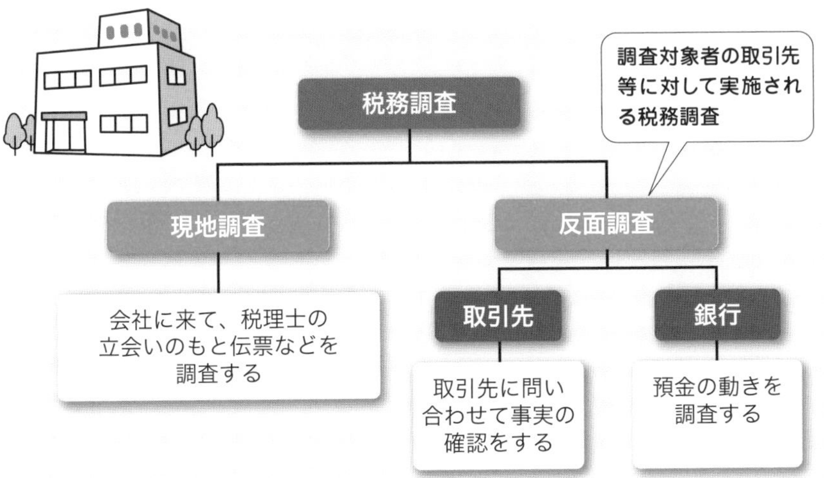

調査対象者の取引先等に対して実施される税務調査
税務調査
現地調査
反面調査
会社に来て、税理士の立会いのもと伝票などを調査する
取引先
銀行
取引先に問い合わせて事実の確認をする
預金の動きを調査する

税務否認

税務調査での指摘は、過去数年に遡りますので、税務否認での修正申告も過去数期分の修正申告書を作成しなければなりません。

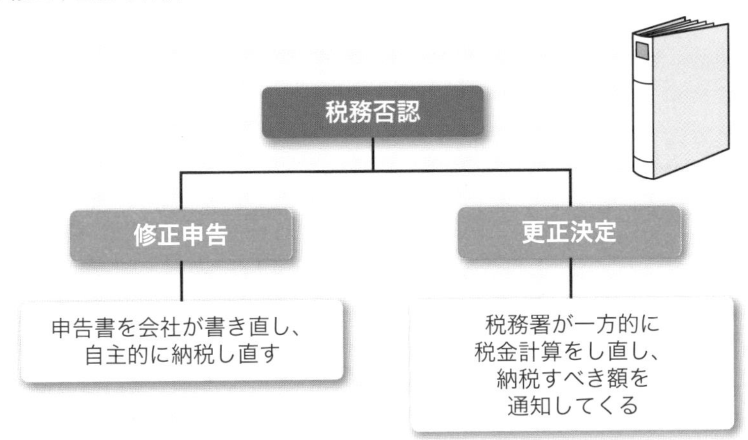

税務否認
修正申告
更正決定
申告書を会社が書き直し、自主的に納税し直す
税務署が一方的に税金計算をし直し、納税すべき額を通知してくる

Memo 「優良申告法人」とは、5年程度毎の税務調査において、不正計算、税金滞納がなく適正な申告がなされ、経営者個人も適正な申告をしていることを税務署が認定表彰した会社をいう。

キーワード　発生主義　現金主義

発生主義と現金主義を学ぶ

発生主義と現金主義の違い

発生主義とは、「現金の入金・出金のタイミング」には関係なく、「収入・支出の事実が確定した時点」の日付で処理する会計方法のことをいいます。

一方、現金主義とは「現預金の入出金の動き」の日付で帳簿をつける方法です。また、別の視点では「実現主義」と呼ばれる原則もあります。実現主義では、売上計上は商品の販売や役務の提供によって実現したものに限られます。つまり、実現していない利益を認識してはいけないとされています。

現金主義

現金主義は「現金・預金」の動きがあるときに処理するので、いわば「家計簿」や「小遣い帳」と同じです。税務では小規模会社に認めており、①青色申告であること、②事前に申請していること、③前々年の所得金額が300万円以下であること、の３点が条件です。

発生主義（損益）と現金主義（資金繰り）の両方を見る

信用制度が発達し、「取引→支払い→決済」の「時間のズレ」が大きくなったため、発生時点と現預金決済時点の時間差、つまり「損益」と「資金」のかい離が大きくなっています。

これを埋めるのが「資金繰り表」です。損益と資金繰りの両方の見方をしなければ、計算上では利益が出ていても、実際の資金の不足によって倒産してしまう「黒字倒産」などが起きてしまいます。

実務処理では現実的かつ計算把握の手間などから、継続的に発生している費用で支払時に費用処理するものもあります。例えば、電気・ガス・電話の支払い、給与の締め日と期末日までの人件費などですが、これらは時間のズレが1ヶ月以内で業績への影響がないような経常的な費用です。

チェックポイント

- □発生主義では、取引が派生した日付で処理する。
- □現金主義では、現預金の入出金の動きに基づいて帳簿をつける。
- □損益と資金繰りの両方を見ながら判断する。

発生主義と現金主義の違い

処理の基本は、発生した時点で損益を認識する発生主義です。しかし、資金繰りのために、現預金の動きも並行して把握しなければなりません。

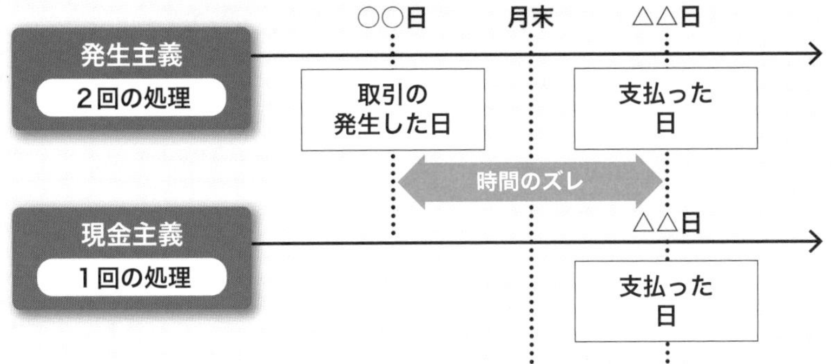

現金主義の届出書

個人企業など小規模な会社は、「家計簿」のような台帳（現金主義）から決算書を作るので、青色申告承認を申請するときに同時に届出をします。

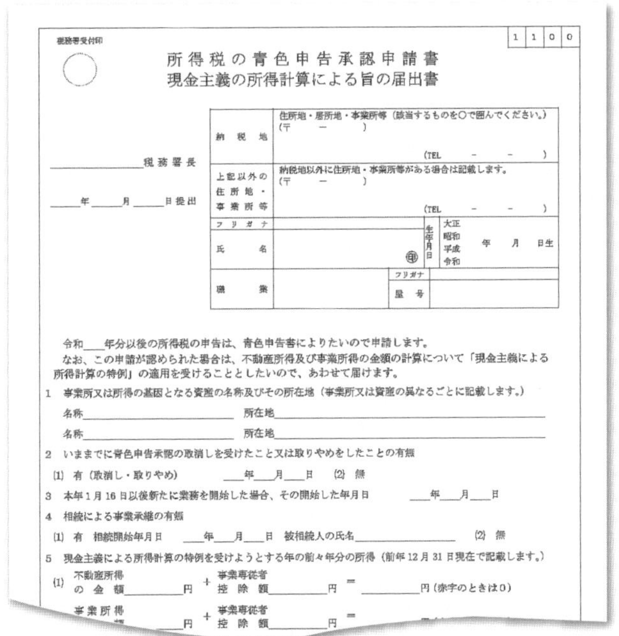

税務署受付印　　1 1 0 0

所得税の青色申告承認申請書
現金主義の所得計算による旨の届出書

＿＿＿＿税務署長

＿＿年＿＿月＿＿日提出

納税地	住所地・居所地・事業所等（該当するものを○で囲んでください。） （〒　－　） （TEL　－　－　）		
上記以外の住所地・事業所等	納税地以外に住所地・事業所等がある場合は記載します。 （〒　－　） （TEL　－　－　）		
フリガナ		生年月日	大正 昭和 平成 令和　年　月　日生
氏名	㊞		
職業		フリガナ 屋号	

令和＿＿年分以後の所得税の申告は、青色申告書によりたいので申請します。
なお、この申請が認められた場合は、不動産所得及び事業所得の金額の計算について「現金主義による所得計算の特例」の適用を受けることとしたいので、あわせて届けます。

1　事業所又は所得の基因となる資産の名称及びその所在地（事業所又は資産の異なるごとに記載します。）
名称＿＿＿＿　所在地＿＿＿＿
名称＿＿＿＿　所在地＿＿＿＿

2　いままでに青色申告承認の取消しを受けたこと又は取りやめをしたことの有無
(1) 有（取消し・取りやめ）　＿年＿月＿日　(2) 無

3　本年1月16日以後新たに業務を開始した場合、その開始した年月日　＿年＿月＿日

4　相続による事業承継の有無
(1) 有　相続開始年月日　＿年＿月＿日　被相続人の氏名＿＿＿＿　(2) 無

5　現金主義による所得計算の特例を受けようとする年の前々年分の所得（前年12月31日現在で記載します。）
(1) 不動産所得の金額＿＿円 ＋ 事業専従者控除額＿＿円 ＝ ＿＿円（赤字のときは0）
事業所得＿＿円 ＋ 事業専従者控除額＿＿円 ＝

Memo　税務申告で、現金主義による申告が認められる条件は、①所得300万円以下の小規模会社、②青色申告、③事前の届出の3つ。

キーワード 費用収益対応

費用収益対応の原則を学ぶ

費用収益対応の原則

企業会計原則の１つに「費用収益対応の原則」があります。これは「費用及び収益は、その発生から明瞭に分類し、**各収益項目とそれに関連する費用項目とを損益計算書に対応表示**しなければならない」というものです。

例えば、卸売業の場合の「仕入」と「売上」の関係です。当月に仕入れて翌月に売り上げた場合、費用収益を対応させないと、当月は仕入のみの処理で翌月は売上のみの損益計算書になります。これでは毎月の損益計算書としては意味のないものとなってしまいます。

〈費用収益対応のやり方〉

個別的対応…売上と売上原価のように、直接的に対応すること

期間的対応…会計期間で継続的間接的に対応させること

収益と費用は総額表示

収益と費用は対応させて表示しますが、対応するからとの理由で相殺表示はできません。受取利息と支払利息、損害保険料と被害での保険補償収入など、**それぞれを別々に「総額表示」**します。

なお、為替取引での為替差益と為替差損は、同じ取引から生じたものとして相殺表示します。

企業会計原則

企業会計原則では、「企業会計は財務内容を明らかにし、利害関係者の判断を誤らせないようにすることにあるから、重要性の乏しいものについては、本来の厳密な会計処理によらないで他の簡便な方法によることも正規の簿記の原則に従った処理として認められる」と述べています。

よって、この視点で、**継続的に簡便な方法もとることができます**。

チェックポイント

- □費用・収益は、収益項目と費用項目とを損益計算書に対応表示する。
- □収益と費用はそれぞれを総額表示する。
- □重要性の乏しいものは、簡便な方法をとることができる。

損益のルール

商品を製造・販売するフローのなかで、どの時点で収益が生じているのかはわかりません。そこで、売上があった時点で収益が実現したとみます（実現主義）。

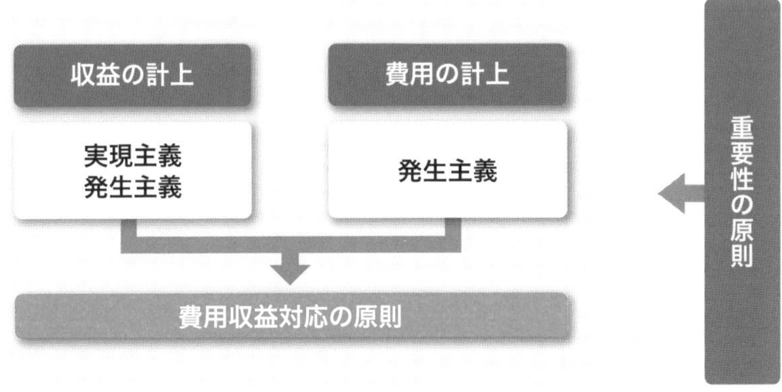

費用と収益の対応

損益計算書の表示のルールで、収益と費用を対応して表示します。これは企業会計原則にいう「損益計算書の表示に関する原則」です。

損益計算書

売上高	対応	対応
売上原価		
（売上総利益）		
販売費および一般管理費		
（営業利益）		
営業外収益	対応	
営業外費用		
（経常利益）		
特別利益	対応	
特別損失		
（税引前当期純利益）		
法人税等		
（当期純利益）		

（売上高と売上原価が対応し、売上高と販売費および一般管理費が対応する）

「保守主義の原則」は、財政に不利な影響が見込める場合は、それに備えた会計処理をするというもの。予見できる発生確率の高い損失は早めに認識しようというもので、「安全性の原則」ともいわれる。

日常の経理業務

キーワード 期間損益

期間損益を理解する

会計基準の二分化

最近の上場企業の企業会計では、**「国際会計基準（IFRS）」**や**「米国会計基準（SEC基準）」**など国際的な会計基準の採用があります。

一方、中小企業では**「中小企業会計指針」「中小企業会計基本要領」**の採用があり、会計基準の二分化が進んでいるといわれます。経理担当者は、見識を深めるためさまざまな会計情報に関心を持ちましょう。

期間損益計算の方法

すでに発生主義、費用収益対応などを理解してきましたが、それらはすべて一定期間（決算期間）の業績を把握する期間損益計算のためです。

期間損益計算には、①財産法、②損益法の２つの方法があります。財産法は期首B/Sと期末B/Sから差額逆算する方法です。損益法は、複式簿記によるP/L（期間損益計算書）で計算する方法です。

決算での収益・費用の期間対応

費用収益を期間対応させるため、前受金計上などの決算での作業が必要になります。例えば、賃借料を先に何ヶ月分も前払いしたとき、あるいは客先より来期分の代金を入金したときなどです。この場合、**決算期間と役務提供期間の修正が必要**です。

決算は未収収益、未払費用、前受収益、前払費用などの科目で表示します。期末の決算作業のなかで、未払分や未収分を探し出して計上する作業が手間取りますので、注意しましょう。

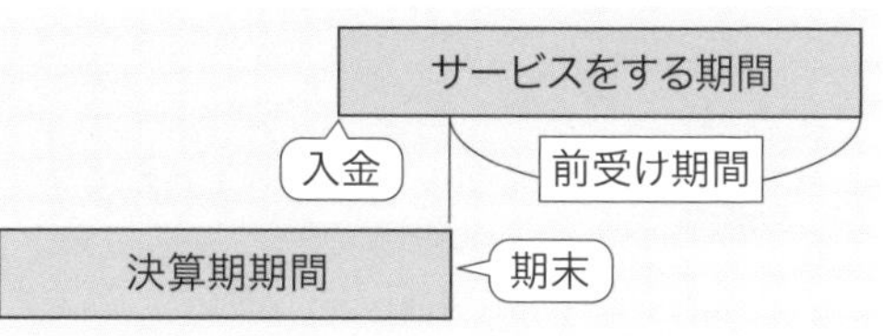

チェックポイント

- □会計基準は二分化が進んでいるので注意が必要。
- □期間損益計算には「財産法」と「損益法」がある。
- □期末決算作業では未払分や未収分も計上する。

期間損益計算

ある期間に発生した収益から、その収益を得るために要したその期間の費用をつかみ、差し引いて損益をつかむ。これが期間損益計算です。

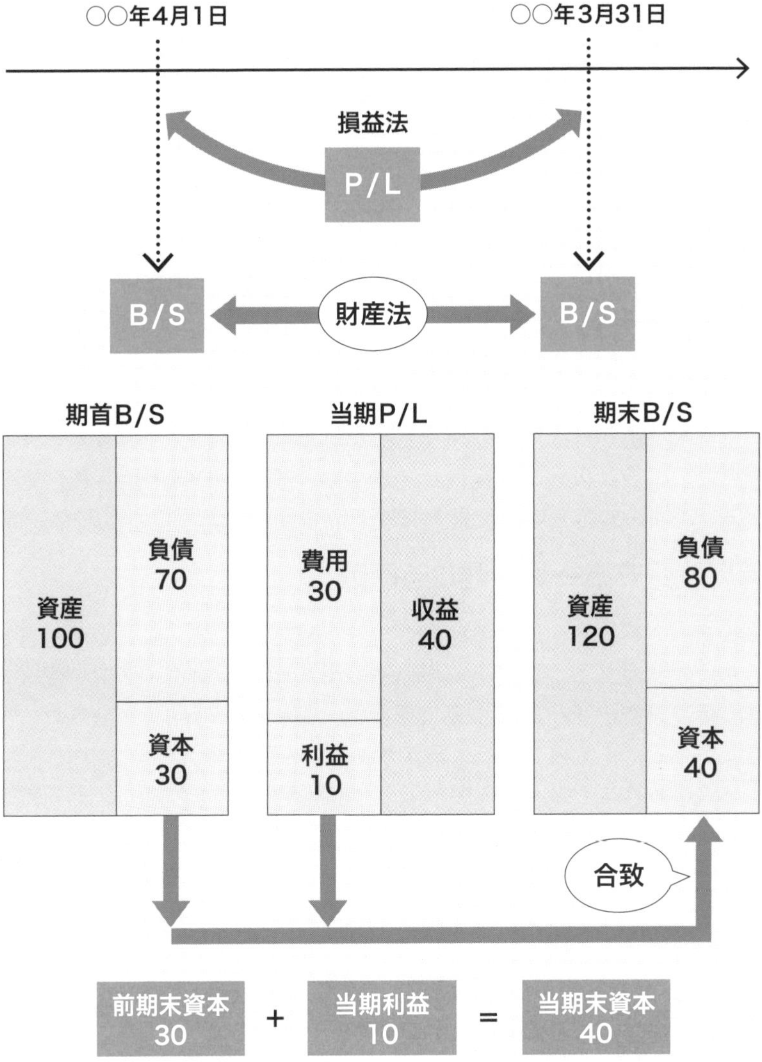

○○年4月1日　　○○年3月31日

損益法

P/L

B/S　財産法　B/S

期首B/S	
資産 100	負債 70
	資本 30

当期P/L	
費用 30	収益 40
利益 10	

期末B/S	
資産 120	負債 80
	資本 40

合致

前期末資本 30 ＋ 当期利益 10 ＝ 当期末資本 40

(注)利益以外に資本の動きがない場合

国際基準（IFRS）の変形である「J-IFRS」も会計基準として認められている。2016年からIFRSの内容を日本国内の経済状況などに合わせて調整した会計基準が適用されている。

キーワード 残高確認

残高確認を必ず行う

現金・預金の実査

期末の決算での重要な作業は、各科目の「残高確認」「現物確認」です。在庫の「棚卸」や設備の「現物確認」はもちろんのこと、その他の売掛金や買掛金など、ほぼすべての科目で確認をします。

期末日には、金庫の現金・切手・収入印紙を確認し、「有り高表」に記録します。預金についても、取引口座すべての「残高証明書」を銀行から入手します。「小切手」「約束手形」の使用前の用紙も所在を確認しましょう。

売掛金・買掛金の残高確認

決算期末あるいは直前の月末ぐらいに、取引先に残高を確認します。手紙やハガキに自社の残高を記入して送付し、相手が残高を記入後、返送してもらいます。公認会計士監査を受けている会社は必ずこの作業をします。

残高確認で不一致が起こる原因

残高確認で不一致が起こる原因には、①相手との計上基準や締め日が違う、未検収品がある、②売上の単価や数量の誤りがある、伝票の記入ミスや誤出荷、架空出荷がある、③二重計上、値引き・返品の処理漏れ、支払い遅延がある、④台帳への記入ミスがある、などが考えられます。

不一致があればその原因を調べて、「差額調整表」を作成し、修正処理をしましょう。架空仕入れ、架空売上など不正が発見される場合もあります。

これらの作業は伝票の処理手順の見直しや請求方法の改善など、今後の業務改善にもつながります。日頃から、請求額と入金額が常に違う客先には、差額調整に注意が必要です。その他、「訴訟や係争中の案件があれば最新状況」「不動産への担保設定状況」「債務保証など返済状況」「出資証券、会員権証や株券」などの確認も必要です。

チェックポイント

- □期末の決算では、必ず残高確認をする。
- □決算期末には取引先の残高確認も必要。
- □残高確認で不一致があれば、「差額調整表」を作って修正する。

銀行が発行する預金残高証明書の例

残高証明書を定期的に基準日・サイクルを決めて、銀行から郵送してもらうサービスもあります。多くの銀行取引・口座があるときは便利です。

残高証明書

令和○年○月○日
○○信用金庫
○○支店　　印

＿＿＿＿＿＿＿＿＿＿＿ 様

貴名義の令和○年○月○日現在の下記預金につき、次のように証明します。

取引の種類	金　　額	摘　　要
普通預金 口座　No123456	¥○○○○ー	

会社が取引先に出す残高確認の依頼ハガキ（往復ハガキ）の例

客先などへ残高確認の依頼をする場合、事前になんらかの方法で主旨説明をしておくと、相手は不信を抱かないでしょう。

残高確認書

No ＿＿＿＿　　　　○○　株式会社

買掛金
売掛金　**残高確認書**

令和　年　月　日

拝啓　貴社ますますご隆昌のこととお慶び申し上げます。
さて弊社第××期決算に際し貴売掛金　買掛金　残高につきまして貴社のご確認を頂きたくお願い申し上げます。
つきましてはご多忙中まことにお手数ながらご照合のうえ返信葉書に金額ご記入ご返送下さるようお願いいたします。
もし貴社記録と相違しております場合は、貴社残高お示しのうえ、確認書摘要欄に違算の内容をご記入下さるよう併せてお願い申し上げます。
敬具

記

弊社の記録による　年　月　日 現在の　買掛金 売掛金	円

※　月　日までにご返事なき場合は相違なきものと認め処理させて頂きます。

（往信）

残高照合回答書

No ＿＿＿＿

買掛金
売掛金　**残高照合回答書**

差出月日　　年　月　日
住　　所
会 社 名　　　　印

当社の記録による○○（株）に対する買掛金　売掛金残高は下記のとおりであります。

記

○○（株）の　年　月　日現在の　売掛金 買掛金	円
当社の記録による　年　月　日現在の　買掛金 売掛金	円
摘要	

（返信）

Memo　現物確認・残高確認は、複数人によるダブルチェックで行う。また、訴訟係争案件があれば、今後の対応状況も把握しておくとよい。

日常の経理業務

キーワード 引当金

引当金を計上する

引当金計上のポイント

決算で、将来に発生すると見込まれる費用・損失に対して引当てします。将来のことなので、**損失の合理的な算定、税制での「損金算入」（費用と認められる）がポイント**です。特に、①将来の特定の費用・損失であること、②発生事由が当期以前の事に起因すること、③発生の可能性が高いこと、④金額を合理的に見積もれること、に注意しましょう。

●貸倒引当金

金銭債権（受取手形、売掛金、貸付金等）で取立不能の恐れがある場合にその不能見込額を貸倒引当金として計上します。中小企業では取立不能額の算定を税法が認める貸倒率で算定計上します。債権の評価額の修正であり「評価性引当金」なので、**資産のマイナス表記**とします。

●賞与引当金

条件つきの債務への引当金（負債性引当金）のため、**負債の部に表記**します。翌期に社員に対して支給する賞与の支給見込額を計上します。賞与の支給基準にそって当期分を按分します。しかし、支給実績のない場合は引当できません。税法では損金算入できません。

●退職給与引当金

退職金制度がない場合、退職給与引当金は計上できません。また、「中小企業退職金共済制度」に加入し、将来追加負担がない制度では**毎期の払込み掛金を費用として処理**します。この場合、引当金の計上は不要です。賞与引当金同様に税法では損金算入できません。

●その他の引当金

製品保証引当金、修繕引当金などありますが、中小企業では最低限の引当金しか計上していないのが実情です。税務上で損金算入できない、業績数値が下がる処理になるなどが理由でしょう。

チェックポイント

- □どのような支出であれば引当金に計上できるかをチェックする。
- □貸倒引当金は資産のマイナス表記とする。
- □賞与引当金は支給見込額を計上する。

中小企業の引当金繰入額

税法での中小企業とは資本金1億円以下の会社で、簡便な方法が認められています。
税法での繰入額が損金算入できる引当金は貸倒引当金ぐらいです。

貸倒引当金

繰入限度額　＝　（期末の金銭債権の合計　－　うち実質的に債権として認められない金額）×　法定繰入率

卸売業・小売業	製造業	その他
10／1000	8／1000	6／1000

仕訳の処理　**洗替法**

（例）期末の売掛金5000万円、各種手形3000万円
8000万円×小売業10／1000＝80万円

賞与引当金

繰入額　＝　（前1年間の一人当たりの社員への賞与支給額）×　当期の月数／12　－　（当期において期末在職者に支給したもので当期支給期間に対応する一人当たりの支給額）×　期末在籍の社員数

前年の賞与支給実績までは引当てができます。

（例）３月決算会社で４～９月分を12月に、10～３月分を６月に支給する基準の場合
前年６月に50万円、12月に80万円を支給したとき
（前年合計130万円×12／12－80万円）×期末人員数＝引当繰入額

退職給与引当金

繰入限度額　＝　期末での自己都合退職金の100％で、各社員別に勤続年数などで退職金支給額の全社員合計額

Memo　収益に余裕がある大企業では、税務に関係なくさまざまな名称の引当金が計上されている。事業リストラを想定したもので、事業構造改善引当金、店舗閉鎖損失引当金などがある。

法人税等

キーワード 法人税

会社が納める税金を理解する

法人税への理解が必要

私たちは、会社や個人にかかわらず、納税の義務があります。日本の税収は100兆円を超えており、そのうち法人（会社）が利益から納税している額は約22兆円です。会社は利益の約30%を法人税等として納税しています。この法人税のしくみを理解するのも、経理担当者の仕事です。

法人税・住民税および事業税

損益計算書の税引前当期純利益から控除されるのが、法人税、住民税、事業税です。つまり、会社の利益（所得）に課税される税金です。これらは利益に課税される「直接税」で、会社が申告して国や地方自治体に納付します。一方、消費税の課税対象は利益ではないので「間接税」と呼ばれます。住民税や事業税は「法人税」で算出した所得（利益）をもとに計算されます。そのため、「法人税法」が理解すべき税法となります。

なお、法人税は国に納めるので税率は全国統一ですが、地方住民税は都道府県、市町村によって、若干の違いがあります。これは、制限税率として最大の税率が決まっていますが、その範囲内で地方自治体が税率を決めているのが理由です。

「租税公課」に計上する税金

印紙税、固定資産税、自動車税などは利益に関係なく課税されるので、販売管理費で費用処理を行います。輸入にかかる関税は原価に計上します。

法人税の申告書には、租税公課の明細書があり支払明細を記載して申告します。そのほか罰金、過料なども租税公課で処理しますが、税法では費用に認められません。申告の誤りや納期遅れがあった場合も付帯税（加算税、延滞税、利子税）が課せられ、租税公課に計上します。

チェックポイント

- □経理担当者は法人税のしくみへの理解が求められる。
- □法人税、住民税、事業税は利益に課税される直接税である。
- □申告の誤りや納期遅れには付帯税が課せられる。

会社が納める税金の種類と納付先

会社が納めるいろいろな税金の課税基準や納付先を総合的に理解したうえで、法人税など個別の税法を学んでいきましょう。

課税対象＼納付先	所得課税	消費課税	資産課税
	利益に課される税金	消費支出に課される税金	財産保有に課される税金
国税	・法人税 ・地方法人税 ・特別法人事業税	・消費税 ・自動車重量税 ・関税	・印紙税 ・登録免許税
地方税（都道府県税）	・都道府県税 ・事業税	・地方消費税 ・自動車税	・不動産取得税 ・固定資産税
地方税（市町村税）	・市町村税	・軽自動車税	・都市計画税 ・事業所税

日本の税収の内訳

国全体での税金の課税状況も理解したうえで、会社の税務申告などの経理処理をこなしましょう。経済・財政などへの視野も広がります。

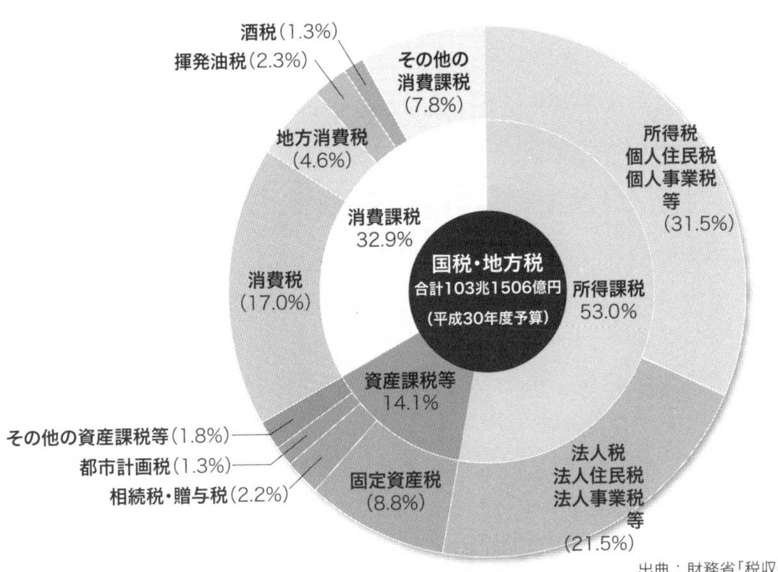

出典：財務省「税収の内訳」

税金の徴収方法には、直接税と間接税がある。直接税は「納税者＝負担者」で、間接税は「納税者≠負担者」。消費税は間接税の代表で、消費者が負担して販売者が納税する。

法人税等

キーワード 青色申告

法人税の申告納税制度を理解する

優遇策が設けられている青色申告

申告納税制度は戦後に導入されたもので、**納税者が自主的に税額を計算して納税する制度**です。当初、申告用紙が青色であったことから「青色申告」と呼ばれています。青色申告は、複式簿記での決算書作成が前提で、そこから所得計算して申告します。**青色申告には、「租税特別措置法」などで各種の優遇策が設けられています**。また、税務署への事前届出申請の承認を前提としており、この場合はすべての会社が青色申告の申請をしています。なお、青色申告によらない申告は「白色申告」と呼ばれます。

青色申告の優遇策

青色申告のおもな優遇策は次のとおりです。

①欠損金の50%について、**10年間の繰越し控除ができる**（ある年度に損失を計上したとき、翌年以降に利益が出ても前期までの欠損分の一定率を差引いて所得計算ができる）。

②税務署による推定の課税がされない（証拠・証明がないと課税されない）。

③中小企業は**欠損金の繰戻し還付請求ができる**（当期に損失計上したとき前年に支払った税額の一部を還付してもらえる）。

「申告期限」と「所得の計算」に注意

法人税は**決算期末日から２ヶ月以内に申告**しなければなりません。ただし一定の事情があれば、「申告期限の延長の特例の申請書」を提出することで、１ヶ月の延長が認められます。

なお、企業会計での「利益」と法人税での「所得」とは必ずしも一致するものではありません。申告書での「加算」「減算」の調整により「利益」から「所得」を導き出し、「税率」を乗じて「税額」を算出します。

□申告納税制度は納税者が自主的に税額を計算して納税する制度。
□青色申告には優遇策が設けられている。
□法人税は決算期末日から２ヶ月以内に申告する。

利益と所得は異なる

正規の簿記のルールで算出した決算書の当期利益であっても、税法基準での利益（所得）とは異なります。その調整算出は、税務申告書の作成時に行います。

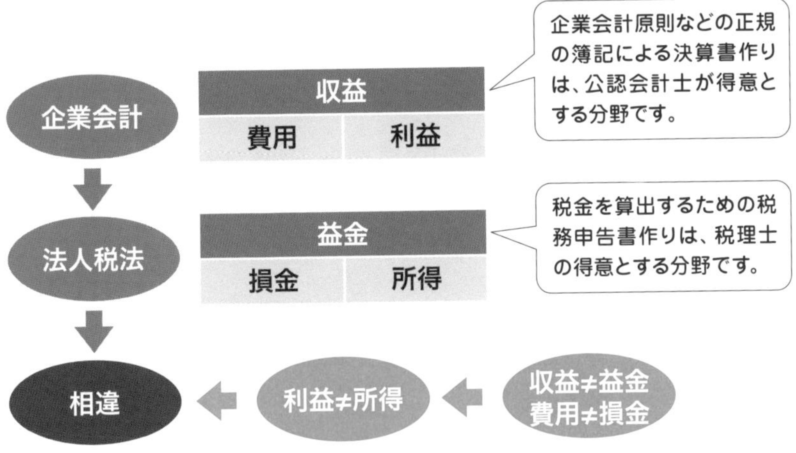
企業会計原則などの正規の簿記による決算書作りは、公認会計士が得意とする分野です。
企業会計
収益
費用
利益
法人税法
益金
損金
所得
税金を算出するための税務申告書作りは、税理士の得意とする分野です。
相違
利益≠所得
収益≠益金
費用≠損金

所得の計算例

企業会計での当期利益は、会社経営や投資家からの評価尺度として、国際的にも認められます。一方、税務での所得は納税のためのものだけです。

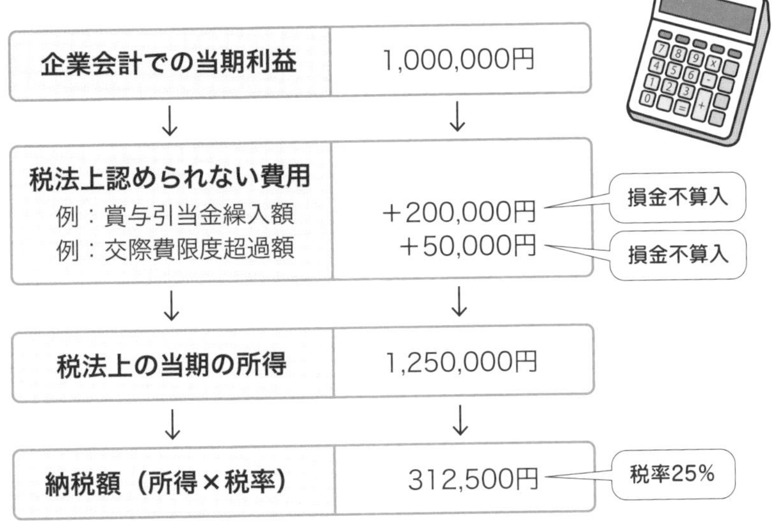

企業会計での当期利益	1,000,000円
↓	↓
税法上認められない費用 例：賞与引当金繰入額 例：交際費限度超過額	 ＋200,000円（損金不算入） ＋50,000円（損金不算入）
↓	↓
税法上の当期の所得	1,250,000円
↓	↓
納税額（所得×税率）	312,500円（税率25%）

Memo　1946年に公布された日本国憲法では、教育と勤労と「納税」の3大義務が定められた。翌年には、納税者が自主的に所得や税額を計算して申告・納税する申告納税制度が導入された。

キーワード 法人税申告書 別表

法人税申告書を理解する

別表を使って申告する法人税申告

法人税を実際に算出する際に使用するのが「法人税申告書」です。法人税の申告は、すべての会社が「別表」と呼ばれる指定された用紙を使用して行います。各用紙には別表番号が付されています。おもな別表は右ページの「法人税申告書でポイントとなる別表」で紹介している、「別表一」「別表四」「別表五（一）」です。

小さな会社では、申告書の作成・提出を税理士事務所に任せている場合も多いでしょうが、会社の代表者は「別表一」に記名・押印をするため、内容を確認しているはずです。経理担当者もその内容について把握しておくことは大切です。

法人税率と地方法人税率

税金の改正は毎年行われるので、税改正には注意が必要です。

	所得金額の部分	税率
中小法人 (資本金1億円以下)	年800万円以下の部分	15%
	年800万円超の部分	23.2%
大法人	全額	23.2%

●地方法人住民税・地方法人税

		制限税率	均等割額
地方法人住民税	都道府県民税	2.0%	2〜80万円
	市町村民税	8.4%	5〜300万円
		標準税率は合計7%	
地方法人税		課税標準法人税額×10.3%	

※2019年10月以降開始の事業年度より適用

チェックポイント
- □法人税の申告は別表を使用して行う。
- □申告書の作成・提出を税理士事務所に任せている場合も多い。
- □税金の改正は毎年行われるため、税率の変更等に注意が必要。

法人税申告書でポイントとなる別表

法人税申告書の中でも特にポイントとなる別表は以下のとおりです。経理担当者は以下の別表について押さえておきましょう。

- **別表一**　申告書の表紙でもあり、「社名」「法人番号」「代表者記名押印」など基本情報を記載します。また、表で納付すべき「法人税」「地方法人税」の税額を算出します。
- **別表四**　会社で作成した損益計算書（P/L）の当期利益から「加算」「減算」して「所得金額」を算出します。いわば申告書のP/Lです。
- **別表五（一）**　申告書上での前期繰越額を受けて、今期の利益留保額を算出します。いわば申告書の貸借対照表（B/S）です。

法人税申告書の主要な別表名と内容

完成した決算書をもとに、このような別表をすべて作成できれば、自分で税金計算ができます。経理担当者がこれらを作成できれば、税理士の出る幕はなくなります。

別表番号	別表名（略）	納税が必要な法人
別表一	所得に係る申告書	申告の表紙、所得額の内容
別表一次葉	上記の次ページ	税額の算出
別表二	同族会社判定	同族会社の可否
別表四	所得金額の計算	所得計算（申告書のP/L）
別表五（一）	利益積立金の計算	内部留保算定（申告書のB/S）
別表六（一）	所得税の控除	預金利息源泉税控除など
別表七（一）	欠損金明細	損失の繰越し
別表八（一）	受取配当金益金不算入	受取配当金があったとき
別表十一（一の2）	貸倒引当金繰入	貸倒引当金を計上したとき
別表十四（二）	寄付金明細	寄付金があったとき
別表十五	交際費明細	交際費課税の計算
別表十六（一）	定額法減価償却明細	建物など定額法の計算
別表十六（二）	定率法原価償却明細	機械など定率法の計算
別表十六（七）	少額原価償却資産	30万円以下の明細
別表十六（八）	一括原価償却資産	10〜20万円の明細

Memo　地方税には、制限税率と標準税率があり、地方自治体が制限税率の範囲で税率を決める。その決められた税率の平均が標準税率。標準税率は都道府県民税1%、市町村民税6%となっている。

法人税等

キーワード　法人事業税　法人住民税

法人事業税・法人住民税を理解する

法人事業税の特徴

本支店・工場・事務所などがある場合、都道府県には「法人事業税」「法人都道府県民税」を、市町村には「法人市町村民税」を申告納付します。

●事業税の損金算入

事業税の支払額は法人税計算する場合、費用として認められます。利益に課された税金は費用に認められませんが、事業税だけは認められます。

●外形標準課税

事業税は、利益額に課税する「所得割」、利益と連動しない資本金に課税される「資本割」、付加価値額に課税される「付加価値割」に分けられます。外形標準課税とは、資本金等や従業員数、事業所面積等の事業活動規模をもとに計算される課税方式ですが、具体的には「資本割」「付加価値割」に課税しています。

外形標準課税は大法人のみに適用されます。中小法人（資本金1億円以下）は「所得割」だけですが、大法人と中小法人では税率が異なります。なお、資本割と付加価値割は販売管理費で処理します。

法人住民税と特別法人事業税

法人住民税の税率は標準税率をもとに制限税率の範囲内で地方自治体がそれぞれ決めます。また、一定額を納付する「均等割額」があります。

令和元年10月から「地方法人特別税（地方税）」が廃止され、「特別法人事業税（国税）」が創設されました。この改廃から税率も改廃変更されましたが、納付税額総額は従前と変わりません。

その結果、会社が利益をもとに納税する税は、①法人税（国税）、②法人地方税（国税）、③法人住民税（地方税）、④法人事業税（地方税）、⑤特別法人事業税（国税）の５種類になります。

チェックポイント

- □店舗や支店等を全国展開する会社は各自治体に申告納付する。
- □都道府県には「法人事業税」「法人都道府県民税」を申告納付する。
- □市町村には「法人市町村民税」を申告納付する。

法人事業税の税率

会社区分	税区分	税率
大法人	所得割	所得×1%
	付加価値割	付加価値額×1.2%
	資本割	資本金額×0.5%
中小法人	事業税額	所得×7.0%

特別法人事業税の税率

会社区分	税率	所得換算率
大法人	事業税額×260%	所得×2.6%
中小法人	事業税額×37%	所得×2.59%

※令和元年10月以降開始の事業年度より適用

国に納める税金

	納税期限	納税が必要な法人
法人税	事業年度の終了日の翌日から2ヶ月以内	利益(納付すべき法人税額)が出ている法人
特別法人事業税	事業年度終了日の翌日から2ヶ月以内	事業税を納付した法人
消費税	原則として事業年度の終了日の翌日から2ヶ月以内	課税資産を取り扱う課税事業者(免税事業者を除く)
印紙税	課税文書の作成時	課税文書作成者
源泉徴収税	給与支給月の翌月10日(特例あり)	給与を支払う法人
自動車重量税	車検時	車を保有する法人

法人税等

地方公共団体（都道府県、市町村）に納める税金

	納税期限	納税が必要な法人
法人住民税	事業年度の終了日の翌日から2ヶ月以内	法人税を納付した法人
法人事業税	事業年度の終了日の翌日から2ヶ月以内	法人税を納付した法人
自動車税	原則として5月末日まで	車を保有する法人
固定資産税(償却資産税)	1期～4期	1月1日に固定資産を保有する法人

利益に課税される税率を単純に合計したものを「表面税率」と呼び、事業税支払額が費用処理できることを考慮した実質負担すべき税率を「実効税率」という。実効税率は現在、約30%。

キーワード
消費税
簡易課税制度

消費税を納付する

消費税のしくみ

消費税は「消費税(国税)」「地方消費税(地方税)」の2つからなりますが、一般には合算して「消費税」と呼びます。消費税は会社の利益には課税されませんが、ほとんどの売買取引に課税されるため、その納税作業には手間がかかります。消費税は、欧米の付加価値税（VAT）に似た税で、消費にかかる間接税です。会社（納税義務者）はその売上の消費税額から仕入れの消費税額を控除した差額を納税することになっています。控除しきれなかった額は会社に還付されます。

なお、事業者免税制度があり、前々年の課税売上高が1,000万円以下の事業者は、免税事業者として納付免税されます。

●課税制度・非課税制度

国内取引	課税取引	非課税取引以外
	非課税取引	土地譲渡、利子支払、住宅貸付、 保険医療費
輸入取引	課税取引	
輸出取引	免税取引	

簡易課税制度や軽減税率

基準期間（前々年）の課税売上高が5000万円以下で、簡易課税の届出書を提出している中小企業は簡易課税の制度があります。業種に応じて売上消費税に対応する仕入消費税をみなし仕入率（卸売業90%、小売業80%等）で計算できます（売上×消費税率－売上×みなし仕入率＝消費税額）。

また、「飲食料品、定期購読新聞」などの生活必需品を対象に、軽い税率（軽減税率）が適用されます。スーパーなどでは、対象品が混在することになり、複雑な集計作業が必要です。

チェックポイント

- □消費税はほとんどの売買取引に課税される。
- □中小企業には課税免税制度がある。
- □生活必需品を対象に軽減税率が適用される。

消費税の税抜き処理と税込み処理

税込み処理のほうが簡便なようですが、税込み価格の総額が設備の取得価格や印紙税などの課税対象額となり、税金面では少し不利になります。

	支出時	決算時	納付時
税込み処理	B/S現金 220 ｜ P/L売上 220 P/L交通費 11 ｜ B/S現金 11	P/L租税公課 19 ｜ B/S支払消費税 19 220×10/110=20 △11×10/110=△1 19	B/S支払消費税 19 ｜ B/S現金 19
税抜処理	B/S現金 20 ｜ PL売上 200、B/S仮受消費税 20 P/L交際費 10、B/S仮受消費税 1 ｜ B/S現金 11	B/S仮受消費税 1 ｜ B/S仮受消費税 1 220×10/110=20 △11×10/110=△1 19	B/S仮受消費税 19 ｜ B/S現金 19

軽減税率対象品目

軽減税率の対象となる売買事例は、国税庁のホームページなどでも紹介されています。同じ物を購入しても、テイクアウトなどの対応で税率が違うことになります。

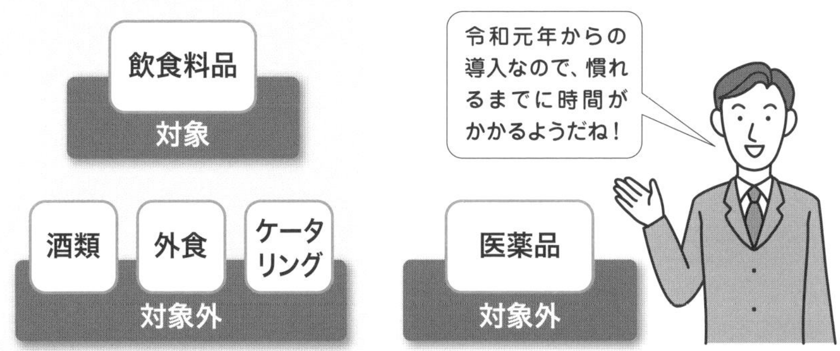

消費税の変遷は次のとおり。1989年4月導入3%。→1997年4月5%に改定。→2014年4月8%に改定。→2019年10月10%と軽減税率8%に改定。

法人税等

キーワード　固定資産税　事業所税

固定資産税と事業所税を理解する

租税の課税方式

固定資産税とは、毎年１月１日現在の土地、家屋、償却資産を所有している個人または法人が、所在する市町村に納める税金です。租税の課税方式は以下の２つがあり、固定資産税は賦課課税方式です。市町村が課税額を通知してきて、その納税額を支払います。

●租税の課税方式

課税の方式	方法	税目
賦課課税方式	課税権者が税額を決定・通知する	固定資産税、不動産取得税、自動車税等
申告納税方式	納税者が税額を計算して自主申告する	所得税、法人税、相続税、消費税等

●固定資産税納税義務者

土地・家屋……登記簿または課税台帳にある所有者

償却資産……市町村の償却資産課税台帳にある所有者

都市計画税と事業所税

都市計画税は、都市計画事業の財源にあてるため都市計画区域内に所在する土地および家屋に固定資産税同様に課税されます（税率は0.3%）。償却資産は対象となりません。また、市街化区域だけに課されます。

一方、事業所税は、人口30万人以上の指定都市等が、都市環境の整備・改善に要する費用にあてるための税金です。事業年度末から２ヶ月以内に申告納税します。納税額は面積割と従業員割の合計で計算されます。

●面積割と従業員割

面積割……床面積の合計が1,000㎡以上の事業所で、１㎡あたり600円

従業員割……従業者数が100人を超える法人の給与総額の0.25%

チェックポイント

- □固定資産税は所在の市町村に納める。
- □租税の課税方法には賦課課税方式と申告納税方式がある。
- □事業所税は、都市環境の整備・改善の費用にあてられる。

固定資産税の課税通知書の例

4月頃に市町村から課税通知書が送られてきます。納付書は年4回の指定月を期限とした4枚に分けられています。

納税通知書の見方

＜納税通知書の例＞

課税標準額	固定資産税（税率 1.4%）	都市計画税（税率 0.3%）
1 土地（共用土地）	0円	0円
2 土地	1,472,500円	3,100,000円
3 家屋	10,000,000円	10,000,000円
4 合計[2+3]	11,472,000円	13,100,000円

税額	固定資産税（税率 1.4%）	都市計画税（税率 0.3%）
5 算出税額[1×税率+4×税率]	160,600円	39,300円
6 減額・減免税額	70,000円	0円
7 徴収猶予税額	0円	0円
8 年税額[5−6−7]	90,600円	39,300円
9 年合計	129,900円	

課税明細書の見方

＜課税明細書の例＞

0001土地 所在地：

区分	評価内容			
①評価地目（住宅用地区分）	宅地（住宅用地）		⑦物件相当税額	29,915円
②評価地積	60.50㎡		⑧軽減税率	円
③当該年度価格（合計）	9,300,000円			

	固定資産税に関する事項			都市計画税に関する事項		
④当該年度課税標準額	1,472,500円			3,100,000円		
	小規模住宅	一般住宅	非住宅等	小規模住宅	一般住宅	非住宅等
⑤前年度課税標準額（円）	1,395,000			3,100,000		
③当該年度価格（内訳）（円）	9,300,000			9,300,000		
⑥負担水準	0.900			1.000		
⑪備考						

0002家屋 所在地：
家屋番号：

区分	評価内容			
⑨種類／構造	専用住宅／木造		⑦物件相当税額	170,000円
⑩評価床面積	92.00㎡		⑧軽減税率	70,000円
③当該年度価格（合計）	10,000,000円			

	固定資産税に関する事項	都市計画税に関する事項
④当該年度課税標準額	10,000,000円	10,000,000円

税額算定のもとになる固定資産税評価額は、市町村から委託を受けた不動産鑑定士によって3年に1度見直される。市町村役所で固定資産課税台帳を閲覧できる。

法人税等

キーワード 印紙税

印紙を忘れずに貼る

印紙税の課税主体と納税義務者

印紙税が課税（貼付）されるのは、印紙税法で定められた課税文書に限られています。この課税文書とは、①「印紙税法別表第一に掲げられている1号から20号文書」、②「取引等を証明するための文書」、③「非課税文書でないこと」を満たす文書・帳票をいいます。課税文書に該当するかどうかはその文書に記載されている内容に基づいて判断されます。

印紙税の課税主体は国であり、納税義務者は課税文書の作成者です。「収入印紙」は印紙の１つで国庫への租税等の徴収のために、財務省が発行する証票です。

なお、印紙税を納付（貼付）しなかった場合は、印紙税法第20条に基づき「過怠税」が課せられます。過怠税の金額は、原則としてその納付しなかった印紙税額の３倍（最低額は1000円）とされています。

領収書の書き方

印紙を貼る機会の多いのは、金銭授受の際に発行する「領収書」（17号文書）ですが、５万円未満は非課税です。領収書は記載に間違いがあると無効になる場合があるため、注意しましょう。

①**日付欄**…領収書発行の日を書く。
②**領収者の宛名**…領収書を受け取る相手の正式名称を書く。
③**金額欄**…消費税が別記の場合は、消費税抜きの金額が課税対象。
④**但し書き欄**…何に対する支払いなのかを明記する。
⑤**収入印紙貼付**…５万円以上の領収書には収入印紙を貼付する。
⑥**発行人欄**…領収書を発行する側の住所と氏名を書く。

なお、クレジットカードによる決済時に発行されるカード利用控えは課税文書には該当しません。

□印紙税の課税は、印紙税法で定められた課税文書に限られる。
□印紙税を納付しなかった場合には過怠税が課せられる。
□５万円未満の場合は、印紙税は非課税となる。

印紙税の課税文書一覧

課税文書が大量で個々の貼付が手間なとき、税務署に承認を受けるなどの手続きのうえ、印紙税納付計器により納付印を押す方法などがあります。

番	文書の種類	源泉徴収税額
1	不動産または営業の譲渡に関する契約書	金額比例
2	請負に関する契約書　(例)工事請負契約書、工事注文請書、物品加工注文請書等	金額比例
3	約束手形または為替手形	金額比例
	非課税文書：記載された手形金額が 10 万円未満のもの	
4	株券、出資証券もしくは社債券または投資信託、貸付信託益証券	金額比例
5	合併契約書／吸収分割契約書・新設分割計画書	4万円
6	定款	4万円
7	継続的取引の基本となる契約書　(例)売買取引基本契約書、特約店契約書、業務委託契約書	4,000円
8	預金証書、貯金証書	200円
9	貨物引換証、倉庫証券、船荷証券	200円
10	保険証券	200円
11	信用状	200円
12	信託行為に関する契約書	200円
13	債務の保証に関する契約書	200円
14	金銭または有価証券の寄託に関する契約書	200円
15	債権譲渡または債務引受けに関する契約書	金額比例
	主な非課税文書：記載された契約金額が 1 万円未満のもの	
16	配当金領収証、配当金振込通知書	200円
	主な非課税文書：記載された配当金額が 3,000 円未満のもの	
17	1. 売上代金に係る金銭受取書(領収書) 2. 売上代金以外の金銭または有価証券の受領書	金額比例
	主な非課税文書：記載された配当金額が5万円未満のもの	
18	預金通帳、貯金通帳、信託通帳、掛金通帳、保険料通帳	1年ごとに200円
19	消費貸借通帳、有価証券の預り通帳、金銭の受取通帳等の通帳	1年ごとに400円
20	判取帳	1年ごとに4,000円

領収書の宛先に「上様」や無記入のときは、税法での費用処理には認められないケースがある。消費税法上も課税仕入れにできない。品目についても「お品代」では、内容記載が不十分。

資金管理

キーワード 資金管理

資金の動きをつかむ

資金の動きを知る

「損益」をつかむタイミングと「資金」の動きのタイミングには「期間のズレ」があります。その結果、**利益を上げているのに資金が不足する**事態が起こります。いわゆる「勘定足りて、銭足らず」の状態です。

資金の担当者は「損益」をつかむより、**「資金」の動きを毎月、日々ウォッチする**ことになります。

●損益のタイミング

取引	1月		2月		3月		4月	1～4月損益
	仕入20	➡	在庫20	➡	経費15	➡	売上40	40－35＝+5

●資金のタイミング

発生	2月		2月		4月		5月	1～4月収支
	支払20	➡	在庫20	➡	支払15	➡	回収40	0－35＝△35

回収と支払いのタイミングをコントロールする

売上金の回収では、**主要客先の支払締日と支払日を把握して、毎月決められた日に支払ってもらう慣行を作る**のが大切です。

一方、支払いにおいては、資金の動きが毎日起こらないように、**資金を動かす日をルール化して厳守します**。例えば、社員への旅費精算は「週1回、毎週金曜日にしか出金しない」、経費の振込支払は「当月末締めの翌月20日支払いにする」などのルールです。

資金担当は、毎週の資金のおもな入金・出金を経験的に頭に入れているはずです。資金責任者と資金担当は翌月の動きを予想して、確認します。そして、その際に作成するのが「資金繰り表」なのです（P336参照）。

チェックポイント

- □資金の動きを毎月、日々ウォッチする。
- □売上金は毎月決められた日に払ってもらう。
- □資金を動かす日はルールを決めて厳守する。

毎月の資金の動き

1ヶ月のうち、現預金の入出金がある日を限定して、その回数を少なくしましょう。下図では週末と10日、15日、20日、25日、月末日に限定されます。

回収入金	月初日	支出出金
		金曜日 — 社内出納
客先回収日 — 10日 手形取立日	1週間	10日 — 所得税納付 自動落ち日
客先回収日 — 15日 手形決済入金	2週間	金曜日 — 社内出納 15日 — 振込支払い
客先回収日 — 20日	3週間	金曜日 — 社内出納 20日 — 仕入支払い 手形決済
	4週間	金曜日 — 社内出納
客先回収日 — 月末		25日 — 給与支払い 30日 — 借入金返済日
	月末日	

出金ルールで出金日を限定する

出金の限定	(例)
●社内出納日は週1回	毎週金曜日
●経費支払振込日	5日と20日
●仕入支払振込日	20日
●支払手形決済日	20日
●給与支給日	25日
●借入金返済日	30日

「臨時払い」「特別支払」などの例外はなくしましょう。

五・十日（ごとおび）払いの慣習は、決済日を集中することで効率を狙ったもので、日本ではこれらの日に決済を行う会社が多い。関西が発祥らしく「ごとび」とも呼ぶ。

資金管理

キーワード 損益と資金収支

資金繰り表を作成する

収支の動きをつかんで過不足を調整する

資金繰りとは、毎月の資金の収入と支出の動きを事前につかみ、過不足を調整することです。資金繰り表は、所定の様式はなく、会社がわかりやすい様式で作成しますが、以下のような様式が一般的です。

●資金繰り表の基本構造

			項　目	金　額
前月繰越			現預金（定期除く）	3,400
収　入	経常収入		現金売り入金 売掛金入金 受取手形期日入金 前受金	120 6,100 3,120 330
	経常外収入	投融資	貸付金返済入金 設備売却	2,000 150
		財務	借入金実行 手形割引 定期預金満期	2,500 3,450 1,800
支　出	経常支出		社内出納 給料支払い 現金仕入れ 買掛金支払 支払手形期日決済 支払利息	660 3,780 430 4,650 2,800 140
	経常外支出	投融資	設備購入支払い 貸付金実行 株式購入	1,700 0 0
		財務	借入金返済 定期預金振替	2,800 1,500
翌月繰越			現預金	4,510

チェックポイント

□毎月の資金の収入と支出の動きを事前につかみ、過不足を調整することを資金繰りという。

□資金繰り表の基本構造を理解することが大切。

月別資金繰り表の様式

様式はさまざまですが、基本は動きの多い経常取引収支とそれ以外を区分します。なお、手形の収支のみをまとめて「手形繰り表」も作られます。

区分			項目＼月	4月 予算	4月 実績	5月 予算
①前月繰越						
定常収支	収入	売上入金	現金売上 売掛金回収 受取手形期日入金 手形割引			
			小計			
			その他			
			②計			
	支出	仕入支払い	現金仕入 買掛金支払い 支払手形決済			
			小計			
			人件費支払い 経費支払い 支払利息・割引料 その他			
			③計			
	④差引過不足(=②−③)					
定常外収支	支出		固定資産購入 借入金返済			
			⑤計			
	収入		固定資産売却 借入金			
			⑥計			
	⑦差引過不足(=⑥−⑤)					
⑧翌月繰越(=①+④+⑦)						

項目の分類には4分類、6分類、8分類の分類様式があります。業態にあった様式を考えましょう。

区分		項目＼月	4月 予算	4月 実績	5月 予算
①前月繰越					
収入	売上入金	現金売上 売掛金回収 受取手形期日入金 手形割引			
		小計			
		借入金			
		その他			
		②計			
支出	仕入支払い	現金仕入 買掛金支払い 支払手形決済			
		小計			
		人件費支払い 経費支払い 支払利息・割引料 固定資産購入 借入金返済 その他			
		その他			
		③計			
④翌月繰越(=①+②−③)					
参考		受取手形残高			
		支払手形残高			

区分		項目＼月	4月 予算	4月 実績	5月 予算
前月繰越					
定常収支	収入	現金売上 売掛金回収 受取手形期日入金 手形割引 その他			
		計			
	支出	現金仕入 売掛金支払い 支払手形決済 人件費支払い 経費支払い その他			
		計			
	差引過不足				
投資		設備投資			
		出資・融資			
		計			
借入金	短期	借入			
		返済			
	長期	借入			
		返済			
翌月繰越					

Memo 収支の実績を把握するのはもちろんだが、翌月の収支を予想・推測することが一番大切。「支払手形決済」「借入金返済」「人件費支払」は最低限の翌月の必要決済資金。

資金管理

キーワード 資金計画

資金計画を立ててみる

資金計画のポイント

資金計画は、経営陣とすべての業務担当者が一体となって「計画」「予算」を立てることになります。どのような資金計画を立てる場合でも、将来の予想や見込みを考えなければいけません。当然ながら、その**予想の精度が最大の課題であり、「勘」と「経験」の勝負**になるかもしれません。

資金計画を立てる場合、来期の「B/S（貸借対照表）」の予算まではなかなか立案できません。少なくとも、立案時点で売上の予想が立てられないのであれば、前年と同じと見込まざるをえません。

資金計画を立案する際のポイントは以下のような点です。これらの点から資金の過不足を推定してみましょう。

①売上がどれだけ伸びるのか？
②借入金は来期にいくら返済しなければならないのか？
③売上の商品構成・取引先に大きな変動があるのか？
④設備投資はどれくらい必要なのか？
⑤社員の採用等で、社員数に大きな増減があるのか？
⑥損益に影響ある出来事が予想されるのか？

資金移動表の作成

資金計画の立案は、今期の実績である「B/S」と「P/L（損益計算書）」の数字をもとに、来期の「B/S」と「P/L」を作ってみることが重要です。そこから、「来期は資金が足りるのか？」の答えを導き出します。つまり、借金が増えるなら、資金調達の準備にかからねばなりません。

この点をわかりやすく単純化すると、「P/L」の数値からの次のようにとらえます。

キャッシュフロー（資金増加額）＝税引後当期純利益＋減価償却費

チェックポイント

□資金計画を立てる場合、予想の精度が最大の課題である。
□今期の実績をもとに来期の計画を立てる。
□来期の資金が足りない場合、調達の準備をする必要がある。

B/S・P/Lから作る資金移動表の例

資金計画は、売上予想である販売計画の精度が最大のキーになります。それが未達になると推測できた時点で、ただちに投資、仕入などの予算も見直します。

当期・前期の資産移動表

	来期予想	当期実績	増減		来期予想	当期実績	増減
現預金	5	5	0⑳	仕入債務	80	70	+10⑤
売掛債権	100	90	+10①	借入金	40	30	+10⑥
在庫	35	30	+5②	その他負債	10	10	0
有形固定資産	50	40	+10③	資本金	30	30	0
その他投資	5	5	0④	剰余金	35	30	+5⑦
	195	170	+25		195	170	+25

来期損益計算書の予算

	実績	予想
売上高	250	300⑩
売上原価	170	200⑪
人件費	40	50⑫
経費	20	25⑪
減価償却費	10	10⑭
営業外費用	2	5⑮
税引前利益	8	10
法人税等	3	5⑰
当期利益	5	5⑱

来期の資金移動表

売上	300	⑩
売掛債権増加	△10	①
経常収入	290	
売上原価	200	⑪
人件費	50	⑫
経費	25	⑪
営業外費用	5	⑮
在庫増	△5	②
仕入債務増	△10	⑤
減価償却費	10	⑭
経常支出	275	
税金支払い	5	⑰
設備購入	20	③+⑭
借入金増	△10	⑥
経常外収支	15	
現預金増減	0	⑳

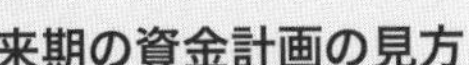

利益目標は「5」で増加しないが設備投資「20」を予定する。売上の水準に合わせて在庫・売掛債権を少し増加する結果、経常資金収支は「290－275＝15」増加するが借入金を「10」増加させねばならない。

売上だけでなく、在庫増減、設備購入なども関係します。

利益計画の一部として資金計画があるので、近い将来の業績見込みは社内で納得されるような計画水準であるべき。資金計画は資金調達の際にも金融機関から提供を求められる。

キーワード 資金調達方法

資金調達の方法を知る

資金調達の3つの方法

資金調達の方法は、B/S（貸借対照表）の構造（右ページ図参照）から見ると、３つの方法があります。

(1)アセットファイナンス：その他の資産を処分して現預金を増やす
①在庫の削減（売上増）、②遊休資産の売却、③売掛債権の売却（ファクタリング）、④手形割引の実施、⑤売掛債権の回収を早める

(2)デッドファイナンス：負債（借金）を増やして、現預金を得る
①公的な制度融資の利用、②信用保証協会の保証融資利用、③金融機関からの借入金、④債券を発行して売却（社債）、⑤支払い・返済の延期

(3)エクイティファイナンス：資本金を増やす
①増資、②新株予約権の発効、③株式公開

中小企業のおもな資金調達方法

中小企業のおもな資金調達方法については、東京商工リサーチの調査では以下のような方法が挙げられています。

①国の制度融資、②信用保証協会の保証融資、③地方自治体の制度融資、④銀行のコミットライン融資、⑤ファクタリング、⑥銀行の協調融資

融資方法などの用語

- バイラテラル方式(相対型)：銀行と１対１の借入契約をする方式
- シンジケート方式(協調型)：アレンジャー（幹事銀行）と複数の銀行で、同一条件で借入契約を締結する方式
- コミットメントライン融資：銀行と予め契約した融資枠の範囲内でいつでも借入できる融資契約
- ノンバンク融資：銀行よりも柔軟な条件での融資方法

□B/S構造から見ると、資金調達には「アセットファイナンス」「デッドファイナンス」「エクイティファイナンス」の3つの方法がある。

□中小企業のおもな資金調達方法には、国や地方自治体、銀行からの制度融資や信用保証協会の保証融資などがある。

金融機関からの調達方法

中小企業の場合、短期的な資金調達の方法は限られてくるため、金融機関などからのデッドファイナンス（借入調達）にならざるをえません。

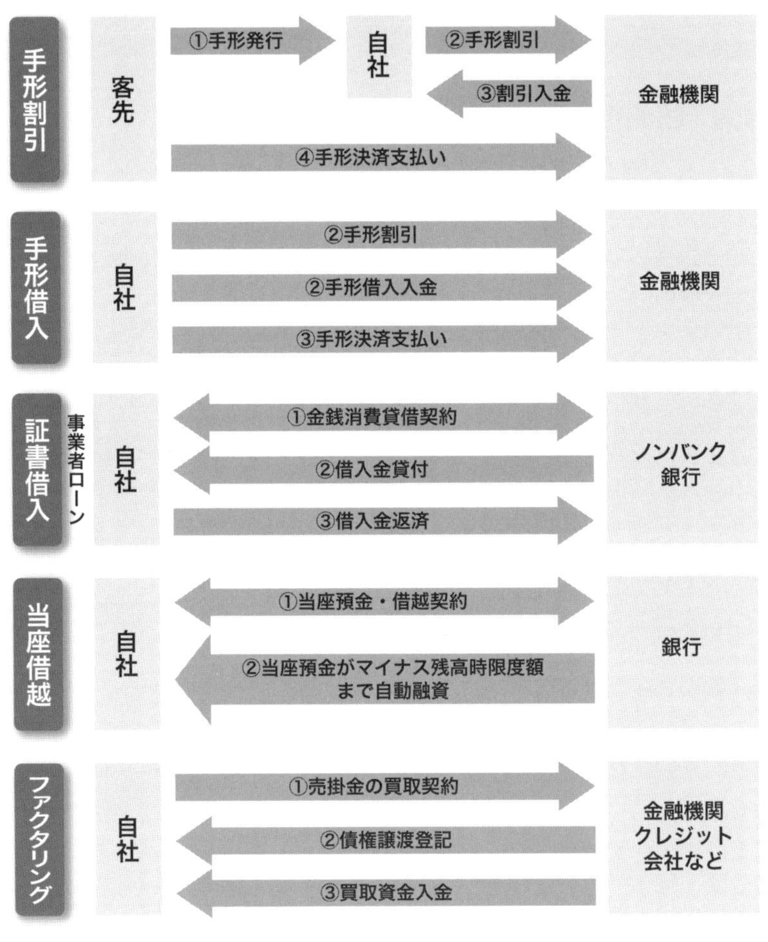

B/Sの構造

目先の売上や利益など、P/L上の指標の最大化を目的とする短絡的な「P/L思考」に陥りがちです。資金を考えるには、常にB/Sの構造を思い描くことが大切です。

<table>
<tr><td rowspan="2">資　産</td><td>現預金</td><td rowspan="2">負　債</td><td>借入金</td></tr>
<tr><td rowspan="2">その他
資産</td><td></td></tr>
<tr><td></td><td colspan="2">資　本</td></tr>
</table>

Memo 中小企業庁の調査では、中小企業の借入金依存度（総資産に占める借入金の比率）は30〜40%程度であり、借入金月商倍率（借入金の対月商何倍率）は3〜4倍程度で推移している。

資金管理

キーワード 信用保証

信用保証を理解する

担保（物的担保と人的担保）

会社が金融機関などから借入をした場合、融資の回収ができなくなり、貸倒れを防止するため、**銀行などから返済への信用保証を求められます。これを「担保」「保証」と呼びます**。担保は大きく分けて2種類あります。

「物的担保」は、物や権利といった財産を担保することです。土地、建物などの不動産に対する抵当権の設定などが代表として挙げられます。銀行は借入契約のなかで「抵当権設定契約」を結び、法務局の不動産登記簿に登記記載をしています。

次に**「人的担保」は、債務者以外の第三者に債務を負わせる保証のことをいいます**。「連帯保証人」契約などがその1つです。人的担保は保証人の財産状況、代理弁済能力などによって信用力が変動しますが、物的担保は時価評価などで金額算定できるため、**物的担保のほうが信用力があります。**

中小企業への保証

信用保証協会は、中小企業への金融保証のための公的機関です。**銀行等の借入れの際に信用保証協会に保証を申請して、銀行への保証をしてもらいます**。なお、中小企業向けのため、資本金、従業員数の上限数以下の小規模会社が対象です。

また、中小企業の経営者が「連帯保証」で個人財産まで縛られることは、創業意欲を阻害します。そのため、**銀行協会は「経営者保証のガイドライン」を作り、個人保証をなくすための３つの最低条件**を示しています。

①会社と個人の一体性の解消（不動産所有・利用の明確な分離など）
②財務基盤の強化（堅調な業績や健全な資金繰りの確保など）
③財務状況の適時適切な情報開示（決算書の開示、外部監査など）

チェックポイント

- □銀行などから求められる信用のことを「担保」「保証」と呼ぶ。
- □人的担保は信用力が変動するが、物的担保は金額算定できるため信用力がある。

建物等の抵当権設定

抵当権は土地、建物など不動産に対して契約され、法務局に登記されることで第三者への効力が生まれます。

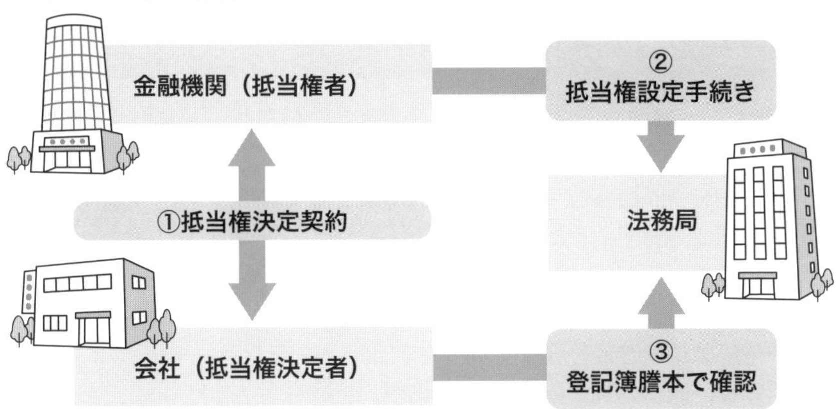

信用保証協会による保証

信用保証協会は各都道府県ごとに存在しており、中小企業庁は信用保証協会による第三者保証人徴求を原則禁止する通達を出しています。

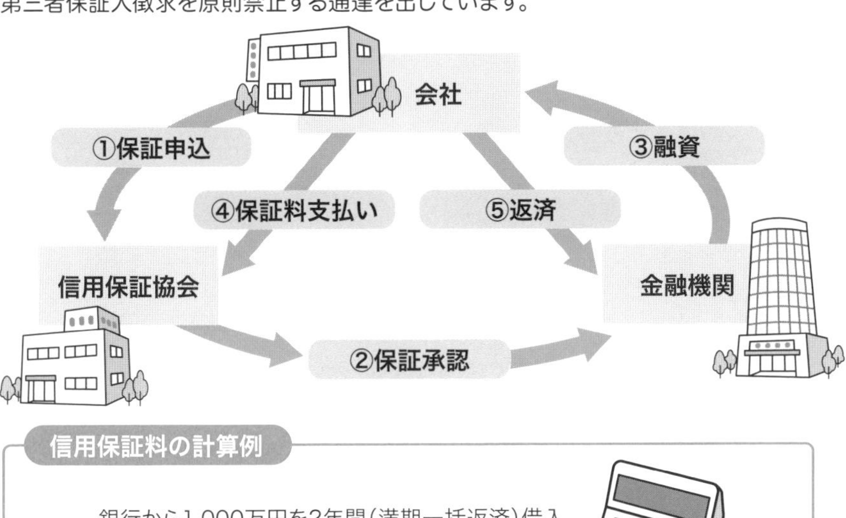

信用保証料の計算例

銀行から1,000万円を2年間（満期一括返済）借入したとき、保証料率1.5％とする

1,000万円×1.5％×24／12＝30万円

取引から生じる不特定の債権を一定の限度額（極度額）まで担保するため設定される抵当権を「根抵当権」という。

予算管理

キーワード 利益計画

利益計画を立てる

経理の利益計画立案

「利益計画」の立案は、経理の仕事のなかでも特にハイレベルな業務といえます。

計画そのものは経営陣が立案主導しますが、経理担当も決算書を作るだけでなく、以下の①〜⑤を頭に入れて、積極的にかかわる必要があります。

①中長期の会社の方針を理解する
②経営体質、財務体質を数値から把握する
③数値のあるべき姿を探る
④経営陣に数値の内容を説明する
⑤経営陣の方針を得て、立案作業にかかる

計画立案のポイント

計画立案するうえでの重要なポイントは、以下の5つです。

①計画の内容のわかりやすさ：様々な部門がかかわるので、でき上がった計画書が体系化され、わかりやすく、見やすいものであることが重要。
②計画の数値化：精神論の文言でなく、数値化されたものであることが重要。例えば一人当たりの売上高、売上利益率などの数値。
③計画担当と立案責任者決め：立案の背景や根拠を説明するため、計画立案を担当する者やその分担を明確に決めておく。
④実績把握のやりやすさ：立案した計画目標が達成できたかを知るため、「実績把握」ができるものでなければならない。実績結果が出るのが1年先など、時間がかかりすぎるのはよくない。
⑤成果と評価がつながるもの：計画の結果・成果がかかわった人の評価につながること。「やる気」をなくすものでは問題がある。

チェックポイント

- □事計経営陣が立案主導するが、経理担当も積極的にかかわる必要がある。
- □計画立案の際は、計画の数値化や、背景や根拠を把握するために責任者を決め、後で実績把握ができるような工夫が重要。

利益計画立案への方針の例

経営トップからの経営方針ともいえるのが「計画への期待値」です。経理担当は経営トップと連携して、バランスのよい計画作りに参画します。

経営の期待値

- 主要な商品の売上伸び率
- 注力する客先や新規客先
- 製造におけるコストダウン目標
- 経費予算の総額目標
- 人材の採用・配置予定
- 設備投資の予定　など

各担当にガイドラインとして提示

立案方式のメリット・デメリット

経営トップが計画への期待値（ガイドライン）を出して、それを受けて各部門担当が計画立案作業をボトムアップしていく方法があります。

トップダウン型	（メリット） ●経営トップの意向が伝わる ●短期間での立案ができる （デメリット） ●命令型となり押しつけ気味になる ●経営トップの思いだけが先行する
ボトムアップ型	（メリット） ●参画意識が高まる （デメリット） ●達成しやすい現実的すぎる目標になる ●積み上がった計画を修正しづらい

社員数人の小規模会社なら、経営トップの「鶴の一声」ですむが、ある程度の規模になれば、各担当の「計画の連鎖」が必要になる。この連帯感がある計画かどうかがポイント。

予算管理

キーワード　予算編成

予算立案のスケジュールを立てる

スケジュールの立て方

「計画」を立て、それを金額・物量に落とし込んだものを「予算」といいます。「原価計算基準」では「予算とは期間における活動を貨幣的に表示し総合的に編成したもので、利益目標を示し、各業務を調整する管理手法である」と記されています。

３月決算の会社の場合、４月初めの「トップ方針発表会」には予算書が完成していることが望ましいので、３月が立案時期になります。しかし、この段階では３月の実績が確定していないので、確定後に立案にかかるケースもあります。会社の規模が大きいほど立案スピードは遅くなるため、会社規模と立案スピードは反比例します。

社員の参画意識を高める作業

社員の参画意識を高めるため以下のような作業が必要になります。

①担当へのヒヤリング

予算立案指示を出す前に、トップあるいは経営陣による各部門、担当への来期予算の意見徴収（ヒヤリング）を行います。そのなかで、トップは「実現度」「挑戦度」がどの程度の水準なのかを知ります。

②ガイドラインの提示

各担当が好き勝手にバラバラの予算立案をしないため、「経費は売上の○%以内」「人員は増やさない」などの各業務への指針を提示します。

③部門・担当間の調整

「調整」作業が「予算統制」であるという考えもあります。販売の売上予算と購買の仕入予算が大きくかい離している、売上予算が増えるのに物流費予算は減少している、など業務間の予算の調整・整合が必要になります。この作業が予算立案担当の腕の見せ所です。

- □「予算」とは活動を貨幣的に表示したもので業務を調整する管理手法。
- □4月初めの「トップ方針発表会」間に合うよう、3月が立案時期となる。
- □ガイドラインの提示や部門間の調整を行い、社員の参画意識を高める。

トップダウン型の予算編成

予算編成には立案から決定までにかかる時間も重要です。予算編成に数ヶ月もかけるようでは、「計画のための計画」になってしまいます。

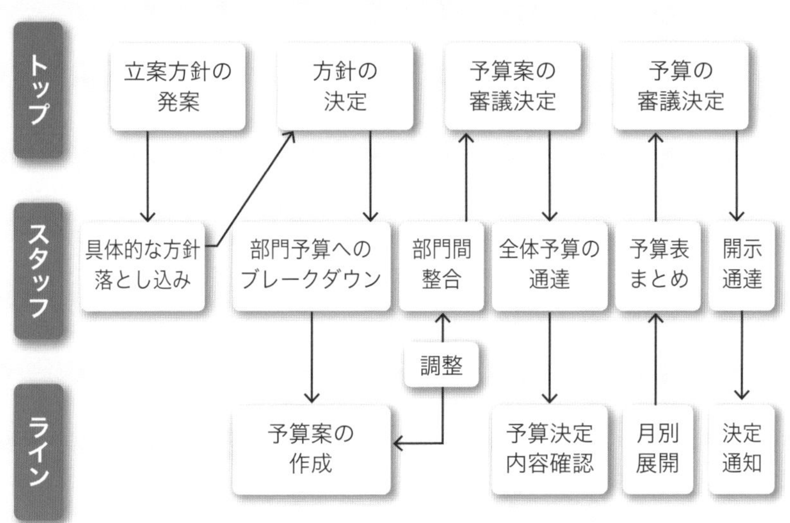

立案スケジュールの例

中小規模の会社なら1ヶ月程度のスケジュールになります。また、年度途中に大きな情勢変化があれば、期中に再び予算を作り直すことになります。

○月1〜10日	トップによるヒヤリング
15日	トップからのガイドラインの提示・審議
20日	立案の指示
20〜29日	各部門・各担当での立案作業
30日	各部門から提出
○月1〜5日	スタッフによる部門間予算の調整
6日	スタッフから編成案の提示
7〜10日	トップ・役員会での質疑審議
10日	決定案の全社開示・通達

政府の予算には「予備費」がある。一方、会社の予算の場合、各部門での予備費を認めると、水ぶくれの予算になるので、想定できないことへの予算取りは認められない。

予算管理

キーワード 利益計画

利益計画書にまとめる

利益計画案のまとめ

立案された利益計画案は、トップ、役員会での質疑審議ののちに承認され、開始通知へと進みます。それぞれの部門・担当から提出された資料なども含めて、「○○期 年度利益計画書」としてファイルにまとめます。各担当が来期の行動指針になるような予算のブレークダウンが必要です。

予算の月別展開、部門別展開

予算は年度（あるいは上期、下期）の期間で作り、その後に月別・担当別に展開するのが一般的です。予算担当は「月別展開表」を作り、各部門・担当への展開を依頼します。なお、設備購入予算などは金額が大きいので、月々の資金繰りに影響する点に注意しましょう。

販売計画の展開

月別、商品群別、主要客先別などの展開がありますが、予算立案時にすでに展開されていることが多いでしょう。主要な商品群、主要な客先をグループ化するとき「パレート図」（下記）の手法が役立ちます。

例えば、客先20社で売上の80%を占めていれば、20社のみをフォローすればいいことがわかります。縦軸を売上高、横軸を客先とし、累積比率80%までの客先数を数えます。

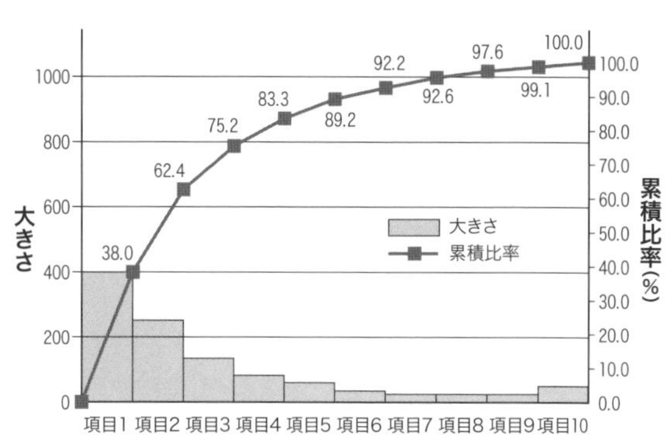

チェックポイント

- 利益計画案は質疑審議ののち承認され、開始通知へと進む。
- 予算は年度で作成し、その後に月別・担当別に展開するとよい。
- 主要な商品群や客先をグループ化する際はパレート図が役立つ。

年度利益計画書の構成

作り上げた計画書は、その全容がわかるように「冊子」のようにまとめましょう。役員を含め各責任者に配布することで、計画書の権威づけができます。

- 経営トップメッセージ
- 利益計画の概要（まとめ）
- 販売計画の目標と施策
- 生産計画の目標と施策
- 設備投資の内容
- 人材投入・採用計画
- 各部門の経費予算
- 損益計画（損益計算書）
- 資金・借入計画書

責任者名を明記する

販売目標のブレークダウン

販売目標のブレークダウンは、月別のほかに商品群別、地域別、客先別、担当別などでも策定できます。ただし、実績がフォローできるものに限定しましょう。

商品 顧客	当年実績			来期予算		
	金額	構成比	伸び率	金額	構成比	伸び率
A 商品群	100	10%	105%	110	12%	110%
B 商品群	150	5%	107%	160	6%	107%

原価や固定費

商品群別損益の実績が把握できていないときは、原価や固定費は一定の固定率で計算します。

	A群	B群
売上高	100%	100%
-返品	2%	3%
-値引	2%	2%
総売上高	96%	95%
仕入	40%	42%
物流費	5%	5%
広告宣伝費	3%	2%
手数料	1%	0
販売粗利	47%	46%

Memo　計画と実績の比較対比ができることが前提であり、比較できない予算項目は作らないこと。そして、「責任追及」のための予算は決して定着しない。

キーワード 経営分析

経営分析を行う

外部からの分析(信用分析)

さまざまな情報をもとに企業の実態を明らかにすることを経営分析といいます。企業の実態は「財務諸表」に数値として表れます。「財務諸表」とは、企業が取引先・債権者などに対し、財務状態などを報告するための書類のことです。取引先、債権者などは「財務諸表」を分析し、企業の「信用力」を判断します。信用分析には次のような指標があります。

①総負債÷キャッシュフロー(当期純利益+減価償却費)比率

負債総額と生み出される資金量の比率で、負債が多くてもキャッシュフローが十分なら返済能力はあります。

②手元流動性比率(現預金÷1ヶ月売上高)

売上の何ヶ月分の現預金が手元にあるかを確認します。手元現預金が多いほど支払い能力が高いことを示します。

③マイナスキャッシュフロー年数

マイナスが3年続くと倒産可能性が高いといわれています。

内部分析で自社を見つめ直す

内部分析とは、売上伸び率や社員一人当たりの売上高などを見て、目指すべき事業拡大のための「処方箋」を探る分析で、いわば会社の健康診断のようなものです。分析手法には次のような方法があります。

①比較法:「期間比較」「同業他社比較」「予算実績対比」など比較をすることで、その「良し悪し」を判断します。上場企業間は「有価証券報告書」がもっとも信頼のおける比較分析情報です。

②比率分析法:「構成比率」「関係比率」「趨勢比率(伸び率など)」などがあります。パーセント表記だけでなく、「100円当たり」「一人当たり」などの表記もあります。

チェックポイント

- □「財務諸表」とは財務状態などを報告するための書類のこと。
- □取引先、債権者などは企業の信用力を判断している。
- □内部分析とは、目指すべき事業拡大のために自社を見つ直す分析。

分析項目例

以下は経営分析を行う際の分析項目の例です。なお、上場企業の財務数値は公表されていますが、非上場会社は詳細な情報が得られません。業界紙や公官庁の調査データが参考になります。

要素	項目	他社比較			期間比較		
		A社	B社	C社	当期	1年前	2年前
規模	・売上高 ・従業員数 ・純資本額 ・キャッシュフロー額 ・総資産額						
収益性	・売上純利益率 ・従業員一人当たりの営業利益 ・株主資本純利益率 ・総資産営業利益率						
安全性	・流動比率 ・手元流動性比率 ・借入金依存度 ・自己資本比率						
成長力	・売上高伸び率 ・従業員数伸び率 ・使用総資本伸び率						

Memo　自分の会社の「強み」「弱み」を少しでも認識することで、次の打ち手も考えられる。どのように分析できるかは経理担当の腕にかかっている。

予算管理

キーワード 企業分析

企業分析は3つの視点で行う

3つの視点で会社の実態を把握する

企業分析で使われる代表的な指標として、一般的に「安全性」「収益性」「成長性」の３つの視点が挙げられます。また、この視点に加えて会社の「規模」を見る場合もあります。

①安全性（体力）の視点

出資者（株主）から見て、どれだけ稼いでいるかを確認します。「支払能力」を見る視点ともいえます。小さな会社がわずかな財産（資産）で大きな取引をするのは危険であり、新規顧客と取引する際に「信用（支払能力）」を調べます。元手（資本）が大きければ安心して取引が行えます。

②収益性の視点

事業の「効率」を見るもので、効率よく利益を生み出しているかどうかを確認します。なお、「利益÷財産」の項目算式が利用されます。

③成長性の視点

売上や利益の伸びを見て将来の成長度合いを測るものです。小さな会社やベンチャー企業では、この視点が最大の関心事となります。

●大きさ（規模）の視点

株式の新規上場の審査では、一定の規模が条件の1つです。売上高、利益額など大きい規模は、社会的信用のもとになっています。

財務諸表分析の欠点

財務諸表分析には欠点もあります。それは過去の結果から将来を予測する場合、激動する経済動向を測ることができないということです。会計データでは予測・予知することができません。また予測できない視点に「社会貢献度」「環境経営度」なども挙げられます。これは、利益をあげて納税をすることだけでは、社会への貢献が不十分であると考えられるからです。

チェックポイント

□企業分析では「安全性」「収益性」「成長性」の3つの視点で見る。
□財務諸表分析では、過去から将来を完璧に予測することはできない。
□「社会貢献度」「環境経営度」などは会計データから予測できない。

会社の体力を見る例

代表的な経営指標ですが、急成長しているベンチャー企業などの場合、総資産や自己資本が少ないのが特徴です。成長段階での状況も加味して分析しましょう。

指標	計算式	説明
自己資本利益率（ROE）	当期利益／株主資本	株主から見た投資リターンの指数
純資産利益率（ROA）	当期利益／純資産	どれだけの資源量を使ってどれだけ利益をあげられているかを見る指数

会社の収益効率を見る例

会社の規模が大きいほど収益効率が落ちるのが常ですが、中小企業では平均以上の利益率かどうかは経営の参考指標になります。

指標	計算式	説明
売上営業利益率	営業利益／売上高	利益を生みだす効率を見る指数
総資本回転率	売上高／総資産	わずかな資産で大きな売上をする効率（回転）を見る指数

会社の成長を見る例

中小企業にとって、「成長」は重要な経営指針となります。よって、社員一人当たりの売上高推移なども見ていきましょう。

指標	計算式	説明
売上高伸び率	当期売上高／前年売上高	売上の成長が事業拡大への指標
営業利益伸び率	当期営業利益／前年営業利益	利益の成長度合の指標

「人材」の優秀性、「開発」の能力や「製造のノウハウ」など、財務分析では見えない経営資源にも留意しながら、自社分析をすることが大切。

予算管理

予算管理

キーワード 損益分岐点

損益分岐点を把握する

損益分岐点とは

損益分岐点（BEP：Break Even Point）は、売上高があるポイントを上回ったときに利益となり、下回れば損失となる分岐点のことです。

利益の源泉は売上ですから、売上の動向は常に注視する必要があります。現在の売上を100％水準と見たとき、何％になれば損失になるのかを知りましょう。

変動費と固定費

損益分岐点の要素である「変動費」と「固定費」ですが、まず「変動費」とは、仕入れや販売数量の増減に比例して発生する費用のことを指します（仕入値×数量＝変動費）。売上高（売価×数量）とは、一定率の関係にあります。

一方、「固定費」とは、売上・原価の変動に関係なく、事業活動のなかで一定額を支出する費用のことを指します。例えば、人件費や減価償却費、賃借料などの販売管理費がこれに当たります。

これら売上、変動費、固定費の変動をグラフ化したものが「損益分岐点図」です。

損益分岐点売上高

固定費のなかでも、広告宣伝費など売上によって変動するものもあります。また、売上も値引きや返品など変動費に関係しないものもあります。しかし、一度割り切って「利益の分岐点」を算出してみましょう。

簡素でもよいので損益分岐点を作成し、社内で共有することが「危険信号」を見落とさない重要な方法となります。

- □損益分岐点とは、売上高がポイントを上回ったときに利益となり、下回れば損失となる分岐点のこと。
- □損益分岐点の要素には「変動費」と「固定費」がある。
- □「利益の分岐点」を算出し社内で共有しよう。

損益分岐点分析の例

経理担当にとって損益分岐点の把握は必須です。なお、会社の状況を把握するための手法として、第1章で紹介した分析手法も勉強しましょう（P28参照）。

ケース	A	B	C
売上高	100	200	300
変動費	70	140	210
限界利益	30	60	90
固定費	60	60	60
利益	△30	0	30

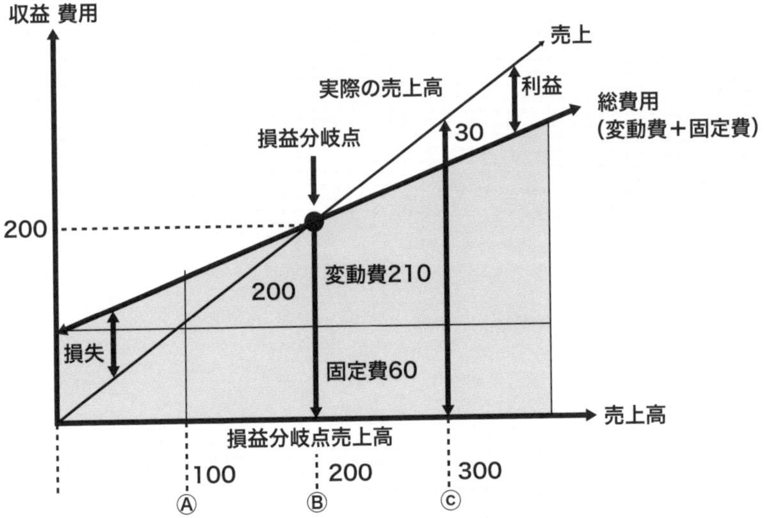

収益 費用
売上
実際の売上高
利益
総費用
（変動費＋固定費）
30
損益分岐点
200
200
変動費210
損失
固定費60
売上高
損益分岐点売上高
100
200
300
Ⓐ
Ⓑ
Ⓒ

ⓒのケース　損益分岐点比率 ＝ $\frac{\text{固定費60}}{\text{限界利益90}}$ ≒ 67％

実際の売上高300の67％になれば損失になる

危険信号：売上の約30％減にはならぬように死守せよ！

Memo 多くの経営戦略論が出ているが、「業界・市場などの外部環境」と「自社の特性などの内部環境」の2つの視点から展開されている。

予算管理

キーワード　中小企業の経営指標

中小企業の経営指標を見てみる

経営指標を比較する

中小企業庁は、約4万6000社の中小企業から回答を得た「中小企業実態基本調査速報」を公表しています。このような調査指標と自社の指標値を比較し、自社の置かれている状況を理解することが重要です。

●おもな中小企業の経営指標

経常利益率	3.5%	自己資本利益率(ROE)	9.3%
総資本回転率	1.17回	自己資本比率	40%

●全産業合計の経営指標

経営指標	単位	平成26年度	平成27年度	平成28年度
(1)総資本経常利益率	%	3.62	3.62	4.10
(2)総資本営業利益率	%	3.00	3.02	3.51
(3)自己資本当期純利益率(ROE)	%	10.98	8.27	9.34
(4)売上高総利益率	%	24.48	24.94	25.58
(5)売上高営業利益率	%	2.60	2.65	2.99
(6)売上高経常利益率	%	3.14	3.18	3.50
(7)売上高対販売一般管理費比率	%	21.88	22.29	22.59
(8)総資本回転率	回	1.15	1.14	1.17
(9)流動比率	%	163.53	163.88	170.51
(10)固定比率	%	121.71	118.75	115.22
(11)自己資本比率	%	37.37	38.78	40.08
(12)財務レバレッジ	倍	2.68	2.58	2.49
(13)負債比率	%	167.62	157.86	149.49
(14)付加価値比率	%	24.49	24.96	25.23
(15)機械投資効率	回	4.81	4.44	5.11
(16)労働分配率	%	68.62	68.32	68.58

チェックポイント

□中小企業庁は4万6000社の中小企業から回答を得た「中小企業実態基本調査速報」を公表している。

□調査指標と自社を比較し、強い点・弱い点を探ることが重要。

中小企業の1企業当たりの売上高（産業大分類別）

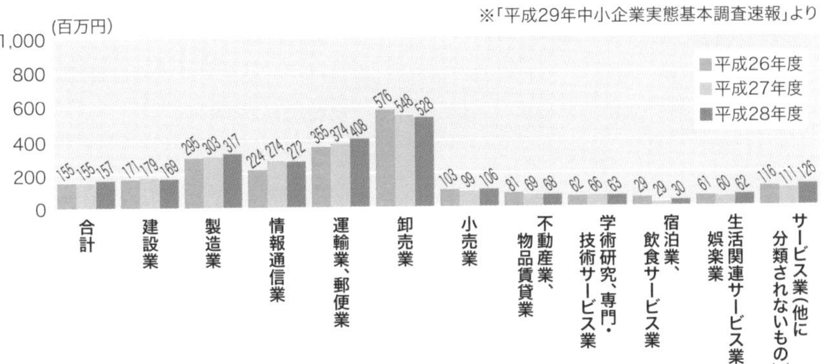

中小企業の1企業当たりの経常利益（産業大分類別）

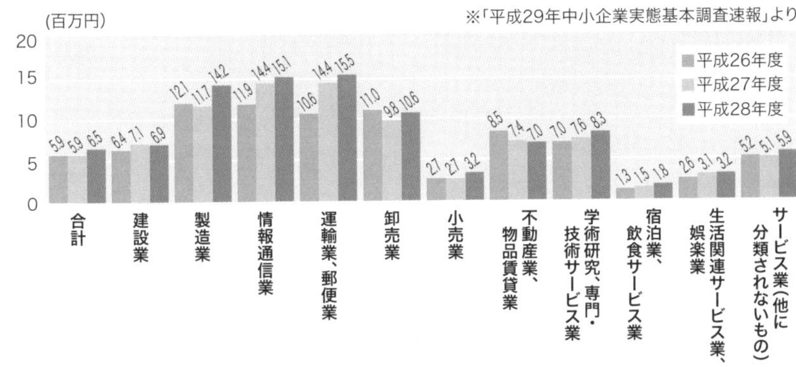

経営指標の算出式

指　標	算出式
（1）総資本経常利益率	(経常利益÷総資産〈総資本〉)×100
（2）総資本営業利益率	(営業利益÷総資産〈総資本〉)×100
（3）自己資本当期純利益率（ROE）	(当期純利益÷純資産)×100
（4）売上高総利益率	(売上総利益÷売上高)×100
（5）売上高営業利益率	(営業利益÷売上高)×100
（6）売上高経常利益率	(経常利益÷売上高)×100
（7）売上高対販売一般管理費比率	(販売一般管理費÷売上高)×100
（8）総資本回転率	売上高÷総資産(総資本)
（9）流動比率	(流動資産÷流動負債)×100
（10）固定比率	(固定資産÷純資産)×100
（11）自己資本比率	(純資産)÷総資産(総資本)×100
（12）財務レバレッジ	総資本÷純資産
（13）負債比率	(負債÷純資産)×100
（14）付加価値比率	(付加価値額÷売上高)×100
（15）機械投資効率	付加価値額÷設備資産
（16）労働分配率	(労務費〈人件費〉÷付加価値額)×100

ベンチャーや中小企業が中心となる株式市場ジャスダック(JASDAQ)の上場基準は、株主200人以上、純資産2億円以上、直近利益1億円以上、時価総額50億円以上などとなっている。

索引

【数字・アルファベット】
5S …… 46
CSR …… 86
CSR活動 …… 86
OFF-JT …… 130
OJT …… 130
SWOT分析 …… 29

【あ行】
アウトソーシング …… 56
青色申告 …… 322
青色申告の優遇策 …… 322
アルバイト …… 110
安全運転教育 …… 50
安全衛生 …… 42
安全衛生委員会 …… 42
安全衛生管理体制 …… 42
安全衛生教育 …… 42
安全在庫 …… 278
育児・介護休業法 …… 124・174
育児介護補償 …… 214
育児休暇 …… 124
育児休業 …… 214
違算の原因 …… 266
石綿健康被害救済法 …… 201
一括原価償却制度 …… 286
一般管理費 …… 294
一般拠出金制度 …… 201
移動処理 …… 292
異動届出書 …… 242
イベント開催 …… 52
違法配当禁止 …… 62
印紙 …… 332
印紙税 …… 332
印章管理 …… 58
インプレスト方式 …… 250
売上 …… 264
売上総利益 …… 306
売上高予想法 …… 268
売上の会計基準 …… 264
売上リベート …… 264
売掛金 …… 266・316
売掛金消込作業 …… 266
営業外損益 …… 304
営業外費用 …… 304
営業秘密 …… 68
営業秘密保護 …… 68
営業利益 …… 306
オフィス環境 …… 46
オフィスの環境衛生 …… 46

【か行】
買掛金 …… 316
会議体決裁 …… 30
会計基準 …… 228・264
会計基準の二分化 …… 314
会計ソフト …… 240
会計ソフトのカバー領域 …… 240
解雇 …… 122
介護休暇 …… 124
介護休業 …… 214
外国人雇用 …… 112
外国人労働者雇用 …… 112
介護保険制度 …… 174

会社設立……………………………… 20
会社設立後の届出…………………242
会社組織……………………………… 18
会社法………………………………… 22
課税主体……………………………332
株券の廃止…………………………… 76
株式会社…………………………16・22
株式会社の運営組織………………… 22
株式譲渡制限条項…………………… 20
株式取扱規定………………………… 76
株式取扱業務………………………… 76
株主総会……………………………… 78
簡易課税制度………………………328
勘定科目……………………………234
勘定科目コード ……………………234
管理科目……………………………294
期間損益……………………………314
期間損益計算………………………314
企業会計原則………………226・312
企業分析……………………………352
企業法務……………………………… 60
危険兆候チェック …………………270
議事録の保管………………………… 82
喫煙対策……………………………… 46
寄付金………………………296・298
機密情報……………………………… 68
機密漏えい対策 ……………………… 48
客先別個別消込作業………………266
キャッシュ …………………………248
キャッシュフロー …………………218
キャッシュフロー計算書 …………248
キャッシュレス決済 ………………256
休憩時間……………………………116
休日…………………………………116
休日労働……………………………118
給付基礎日額………………………208
給与以外の源泉徴収………………150
給与計算…………………138・140
教育訓練……………………………130
教育訓練給付金……………………130
協会けんぽ ……………172・174・176
業務委託契約………………………110
業務災害……………………………208
銀行…………………………………252
銀行振込…………………254・262
金銭処理……………………………254
金銭に関する不正と予防 …………254
勤怠管理……………………………140
金融商品取引法……………………226
経営指標……………………………356
経営戦略理論………………………… 28
経営分析……………………………350
経営理念……………………………… 26
軽減税率……………………………328
経済的利益…………………………142
経常利益……………………………306
経費現金……………………………250
契約業態……………………………… 56
契約書………………………………… 58
経理の仕事領域……………………218
経理の帳票…………………………236
経理を取り巻く法令・法規…………226
決裁ルール…………………………… 30
決算…………………………………222

決算書……224
月次経理報告……238
減価償却……284
減価償却計算……282・284
現金管理……250
現金主義……310
現金・預金の実査……316
健康診断……54
健康保険……172
健康保険証……182
源泉所得税……148
源泉徴収……144・148・150
源泉徴収義務者……144
源泉徴収税率……144
源泉徴収票……146
源泉徴収簿……146
現物管理……282
交際費……296
興信所……270
厚生年金保険……172
交通安全対策……50
高年齢雇用継続給付……212
高年齢者雇用安定法……212
高年齢者雇用確保措置……212
コーポレートスローガン……26
小切手……258
小切手の要件……258
小口現金……250
国民健康保険……170
国民年金……170
個人情報……68
個人情報保護……68
コスト意識……40
固定資産……280
固定資産税……330
固定資産台帳……282
固定資産の廃棄・売却……292
固定資産の範囲……280
固定費……354
コミュニケーション能力……40
雇用安定措置……102
雇用保険……194・206・210
コンプライアンス……72

【さ行】

在庫管理……274
在庫高……274
在庫評価……274
在庫評価損の計上……274
在庫評価方法……274
再雇用契約……212
在庫量……278
最低賃金……114
裁判外紛争解決手続……60
財務諸表等規則……226
財務諸表分析……352
採用内定……100
三六協定……118
産業財産権……66
産前産後休暇……214
残高確認……254・316
仕入高……272
仕入れの計上基準……272
仕入れ割引……272

時間外労働……………………………118
事業環境……………………………28
事業所税……………………………330
事業税……………………………320
事業部別組織……………………………18
事業報告……………………………244
資金移動表……………………………338
資金管理……………………………334
資金繰り表……………………………336
資金計画……………………………338
資金調達……………………………340
資金調達方法……………………………340
資金の動き……………………………334
事故補償……………………………50
試算表……………………………224
失業保険……………………………210
失業保険の受給資格……………………………210
実地棚卸……………………………276
実地棚卸計画表……………………………276
指定寄付金……………………………298
支払調書……………………………166
支払能力……………………………270
資本的支出……………………………288
事務処理能力……………………………40
事務部門……………………………136
社会保険……………………………170・172・176
社会保険手続き……………………………178・182
社会保険の支払届……………………………152
社会保険の廃止手続き……………………………202
社会保険料……………………………188
社会保険料の納付……………………………192
社内イベント……………………………52
社内コミュニケーション……………………………36
社内発明考案取扱規定……………………………66
社内ルール……………………………24
車両管理台帳……………………………50
収益と費用……………………………312
就業規則……………………………106
収支の動き……………………………336
修繕費……………………………288
住宅借入金等特別控除……………………………164
住宅借入金等特別控除申告書……………………………164
集中管理科目……………………………294
住民税……………………………148・320
重要な会計方針……………………………242
出産補償……………………………214
障害者雇用……………………………112
障害者雇用納付金……………………………112
障害者雇用率制度……………………………112
少額減価償却制度……………………………286
少額資産……………………………286
少額訴訟……………………………74
償却可能限度価額……………………………284
償却資産……………………………286
昇給・昇格制度……………………………134
商業登記……………………………64
使用者と労働者……………………………104
消費税……………………………328
商標権……………………………66
商品受払台帳……………………………274
商法……………………………24
消滅申請書……………………………202
消滅届……………………………202
賞与……………………………152

賞与からの源泉徴収 ………………… 152
剰余金計算書…………………………… 246
職能別組織……………………………… 18
所定労働時間…………………………… 116
所得の計算……………………………… 322
仕訳……………………………………… 224
申告期限………………………………… 322
申告納税制度…………………………… 322
人材採用………………………………… 96
人材募集………………………………… 96
人事考課…………………… 128・132
人事の仕事領域………………………… 92
人事評価制度…………………………… 132
人的担保………………………………… 342
信用調査………………………………… 270
信用調査会社…………………………… 270
信用分析………………………………… 350
信用保証………………………………… 342
随時改定………………………………… 190
ステークホルダー ……………………… 84
税引前当期純利益……………………… 306
政府系金融機関………………………… 252
税務署…………………………………… 242
税務調査………………………………… 308
税務否認………………………………… 308
整理整頓………………………………… 46
責任権限規定…………………………… 30
接待飲食費……………………………… 296
設備台帳………………………………… 282
設備の廃棄・移動 ……………………… 292
前年同期比……………………………… 238
全部事項証明書………………………… 64
総会議事録……………………………… 82
総人件費………………………………… 92
総務業務………………………………… 40
総務の仕事領域………………………… 36
贈与……………………………………… 298
租税公課………………………………… 320
租税の課税方式………………………… 330
損益計算書の利益区分………………… 306
損益と資金収支 ………………………… 336
損益分岐点……………………………… 354
損益分岐点売上高……………………… 354
損失金処理……………………………… 246

【た行】

対外折衝………………………………… 88
退職……………………………………… 120
退職金制度……………………………… 120
貸与……………………………………… 292
大量雇用変動届………………………… 206
棚卸差額………………………………… 276
担保……………………………………… 342
知的財産権……………………………… 66
地方法人税関係………………………… 242
地方法人税率…………………………… 324
中小会計指針…………………………… 228
中小会計要領…………………………… 228
中小企業………………………………… 16
中小企業の会計に関する基本要領…… 228
中小企業の会計に関する指針 ……… 228
中小企業の経営指標…………………… 356
中小企業への保証 ……………………… 342
懲戒処分………………………………… 122

帳票伝票……………………………236
著作権……………………………… 66
賃金体系…………………… 108・134
賃金の5原則 ………………………100
賃貸契約…………………………… 58
通勤災害……………………………208
通勤手当……………………………300
通勤費………………………………300
定款………………………………… 20
定期健康診断……………………… 54
定時株主総会…………………78・82
定時決定……………………………186
手形…………………………………260
適正在庫……………………………274
デッドストック……………………274
伝票決裁…………………………… 30
伝票手順……………………………236
登記事項の変更申請……………… 64
当期純利益…………………………306
登記変更…………………………… 20
登記簿……………………………… 64
等級別職務給………………………134
同居・非同居の判定 ………………180
特定公益増進法人寄付金…………298
特別損益……………………………304
特別法人事業税……………………326
都市計画税…………………………330
取締役……………………………… 62
取締役の義務……………………… 62

【な行】

内部分析……………………………350
内部留保……………………………246
日本年金機構………………………176
入社通知書………………………… 98
入社手続き………………………… 98
年金の被保険者区分………………178
年次有給休暇……………… 126・140
年度経営方針……………………… 32
年度目標…………………………… 32
年末調整…………………… 154・156
年末調整の手順……………………156
納税義務者…………………………332

【は行】

パート ………………………………110
パートタイム労働法 ………………110
廃棄・売却処理 ……………………292
配偶者控除…………………………160
配偶者特別控除……………………160
派遣労働……………………………110
パソコン管理 ……………………… 48
発生主義……………………………310
発注点方式…………………………278
ハローワーク ……………………… 96
販売管理費…………………………294
販売計画の展開……………………348
販売費………………………………294
非課税給与…………………………142
引当金………………………………318
ビジネスモデル …………………… 29
被扶養者の異動……………………180
備忘価額……………………………284
費用収益対応………………………312

費用収益対応の原則……………… 312
標準賞与額………………… 184・188
標準賞与額の上限設定…………… 188
標準報酬月額……………… 184・186
標準報酬月額の変更 ……………… 190
費用徴収制度……………………… 208
附属明細書………………………… 244
物的担保…………………………… 342
部門別組織………………………… 18
扶養控除等(異動)申告書… 146・158
被扶養者の認定条件……………… 180
振込制度…………………………… 262
振込送金…………………………… 262
振込方法…………………………… 262
文書管理…………………………… 44
文書廃棄…………………………… 44
平均賃金…………………………… 114
別表………………………………… 324
変型労働時間制…………………… 116
変動費……………………………… 354
報告体制…………………………… 238
報酬支払と消費税 ……………… 150
法人事業税………………………… 326
法人住民税………………………… 326
法人税…………………… 320・322
法人税申告書……………………… 324
法人税法…………………………… 226
法人税率…………………………… 324
法人番号…………………………… 70
法定調書…………………………… 166
法定労働時間……………………… 116
法令違反…………………………… 72
簿記………………………………… 224
保険料控除申告書………………… 162
保険料納入告知書………………… 192
保険料の延納申告………………… 204
保険料の計算……………………… 184
保存年限…………………………… 44
保存方法…………………………… 44
本人確認書類……………………… 178

【ま行】

毎月の給与計算 ………………… 140
マイナンバー ……………………… 70
みなし解散状態 …………………… 80
みなし株主総会 …………………… 78
民事訴訟…………………………… 74
メンタルヘルス …………………… 54
目的別会計………………………… 222
目標管理…………………………… 128

【や行】

役員……………………… 62・80・302
役員の任期………………………… 80
役員変更…………………………… 80
役員報酬…………………………… 302
役員報酬の支給…………………… 302
約束手形…………………………… 260
約束手形の決済…………………… 260
約束手形の資金化………………… 260
有限責任…………………………… 22
融資方法…………………………… 340
預金管理…………………………… 252
預金口座…………………………… 252

予算対比……………………………238
予算の月別展開 …………………348
予算編成……………………………346
予算立案……………………………346
与信管理……………………………268
与信限度額…………………………268
与信取引……………………………268

【ら行】

ライフサイクル分析 ……………… 29
リース ……………………………290
リース契約 ………………………290
利益計画……………………344・348
利益計画書…………………………348
利益処分……………………………246
利益相反取引の事前承認………… 62
利益の種類…………………………306
離職証明書…………………………206
離職票………………………………206
リスクマネジメント ……………… 88
リベート …………………………272
領収書………………………………332
領収書発行…………………………254
旅費交通費…………………………300
レンタル …………………………290
レンタル契約 ……………………290
労災保険……………………194・208
労働安全衛生法…………………… 42
労働基準監督署……………………104
労働基準法…………………………104
労働者派遣…………………………102
労働者派遣法………………………102
労働条件……………………………100
労働条件の明示……………………108
労働装備率…………………………280
労働に関する指標 ………………136
労働分配率…………………………136
労働保険…………………170・194・
196・201・202・204
労働保険事務組合…………………204
労働保険の届出……………………196
労働保険の年度更新………201・204
労働保険料の確定精算……………202

おわりに

私は管理部門を統率する職務を長年経験してきた者として、**「働きがいある職場」を会社のスタッフと一緒に作ることが最大の使命**と考えてきました。そのために、特定分野の業務に精通するだけでなく、広い視野からの仕事への取り組み姿勢を求めてきました。本書で、社会保険の財源、税金の体系、中小企業の実態調査などにも触れているのは、法令等の背景や目的を広い視点で理解してもらうためです。

給与計算での「源泉徴収」や「決算書の作り方」などの手順は、すでに多くの参考書籍があるので、これらとは視点を変えて、**実務を経験した立場からの解説**を心掛けました。一方、実際に実務をする担当者は、「届出書の書き方」などへの関心も高いと思われます。そのため、**本書では実際の書式を貼付して解説**しています。

しかし、これらの届出などの実務処理については、今後はそのほとんどがインターネットなどでの電子届出に取って変わられると考えられます。実際に e-Gov 電子政府、e-TAX 電子税務申告などがすでに稼働しており、ますます進化していくことでしょう。そのため、もしかすると届出書の解説などは、今後は無用になっていくかもしれません。

このような背景から、これからの実務は、電子申告などの情報処理方法を習得することが求められますが、その一方で、その「しくみ」「ルール」の主旨や目的などを理解しておかないと、「システムに使われて仕事をする」ことになりかねません。すでに多くの実務担当者は、自分の給与の控除された税金、社会保険などが正しいのかを自ら計算することができず、給与計算は正しいものと思い込んでいます。

なお、中小規模の会社実務を想定しているため、「労使関係」「海外取引」「子会社管理」「情報システム」「企業年金」などの領域についての詳細は割愛しております。

会社で働く人にとって、「会社の成長」と「個人のスキルの成長」があいまって、「働きがいある職場」が実現していることが理想でしょう。本書がそのための一助になれば、大変うれしく思います。

出版にあたって、多くの皆様にご支援・ご指導をいただき、感謝申し上げます。

近藤 仁

●著者
近藤 仁（こんどう ひとし）
長年にわたり、上場企業数社で経営管理部門の責任者として実務の第一線にたち、予算統制・資金運用・子会社管理なども担当した経験をもつ。その後も、現場実務の視点から、企業の管理業務領域でのコンサルタントや著述を通じて活動している。著書に、『経理部長が新人のために書いた経理の仕事がわかる本』（日本実業出版社）、『戦略経理』（共著、日本能率協会マネジメントセンター）、『知識ゼロからの経理の仕事』（共著、幻冬舎）などがある。

●本文イラスト／高橋なおみ
●本文デザイン・DTP／高橋デザイン事務所（高橋秀哉）
●編集協力／有限会社ヴュー企画（山本大輔）
●編集担当／山路和彦（ナツメ出版企画株式会社）

本書で取り上げて解説している法律や制度は変更される場合があります。また、税金の税率や社会保険・労働保険の料率は毎年変更されます。実務を行う際は、ウェブサイト等で最新の情報を確認するようにしてください。

ひとりでもすべてこなせる！
小さな会社の総務・人事・経理の実務

2020年6月2日　初版発行

著　者　近藤仁
発行者　田村正隆
発行所　株式会社ナツメ社
東京都千代田区神田神保町 1-52 ナツメ社ビル 1F（〒101-0051）
電話　03（3291）1257（代表）　FAX　03（3291）5761
振替　00130-1-58661
制　作　ナツメ出版企画株式会社
東京都千代田区神田神保町 1-52　ナツメ社ビル 3F（〒101-0051）
電話　03（3295）3921（代表）
印刷所　ラン印刷社
ISBN978-4-8163-6832-5

本書に関するお問い合わせは、上記、ナツメ出版企画株式会社までお願いいたします。